中共中央党校（国家行政学院）马克思主义学院／主编

马克思主义研究前沿（全六卷）

第四卷
马克思主义中国化研究

Frontiers of Research on

Marxism

Six Volumes

社会科学文献出版社
SOCIAL SCIENCES ACADEMIC PRESS (CHINA)

·总　序·

　　马克思主义是我们立党立国的指导思想。中国共产党为什么能，中国特色社会主义为什么好，归根结底是马克思主义行，是中国化时代化的马克思主义行。马克思主义科学理论指导是我们党鲜明的政治品格和强大的政治优势。在任何时候，我们都要彰显这个鲜明的政治品格，都要发挥好这个强大的政治优势。中共中央党校（国家行政学院）马克思主义学院是党中央批准成立的，是全国唯一一家"党"字号、"国"字号马克思主义学院。2015 年 12 月 11 日，习近平总书记在全国党校工作会议上强调："中央批准中央党校成立马克思主义学院，就是坚持党校姓'马'姓'共'之举。"习近平总书记的重要讲话和中共中央党校（国家行政学院）"四个建成"目标的提出，为我们建设好马克思主义学院指明了方向。

　　2022 年是中国共产党第二十次全国代表大会召开之年。为了向党的二十大献礼，集中展示党的十八大以来中共中央党校（国家行政学院）马克思主义学院标志性研究成果，我们组织专门班子编辑出版"马克思主义研究前沿"（全六卷）学术丛书。

　　第一卷为《当代中国马克思主义研究》。该卷聚焦习近平新时代中国特色社会主义思想，从总论、以人民为中心、中国式现代化道路、人类文明新形态、国家治理、中国经济学六个专题展开，深度解读习近平新时代中国特色社会主义思想的科学内涵、思想精髓、原创性贡献，科学回答习近平新时代中国特色社会主义思想的若干重大理论问题，展示习近平新时代中国特色社会主义思想的真理力量、实践力量、思想力量。

　　第二卷为《马克思主义基本原理及经典著作研究》。该卷旨在论证正本清源、返本开新是新时代中国特色社会主义事业顺利发展的理论保障。该卷立足于马克思主义经典著作，着眼于马克思主义基本原理的创造性运用与创新性发展，对实践、劳动、自由、国家、暴力革命、社会主义等核心概念，进行了条分缕析的梳理和研究，有利于我们准确理解与传播马克思主义基本原理，彰显马克思主义真理力量。

第三卷为《马克思主义发展史研究》。该卷精选了马克思主义学院在马克思主义发展史、国外马克思主义等学科的代表性研究成果，这些成果体现了"正本清源、返本开新"的学术旨趣，既有围绕经典著作对"源头"的阐释，也有结合当代问题对"潮头"的探索，体现了对马克思主义发展史、国外马克思主义多角度的观照和多维度的研究，体现和凸显了马克思主义的科学原理和科学精神的历史发展和当代意义。

第四卷为《马克思主义中国化研究》。该卷立足中国特色社会主义新时代，从总论、国家治理与制度优势、意识形态与思想文化、发展道路与发展战略、中国式现代化与发展模式五个板块探究马克思主义中国化的理论逻辑、历史逻辑与实践逻辑，深入阐释中国共产党为什么能、马克思主义为什么行、中国特色社会主义为什么好等重大理论问题，力图为开启全面建设社会主义现代化国家新征程、实现第二个百年奋斗目标提供思想启迪。

第五卷为《中国特色社会主义政治经济学研究》。该卷立足中国特色社会主义新时代，以问题为经，以理论为纬，从总论、资本与劳动关系、经济思想史、新型城镇化与经济发展、减贫与农民工市民化等五个板块研究新时代中国特色社会主义政治经济学的创新发展和学科体系，分专题深入研究新时代中国特色社会主义政治经济学一系列重大理论和现实问题，具有较强的学术性和前沿性。

第六卷为《中国道路研究》。该卷立足中国特色社会主义新时代，以问题为纲，以史实为据，从总论、中国发展道路、中国话语、中国制度、党的建设、全球治理等六个板块探究"中国奇迹"背后的逻辑，阐明中国道路背后的道理、哲理、学理，阐明中国共产党始终以实现中华民族伟大复兴为己任，团结带领全国各族人民奋力推进革命、建设、改革事业，不仅取得了举世瞩目的伟大成就，也为全球发展提供了中国智慧和中国方案。

　　《马克思主义研究前沿》（全六卷）收入的作品只是马克思主义学院学者发表的部分研究成果，鉴于篇幅和选题所限，还有大量优质成果未能纳入。该套丛书的出版，既是对过去成绩的回望与检阅，更是新起点、新征程上向着更高目标进发的"动员令"。中共中央党校（国家行政学院）马克思主义学院是一所年轻的学院，马克思主义学院团队是一支特别能攻坚、特别能创造、特别能奉献的队伍，我们有信心担负起推动马克思主义学院高质量发展的历史使命，以更优异成绩建功新时代，为党的理论创新创造做出更大贡献。

丛书编委会

2022 年 11 月 1 日

·目　录·

第四编　发展道路与发展战略

第五编　中国式现代化与发展模式

第一编　总　论

中国共产党百年经济治理：
演变、规律与启示[*]

张占斌　王学凯

　　从积贫积弱迈向繁荣富强，从落后迈向现代化，是中国共产党自创立以来的不懈追求。中国共产党成立以来的 100 年，是中国共产党带领全国各族人民不断实现国家繁荣富强和现代化的 100 年。在中国共产党的坚强领导下，中华民族实现了从站起来、富起来到强起来的伟大飞跃。纵览中国共产党百年经济治理的演变，总结和把握经济治理规律，可以更好地为全面建设社会主义现代化国家提供经验启示。

一　百年经济治理演变与成就

　　根据社会主要矛盾的变化，可将中国共产党百年经济治理大致划分为四个阶段，每个阶段经济治理的基础、外部环境、目标、理念和步骤，既有继承，又有发展（见表1）。

---

　　* 国家社会科学基金重大项目"开启全面建设社会主义现代化国家新征程研究"（21ZDA001）、国家社会科学基金青年项目"防范金融风险与稳定经济增长关系研究"（20CJY063）的阶段性成果。本文原载于《经济社会体制比较》2021 年第 3 期，收入本书时有改动。

表1　中国共产党百年经济治理演变

阶段	基础	外部环境	目标	理念	步骤
新民主主义革命时期	社会主要矛盾是帝国主义和中华民族的矛盾、封建主义和人民大众的矛盾	"战争经济"	"经济服务于战争"	以土地革命为核心	无明确步骤
社会主义革命和建设时期	社会主要矛盾是人民对于经济文化迅速发展的需要同当前经济文化不能满足人民需要的状况之间的矛盾	资本主义经济封锁	"多快好省"地发展国民经济，实现"四个现代化"	"在综合平衡中稳步前进"	"两步走"设想
改革开放至党的十八大时期	社会主要矛盾是人民日益增长的物质文化需要同落后的社会生产之间的矛盾	"和平"与"发展"是两大时代主题	全面建设小康社会，全面实现现代化	"发展才是硬道理"	"三步走"战略
党的十八大以来	社会主要矛盾已经转化为人民日益增长的美好生活需要和不平衡不充分的发展之间的矛盾	新发展阶段	高质量发展，全面建设社会主义现代化国家	新发展理念	"两个阶段"战略安排

资料来源：根据各阶段党的重要会议内容、政策文件、领导人讲话等总结得到。

（一）"夹缝中谋发展"：新民主主义革命时期的初探

新民主主义革命时期，中国共产党以革命根据地和解放区为基础，大力发展红色区域的经济，在"夹缝中谋发展"。经济治理基础方面，社会主要矛盾是帝国主义和中华民族的矛盾、封建主义和人民大众的矛盾。"各种事实证明，加给中国人民（无论是资产阶级、工人或农民）最大的痛苦的是资本帝国主义和军阀官僚的封建势力"[①]，中国共产党自

---

① 《建党以来重要文献选编（1921~1949）》第1册，中央文献出版社，2011，第132页。

诞生起就致力于以革命手段推翻帝国主义、封建主义和官僚资本主义"三座大山"，争取民族独立和人民解放。经济治理外部环境方面，"战争经济"是面临的主要环境。虽然第一次世界大战于 1918 年结束，但全球范围内的局部战争依然存在，直到第二次世界大战，全球的主要环境一直是"战争经济"，即一方面是战争对参战国的经济破坏，另一方面是以美国为代表的少数国家发迹于"战争经济"。从 1840 年至新中国成立，中国饱受战乱之苦，特别是在新民主主义革命时期，对外面临帝国主义侵略，内有军阀、封建残余势力造成的混乱。经济治理目标方面，"经济服务于战争"。大革命失败后，中国共产党转向农村，建立革命根据地，在贫穷落后与经济封锁双重冲击下，随着苏维埃政权的建立，中国共产党开始探索经济治理之路。对于经济治理和革命战争的关系，当时有两种错误观点：一种是"认为革命战争已经忙不了，哪里还有闲工夫去做经济建设工作"，另一种是"以为经济建设已经是当前一切任务的中心，而忽视革命战争，离开革命战争去进行经济建设"①。毛泽东对这两种错误观点进行批驳，提出"经济服务于战争"的目标，即"革命战争是当前的中心任务，经济建设事业是为着它的，是环绕着它的，是服从于它的"②。经济治理理念方面，以土地革命为核心。苏维埃革命形成的关键在于中国共产党积极介入农村③，将农业放在经济建设的首位④，核心是进行土地革命，主要包括三方面内容：一是关于没收哪些群体的土地，1927 年八七会议提出没收大中地主的土地，暂不没收小地主的土地，1928 年《井冈山土地法》确立了农民以革命手段获得的土地的使用权利；二是关于土地分配的原则和方法，1929 年《土地问题决议案》规定按人口平均分配，1930 年毛泽东提出"抽肥补瘦"的思路，其

---

① 《毛泽东选集》第 1 卷，人民出版社，1991，第 119、123 页。
② 《毛泽东选集》第 1 卷，人民出版社，1991，第 123 页。
③ 黄道炫：《一九二〇——一九四〇年代中国东南地区的土地占有——兼谈地主、农民与土地革命》，《历史研究》2005 年第 1 期。
④ 余伯流：《毛泽东在中央苏区时期的经济思想》，《毛泽东思想研究》2008年第 4 期。

在《苏维埃土地法》中得到了落实①，1947 年《中国土地法大纲》明确不论身份如何，均按人口平均分配；三是关于土地所有权，土地国有是总体思路，虽然允许有条件地流转，但土地国有的性质始终不变。经济治理步骤方面，无明确步骤。由于经济建设为革命战争服务，当时战局不稳，因而经济治理尚未设置明确的步骤，而是顺应当时需要，制定适合的经济政策。

（二）"改造后的尝试"：社会主义革命和建设时期的摸索

新中国成立之初，首要大事是恢复经济。为适应社会主义性质，我国提出过渡时期总路线，并于 1956 年完成对农业、手工业和资本主义工商业的"三大改造"，此后，以《论十大关系》发表和党的八大召开为起点，开启了社会主义革命和建设时期对经济治理的摸索。经济治理基础方面，党的八大召开提出我国社会主要矛盾是人民对于经济文化迅速发展的需要同当前经济文化不能满足人民需要的状况之间的矛盾。新中国成立之时的经济发展水平远低于战前，1949 年中国人均国民收入不足当时整个亚洲人均国民收入的 2/3②，人民需求得不到满足，体现出先进的社会主义制度和落后的社会生产之间的矛盾，这是社会主义革命和建设时期的经济治理基础。经济治理外部环境方面，资本主义经济封锁成为常态。以美国为首的西方主要资本主义国家，对新中国实施了一系列封锁、禁运措施，甚至专门在巴黎成立针对社会主义国家的"巴黎统筹委员会"。与此同时，中国共产党展开"反封锁、反禁运"斗争，短期内抢运物资、增加外汇收入、快速调整贸易方式，长期内加强外贸制度建设，在被封锁的外部环境中谋求对外合作③。经济治理目标方面，"多快好省"地发展国民经济，实现"四个现代化"。由于多年受困于物资匮乏、贫穷落后，新中国成立之初，恢复和发展经济十分紧迫，党的中

---

① 刘祥：《"抽多补少""抽肥补瘦"政策考述》，《中共党史研究》2019 年第 3 期。

② 邱霞：《毛泽东对新中国经济发展道路的探索》，《北京党史》2013 年第 6 期。

③ 周红：《陈云与新中国成立初期的"反封锁、反禁运"斗争》，《当代中国史研究》2015 年第 5 期。

心任务是"动员一切力量恢复和发展生产事业"①，甚至提出在工业化上"赶英超美"，力求数量上"多"、速度上"快"、效益上"好"、投入上"省"地发展国民经济。同时，提出要实现"四个现代化"的目标②。经济治理理念方面，要求"在综合平衡中稳步前进"。尽管发展经济的紧迫性强烈，但考虑到苏联东欧社会主义国家在实行"计划经济体制"之后出现的种种问题，以及寻求独立发展的道路③，党的八大仍提出"要坚持既反保守又反冒进的经济建设方针，在综合平衡中稳步前进"。因为经济建设也是科学，"搞社会主义建设，很重要的一个问题是综合平衡"④。不过，由于缺乏社会主义建设经验，"在综合平衡中稳步前进"的经济治理理念被急于求成的思想取代，"以高指标、瞎指挥、浮夸风和'共产风'为主要标志的'左'倾错误严重地泛滥开来"⑤，经济治理逐步脱离经济规律。经济治理步骤方面，提出"两步走"设想。为实现经济治理目标，毛泽东提出用15年左右时间打下基础，再用50年左右时间建成社会主义现代化强国。虽然"三大改造"过程极为短暂，只用了3年时间便完成，但对实现现代化的长期性和艰巨性，中国共产党仍保持清醒认识。1963年提出"两步走"设想，即第一步，用15年时间，建立一个独立的、比较完整的工业体系和国民经济体系，使中国工业大体接近世界先进水平；第二步，力争在20世纪末，使中国工业走在世界前列，全面实现农业、工业、国防和科学技术的现代化。

（三）"历史的伟大转折"：改革开放至党的十八大时期的腾飞

社会主义革命和建设时期的经济治理有成功的经验，也有失败的教

---

① 《毛泽东选集》第4卷，人民出版社，1991，第1429页。

② 1954年召开的第一届全国人民代表大会第一次会议上，周恩来首次将实现"现代化"作为奋斗目标，提出最初版本的"四个现代化"（现代化的工业、农业、交通运输业和国防）。后来经过实践和演变，最终版本的"四个现代化"（现代化的农业、工业、国防和科学技术）被提出。

③ 王志林、郭广迪：《〈新帕尔格雷夫经济学大辞典〉中的毛泽东及其经济思想》，《政治经济学评论》2013年第4期。

④ 《毛泽东文集》第8卷，人民出版社，1999，第73页。

⑤ 《改革开放三十年重要文献选编》（上），中央文献出版社，2008，第192页。

训。在此基础上，1978年党的十一届三中全会拉开了改革开放的大幕，这是一次历史性转折，为中国经济的腾飞奠定了基础。经济治理基础方面，社会主要矛盾是人民日益增长的物质文化需要同落后的社会生产之间的矛盾。1981年党的十一届六中全会指出，社会主义改造完成后，我国社会的主要矛盾是人民日益增长的物质文化需要同落后的社会生产之间的矛盾，这一阐述与社会主义革命和建设时期的社会主要矛盾相一致，说明此前经济治理并未解决基本矛盾，党和国家工作的重点必须转移到以经济建设为中心的社会主义现代化建设上来。经济治理外部环境方面，随着中美建交、中苏关系缓和，20世纪80年代世界和平与发展的问题日趋突出，经过长期观察与科学分析，邓小平于1985年提出"和平"与"发展"是两大时代主题的重要论断，我国实行改革开放的重大战略具备良好的外部环境。经济治理目标方面，全面建设小康社会，全面实现现代化。1979年邓小平首次提出"小康"概念以及到20世纪末实现"小康社会"的构想，"社会主义的本质，是解放生产力，发展生产力，消灭剥削，消除两极分化，最终达到共同富裕"①。在继承"四个现代化"目标的基础上，明确"现代化建设的任务是多方面的，各个方面需要综合平衡，不能单打一"②。说明经济治理的目标是要全面实现现代化，并且要走出一条"中国式的现代化"道路。经济治理理念方面，"发展才是硬道理"③。社会主义的优越性体现在生产力的发展上，"中国解决所有问题的关键是要靠自己的发展"④，发展是党执政兴国的第一要务。具体来说，要实现有速度的发展，要实现讲求效益质量和稳步协调的发展，要实现"两个文明"（物质文明和精神文明）一起抓的发展，要实现发展成果属于全体人民，还要在对外开放中求发展。经济治理步骤方面，"三步走"战略成为重要安排。从进入社会主义到基本实现现代化的整个历史阶段，我国要在生产力相对落后、商品经济相对不发达的条件下建设社会主义，这属于社会主义初级阶段，我国在社会主义初级阶段的现

① 《邓小平文选》第3卷，人民出版社，1993，第373页。
② 《邓小平文选》第2卷，人民出版社，1994，第250页。
③ 《邓小平文选》第3卷，人民出版社，1993，第377页。
④ 《邓小平文选》第3卷，人民出版社，1993，第265页。

代化建设具体可分为"三步走"战略：第一步，实现国民生产总值比 1980 年翻一番，解决人民的温饱问题；第二步，到 20 世纪末，使国民生产总值再增长一倍，人民生活达到小康水平；第三步，到 21 世纪中叶，人均国民生产总值达到中等发达国家水平，人民生活比较富裕，基本实现现代化。

（四）"新时代的征程"：党的十八大以来的新发展

党的十八大以来，全面建成小康社会不断推进，经过近十年的努力，我国脱贫攻坚战取得了全面胜利，为实现全面建成小康社会目标作出了关键性贡献。党的十九届五中全会开启了全面建设社会主义现代化国家的新征程，吹响了新时代党领导全国人民迈向新征程的号角。经济治理基础方面，社会主要矛盾已经转化为人民日益增长的美好生活需要和不平衡不充分的发展之间的矛盾。伴随中国特色社会主义进入新时代，我国已经基本实现"三步走"战略的第二步，社会主要矛盾不再单纯地聚焦于物质文化数量上的需要，而更聚焦于其质量上的提升和平衡充分的发展，即社会主要矛盾变成人民日益增长的美好生活需要和不平衡不充分的发展之间的矛盾。经济治理外部环境方面，新发展阶段面临深刻复杂变化。国际层面，尽管我国在当前和今后仍处于重要战略机遇期，但面对当今世界百年未有之大变局，国际经济、政治、科技和产业格局深度调整，逆全球化、单边主义、保护主义、霸权主义等势头不减，"黑天鹅""灰犀牛"事件频发，突如其来的新冠肺炎疫情影响广泛而深远；国内层面，尽管我国经济发展基础较好，但发展不平衡不充分问题仍然突出。国际和国内层面的各类因素叠加，使得经济治理面临不稳定不确定的环境。经济治理目标方面，以推动实现高质量发展为主题，全面建设社会主义现代化国家。改革开放之后，我国经济实现腾飞，国内生产总值年均实际增长 9.5%，对世界经济增长贡献率连续多年超过 30%①。根据经济发展的规律，如果说在物质资料不丰富的情况下，需要追求数

---

① 习近平：《在庆祝改革开放 40 周年大会上的讲话》，新华网，2018 年 12 月 18 日，http：//www.xinhuanet.com/politics/leaders/2018-12/18/c_ 1123872025. htm。

量的增长，那么在经济达到一定水平后，就需要追求质量的提升。党的十九大提出"我国经济已由高速增长阶段转向高质量发展阶段"①，这是基于经济发展规律、各国发展经验和我国发展实际作出的科学研判。新时代的新征程，经济治理的初级目标就是实现高质量发展，这是"十四五"时期甚至更长时期我国经济社会发展的主题主线；经济治理的高级目标，同时也是一代代共产党人的目标，这便是全面建设社会主义现代化国家。经济治理理念方面，新发展理念指明了发展方向。发展理念决定着发展的成效甚至成败，关于用什么样的理念指引发展，在不同阶段有不同答案。党的十八大以来，以习近平同志为核心的党中央提出了"创新、协调、绿色、开放、共享"的新发展理念，创新突出了全局核心地位下的科技自立自强和增强产业链供应链自主可控能力，协调突出了构建新发展格局、统筹发展和安全，绿色突出了人与自然和谐共生的生态文明制度建设和绿色生产生活方式转型，开放突出了建设更高水平开放型经济新体制和更高水平社会主义市场经济体制，共享突出了逐步实现共同富裕本质下的人民生活更加美好和人的全面发展②，这是对中国社会在新时代社会主要矛盾、奋斗目标、历史任务和国际环境等方面发生新变化的回应，代表马克思主义发展观的最新成果③。经济治理步骤方面，作出了"两个阶段"战略安排。基于国内国际形势和我国发展条件，党的十九大提出现代化建设的"两个阶段"战略安排：第一个阶段，从 2020 年到 2035 年，在全面建成小康社会的基础上，再奋斗 15 年，基本实现社会主义现代化；第二个阶段，从 2035 年到 21 世纪中叶，在基本实现现代化的基础上，再奋斗 15 年，把我国建成富强民主文明和谐美丽的社会主义现代化强国。这是对"两步走"设想、"三步走"战略的继承与发展。

---

① 习近平：《决胜全面建成小康社会　夺取新时代中国特色社会主义伟大胜利——在中国共产党第十九次全国代表大会上的报告》，人民出版社，2017，第 30 页。

② 张占斌：《新发展理念内涵的演进与深化》，《学习时报》2021 年 2 月 3 日。

③ 张占斌：《深刻理解新发展理念的丰富内涵》，《前线》2019 年第 10 期。

（五）百年经济治理成就

1840 年之前，中国经济在全球范围内有着举足轻重的地位，中国创造的 GDP 约占世界 GDP 的 1/3，中国人均 GDP 长期高于世界人均 GDP。但 1840 年第一次鸦片战争爆发至 1949 年新中国成立期间，中国饱受战争侵害，经济治理形同虚设，经济地位一落千丈。到 1952 年，中国 GDP 占世界 GDP 比重仅有 5.2%，中国人均 GDP 与世界人均 GDP 比值仅有 23.8%。

中国共产党不断尝试、摸索、试验、改革，冲破外部经济封锁，解决内部基本矛盾，经济治理卓有成效。到 2020 年，中国 GDP 占世界 GDP 比重达到 17.4%，较 1952 年增加 12.2 个百分点，中国从 2011 年开始便稳居全球第二大经济体地位，中国经济对世界经济增长贡献率连续多年超过 30%，成为世界经济增长的重要引擎。中国人均 GDP 与世界人均 GDP 比值经历了一段时期的下滑，最低只有 7.3%（1987 年），但伴随改革开放带来的重要契机，中国人均 GDP 快速上升，到 2020 年中国人均 GDP 与世界人均 GDP 比值达到 95.2%（见图 1），基本接近世界平均水平，这一成就对全球人口第一的国家来说实属不易。特别是，中国脱贫攻坚战取得了全面胜利，完成了消除绝对贫困的艰巨任务，创造了又一个彪炳史册的人间奇迹。当然，中国共产党百年经济治理的成就不仅如此，还体现在经济结构不断优化、宏观经济相对稳定、基础设施逐步完善、健康医疗不断优化、民生保障不断完善等方方面面。

二　百年经济治理规律

马克思对社会主义取代资本主义的步骤有过设想，即从"过渡时期"到共产主义"第一阶段"，再到共产主义"高级阶段"，苏联进行过社会主义的实践探索。在马克思主义的指导下，中国共产党立足中国国情，不断吸收借鉴古今中外人类创造的优秀制度文明成果，经过百年探索，逐步形成具有中国特色的社会主义。纵览历史，可以总结出中国共产党百年经济治理的规律。

—— 中国GDP占世界GDP比重（左轴）　　 —— 中国人均GDP与世界人均GDP比值（右轴）

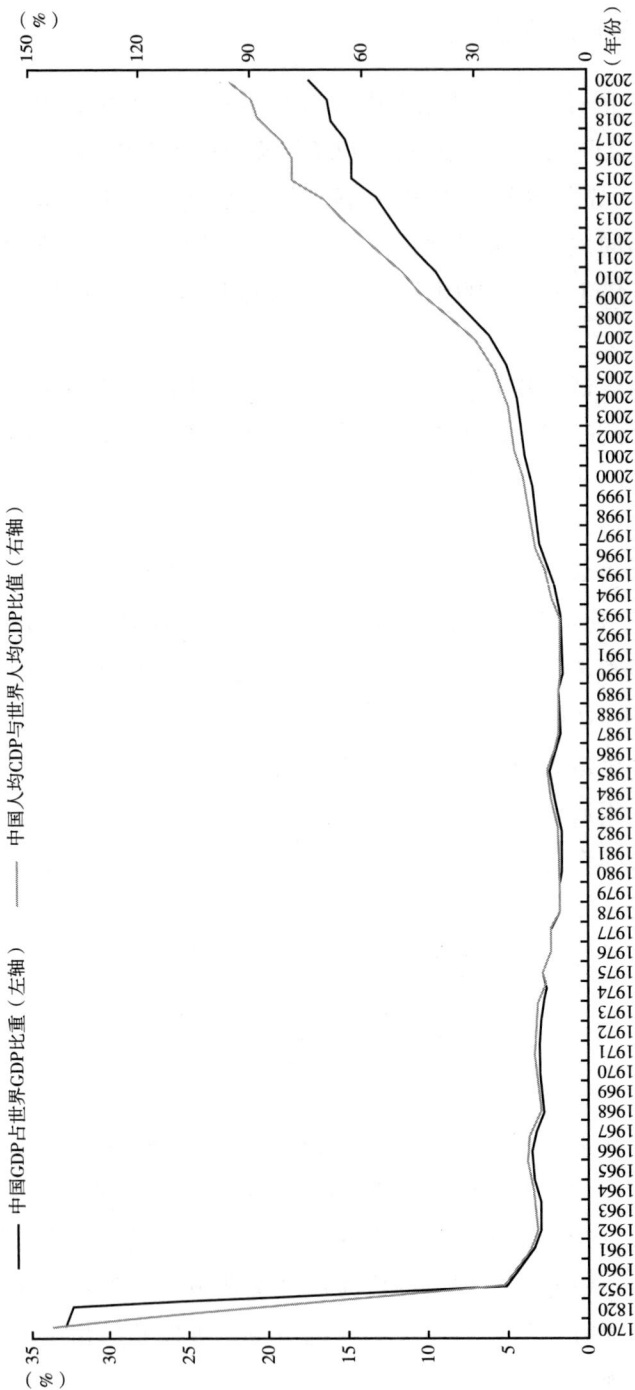

图 1　中国 GDP 和人均 GDP 的演变

资料来源：1700 年、1820 年和 1952 年数据来源于金星晔等《中国在世界经济中相对地位的演变（公元 1000~2017 年）——对麦迪逊估算的修正》，《经济研究》2019 年第 7 期；1960~2019 年数据来源于国际货币基金组织的 WEO 数据库；2020 年中国数据来源于国家统计局发布的统计公报，世界数据根据国际货币基金组织发布的《全球经济展望报告》中预测 2020 年全球经济将萎缩 3.5%，进行折算得到。

（一）始终坚持党对现代化的领导

中外历史实践表明，推进国家现代化，离不开有判断力的决策者和有执行力的行动者。中国共产党通过实际行动及其产生的效果，证明了其完全具备领导实现国家现代化的能力。从马克思政党领导思想看，全面领导是核心要义。党政军民学、东西南北中，党是领导一切的，无产阶级政党致力于实现人的全面解放和全面发展，也需要实行全面领导。政治领导是根本，通过制定政治纲领，无产阶级的政治领导地位得到明确，"制定一个原则性纲领（应该把这件事推迟到由较长时间的共同工作准备好了的时候），这就是在全世界面前树立起可供人们用来衡量党的运动水平的里程碑"[①]。中国共产党在百年经济治理过程中，制定过诸多决议、法案，连续编制"五年发展规划（计划）"，不断确立经济领域的政治领导地位。思想领导是关键，无产阶级政党十分重视理论武装对党的领导的关键作用，特别加强思想领导，中国共产党创造性地将马克思主义基本原理同中国具体实际相结合，促进了毛泽东思想、邓小平理论、"三个代表"重要思想、科学发展观和习近平新时代中国特色社会主义思想的形成，这些思想和理论在不同阶段都对经济治理起着引领作用。组织领导是保障，在革命年代，无产阶级需要通过组织领导与资产阶级相斗争；在建设年代，同样需要组织领导来为社会主义建设服务，中国共产党根据经济治理需要，不断深化党和国家机构改革，为党的全面领导提供保障。从列宁执政党建设思想看，坚持党的领导是一条不可动摇的原则[②]。作为第一个社会主义政权的领导者，列宁提出了执政党的阶级性、革命性、先进性，构建了全面系统的无产阶级执政党建设思想，为坚持党的领导提供了宝贵的经验借鉴。不论是新民主主义革命时期的夹缝中初探，还是社会主义革命和建设时期的尝试摸索，抑或是改革开放至党的十八大时期的转折腾飞，以及党的十八大以来的新时代新

---

① 《马克思恩格斯文集》第3卷，人民出版社，2009，第426页。

② 杨煌：《坚持党的领导是一条不可动摇的原则——列宁执政党建设思想及其启示》，《当代世界与社会主义》2019年第2期。

发展，坚持党的领导这一原则始终不可动摇。从中国实践看，党的领导是中国特色社会主义最本质的特征和中国特色社会主义制度的最大优势。从革命战争到社会主义革命和建设，再到改革开放和新时代，中国特色社会主义之所以取得成功，核心要素便是坚持党的领导。中国特色社会主义最本质的特征是中国共产党的领导，中国特色社会主义制度的最大优势是中国共产党的领导，这是关于中国共产党历史地位的两个全新论断，也是中国特色社会主义理论逻辑、历史逻辑、现实逻辑有机统一的必然结论①。

（二）在理论与实践相结合中不断创新

在百年经济治理中，中国共产党不断践行和创新马克思主义，形成了毛泽东思想、邓小平理论、"三个代表"重要思想、科学发展观、习近平新时代中国特色社会主义思想等优秀理论成果，这些理论成果指引着中国经济治理方向。用理论指引指导实践，从实践中总结归纳理论，始终坚持理论与实践相结合，是中国共产党百年经济治理的宝贵经验。毛泽东思想为经济治理奠定良好基础。基于对国内外形势的判断，以及吸收苏联的"计划经济"发展模式的思想，新中国成立之后选择计划经济体制，这虽然存在一定的历史局限性，但在当时是唯一正确的选择②。根据马克思主义的观点，确立高投资率是迅速增长的必要条件，依靠工人和群众的主人翁意识和主观能动性，我国实施了人口政策、经济增长政策、农村机构政策和国际经济政策等③。计划经济体制"集中力量办大事"的优势，使新中国经济在短时间内迅速得以恢复并走上正轨，我

---

① 丁俊萍：《党的领导是中国特色社会主义最本质的特征和最大优势》，《红旗文稿》2017年第1期。韩冰：《论坚持党对一切工作的领导》，《毛泽东邓小平理论研究》2018年第11期。吴家庆、瞿红：《论党的领导是中国特色社会主义制度的最大优势》，《当代世界与社会主义》2019年第5期。
② 陈甫军：《中国为什么在50年代选择了计划经济体制》，《中国经济史研究》2004年第3期。
③ 约翰·伊特韦尔、默里·米尔盖特、彼得·纽曼编《新帕尔格雷夫经济学大辞典》第2卷，经济科学出版社，1996。

国用不到 30 年的时间就基本建成了一个独立、门类比较齐全的社会主义现代工业体系①，为改革开放至党的十八大时期的经济腾飞，以及新时代全面建设社会主义现代化国家奠定了良好的物质基础。邓小平理论为改革开放后的经济治理确立基调。邓小平理论中关于经济治理内容的方方面面，其中最为重要的是关于社会主义市场经济的论述。传统的观念认为，市场经济带有资本主义属性，计划经济则带有社会主义属性，邓小平认识到市场经济完全可以与社会主义相结合，"只有资本主义的市场经济，这肯定是不正确的。社会主义为什么不可以搞市场经济，这个不能说是资本主义"②。此后，他提出："计划经济不等于社会主义，资本主义也有计划；市场经济不等于资本主义，社会主义也有市场。计划和市场都是经济手段。""把计划经济和市场经济结合起来，就更能解放生产力，加速经济发展。"③ 在这些观点的影响和启发下，党的十四大正式提出建立社会主义市场经济体制的目标，这是改革开放后经济治理的基调。习近平新时代中国特色社会主义思想指引经济治理迈向更高阶段。经过多年快速发展，中国经济总量已经跃居世界第二位，要素投入效率下降和环境约束成为经济增长的痛点。在中国经济转型的关键时期，习近平新时代中国特色社会主义思想提出新发展阶段、新发展理念、新发展格局等战略性方向，以及供给侧结构性改革、高质量发展等策略性方针，指引经济治理迈向更高阶段。

（三） 紧紧围绕和积极破解社会主要矛盾

生产力和生产关系、经济基础和上层建筑的矛盾，决定社会的基本属性，属于社会基本矛盾。在不同意识形态的国家、不同发展阶段，社会基本矛盾的表现形态存在差异，由此形成社会主要矛盾。社会主要矛

---

① 杨琰：《新中国工业体系的创立、发展及其历史贡献》，《毛泽东邓小平理论研究》2019 年第 8 期。

② 资料来源：1979 年 11 月 26 日邓小平会见美国不列颠百科全书出版公司编委会副主席吉布尼和加拿大麦吉尔大学东亚研究所主任林达光等人时的谈话，详见《邓小平文选》第 2 卷，人民出版社，1994，第 236 页。

③ 《邓小平文选》第 3 卷，人民出版社，1993，第 373、148~149 页。

盾是一个政党开辟道路、形成战略、制定路线的基本依据①。新民主主义革命时期，中国共产党认识到帝国主义和中华民族的矛盾、封建主义和人民大众的矛盾是社会主要矛盾，因而实施服务于战争的经济治理；社会主义改造完成后，社会主要矛盾发生变化，经济建设开始被提上日程；改革开放以后，人民日益增长的物质文化需要同落后的社会生产之间的矛盾是社会主要矛盾，社会亟须解放和发展生产力；迈入新时代，社会主要矛盾转变为人民日益增长的美好生活需要和不平衡不充分的发展之间的矛盾，相应的政策都要基于解决社会主要矛盾而制定。当然，党在八大后一段时间，对社会主要矛盾的认识出现了一定偏差，认为"在由资本主义过渡到共产主义的整个历史时期（这个时期需要几十年，甚至更多的时间）存在着无产阶级和资产阶级之间的阶级斗争，存在着社会主义和资本主义这两条道路的斗争"②。"以阶级斗争为纲"的错误方针占据主流，导致当时的经济治理陷入停滞甚至倒退。从正反两方面的实例可以看出，正确把握社会主要矛盾有利于经济治理，错误认识社会主要矛盾将造成巨大损失。即使有过短暂的错误认识，中国共产党也能够很快调整，始终以社会主要矛盾为抓手，制定经济治理的战略、规划、方案。特别是新时代的社会主要矛盾，体现着从总量向结构的转变。在横向维度方面，将物质文化生活，扩展至民主、公平、正义、安全等；在纵向维度方面，将数量的增加，扩展至质量的提升③。

（四）始终坚持用发展的眼光看问题

发展观是关于发展的总的看法和系统化观点，反映一定时期经济社会发展的导向。中国共产党学习吸收马克思的辩证唯物主义，坚持用发展的眼光看问题。关于发展的实质，发展是新事物不断产生和旧

---

① 颜晓峰：《论新时代我国社会主要矛盾的变化》，《中共中央党校（国家行政学院）学报》2019 年第 2 期。

② 《建国以来重要文献选编（1962）》第 15 册，中央文献出版社，1997，第653 页。

③ 高培勇等：《高质量发展背景下的现代化经济体系建设：一个逻辑框架》，《经济研究》2019 年第 4 期。

事物不断灭亡的过程。自然界和人类社会都在不断发展，其间伴随着新旧事物的螺旋交替，这在百年经济治理中多有体现。以经济治理基础的变化为例，"三大改造"基本完成后，"三座大山"的旧矛盾基本灭亡，但产生经济文化或物质文化的需要和社会生产之间的新矛盾，伴随改革开放至党的十八大时期经济社会快速发展，经济文化或物质文化的需要和社会生产之间的矛盾变成了旧矛盾，又产生了人民日益增长的美好生活需要和不平衡不充分的发展之间的新矛盾。再以经济治理外部环境为例，从战争和封锁，到和平与发展，再到不稳定性不确定性，体现出新旧矛盾交替出现。从社会主义本质看，发展的实质中也蕴藏着新旧事物交替。社会主义的本质是解放生产力，发展生产力，消灭剥削，消除两极分化，最终达到共同富裕。这个本质中的解放生产力和发展生产力是为了产生新事物，消灭剥削和消除两极分化是为了消灭旧事物。关于发展的动力，发展是由事物内部的矛盾性决定的。外部对事物发展固然存在一定的影响，但事物的发展取决于其内部的矛盾性。经济治理百年，国际环境风云变幻，但内部才是中国发展的动力。正是基于这样的认识，中国共产党历来强调"独立自主、自力更生"，中国要发展，最终靠自己，走自力更生的道路。当然，中国共产党并不排斥外部资源，相反会充分利用好外部资源，从争取国际支持到实行改革开放，再到用好国内国际两个市场、两种资源，以及构建新发展格局，都是用好外部来发展内部的最好例证。关于发展的主体，人民群众是历史的创造者。人民性是马克思主义最鲜明的品格，历史唯物主义群众史观提出人民群众是历史的创造者，第一次彻底解决了人民群众在历史中的作用的问题。在革命、建设、改革各个历史时期，中国共产党坚持紧紧依靠人民，许多改革来自基层群众的自发推动，属于自下而上形成的改革。

（五）始终坚持目标导向与动态调整

近代以来，中华民族无数仁人志士将国家现代化作为追求的理想和目标，中国共产党百年经济治理演变，也是对国家现代化追求的具体实践。不论是"经济服务于战争"，还是"多快好省"地发展国民经济，以及全面建设小康社会、实现高质量发展等，都是为了实现国家现代化，这是中国共产党始终坚持的目标导向。从经济发展水平看，部分西方国家通过多次工业革命，较早地实现了诸多领域的现代化目标，但是实现现代化的路径并非唯一。中国对现代化经历了实践、认识、再实践、再认识的螺旋反复过程，也经历过正确与错误、成功与失败、顺利与曲折交错的过程①，但中国的确走了一条与众不同的、独特的现代化道路，创造了属于自己的现代化发展经验②。并且，中国共产党具有马克思主义与时俱进的理论品格，在百年经济治理中能够动态调整。在《共产党宣言》1872 年德文版序言中，马克思恩格斯写道，"不管最近 25 年来的情况发生了多大的变化，这个《宣言》中所阐述的一般原理整个说来直到现在还是完全正确的。……这些原理的实际运用，……随时随地都要以当时的历史条件为转移"③。这说明马克思主义并非教条指南，而是随着时代、实践和科学的发展而不断发展的。以经济治理理念为例，不同阶段社会主要矛盾不同，经济治理理念也会相应作出调整。革命战争年代，中国共产党团结工人、农民等一切可以团结的力量，当时土地问题是经济治理的根本性问题，因而需要以土地革命为核心；社会主义革命和建设年代，需要快速恢复和发展经济，但又不能超越经济规律，因而确立了"在综合平衡中稳步前进"的理念；改革开放之初，物质资料仍不丰富，经济发展水平低下，只有通过发展，才可能解决社会主要矛盾和推进现代化进程，因而将综合平衡的理念转变为"发展才是硬道理"；党的十八大后，中国经济跃上新台阶，数量问题依然重要，但质量问题更为突出，所以确立了新发展理念。再以经济治理步骤为例，革命战争年代的经济治理不存在明确的步骤，经济完全为战争服务；社会主义革命和建设时期提出力争全面实现现代化的时间节点是 20 世纪末；改革开放后确立的"三步走"战略认为，到 21 世纪中叶基本实现现代化目标；

① 胡鞍钢：《中国现代化之路（1949~2014）》，《新疆师范大学学报》（哲学社会科学版）2015 年第 2 期。

② 马敏：《现代化的"中国道路"——中国现代化历史进程的若干思考》，《中国社会科学》2016 年第 9 期。

③ 《马克思恩格斯文集》第 2 卷，人民出版社，2009，第 5 页。

党的十八大后，基于对我国发展实际和国内国际环境变化的综合研判，我国将基本实现社会主义现代化进程提前了15年，即到2035年基本实现社会主义现代化目标，而到2050年要努力实现社会主义现代化强国目标。这些都体现了中国共产党在经济治理方面既能坚持目标导向，又能根据发展变化动态调整发展思路和目标。

三　百年经济治理对未来发展的启示

在中国共产党成立百年之际，我国取得了脱贫攻坚战的全面胜利，创造了彪炳史册的人间奇迹，在完成全面建成小康社会的目标后，展望未来，中国共产党将把握百年经济治理规律，立足新发展阶段，贯彻新发展理念，构建新发展格局，为实现全面建设社会主义现代化国家的目标而继续努力奋斗。

（一）立足新发展阶段

"十四五"时期我国将开启全面建设社会主义现代化国家新征程，向第二个百年目标奋进，这是我国的新发展阶段。与过去的发展阶段相比，新发展阶段主要"新"在五个方面。一是"新"发展基础。我国社会主要矛盾已经转化为人民日益增长的美好生活需要和不平衡不充分的发展之间的矛盾，这是新发展阶段的主要基础。同时，我国GDP突破百万亿元大关、人均GDP突破1万美元，拥有雄厚的物质基础；已经完成现行标准下农村贫困人口全部脱贫任务，劳动年龄人口约9亿，平均受教育年限达到10.8年，拥有丰富的人力资源；我国是世界上唯一拥有联合国产业分类中全部工业门类的国家，拥有完善的产业体系。这些都是新发展阶段的重要基础。二是"新"发展环境。当今世界正经历百年未有之大变局，国际层面主要表现为不稳定性不确定性明显增加，国内层面主要表现为发展不平衡不充分问题，叠加新冠肺炎疫情的冲击，我国发展环境面临深刻复杂变化。三是"新"发展目标。高质量发展成为主题，供给有质量、需求有品质，投入有效率、产出有效益，流通有循环、分配有保障，全面建设社会主义现代化国家成为追

求。四是"新"发展理念。创新、协调、绿色、开放、共享的新发展
理念，体现着改革开放以来的发展经验，反映着深化认识发展规律，为
"十四五"时期甚至未来更长时间的发展思路和着力点提供指引。五是
"新"发展步骤。在完成全面建成小康社会的目标后，到 2035 年，综
合实力大幅提升，人均 GDP 达到中等发达国家水平，基本实现社会主
义现代化；到 2050 年，综合实力全面提升，基本实现全体人民共同富
裕，建成社会主义现代化强国。

（二）贯彻新发展理念

党的十八届五中全会提出的创新、协调、绿色、开放、共享，成为
"十四五"时期和未来很长一段时期需要贯彻的新发展理念。其一，坚
持创新发展。近代以来世界经济的发展，都离不开创新这一关键核心要
素，当今世界的经济社会发展更是依赖各领域创新。要抓住创新作为经
济社会发展动力的"牛鼻子"，通过强化国家战略科技力量、提升企业
技术创新能力、激发人才创新活力、完善科技创新体制机制等改革措
施，实现科技自立自强。其二，坚持协调发展。联系具有客观性、普遍
性和多样性，整个世界相互联系、相互作用，协调既是发展的手段又是
发展的目标，还是发展的评价标准和尺度。要优化国土空间开发保护新
格局，实施区域重大发展战略、区域协调发展战略、城乡协调发展战
略，推进以人为核心的新型城镇化，实现城乡区域均衡充分发展。其
三，坚持绿色发展。人类发展活动要以尊重、顺应和保护自然为前提，
这是必须遵守的规律。要加快推动绿色低碳发展，力争 2030 年前实现
碳达峰、2060 年前实现碳中和，继续打好污染防治攻坚战，持续改善
环境质量，提升生态系统质量和稳定性，全面提高资源利用效率，实现
人与自然和谐共生。其四，坚持开放发展。经济全球化是不可逆的时代
潮流，通过对外开放，可以充分吸收借鉴先进发展经验、学习运用先进
科学技术成果。要在更大范围、更宽领域、更深层次继续推进对外开
放，以"一带一路"为抓手，建设更高水平的开放型经济新体制，积
极参与全球经济治理体系改革，实现合作共赢。其五，坚持共享发展。
人民是推动发展的根本力量，以共享理念践行以人民为中心的发展思

想。要提高人民收入水平，努力跨越"中等收入陷阱"，扎实做好"六稳"工作、全面落实"六保"任务，完善就业、教育、医疗、养老、健康、社会保障和社会治理机制，改善人民生活品质。

（三）构建新发展格局

加快构建以国内大循环为主体、国内国际双循环相互促进的新发展格局，是根据我国发展阶段、环境、条件变化作出的战略决策，是事关全局的系统性深层次变革[①]。我国拥有超大规模市场的优势，体现在规模庞大的青壮年人口数量、超大规模的消费市场、超大规模的科技创新和技术产业化应用场景、体系多元的金融市场和超大纵深的区域优势等方方面面。一是畅通国内大循环。要"破堵点"，目前我国还存在一些行业垄断和地方保护问题，这是国内大循环的"堵点"，要着力打破不合理的垄断，强化反垄断和防止资本无序扩张；要"改痛点"，妨碍生产要素市场化配置和商品服务流通的因素依然存在，要继续用足用好改革这个关键一招，统筹跨周期、跨区域、跨行业的顶层设计；要"连循环点"，生产、分配、流通、消费四个环节作为循环的节点，尚有不畅通之处，要建立高效的现代流通体系，不断提高流通效率。二是促进国内国际双循环。在立足国内大循环的同时，还需促进国内国际双循环。要建设国内国际统一的制度，促进内外经济法律法规、监管体制、标准认证等的衔接统一；要吸引全球优质资源要素，发挥比较优势，充分利用国内国际两个市场、两种资源，促进内需和外需、进口和出口、引进外资和对外投资协调发展。三是全面促进消费和拓展投资空间。坚持扩大内需战略基点，推动传统消费转型升级，推进新型消费创新发展，融合线上线下消费；保持投资合理增长，优化投资结构，将投资向基础设施、农业农村、生态环保等短板领域倾斜，将投资向重大战略项目倾斜，发挥政府投资和民间投资的双重牵引作用。

---

① 《习近平：推动更深层次改革实行更高水平开放　为构建新发展格局提供强大动力》，《光明日报》2020年9月2日。

全面深入理解"两个结合"的核心要义和思想精髓[*]

韩庆祥

无论从理论上还是从实践上说,坚持和推进马克思主义中国化都是中国共产党百年奋斗历程中必须着力做好的根本工作。习近平总书记在庆祝中国共产党成立 100 周年大会上的讲话(以下简称"'七一'重要讲话")中鞭辟入里地指出,必须继续推进马克思主义中国化,坚持把马克思主义基本原理同中国具体实际相结合、同中华优秀传统文化相结合(以下简称"两个结合")①。这一重要论断,深化了对马克思主义中国化的认识,体现了对"两个结合"及二者关系的深刻认知,表达了对中国具体实际和中华优秀传统文化及二者关系的深入理解。

一 为什么必须坚持"两个结合"

我国理论界对"两个结合"进行了较为深入的研究。一种观点认为,马克思主义与中国传统文化的结合是可能的,原因在于二者在实践理性、价值取向、社会理想等方面具有一致性。但也有学者对"一致说"提出不同看法,认为正是这种被诠释出来的所谓"一致性",阻碍

---

* 国家社会科学基金项目"坚持马克思主义基本原理同中国具体实际相结合、同中华优秀传统文化相结合重大理论问题研究"(21QZH034)的阶段性成果。本文原载于《马克思主义研究》2021 年第 10 期,收入本书时有改动。

① 参见习近平《在庆祝中国共产党成立 100 周年大会上的讲话》,人民出版社,2021,第 13 页。

了人们对马克思主义进行全面正确的理解。马克思主义与中国传统文化相结合，主要是指马克思主义要汲取中国传统文化的精髓，而中国化的马克思主义如毛泽东思想、邓小平理论等，事实上都汲取了中国传统文化的积极内容。在学术研究中，学术界提出了关于马克思主义中国化的必然性问题。有学者一针见血地指出，马克思主义中国化之所以具有必然性，是因为它既是近代中国社会和中国革命发展的必然结果，也是马克思主义的内在要求，还是中国具体实际的客观需要。

为什么必须坚持"两个结合"？汲取理论界已有研究成果，笔者以为至少需要从三方面进行深入分析。

（一）马克思主义经典作家三番五次强调要注重"结合"

马克思主义本质上是一种源于实践又回到实践以指导实践、改变现实的理论，是注重事物自身（存在）之内在的普遍联系、矛盾运动、发展过程且从中生长出的理论，因而是发展着的马克思主义，它摒弃把马克思主义理论作为一种公式、标签、套语来剪裁任何事物的教条主义。这种教条主义，实质上属于"外在反思"思维。

第一，马克思恩格斯实现的哲学变革，实质上就是摒弃用头脑臆想的人为联系代替事物自身的客观联系，创立唯物主义辩证法。马克思恩格斯以前的旧哲学如形而上学、思辨哲学，往往用头脑臆想的人为联系代替事物自身的客观联系，在历史领域走向唯心主义。马克思恩格斯在理论上毕生秉持的本心，就是把唯心主义从历史领域赶出去。于是，他们秉本执要，首要关切的是确立唯物主义在历史领域的权威。在这个意义上，他们对费尔巴哈的唯物主义"不满意抽象的思维"给以欢喜若狂的评价，认为这种唯物主义能使人们看到历史领域的客观性[①]，能透过被纷繁复杂的意识形态所掩盖的种种假象，看到历史领域中事物自身的现实联系。马克思恩格斯确立的唯物主义辩证法，本质上就是摆脱"主观臆想"进而通达"事物自身"，力求呈现、确证事物自身之内在的普遍联系、矛盾运动和发展过程。现代唯物主义世界观，就是运用唯物

---

① 参见《马克思恩格斯选集》第1卷，人民出版社，2012，第139页。

主义辩证法揭示、解释人的感性生活世界而生成的范畴，因为它超越了主观人为的臆想联系，揭示了人的感性生活世界本身的普遍联系。它表明，认识世界和分析事物，首先应立足于现实生活世界，从客观实际出发，而不是从原则出发。

第二，《共产党宣言》（以下简称《宣言》）的基本原理的实际运用要随时随地以当时的历史条件为转移。马克思恩格斯合写的《宣言》的问世，是马克思主义诞生的标志。在《宣言》1872年德文版序言中，马克思恩格斯指出：《宣言》所阐发的"这些原理的实际运用，正如《宣言》中所说的，随时随地都要以当时的历史条件为转移，所以第二章末尾提出的那些革命措施根本没有特别的意义"①。《宣言》一般原理的实际运用因历史条件的不同而不同，这是《宣言》反复强调的。列宁也郑重其事地指出："这些原理的应用具体地说，在英国不同于法国，在法国不同于德国，在德国又不同于俄国。"② 同理，这些原理的应用，在中国既不同于西欧，也不同于俄国，因为中国国情具有鲜明的特殊性，所以毛泽东强调，马克思主义必须中国化。这表达了马克思主义经典作家对《宣言》的基本原理的运用所坚持的态度和方法。比如，我们应深刻认识到，《宣言》的一个基本原理就是消灭资本主义私有制，对此任何时候都不能怀疑和动摇。离开了这一条，就从根本上背离了《宣言》，离开了马克思主义。因此，对《宣言》中的有关论述，我们必须结合实际，不应把它当作教条来理解。

第三，不能把马克思关于西欧资本主义起源的历史概述变成一般发展道路的历史哲学理论。当时德国、法国、俄国的许多青年学者常对马克思的理论产生误读和误解。俄国的米海洛夫斯基等人，就把马克思关于西欧资本主义起源的历史概述彻底变成一般发展道路的历史哲学理论，认为一切民族，不管其所处的历史环境如何，都注定要走这条路。对此，马克思理直气壮地声明："但是我要请他原谅。他这样做，会给我过多的荣誉，同时也会给我过多的侮辱。"③ 德国还有一些人打着

---

① 《马克思恩格斯选集》第1卷，人民出版社，2012，第376页。
② 《列宁选集》第1卷，人民出版社，2012，第274~275页。
③ 《马克思恩格斯选集》第19卷，人民出版社，1963，第130页。

马克思主义旗号宣扬非马克思主义，以致马克思怫然不悦地说："我播下的是龙种，而收获的却是跳蚤。"① 针对德国一些青年学者把马克思的理论当作现成的公式、标签、套语贴到各种事物上去而不再作进一步研究的倾向，马克思慎思明辨地声明：如果这样做，并把这样做当作马克思主义，那么，"我只知道我自己不是马克思主义者"②。这表明：真理是有条件的，具有相对性，马克思坚决反对把现成的公式套到一切事物上去并用之剪裁各种事实的倾向，强调要从具体实际条件出发分析问题。

第四，不要把他们的世界观当作教义，而应当作方法。恩格斯一再强调要正确对待马克思和他所创立的理论。恩格斯晚年在关于历史唯物主义的书信和《反杜林论》中反复指出：不应当把他们的整个世界观当作教义，而应当作方法，它提供的不是现成的教条，而是进一步研究的出发点和供这种研究使用的方法③。又指出："原则不是研究的出发点，而是它的最终结果。"④ 这些重要论述旗帜鲜明地表达了这样一种态度：坚决反对把他们的理论教条化，当作现成的公式来剪裁各种历史事实；认为每个国家运用马克思主义时，都必须穿起本民族的服装。

第五，世界各个国家和民族走向社会主义有不同方式。列宁是坚持和发展马克思主义的典范。这体现在他注重把马克思主义基本原理同俄国具体实际相结合。在谈到落后国家如何走向社会主义时，列宁强调："一切民族都将走向社会主义，这是不可避免的，但是一切民族的走法却不会完全一样，在民主的这种或那种形式上，在无产阶级专政的这种或那种形态上，在社会生活各方面的社会主义改造的速度上，每个民族都会有自己的特点。"⑤ 这表明，不同时代和实践的发展、各国生产力发展状况和社会发展阶段，是社会主义建设道路多样化的现实原因，历史、文化、传统的异质性，是不同国家社会主义建设道路多样性的根源。

---

① 《马克思恩格斯选集》第 4 卷，人民出版社，2012，第 603 页。
② 《马克思恩格斯选集》第 4 卷，人民出版社，2012，第 603 页。
③ 参见《马克思恩格斯选集》第 4 卷，人民出版社，2012，第 664 页。
④ 《马克思恩格斯选集》第 3 卷，人民出版社，2012，第 410 页。
⑤ 《列宁选集》第 2 卷，人民出版社，2012，第 777 页。

（二）中国革命、建设、改革实践的经验教训启迪我们必须注重"结合"

如果说马克思主义经典作家强调把他们提出的基本原理同具体历史条件、各国实践相结合，那么，中国共产党人则在实践上更加自觉地强调马克思主义基本原理必须同中国具体实际相结合，认为只有这种结合才能既克服教条主义、避免狭隘经验主义，又解决中国问题。

第一，新民主主义革命时期，我们党反对把马克思主义教条化，强调马克思主义基本原理必须同中国革命具体实际相结合。新民主主义革命时期，我们党遇到的首要问题，是如何选择中国革命的道路，这是中国革命"向何处去"的问题。当时党内存在教条主义倾向，以王明为主要代表的一些人热衷于从书本中找答案，认为中国革命必须走城市武装暴动的道路，结果导致革命屡屡受挫。以毛泽东同志为主要代表的中国共产党人坚持把马克思主义基本原理同中国革命具体实际相结合，根据当时中国农民最多、农民最穷、农民的革命性最坚决的具体实际，强调中国革命要走"农村包围城市、武装夺取政权"的道路，结果使中国革命转危为安。针对在中国革命问题上的教条主义，毛泽东同志发表了《实践论》《矛盾论》，强调理论与实践相结合、普遍与特殊相结合，着重阐述了理论和实践（知和行）、普遍和特殊（共性和个性）的辩证关系，指出关于共性和个性的关系，是事物矛盾的精髓，不懂得它，就等于抛弃辩证法。毛泽东同志在《矛盾论》中，在坚持矛盾具有普遍性的前提下，着重从五个方面谈论矛盾的特殊性。这两部著作，为马克思主义基本原理同中国具体实际相结合奠定了坚实的哲学基础。

第二，社会主义革命和建设时期，我们党强调走自己的路。1956年，我国基本确立了社会主义制度，开始探索社会主义建设道路。如何建设社会主义，建设社会主义应走什么样的道路，一开始，既没有现成的经验可以借鉴，也没有既成的模式可以遵循。当时，苏联在社会主义建设方面是我们所谓的"老大哥"。于是，当时就注重"向苏联学习"，学习社会主义建设的"苏联模式"。经过一段时期的实践，我们发现这种模式不完全适合中国国情，导致我国社会主义建设出现一些曲折。中国共产党人经过认真反思和总结,深刻认识到中国社会主义建设必须"走自己的路"。于是,毛泽东根据当时中国具体实际,发表了《论十大关系》,确定了中国建设社会主义必须处理好的十大关系。《论十大关系》是确定我国社会主义建设"走自己的路"的理论基础和基本内容。

第三,改革开放和社会主义现代化建设时期,我们党强调解放思想、实事求是。1978 年,我国开启改革开放和社会主义现代化建设新时期。当时我国改革开放面临的最大阻力,是"左"的思潮和倾向,其本质特征,就是从本本中找答案、从语录中找结论、从权威中找出路。这种从本本出发的教条主义影响着我国改革开放和社会主义现代化建设。不冲破这重阻力,就迈不开改革开放和社会主义现代化建设新步伐。针对这种倾向,邓小平同志发表了《解放思想,实事求是,团结一致向前看》。其实质,就是力求打破本本主义、教条主义束缚,确立解放思想、实事求是的党的思想路线,注重从中国具体实际出发认识中国国情。要而言之,就是把马克思主义基本原理同中国具体实际相结合。

(三) 唯物辩证法的精髓是注重"结合"的哲学基础

马克思恩格斯把黑格尔的辩证法与费尔巴哈的唯物主义有机结合起来,确立了唯物辩证法。唯物辩证法具有现实特质,本质上是注重"事物自身的辩证法",其任务就是揭示事物内部的普遍联系、矛盾运动和发展过程。

列宁的《哲学笔记》是唯物辩证法的代表作。列宁指出,辩证法的第一要素,就是首先要关注"自在之物本身",即事物自身的客观性,还要关注事物自身的运动、发展,即事物发展的辩证法①。在《谈谈辩证法问题》中,列宁以马克思的《资本论》为例,着重谈论一般和个别的关系,强调"一般只能在个别中存在,只能通过个别而存在。任何个别(不论怎样)都是一般。任何一般都是个别的(一部分,或一方面,或本质)"②。就是说,普遍性离不开特殊性,普遍性寓于特殊性之中,

---

① 参见《列宁选集》第 2 卷,人民出版社,2012,第 411 页。
② 《列宁选集》第 2 卷,人民出版社,2012,第 558 页。

并通过特殊性表现出来。显然，这是为普遍同特殊相结合、一般同个别相结合提供哲学基础①。从本质来说，马克思主义基本原理具有普遍性、一般性，必须坚持。然而，这种普遍性、一般性不是抽象的，而是具体的，它只有通过特殊的具体实际才能体现出来。

毛泽东沿着列宁的思路继续走下去，在其唯物辩证法的代表作《矛盾论》中，更为鲜明地强调普遍和特殊、共性和个性的关系，注重普遍与特殊、共性与个性相结合，认为关于共性和个性的关系就是事物矛盾的精髓，当然也是辩证法的精髓②。把这种关系上升到"精髓"的高度，其实质就是为马克思主义基本原理同中国具体实际相结合提供哲学基础。

邓小平把解放思想、实事求是确立为党的思想路线。这意味着要从中国具体实际出发看待事物、分析问题，这为马克思主义中国化提供了理论依据，即马克思主义必须同中国具体实际相结合。

通过上述梳理，我们可得到两点深刻认识。第一，中国需要马克思主义，需要以马克思主义之"矢"放中国之"的"。马克思主义作为从人类社会历史发展的客观实际中抽象出来的基本原理，具有普遍性，为中国共产党人认识世界和改造世界提供了行动指南，是我们立党立国的根本指导思想，是我们党的灵魂和旗帜。第二，从实践中生长出的马克思主义基本原理还必须通过广大人民群众的实践回到中国具体的现实环境中落地、扎根，只有同中国具体实际相结合，运用于现实世界才能发挥其指导作用。脱离现实世界，离开具体条件，马克思主义基本原理的普遍性就无从谈起。

二 怎样理解"两个结合"的内涵及其实质

谈结合，究竟要结合"什么"？强调结合的"实质"又是什么？结合会产生何种成果？有研究成果强调，马克思主义中国化有三层含义，即马克思主义基本原理同中国具体实际相结合，包括同中国实践、中国历史

① 参见《列宁选集》第2卷，人民出版社，2012，第558页。
② 参见《毛泽东选集》第1卷，人民出版社，1991，第319页。

传统、中国传统文化相结合三个基本方面①。有学者指出，马克思主义中国化包括两层含义，即马克思主义基本原理同中国具体实际相结合、同时代特征相结合，集中表现为实践性和时代性。这表明我国理论界已经提出马克思主义基本原理要结合中国实践（中国具体实际）、中国历史传统、中国传统文化的内涵，其中包括马克思主义基本原理"两个结合"的内涵②。

中国具体实际是中国历史传统的当代呈现，时代特征也蕴含在中国具体实际之中，就是说，从中国具体实际中可以分析出中国的历史传统和时代特征；而且，影响中国以及中国具体实际的基因是中国传统文化，中国传统文化是中华民族的血脉，是中国人一切行为的底蕴。所以，习近平总书记在"七一"重要讲话中提出的"两个结合"具有代表性，具有典型样本意义。把现有理论界研究成果作为思想资源，可从下述三个层面理解习近平总书记在"七一"重要讲话中提出的"两个结合"的内涵及其实质。

马克思主义中国化具有"中国化""化中国""理论成果"三个根本维度和三个层次的内涵，三者既有区别又有联系。从结合的重要性来讲，当然应先讲"化中国"，即从现实维度讲马克思主义基本原理同中国具体实际相结合，其实质，就是使马克思主义在中国开花、结果，既寻求正确的中国道路，以解决中国社会主要矛盾和中国问题，推进中国历史进步，也创新发展马克思主义；若从结合的历史逻辑来说，可以先分析"中国化"，即马克思主义基本原理同中华优秀传统文化相结合，因为马克思主义基本原理只有首先在中国落地、扎根（"中国化"），然后才能开花、结果（"化中国"），而在中国落地、扎根，就要先从历史维度来讲马克思主义基本原理同中华优秀传统文化相结合，其实质，就是既使马克思主义在中国落地、扎根，又运用马克思主义立场、观点、

---

① 参见韩庆祥、陈远章《论马克思主义中国化时代化大众化》，天津人民出版社，2020，第27页。

② 参见汪信砚《新世纪马克思主义中国化研究述评》，《马克思主义研究》2008年第3期。

方法对中华优秀传统文化进行创造性转化和创新性发展；从理论维度来讲，这"两个结合"会产生中国化马克思主义这一创新成果。这里，"中国化"、"化中国"和"理论成果"的逻辑关系是，只有先解决"中国化"问题，才能解决"化中国"问题，"中国化"的目的是"化中国"，"中国化"和"化中国"会产生中国化马克思主义这一"理论成果"。

（一）马克思主义基本原理同中华优秀传统文化相结合，使马克思主义在中国落地、扎根，此可谓"中国化"

其一，马克思主义基本原理同中华优秀传统文化相结合，具有结合的现实性。马克思主义与中华优秀传统文化具有基因"契合性"和价值"一致性"，因而能在中国落地、扎根。中华优秀传统文化的精髓是强调世界大同、协和万邦、兼济天下、和衷共济、民为邦本，马克思主义在本质上追求人类解放、以人民为本、共同富裕、社会和谐、每个人自由而全面发展等。二者相通，构成马克思主义在中国落地、扎根的文化基础。

其二，马克思主义基本原理同中华优秀传统文化相结合，具有结合的必要性。一是马克思主义的本性要求。马克思主义具有在现实中落地、扎根、开花、结果的本性，其产生形成与实际运用必然要考虑落地、扎根、开花、结果的具体条件，其中包括文化土壤。二是马克思主义具有满足中国需要的实际功能。仅仅依靠中华优秀传统文化解决不了近代以来中国"向何处去"这一根本问题，历史和实践经验表明，只有运用马克思主义的立场、观点、方法，才能解决这一问题；马克思主义要解决这一问题，首先要在中国落地、扎根，被中国共产党人和中国人民理解和掌握，这就需要其同中华优秀传统文化相结合。三是实现伟大梦想的迫切需要。实现中华民族伟大复兴，迫切需要把广大人民群众团结凝聚起来，中华优秀传统文化具有这种功能，它是中华民族共有的精神血脉、精神家园和精神纽带[1]。

---

[1]　参见韩庆祥、陈远章《论马克思主义中国化时代化大众化》，天津人民出版社，2020，第25页。

其三，马克思主义基本原理同中华优秀传统文化相结合，还要精准确定结合的方式、方法。这种结合的方式、方法，就是在坚持马克思主义基本原理本质不变的前提下的"双方优势结合"和"双方功能互补"。任何结合都一定会有一个主导方，无论如何结合，主导方的本质基本上不能改变，否则就会不伦不类。马克思主义基本原理是结合的主导方，中国共产党人在任何时候都必须坚持。在此前提下，我们既要运用马克思主义立场、观点、方法，使中华优秀传统文化实现创造性转化和创新性发展，服务于实现中华民族伟大复兴，服务于有效应对世界百年未有之大变局，又要汲取中华优秀传统文化的积极因素，从而进一步丰富和发展马克思主义；既要充分发挥中华优秀传统文化的积极作用，使马克思主义在中国落地、扎根，又要运用马克思主义立场、观点、方法解决中国问题。毛泽东等老一辈革命家就是这方面的典范。比如，对中国哲学史上关于知与行的论争，关于两种发展观的争论，关于历史观上的道德与功利、动机与效果的讨论，他们都作出了科学的批判和总结。再比如，实事求是与思想路线、民本思想与群众路线、尚贤思想与干部路线、大同理想与构建人类命运共同体、崇德精神与党性修养、群体意识与集体主义、小康之治与小康社会等，均是我们对传统命题的创新性发展①。推进马克思主义中国化，就要对从孔夫子到孙中山的思想遗产进行全面批判的继承，让5000多年的思想史成为理论创新的文化血脉和取之不尽的精神资源。

其四，马克思主义基本原理同中华优秀传统文化相结合，还要确定结合的正确路径，即确定马克思主义在中国的具体实现方式。具体来说，就是使马克思主义基本原理具有中国式体现，使马克思主义基本方法论获得中国式运用，使马克思主义话语拥有中国式表达。实事求是既是马克思主义基本原理的中国式体现，也是马克思主义基本方法论的中国式运用，还是马克思主义话语的中国式表达。马克思主义的一条基本原理强调物质决定精神、社会存在决定社会意识，其中国式体现就是实事

---

① 参见韩庆祥、陈远章《论马克思主义中国化时代化大众化》，天津人民出版社，2020，第67~68页。

求是；马克思主义的一条基本方法论，是一切从客观实际出发，其中国式运用也是实事求是；辩证唯物主义基本原理的话语表达是客观存在决定主观意识，其中国式表达还是实事求是。

（二）马克思主义基本原理同中国具体实际相结合，使马克思主义在中国开花、结果，此可谓"化中国"

马克思主义基本原理同中国具体实际相结合更具有根本性，其内涵及实质可从两方面来理解。

其一，从"化什么"看，这涉及结合的根本环节。马克思主义基本原理同中国具体实际相结合，主要包括"谁来化""化什么""怎么化""化出什么"四个根本环节。这里的"化"，既指使基本原理化为某种结果的一种努力和过程，也指使基本原理具有某种状态。从其内涵和实质来讲，最值得我们关切的是"化什么"。"化什么"既是主体与客体互动性的内在统一，又是过程与结果的有机统一。马克思主义基本原理同中国具体实际相结合，就是"化基本原理"与"化具体实际"的有机统一。

"化基本原理"，绝不是消解马克思主义，而是马克思主义基本原理要同中国具体实际相结合，即立足中国历史方位，直面中国社会主要矛盾，解决中国根本问题，使马克思主义成为具有中国风格的中国化马克思主义。这是用中国具体实际转化马克思主义基本原理，确定其在中国的具体实现方式，马克思主义基本原理是"化"的主题内容，中国具体实际是"化"的实现方式。

"化中国"，就是用马克思主义基本原理与中国化马克思主义武装全党、教育人民、指导实践，解决中国面临的社会主要矛盾和根本问题，改造中国实践，促进中国社会进步和人的全面发展，使中国化马克思主义成为中国共产党执政的理论基础和中国人民的精神武器。这是用马克思主义基本原理与中国化马克思主义"化中国"，马克思主义基本原理与中国化马克思主义是"化"的主体，中国实践是"化"的客体。

其二，从"马克思主义根本作用"看，坚持马克思主义基本原理同中国具体实际相结合，是因为马克思主义对满足国家发展需要、解决中国社会主要矛盾和根本问题具有十分重要的作用,中国需要用马克思主义之"矢"放中国之"的"。这就是习近平总书记"七一"重要讲话所强调的,在中国,中国共产党为什么能、中国特色社会主义为什么好,归根结底是因为马克思主义行①。

马克思主义行,首先是因为马克思主义基本原理行,它能使我们站在历史正确一边,掌握历史主动权。马克思主义基本原理具有穿越时空进而发挥指导作用的特质。掌握与不掌握马克思主义基本原理,实践效果大不一样。马克思主义基本原理的首要一条,就是社会基本矛盾原理。社会基本矛盾原理的一个核心要点,就是看生产关系与生产力、上层建筑与经济基础是否适合。所谓适合,就是一定的社会基本矛盾既能使经济社会发展充满动力和活力,也能使经济社会发展保持平衡与和谐,而当发展动能不足、发展失衡的时候,各种治理能跟上;所谓不适合,就是一定的社会基本矛盾既使经济社会发展缺乏动力和活力,也使经济社会发展失去平衡与和谐,当发展动能不足、发展失衡时,各种治理跟不上。其中所讲的经济社会发展的动力、平衡和治理状况,就是一定社会基本矛盾状况的具体体现,也蕴含着经济社会发展的一条基本规律。

我国改革开放和社会主义现代化建设,总体上遵循的就是这条规律,把社会基本矛盾原理作为行动指南,从而掌握了历史主动权:在改革开放之初,我国总体上相对注重激发经济社会发展的动力、活力;当经济社会发展出现某种不平衡、不和谐时,我们倡导以人为本、全面协调可持续和统筹兼顾的科学发展观,努力构建社会主义和谐社会;中国特色社会主义进入新时代,针对经济社会发展的某些动能不足并出现某种失衡的情境,我们积极推进国家治理体系和治理能力现代化,致力于解决发展不平衡不充分的问题。正因如此,我们党领导人民创造了世所罕见的经济快速发展奇迹和社会长期稳定奇迹,当今正致力于创造中国之治奇迹。

马克思主义行,其次是因为中国化马克思主义行,它立足中国历史方位,直面中国社会主要矛盾,解决中国根本问题,促进中国走向成功。

①　参见习近平《在庆祝中国共产党成立 100 周年大会上的讲话》,人民出版社,2021,第 13 页。

"中国共产党为什么能、中国特色社会主义为什么好、马克思主义为什么行"是一个有机整体，要彼此理解：中国共产党之所以能，是因为它使马克思主义行、使中国特色社会主义好；中国特色社会主义之所以好，是因为它使中国共产党能、使马克思主义行；马克思主义之所以行，是因为它使中国共产党能、使中国特色社会主义好。中国共产党人坚持把马克思主义基本原理同中国具体实际相结合、同中华优秀传统文化相结合，形成了中国化马克思主义，包括毛泽东思想、邓小平理论、"三个代表"重要思想、科学发展观、习近平新时代中国特色社会主义思想。这是"我们中国自己"的马克思主义，这样的马克思主义使中国共产党人立足中国国情，解决中国特色社会主义建设进程中出现的一系列矛盾和问题，进而促进中国走向成功。

马克思主义行，还是因为21世纪马克思主义行，它能使我们观察时代、把握时代、引领时代。21世纪马克思主义，是世界社会主义运动中心转移到当代中国而建构的，是为既能解决人类问题又能解释和引领21世纪的世界所贡献的科学理论体系，是中国理论走向世界的标志性符号。当今世界正经历百年未有之大变局，迫切需要理论解释。

面对整个世界的不确定性，首先要给出合理解释。在解释世界问题上，一段时间内，新自由主义拥有话语权，但面对世界百年未有之大变局，新自由主义出现解释困境。新自由主义在本质上奉行个人至上，注重个体力量，当个体力量面对系统力量、追求个人自由面对动荡变革的世界时，会力不从心。

相反，21世纪马克思主义却具有解释优势。21世纪马克思主义注重"人类主体性""群体协同性""命运共同性"，能以系统应对系统，以整体应对整体。面对系统的不确定性、动荡变革，需要全人类共同努力，需要集体力量、人民力量，需要个体服从整体和大局，需要团结合作、携手克难。21世纪马克思主义强调的正是"人类"与"群体"的协同性与主体性，强调系统整体，注重依靠集体力量、人民力量、团结合作力量，注重个体服从整体和大局，注重携手构建人类命运共同体。21世纪马克思主义能站在历史正确一边，以确定应对不确定。21世纪马克思主义注重运用系统思维、辩证思维和战略思维完整理解事物内部矛盾，把握事物的本质、发展趋势和规律，有助于从系统上正确处理一系列复杂矛盾关系，应对种种不确定。21世纪马克思主义是以和平发展、合作共赢为核心理念的科学理论体系，是注重携手构建人类命运共同体的科学理论体系，是注重以集体力量、人民力量、团结合作力量应对各种复杂的矛盾难题、障碍阻力、风险挑战的科学理论体系，它有助于解答社会主义与资本主义并存的21世纪和世界百年未有之大变局中的矛盾难题和人类问题，有助于我们观察时代、把握时代和引领时代。

（三）"两个结合"是创新发展马克思主义的根本路径

"两个结合"的第三种内涵，是针对把马克思主义教条化的倾向，强调马克思主义要与时俱进，要通过"两个结合"推进马克思主义创新发展，用中国化马克思主义指导中国实践。

在运用马克思主义解决中国社会主要矛盾和根本问题的过程中，需要完成的一个重要课题，就是防止把马克思主义教条化。在中国革命、建设和改革的历史进程中，不同程度地存在把马克思主义教条化的倾向。所谓教条主义，在本质上是一种主观与客观相分离、认识与实践相脱离、理论与实际相背离的主观唯心主义。其本质特征是：在没有完全理解和把握马克思主义的真正本质与具体实际的情况下，用"只言片语"替代"有机整体"；用"外在标签"替代"内在生成"；用"主观臆想"替代"现实联系"；用"公式套语"剪裁"具体现实"；把部分理论和具体结论看作普遍的"一般历史哲学"，以及包治百病的灵丹妙药；想问题、办事情，从抽象原则和书本公式出发，而不是从客观实际出发；离开中国国情、历史条件和具体实际，离开时代和实践的发展，固守马克思主义经典作家基于当时具体历史条件和实际情况得出的个别论断、具体结论；习惯于从经典作家的"只言片语"中寻求万古不变的公式和药方，并用之剪裁急剧变化的社会生活。教条主义是马克思主义中国化的"天敌"，是马克思主义基本原理同中国具体实际相结合、同中华优秀传统文化相结合的障碍，给中国革命、建设和改革带来了严重危害，其深刻教训使中国共产党人认识到："马克思主义理论从来不是教条，而是行动的指南。它要求人们根据它的基本原则和基本方法，不断结合变化着的实际，探索解决新问题的答案，从而也发展马克思主义理论本身。"①
这就要求我们在运用马克思主义立场、观点、方法解决中国社会主要矛盾和根本问题的进程中，必须反对把马克思主义教条化的倾向，不断推进马克思主义中国化，坚持马克思主义基本原理同中国具体实际、同中华优秀传统文化相结合，并创新中国化马克思主义，发挥中国化马克思主义在解决中国社会主要矛盾和根本问题中的重要作用。

中国的社会主义脱胎于政治经济相对落后的半殖民地半封建社会，既不同于马克思恩格斯所构想的在社会生产力高度发达基础上的社会主义，也不同于"苏联模式"特征的社会主义。在这样的国情下怎样建设社会主义，在马克思主义发展史上确实未曾遇到，也不可能从马克思主义的"本本"中找到现成答案。中国共产党人坚持把马克思主义基本原理同中国具体实际、同中华优秀传统文化相结合，创造性地回答了什么是马克思主义、怎样对待马克思主义，什么是社会主义、怎样建设社会主义，建设什么样的党、怎样建设党，实现什么样的发展、怎样发展，什么是新时代中国特色社会主义、怎样建设新时代中国特色社会主义等重大时代课题，探索了在经济文化相对落后的国家如何建设和发展社会主义的问题，从而推进马克思主义的创新发展，形成并发展了中国化马克思主义。

当今世界正处于动荡变革期，中国特色社会主义进入新时代，新情况新问题层出不穷。如何解决好中国式现代化进程中出现的各种矛盾和问题，为实现中华民族伟大复兴铺平道路？当代中国马克思主义、21世纪马克思主义需要作出积极回应。我们需要通过推进马克思主义基本原理同中国具体实际相结合、同中华优秀传统文化相结合，以创新发展当代中国马克思主义、21世纪马克思主义。

三　如何推进"两个结合"

当今最需要深入研究的，是如何推进马克思主义基本原理的"两个结合"。

---

① 《邓小平文选》第3卷，人民出版社，1993，第146页。

（一）需要系统深入总结并坚持推进马克思主义基本原理"两个结合"的重要经验

理论界对马克思主义基本原理的"两个结合"，尤其是同中国具体实际相结合的基本经验进行了总结。有的学者分别从理论前提、实践基础、必要条件、必由之路和重要保证五个方面进行概括：科学对待马克思主义，坚定马克思主义的信念，准确地理解马克思主义基本原理和中国具体实际；坚持实事求是，一切从国情实际出发，反对各种形式的教条主义；马克思主义要与时俱进、不断创新，要以发展眼光看待马克思主义和中国具体实际；始终坚持群众观点和群众路线，坚持以实现和发展最广大群众的根本利益为根本宗旨；加强中国共产党的理论建设，正确对待中国传统文化和现代文明成果，把世界性、时代性的内容与民族性的形式有机结合起来，形成鲜明的中国气派①。有的学者把与"两个结合"相关的基本经验概括为五条：真正了解中国实际，一切从中国国情出发；继承优秀历史文化，创造民族形式，形成中国气派；坚持世界眼光，吸收人类文明一切优秀成果；让马克思主义理论掌握群众，使之成为改造中国的强大物质力量；解放思想，与时俱进，不断总结实践经验，实现理论创新②。

在吸收理论界研究成果的基础上，总结并坚持推进马克思主义基本原理"两个结合"的经验，可从"中国化"本身和"三化"整体两方面入手。

就"中国化"本身而言，我们曾经认为，马克思主义基本原理"两个结合"的经验可概括为四个"着眼于"：以分析解决中国问题为中心，着眼于从历史发展阶段与社会主要矛盾来把握中国国情；着眼于从正确的政治方向，正确的思想路线，正确的价值标准，正确处理中国革命、

---

① 参见汪信砚《新世纪马克思主义中国化研究述评》，《马克思主义研究》2008年第3期。
② 参见石仲泉《继承优秀历史文化，创造马克思主义的民族形式，形成中国特色——马克思主义中国化基本经验之三》，《中国特色社会主义研究》2010年第3期。

建设和改革进程中出现的矛盾关系来把握中国历史经验；着眼于从符合历史规律且有利于社会进步和人的发展来把握中华优秀传统文化；着眼于从时间、空间和条件出发把握中国实践发展要求。具体来说，主要有以下方面。

从目的看，推进马克思主义基本原理"两个结合"的过程，实质上就是以解决中国问题为中心的过程。为了解决中国革命、建设、改革中的重大问题，确有推进"两个结合"的必要。

从总体看，推进"两个结合"首先要把握中国国情，中国国情在根本上可从历史发展阶段与社会主要矛盾来理解。不同历史发展阶段及其社会主要矛盾蕴含着不同的中国问题。

从历史看，推进"两个结合"需要做到"三个必须"：必须把握好正确的政治方向，必须坚持解放思想、实事求是的思想路线，必须确立并坚持判断推进"两个结合"成效的根本标准。

从推进"两个结合"的历史进程看，必须正确处理中国革命、建设和改革进程中出现的一系列矛盾关系，推动理论和实践不断发展。

从传统看，在推进"两个结合"进程中，必须考虑结合的"血脉"问题，即如何汲取中华优秀传统文化的积极因素，进行创造性转化、创新性发展。

从实践发展进程看，中国共产党人着眼于从不同历史方位、社会主要矛盾、所解决的根本问题、首要任务出发来把握中国实践发展新要求，进而推进"两个结合"。

就"三化"作为整体而言，也积累了一些基本经验。这里的"三化"，就是马克思主义中国化、时代化、大众化。推进"两个结合"的基本经验可概括为：推进"两个结合"只有体现时代发展要求和人民大众利益，才能得到顺利健康发展，离开时代发展就会落后于时代发展所要求的水平，离开人民大众利益，就得不到人民大众的认同。

推进"两个结合"实际上是推进马克思主义中国化的一条基本规律，它揭示了马克思主义中国化的"历史""现实""理论"三个根本环节，建立起了"历史""现实""理论"之间的本质联系，实现三者有机统一。

（二）需要把握中国具体实际的根本，确定结合点

推进马克思主义基本原理同中国具体实际相结合的方式，最为根本的就是理清"中国具体实际"的内涵，这涉及确定"结合点"的问题。

究竟什么是"中国具体实际"？"结合点"到底是什么？对此，不能知其然而不知其所以然。这是需要进一步理清的重要问题。不然，对"中国具体实际""结合点"的理解就会陷入人云亦云的境地。理解和把握"中国具体实际"，需要从"历史方位""社会主要矛盾""根本问题""中国道路"四个核心要素入手。

首先是"历史方位"，这是"中国具体实际"的时空维度。任何一种具体实际，都是一定历史时间中的实际，也是特定空间中的实际。中国的具体实际与美国的具体实际有很大差异，新民主主义革命时期的具体实际同改革开放和社会主义现代化建设时期的具体实际也有所不同。

其次是"社会主要矛盾"，这是"中国具体实际"的本质维度。人类活动错综复杂、千差万别、千变万化，但归根结底可以找到两个根本原点，即需求和供给。社会主要矛盾，表达的是一个社会的总体需求状况和供给状况以及供给满足需求的状况。一个社会的社会主要矛盾状况，是判断一个社会"基本国情"的主要依据之一，是判断一个社会整体发展状况的主要依据之一，是制定路线方针政策的主要依据之一，是党中央治国理政的基本依据，因而具有本质性。理解和把握"中国具体实际"，就必须把一定历史方位中的"社会主要矛盾"状况作为一个核心要素。因此，从毛泽东到习近平都十分关切"社会主要矛盾"。

再次是"根本问题"，这是"中国具体实际"的时代维度。科学解答时代问题是马克思主义出场的基本路径，创造性地回答时代课题是马克思主义发展的动力。如马克思所言："问题却是公开的、无所顾忌的、支配一切个人的时代之声。问题是时代的格言，是表现时代自己内心状态的最实际的呼声。"① 源自西方的马克思主义之所以能够在中国大地落地、扎根、开花、结果，其自身的科学性、革命性、实践性固然重

① 《马克思恩格斯选集》第 1 卷，人民出版社，1995，第 203 页。

要，但更为重要的是因为它契合了中国解决主要矛盾和"根本问题"的迫切需要。我们所解决的"根本问题"是社会主要矛盾的具体呈现，我们所讲的"根本问题"，背后都是社会主要矛盾使然。"中国具体实际"，自然包括一定历史方位所面临的社会主要矛盾及其蕴含的"根本问题"。中国共产党人在不同时期面临的时代课题，都与不同时期的社会主要矛盾及其所蕴含的"根本问题"直接相关。马克思主义基本原理同中国具体实际相结合，其首要目的，就是破解一定历史方位中的社会主要矛盾及其所蕴含的"根本问题"。中国共产党自诞生那一天起，就强调马克思主义基本原理同中国具体实际相结合，就是要运用马克思主义立场、观点、方法，来解决我们党所面临的"根本问题"或"现实问题"。正如习近平总书记所强调的："我们中国共产党人干革命、搞建设、抓改革，从来都是为了解决中国的现实问题。"[1]

最后是"中国道路"，这是"中国具体实际"的实践维度。破解社会主要矛盾，解决中国问题，关键在于找到一条正确的"中国道路"。"中国道路"的核心，既包括奋斗目标，也包括实现奋斗目标的实践方略。作为奋斗目标，它是所解决的社会主要矛盾和根本问题的一种方向性表达；作为实践方略，它是解决社会主要矛盾和根本问题的根本方式。"中国道路"，就是直奔解决社会主要矛盾和根本问题而去的。比如，中国式现代化新道路，就是直奔解决人民日益增长的美好生活需要和不平衡不充分的发展之间的社会主要矛盾而去的，进而是直奔解决其中所蕴含的人民生活"好不好"、国家"强不强"、世界"和平不和平"和政党"过硬不过硬"等根本问题而去的。"中国具体实际"，自然包括"中国道路"这一要素。马克思主义基本原理同中国具体实际相结合，最根本的就是找到一条能解决一定历史方位的社会主要矛盾和根本问题的正确道路。习近平总书记指出："道路问题是关系党的事业兴衰成败第一位的问题，道路就是党的生命。"[2]

谈到"中国道路"，就涉及"两个结合"与中国式现代化新道路之

---

① 《习近平谈治国理政》，外文出版社，2014，第74页。
② 《习近平谈治国理政》，外文出版社，2014，第21页。

间的关系。坚持并推进"两个结合"的目的，既是寻求破解中国社会主要矛盾和根本问题的正确道路，也是使"中国道路"具有中华文化基因，使其有助于解决中国社会主要矛盾和根本问题。所以，坚持并推进"两个结合"与中国式现代化新道路，本质上是同一问题的两个侧面，即在创造中国式现代化新道路进程中不断推进马克思主义中国化及其"两个结合"，而不断推进马克思主义中国化及其"两个结合"，也要紧紧围绕创造中国式现代化新道路来进行。

（三）需要提炼中华优秀传统文化精髓，寻求结合方式

首先，中华优秀传统文化是中国人理解马克思主义基本原理的"起点"，是推进马克思主义中国化的思想资源，它使马克思主义中国化具有民族根基与文化血脉。

马克思主义基本原理同中华优秀传统文化相结合，本是马克思主义中国化的题中应有之义。以往对马克思主义中国化的理解，主要侧重于"把马克思主义基本原理同中国具体实际相结合"，在一定程度上相对忽略同中华优秀传统文化相结合。毛泽东思想、邓小平理论、"三个代表"重要思想、科学发展观、习近平新时代中国特色社会主义思想等理论创新成果表明，中华优秀传统文化是中国人理解马克思主义基本原理的"起点"，其是马克思主义在中国化过程中不断得到丰富与发展的肥沃土壤。正如产生于西方文化语境的马克思主义有自己的理论来源一样，具有 5000 多年历史文化传统的中华文明也构成马克思主义中国化的思想资源。马克思主义基本原理同中华优秀传统文化相结合，不仅要系统梳理中华优秀传统文化遗产，对从孔夫子到孙中山的思想遗产进行全面批判继承，更要进一步研究这一文化遗产如何为中国特色社会主义理论体系所扬弃。只有这样，马克思主义基本原理才会真正具有民族根基与文化血脉，才能真正做到马克思主义基本原理同中华优秀传统文化相结合。

其次，可以从中华传统文化中寻求结合方式，既对其精华实行创造性转化和创新性发展，又运用马克思主义立场、观点、方法克服其历史局限，以丰富发展马克思主义。这种结合方式可概括为"双方优势结合"和"双方功能互补"。

如何处理好马克思主义基本原理同中华优秀传统文化的关系，是一个焦点问题。有些学者拒斥中华优秀传统文化，另一些学者希望在中华优秀传统文化中找到马克思主义的因素。实际上，如果马克思主义基本原理不同中华优秀传统文化相结合，中国化马克思主义就会失去中华文化之根，而仅仅谈中华传统文化复兴，中国化马克思主义又难以获得自己的超越性和时代性。这里的关键，是如何寻求马克思主义基本原理同中华优秀传统文化相结合的方式。可以基于"体用关系"来寻求其结合方式，即马克思主义基本原理是"体"，中华优秀传统文化是"用"，我们既要弘扬中华优秀传统文化，使马克思主义在中国落地、扎根，也要打破中华传统文化的历史局限，运用马克思主义实现对其创造性转化和创新性发展。

从民族文化的包容性看，马克思主义中国化就是中华民族从文化心理上接受马克思主义，进而对自身的传统文化进行扬弃的创新过程。中华优秀传统文化是在漫长的历史演变中，由不同民族、不同地域的文化世代传承融合而成的，其突出特点是海纳百川、兼容并包。如果没有中华民族文化的包容性，马克思主义中国化不可能有广泛的群众基础。要进一步立足当代中国和世界的发展，运用马克思主义立场、观点、方法，对中华优秀传统文化进行深入发掘和提炼，重构一种真正面向现代化、面向世界、面向未来的中国特色社会主义文化；与此同时，也要使马克思主义更深层地融入中华文化之中，从而具有深厚的中华文化底蕴，具有更鲜活的民族表达方式，具有鲜明的民族特色①。

要言之，马克思主义基本原理和中华优秀传统文化是"体用关系"，可以从中华优秀传统文化中找到马克思主义创新发展和发挥作用的生长点，这是通过对中华优秀传统文化进行创造性转化和创新性发展实现的。习近平总书记就是在充分吸收中华优秀传统文化中关于世界大同、协和万邦、兼济天下等积极有益的思想的基础上，提出积极携手构建人类命运共同体，从而创新发展了 21 世纪马克思主义的。

需澄清的是，在推进中国式现代化进程中，不是中华优秀传统文化

---

① 参见韩庆祥、陈远章《论马克思主义中国化时代化大众化》，天津人民出版社，2020，第 93 页。

挽救了中国，而是中国革命的胜利使中华优秀传统文化免于同近代中国社会和民族的衰败一道走向没落；不是中华优秀传统文化把一个满目疮痍、贫穷落后的中国推向世界，而是当代中国的改革开放和社会主义现代化建设以及中华民族伟大复兴把中华优秀传统文化推向世界，使中华优秀传统文化重振雄风成为可能。没有一个强大的中国，就不会有一个名扬四海的孔夫子。中华传统文化确有其历史局限，其重权力轻能力的价值取向、重管治轻服务的权力运作方式、重人治轻法治的社会意识、重直觉感悟轻科学理性的思维方式等，与马克思主义文化特质有很大不同[①]。这意味着马克思主义对中华传统文化肩负着创造性转化和创新性发展的重任。在转化和发展过程中，传统文化的积极因素和消极因素都会发挥作用，我们要警惕在马克思主义基本原理同中华优秀传统文化相结合过程中某些消极东西的渗入[②]。

最后，让马克思主义讲"中国话语"。马克思主义基本原理的话语表达至关重要。人们在进行对话交流时，对不懂英语的人讲英语其就听不懂，对不懂粤语的人讲粤语其也听不懂，对3岁的儿童讲大人的道理其更听不懂，这里有一个话语表达问题。要使马克思主义基本原理在中国落地、扎根、开花、结果，就需要让马克思主义讲"中国话语"，以便中国人理解、把握、接受马克思主义。如马克思主义关于辩证唯物论的基本原理，在中国讲就是实事求是；关于人民群众是历史创造者的原理，在中国讲就是以人民为中心；关于民主的基本原理，在中国讲就是全过程民主；马克思主义的中国化表达，就是毛泽东思想、邓小平理论、"三个代表"重要思想、科学发展观、习近平新时代中国特色社会主义思想。

---

① 参见李海荣《从文化认同到实践契合：马克思主义中国化的现实过程》，《学术论坛》2002年第3期。

② 参见侯才、阮青、薛广洲主编《马克思主义哲学史论》，中共中央党校出版社，2005，第611页。

归根到底是马克思主义行[*]

牛先锋

中国共产党、中国特色社会主义、马克思主义，这是中国政治理论中的关键词，也是中国政治生活中的主题词。这三个词语，各有自己的特定内涵，而在政治实践中又相互联系，共同呈现了百年来，特别是改革开放 40 多年来中国现代化发展的恢宏气象。在庆祝中国共产党成立100 周年大会上，习近平总书记从以史为鉴、开创未来的高度明确指出："中国共产党为什么能，中国特色社会主义为什么好，归根到底是因为马克思主义行！"① 这一论断从理论上深刻揭示了"中国共产党为什么能，中国特色社会主义为什么好"的内在原因，为坚持和发展新时代中国特色社会主义提供了行动指南。

一 马克思主义是彻底的理论

"而理论只要彻底，就能说服人［ad hominem］。所谓彻底，就是抓住事物的根本。而人的根本就是人本身。"② 马克思主义是彻底的理论，它立足于现实的经济生产，从繁芜的社会现象中抽象出生产力与生产关系、经济基础与上层建筑这两对社会发展的基本矛盾，在科学分析这两

---

* 国家社会科学基金重点项目"马克思主义国家职能理论的当代价值"（21AKS015）的阶段性成果。本文原载于《天津师范大学学报》（社会科学版）2022 年第 1 期，收入本书时有改动。

① 习近平：《在庆祝中国共产党成立 100 周年大会上的讲话》，人民出版社，2021，第 13 页。

② 《马克思恩格斯选集》第 1 卷，人民出版社，2012，第 10 页。

对基本矛盾运动的基础上，创造性地揭示了人类社会从低级向高级发展的规律，由此，马克思恩格斯创立了唯物史观。在运用唯物史观分析资本主义社会时，马克思发现雇佣劳动与资本之间对立的事实，创立了剩余价值学说。唯物史观和剩余价值学说的创立，标志着科学社会主义的诞生。科学社会主义深刻揭示出了资本主义的发展规律，指明了"资产阶级的灭亡和无产阶级的胜利是同样不可避免的"① 大趋势，为无产阶级和全人类的解放、实现人的自由而全面发展开辟了道路。

马克思主义是人民的声音，它关心人、尊重人、发展人、解放人，充分彰显了崇高的人类情怀。马克思主义从现实的人出发，第一次发现是人民群众创造了自己的历史，人民群众是社会进步的推动力量。在资产阶级社会中，人民群众不只是受苦受难的阶级，还是实现自己解放的主体力量。马克思主义为人民立言、为人民发声，科学探索了无产阶级和全人类解放的条件、进程和一般目的，要建立一个"每个人的自由发展是一切人的自由发展的条件"② 的新社会。在纪念马克思诞辰 200 周年大会上的讲话习近平总书记指出："马克思主义博大精深，归根到底就是一句话，为人类求解放。"③ 把人从异化的状态中解放出来，彰显人的真正本质，是马克思主义的价值追求，是马克思主义人民性的集中体现。

马克思主义是认识世界、改造世界的科学方法。马克思主义摆脱了唯心主义的纠缠，既打破了上帝创造世界、主宰世界的空灵之说，又走出了"吾心即世界，世界即吾心"的观念之论，提出社会存在决定社会意识，事物内部矛盾运动推动事物运动发展的观点，创立了辩证唯物主义和历史唯物主义。辩证唯物主义和历史唯物主义，为人们认识社会提供了一整套科学的方法。第一，要历史地看，不仅要看清现在，还要明白现在是从哪里来、将向哪里去。"风物长宜放眼量"，具有历史的眼光，才不会被暂时的现象所迷惑，才能从规律高度把握历史发展的大趋

---

① 《马克思恩格斯选集》第 1 卷，人民出版社，2012，第 413 页。
② 《马克思恩格斯选集》第 1 卷，人民出版社，2012，第 422 页。
③ 习近平：《在纪念马克思诞辰 200 周年大会上的讲话》，人民出版社，2018，第 8 页。

势。第二，要唯物地看，世界并不是什么观念的组合与变化，从现实的经济生产入手，层层深入才能认识到社会构成及其政治生活和文化生活。第三，要辩证地看，社会并非静止体，其发展是在多种要素构成的矛盾推动下由低级向高级螺旋上升的过程。第四，要实践地看，以往旧哲学只是以不同的方式解释世界，而马克思主义是实践的科学，人民群众通过自主实践能够推翻资本主义旧世界、建设共产主义新世界，实现自身的解放。

习近平总书记指出，马克思主义"犹如壮丽的日出，照亮了人类探索历史规律和寻求自身解放的道路"①。马克思主义为什么行，其根本原因在于自身的科学性、真理性，即理论自身的彻底性。

二 马克思主义是中国共产党人的灵魂和旗帜

中国共产党是马克思主义与中国工人运动相结合的产物。近代以来中华民族和中国人民外遭帝国主义的殖民蹂躏，内受封建专制的压迫。要救国救民于水火之中，寻找民族发展的出路，必须有先进的理论作指导。到 19 世纪初期，东西方各种"主义""理论"纷至沓来，中国成为这些"主义"和"理论"的试验场。五四运动前后，马克思主义开始在中国零星地传播，在知识分子中产生了一定的影响。1917 年，十月革命一声炮响给中国送来了马克思列宁主义，共产国际也派代表到中国寻求建党的可能。1920 年陈望道翻译的《共产党宣言》在上海出版，这一事件直接促进了马克思主义在中国的广泛传播。在马克思主义指导下，一批先进的知识分子在北京、上海等地纷纷成立马克思主义研究和宣传组织，在这些组织的积极推动下，1921 年中国共产党宣告成立。历史事实表明，没有马克思主义在中国的传播，就没有中国共产党；中国共产党是在马克思主义直接指导下建立起来的政党，中国共产党对马克思主义的信仰最为坚定，理解最为深刻透彻。

---

① 习近平：《在纪念马克思诞辰 200 周年大会上的讲话》，人民出版社，2018，第 6 页。

中国共产党自成立后，就努力运用马克思主义分析和解决中国革命的实际问题。它运用阶级斗争学说，分析了中国社会的阶级构成情况，弄清楚了不同阶段革命的领导力量、依靠力量和斗争对象，明确了"谁是我们的敌人，谁是我们的朋友"这个革命的首要问题，富有中国特色的党的领导、统一战线理论由此形成；运用关于经济社会形态和革命发展分阶段递进的理论，准确认识到中国半殖民地半封建的社会性质，提出中国革命分"两步走"，第一步是新民主主义革命，第二步是社会主义革命，中国革命的前途是社会主义；运用暴力革命、武装起义的革命原则，分析了中国反动势力的特点，提出了以革命暴力反对反革命的暴力、枪杆子里面出政权的斗争策略，"农村包围城市、武装夺取政权"的中国革命道路由此形成。在马克思主义的指导下，中国共产党团结带领中国人民，浴血奋战、百折不挠，创造了新民主主义革命的伟大成就，推翻了"三座大山"，建立了人民当家作主的中华人民共和国，为实现中华民族伟大复兴创造了根本的社会条件。

中国共产党在经历新民主主义革命的成长之后，对马克思主义的掌握和运用更加自觉。1949年新中国成立之后，中国共产党根据马克思主义的过渡阶段思想，创造性地提出了"一化三改造"的任务。在社会主义改造的过程中，紧紧盯着工业化的目标，力争把中国从一个落后的农业大国发展成为工业大国，改变中国一穷二白的面貌。1956年社会主义制度在我国建立之后，党坚持马克思主义的生产力发展理论，全面展开社会主义建设，提出了社会主义建设应处理好的"十大关系"，正确分析了我国社会的主要矛盾、主要任务，提出了解决主要矛盾与完成主要任务的方法，这使我国经济社会取得了长足的发展。但是，由于党领导社会主义建设时间不长，建设中过度依赖苏联经验，加上对马克思主义教条化、片面化的理解，最终出现了"文化大革命"。尽管十年"文化大革命"使我国建设遭受到严重的挫折，但不可否认的事实是：在社会主义革命和建设时期，中国共产党高举马克思主义伟大旗帜，团结带领中国人民，创造了伟大成就，"消灭在中国延续几千年的封建剥削压迫制度，确立社会主义基本制度，推进社会主义建设，战胜帝国主义、霸权主义的颠覆破坏和武装挑衅，实现了中华民族有史以来最为广泛而深刻的社会变革，实现了一穷二白、人口众多的东方大国大步迈进社会主义社会的伟大飞跃，为实现中华民族伟大复兴奠定了根本政治前提和制度基础"①。中国共产党用生动的实践，彰显了马克思主义的伟大力量。

1978年党的十一届三中全会召开，标志着中国进入了社会主义建设新时期，标志着中国社会主义现代化航程的重启，也标志着我们党对马克思主义的认识更加自觉与成熟。中国共产党坚持正本清源、返本开新，不断清除对马克思主义错误的、教条的理解，坚持解放思想、实事求是，立足中国实际，提出了社会主义初级阶段理论，准确判断了社会主义初级阶段我国发展的主要矛盾，明确了社会主义初级阶段党的基本路线，作出了建立和完善社会主义市场经济体制的重大决定，开创和拓展了中国特色社会主义道路，使中国的发展大踏步地赶上了时代潮流。中国改革开放40多年的发展，既为实现中华民族伟大复兴提供了充满新的活力的体制保证和快速发展的物质基础，又赋予了马克思主义蓬勃的生机和活力。

2012年党的十八大以来，中国共产党着眼于马克思主义在中国实践中的运用，着眼于对实际问题的解决，着眼于用新鲜的经验丰富和创新马克思主义。自觉运用马克思主义的立场、观点、方法观察当今时代和当代中国，作出了中国特色社会主义进入新时代的重大判断。站在新的发展方位上，以习近平同志为核心的党中央"坚持和加强党的全面领导，统筹推进'五位一体'总体布局、协调推进'四个全面'战略布局，坚持和完善中国特色社会主义制度、推进国家治理体系和治理能力现代化，坚持依规治党、形成比较完善的党内法规体系，战胜一系列重大风险挑战，实现第一个百年奋斗目标，明确实现第二个百年奋斗目标的战略安排，党和国家事业取得历史性成就、发生历史性变革，为实现中华民族伟大复兴提供了更为完善的制度保证、更为坚实的物质基础、更为主动的精神力量"②。新时代我国取得的伟大成就，以铁的事实诠释

① 习近平：《在庆祝中国共产党成立100周年大会上的讲话》，人民出版社，2021，第5页。

② 习近平：《在庆祝中国共产党成立100周年大会上的讲话》，人民出版社，2021，第7页。

了马克思主义为什么行。

毛泽东同志讲过，"主义譬如一面旗子，旗子立起了，大家才有所指望，才知所趋赴"①。这100年来，中国共产党从小到大，从弱到强，从带领人民夺取全国政权到长期执掌全国政权，从领导国家面对外部封锁实行计划经济条件下搞建设到对外开放发展实行社会主义市场经济条件下搞建设，经历百年奋斗，使中华民族迎来了从站起来、富起来到强起来的伟大飞跃。中国共产党之所以能够取得这么大的成就，重要的原因就是其立起了马克思主义这面旗帜，有了强大的精神支柱和思想灵魂。

三　马克思主义是中国特色社会主义的底色

在1982年党的十二大上，邓小平同志第一次提出了"中国特色社会主义"这一命题。他指出："把马克思主义的普遍真理同我国的具体实际结合起来，走自己的道路，建设有中国特色的社会主义，这就是我们总结长期历史经验得出的基本结论。"② 这段话看似简明扼要，但含义深刻。它表明：一是中国社会的性质已经是社会主义了，中国的建设必须坚持马克思主义，这一点不能动摇；二是中国建设社会主义，不能照抄照搬别国的经验和模式，我们过去是吃过照搬别国的模式的大亏的，必须从中国的实际出发，走自己的道路；三是中国建设的现代化是社会主义现代化，现代化道路的名称是中国特色社会主义。此后，我们党反复强调，中国现代化道路必须坚定不移地高举中国特色社会主义伟大旗帜，既不走封闭僵化的老路，也不走改旗易帜的邪路。正如习近平总书记所强调的，"中国特色社会主义是社会主义而不是其他什么主义，科学社会主义基本原则不能丢，丢了就不是社会主义"③。

中国特色社会主义道路，是中国式现代化新道路。这里的"社会主

---

①　《毛泽东年谱（1893~1949）》（修订本）（上），中央文献出版社，2013，第70页。

②　《邓小平文选》第3卷，人民出版社，1993，第3页。

③　《习近平谈治国理政》，外文出版社，2014，第22页。

义"指的就是科学社会主义，即广义上的马克思主义，它标明了当代中国发展道路的性质与方向。"现代化"指的是中国道路的内涵，标明中国的发展没有脱离人类文明发展大道，我们要在中国大地上建设现代化国家。"新"指的是与西方已有的现代化道路不同。西方国家的现代化是在私有制、自由市场经济的基础上，由资本推动进行的，就其性质来讲是资本主义的现代化，这一现代化的模式也被称为"华盛顿共识"。中国式现代化新道路是对"华盛顿共识"的超越，就现代化的内容来看，我国实现现代化同样需要推进工业化、城市化、市场化、信息化，但是中国的现代化是在我国基本经济制度基础上推进的。我们不排斥非公有制经济，但坚持以公有制经济为主体；不排斥多种分配方式，但坚持以按劳分配为主体；不排斥运用和发展市场经济体制，但坚持社会主义性质。总之，我们搞的是社会主义现代化，"'社会主义'这几个字是不能没有的，这并非多余，并非画蛇添足，而恰恰相反，这是画龙点睛"①。

中国特色社会主义理论体系是当代中国的马克思主义，是对马克思主义的创造性转化和创新性发展。新修订的《中国共产党章程》载明，"邓小平理论是马克思列宁主义的基本原理同当代中国实践和时代特征相结合的产物，是毛泽东思想在新的历史条件下的继承和发展""'三个代表'重要思想是对马克思列宁主义、毛泽东思想、邓小平理论的继承和发展""科学发展观是同马克思列宁主义、毛泽东思想、邓小平理论、'三个代表'重要思想既一脉相承又与时俱进的科学理论""习近平新时代中国特色社会主义思想是对马克思列宁主义、毛泽东思想、邓小平理论、'三个代表'重要思想、科学发展观的继承和发展，是马克思主义中国化最新成果"②。从党章对党指导思想表述的逻辑可以清晰地看出，改革开放以来我们党的系列创新成果中，后一个成果都是对前一个成果的继承与发展，而所有成果的理论源头都是马克思列宁主义。中国特色社会主义没有丢掉马克思主义这个"老祖宗"，同时，又根据时代特征

① 江泽民：《论社会主义市场经济》，中央文献出版社，2006，第203页。
② 《中国共产党章程》，人民出版社，2017，第3~6页。

和中国的发展说出了"新话"。

中国特色社会主义制度体现了社会主义制度的根本属性。马克思恩格斯没有亲身经历过建设社会主义制度的实践,但是他们创立的理论揭示了社会主义制度的根本属性。他们看到资产阶级"现代的国家政权不过是管理整个资产阶级的共同事务的委员会罢了"①,它完全把人民排除在国家管理之外;而社会主义制度要打碎资产阶级国家机器,把"旧政权的纯属压迫性质的机关予以铲除,而旧政权的合理职能则从僭越和凌驾于社会之上的当局那里夺取过来,归还给社会的承担责任的勤务员"②,让人民成为自己的真正主人。我国是工人阶级领导的、以工农联盟为基础的人民民主专政的社会主义国家,国家的一切权力属于人民。中国特色社会主义的根本政治制度是人民代表大会制度;基本经济制度是公有制为主体、多种所有制经济共同发展,按劳分配为主体、多种分配方式并存,社会主义市场经济体制等。围绕根本政治制度和基本经济制度建构的中国特色社会主义制度体系,保障了党的全面领导、人民当家作主和全面依法治国的统一,保障了全过程人民民主,充分体现了马克思主义关于社会主义制度"人民当家作主"的质的规定性。

中国特色社会主义文化的灵魂是马克思主义。马克思主义认为,文化属于上层建筑,是由经济基础决定的。中国特色社会主义文化,是建立在中国特色社会主义经济基础之上并与经济基础相适应的社会主义文化。坚持马克思主义在意识形态领域指导地位的制度,是我国的根本文化制度;富强、民主、文明、和谐,自由、平等、公正、法治,爱国、敬业、诚信、友善,是社会主义核心价值观。中国特色社会主义文化建设要坚持为人民服务、为社会主义服务,文化创作要坚持把社会效益放在首位、社会效益和经济效益相统一。发展和繁荣中国特色社会主义文化的目的在于满足人民群众日益增长的物质文化和精神文化的需求,推进人的自由而全面发展和社会全面进步。无论是从文化的内涵、性质还是从文化建设遵循的原则、目的来看,贯穿中国特色社会主义文化之中

---

① 《马克思恩格斯选集》第1卷,人民出版社,2012,第402页。
② 《马克思恩格斯选集》第3卷,人民出版社,2012,第100页。

的灵魂都是马克思主义。

中国特色社会主义道路、理论、制度、文化，在性质上都是马克思主义。在当代中国，坚定"四个自信"，体现的就是坚定对马克思主义、当代中国马克思主义的自信；脚踏实地地建设中国特色社会主义，体现的就是推进和发展当代中国马克思主义、21世纪马克思主义。

四　在坚持"两个结合"中发展当代中国马克思主义

习近平总书记指出："新的征程上，我们必须坚持马克思列宁主义、毛泽东思想、邓小平理论、'三个代表'重要思想、科学发展观，全面贯彻新时代中国特色社会主义思想，坚持把马克思主义基本原理同中国具体实际相结合、同中华优秀传统文化相结合，用马克思主义观察时代、把握时代、引领时代，继续发展当代中国马克思主义、21世纪马克思主义！"[①] 以"两个坚持，一个继续发展"的态度对待马克思主义，是开启新征程、走好新征程的重要思想保证。

坚持马克思列宁主义和马克思主义中国化的理论成果。马克思列宁主义是我们党的思想之源，离开了这个源头，党的理论创新之流也就枯竭和中断了。然而，马克思主义创立于170多年前，列宁主义创立至今也有上百年的时间，今天世界上无论是资本主义还是社会主义都已经发生了巨大的变化，企图从革命导师的著作中找出个别词句来解决当今的问题，这显然是教条主义的做派。同时，马克思主义以西欧社会的发展历史为研究对象，得出的是关于人类社会发展的一般规律；列宁主义是马克思主义在俄国运用和发展的成果，揭示的是帝国主义时代无产阶级革命和经济文化落后的国家社会主义建设的一般规律。也就是说，马克思列宁主义是科学的世界观和方法论，是一般历史哲学，具有高度的抽象性。越是具有抽象性、普遍性的原理，越需要随时随地与具体的条件相结合，这样才能显示出其真理的力量。马克思主义中国化的理论

---

① 习近平：《在庆祝中国共产党成立100周年大会上的讲话》，人民出版社，2021，第13页。

成果，都是结合时代条件和中国实际对马克思列宁主义的丰富和发展。马克思列宁主义是源，马克思主义中国化的理论成果是流，"源远"才能"流长"，二者都必须坚持。

坚持"两个结合"，是推进马克思主义中国化、时代化、大众化的重要途径。坚持把马克思主义基本原理与中国具体实际相结合，就是要从中国实际出发运用和发展马克思主义。近代中国的最大实际就是半殖民地半封建的社会，根本任务是实现民族独立、人民解放；新中国成立之时，中国最大的实际就是"一穷二白"，改变"一穷二白"的面貌是最紧迫的任务；改革开放以来，我们认识到中国最大的实际就是社会主义初级阶段，根本任务是发展生产力，实现社会主义现代化。我们党在准确吃透不同历史时期实际的基础之上，自觉地把马克思主义的理论逻辑和中国发展的历史逻辑相统一，既迎来了中华民族从站起来、富起来到强起来的伟大历史飞跃，又推动了马克思主义在中国的大繁荣、大发展，促进了马克思主义中国化的系列创新成果的形成。坚持把马克思主义基本原理同中华优秀传统文化相结合，就是要在二者相互融合中，使中华优秀传统文化富有马克思主义的先进性，使马克思主义具有鲜明的中国特色。中华优秀传统文化博大精深，"博大"是指有宽广的胸襟，具有吸收"外来"的包容性；"精深"是指有绵延不断的文明传承，具有保持"本来"的历史底蕴。从文化的创造性转化、创新性发展角度来看，马克思主义中国化就是马克思主义基本原理与中华优秀传统文化辩证统一、融合发展的过程。

继续发展当代中国马克思主义、21世纪马克思主义。"马克思的整个世界观不是教义，而是方法。它提供的不是现成的教条，而是进一步研究的出发点和供这种研究使用的方法。"[1] 在中国革命和建设中，中国共产党人运用马克思的世界观来观察时代和解决问题，不断赢得中国革命建设发展的伟大胜利，并在实践中促进了马克思主义中国化的一系列理论新成果的形成。马克思主义是开放的理论，与时俱进是它的理论品格。进入21世纪以来，世界格局正在发生复杂而深刻的变化，民族复兴

---

[1] 《马克思恩格斯选集》第4卷，人民出版社，2012，第664页。

伟业正处于关键时期。站在新的历史方位上，"我们要坚持用马克思主义观察时代、解读时代、引领时代，用鲜活丰富的当代中国实践来推动马克思主义发展，用宽广视野吸收人类创造的一切优秀文明成果，坚持在改革中守正出新、不断超越自己，在开放中博采众长、不断完善自己，不断深化对共产党执政规律、社会主义建设规律、人类社会发展规律的认识，不断开辟当代中国马克思主义、21世纪马克思主义新境界"①。

① 《习近平谈治国理政》第3卷，外文出版社，2020，第76页。

深化对社会主义建设规律的认识[*]

牛先锋

不断深化对社会主义建设规律的认识，是共产党人理论自觉的表现，也是建设社会主义、实现共产主义的需要。中国共产党在全国执掌政权以来，坚持以历史的、唯物的方法认识世界，认真总结世界社会主义建设特别是中国社会主义建设的经验与教训，在实践中逐步深化对社会主义建设规律的认识，一系列富有创新性的认识成果由此形成，指导中国特色社会主义建设取得了举世瞩目的成就，使科学社会主义在中国焕发出了强大的生机与活力。

一 认识社会主义建设规律的方法论

对事物的正确认识，需要有科学的方法论，特别是对人类社会发展规律的认识，如果没有科学的方法论作为工具，就很难拨开历史的迷雾，揭示社会发展的规律。对社会主义建设规律的认识是与对社会主义本质的认识紧密联系在一起的，只有认识到社会主义是什么，才能知道怎么样建设它，才能总结出建设的规律。社会主义无论是作为一种理论、运动还是制度，对它的认识从一开始就存在方法论上的区别，正是这种不同导致了对社会主义及其建设规律认识上的迥然差异。

认识社会主义的第一种方法是相信"理念在先"，认为客观存在的事物是主观意识的外化，即人的理念的外在表现。黑格尔的哲学体系是德国古典哲学的高峰，"纯粹理念"是山峰的尖。但是从哲学史来看，

---

* 本文原载于《科学社会主义》2020 年第 5 期，收入本书时有改动。

从主观理念出发来认识社会，黑格尔并不是先驱，从古希腊开始这种认识论就一直存在，并且在相当长的时期内支配着人们对社会的认识，柏拉图的"理想国"就是在这种方法支配下设计出来的。柏拉图智慧的头脑中先有一个理想国家的图景，并且在臆想中安排了不同身份社会主体在国家治理中的角色：哲学家是智慧的化身，担任国家卫士角色，以"善"的哲学原则来治理国家；贵族和奴隶依据自己的身份各安其位，有秩序地生活。可以看出，"理想国"只是柏拉图头脑中的一张蓝图，历史注定了"理想国"只能是一座空中楼阁。但不可否认，柏拉图构建"理想国"的方法论对后人产生了深远的影响。

英国大法官托马斯·莫尔是空想社会主义的鼻祖，他对社会主义的认识遵循的就是"理念在先"的方法。他在1516年出版的《乌托邦》一书中详细描述了乌托邦岛上居民的生活情景，包括住房的设计、房屋内部的装饰、公共食堂、人们的穿衣打扮、家庭婚姻、孩子教育、劳动分工、产品的分配，甚至包括食品的营养搭配都有具体的规划。显然，这些都是他头脑构思的产物，连乌托邦岛本身都是一个"没有的地方"。

马克思恩格斯称赞圣西门、傅立叶、欧文是现代社会主义的一代智士。然而，他们对社会主义的认识也同样沉陷于臆想性描述之中。如果说三位智士对资本主义的批判立足于客观的大工业发展现实，那么他们对于未来社会的实现途径和建设规划则几乎全部来自幻想。在理想社会里，劳动如此轻松，如同游戏，分工根据人的天性展开，一切活动遵循情欲原则进行，人人平等，和谐相处。欧文是空想共产主义的实践者，他到北美进行过共产主义新村实验，但建设的原则和方法论也完全是从人性出发，从抽象的普遍正义、公平理念出发。这样，他的共产主义公社实验以失败而告终，当然就不足为奇了。

认识社会主义的第二种方法是历史唯物主义方法，即唯物地、历史地看待人类社会发展。所谓唯物，就是从现实的经济生产以及由此所决定的社会结构来认识社会发展；所谓历史，就是把现实的社会看作以往社会发展的既定结果，就是说"人们自己创造自己的历史，但是他们并不是随心所欲地创造，并不是在他们自己选定的条件下创造，而是在直接碰到的、既定的、从过去承继下来的条件下创造"①。唯物史观认为，认识是主观见之于客观的活动，社会是客观的、历史的、连续的存在。因此，必须从资本主义现实的经济生产及其现实的阶级状况出发，才能揭示社会主义的本质，发现社会主义建设的规律。唯物史观为科学认识社会主义及其建设规律开辟了一条崭新的道路，在方法论上给我们提供了丰富的启示。

第一，必须把社会主义的根深植于现实的经济基础之上。在唯物史观的奠基之作《德意志意识形态》一书中，马克思恩格斯十分强调经济生产对于未来新社会的重要性，把生产力的发展看成新社会产生的"绝对必需的实际前提"，"如果没有这种发展，那就只会有贫穷、极端贫困的普遍化；而在极端贫困的情况下，必须重新开始争取必需品的斗争，全部陈腐污浊的东西又要死灰复燃"②。物质生产活动是人类生存和发展的第一个活动，离开了生活资料的生产，人类一天也生存不下去，别说是社会主义社会，就是连原始状态也难以维持。从社会经济生产入手来观察现实的社会，这是认识社会主义建设规律的绝对前提。

第二，必须把社会主义建立在世界普遍交往的基础之上。资产阶级社会把无产阶级的生活条件降低到了人的生存条件以下，因此，无产阶级的解放也就是人的自身的解放。无产阶级绝不是从狭隘自私的阶级利益出发，其最终目的是解放全人类。马克思恩格斯曾明确指出："共产主义只有作为占统治地位的各民族'一下子'同时发生的行动，在经验上才是可能的，而这是以生产力的普遍发展和与此相联系的世界交往为前提的。"③ 以封闭保守的心态，拒斥人类交往，企图建立"地域性共产主义"，这只能是一种空想，导致的结果是迷信盛行。

第三，必须把社会主义当作一个整体来看待。考察人类社会发展时，经济因素是首要因素，是决定因素，但不是唯一因素。社会发展是生产

---

① 《马克思恩格斯选集》第 1 卷，人民出版社，2012，第 669 页。
② 《马克思恩格斯选集》第 1 卷，人民出版社，2012，第 166 页。
③ 《马克思恩格斯选集》第 1 卷，人民出版社，2012，第 166 页。

力与生产关系、经济基础与上层建筑，包括每个人的意志共同作用的结果，是一个力的平行四边形。因此，社会主义建设要遵从"历史合力"原则，从整体上进行，防止出现经济社会发展的失衡，在坚持经济发展的同时，把政治建设、文化建设、社会建设、生态文明建设协同起来，不断推进人的自由而全面发展和社会全面进步。

第四，必须用改革的办法推动社会主义自我完善。社会主义社会不是现实与之相适应的理想，而是要经历从现实条件出发不断建设和完善的历史进程。马克思在《政治经济学批判》序言中详细阐述了社会变革的原因和过程，他指出："社会的物质生产力发展到一定阶段，便同它们一直在其中运动的现存生产关系或财产关系（这只是生产关系的法律用语）发生矛盾。于是这些关系便由生产力的发展形式变成生产力的桎梏。那时社会革命的时代就到来了。随着经济基础的变更，全部庞大的上层建筑也或慢或快地发生变革。"① 生产力与生产关系、经济基础与上层建筑的矛盾是人类社会的基本矛盾，社会基本矛盾运动遵循的是从基本适应到基本不适应，通过变革，再到基本适应的规律。社会主义建设也同样需要遵循这一规律，正如恩格斯所说："所谓'社会主义社会'不是一种一成不变的东西，而应当和任何其他社会制度一样，把它看成是经常变化和改革的社会。"②

第五，必须坚持人的自由而全面发展的基本原则。自由是人的天性，即使是反对自由的人，反对的也是他人的自由。把人从受压迫、被奴役、被侮辱、被蔑视的一切关系的束缚中解放出来，实现人的自由而全面发展，是社会主义的本质要求。《共产党宣言》指出："代替那存在着阶级和阶级对立的资产阶级旧社会的，将是这样一个联合体，在那里，每个人的自由发展是一切人的自由发展的条件。"③ 社会主义是以人的自由而全面发展为价值目标的，离开了人这个社会主体，社会主义建设就失去了应有的价值。

---

① 《马克思恩格斯选集》第 2 卷，人民出版社，2012，第 2~3 页。
② 《马克思恩格斯选集》第 4 卷，人民出版社，2012，第 601 页。
③ 《马克思恩格斯选集》第 1 卷，人民出版社，2012，第 422 页。

二　探索社会主义建设规律的进程

社会主义建设是不断解放生产力、发展生产力，促进人的自由而全面发展和社会全面进步的实践活动，人们对社会主义建设规律的认识随着实践活动的展开而逐步深入。中国社会主义建设从 1956 年社会主义制度基本建立以来，大致经历了三个发展阶段，在每一个发展阶段中，我们对社会主义建设也取得了相应的认识成果。

第一个阶段，社会主义建设道路的探索与曲折发展。新中国成立之初，我们没有建设经验可循，主要照搬"苏联模式"。但很快我们就在实践中发现，政治上高度集权、经济上高度集中的"苏联模式"有很多弊端，1956 年毛泽东同志就警觉地告诫全党："最近苏联方面暴露了他们在建设社会主义过程中的一些缺点和错误，他们走过的弯路，你还想走？过去我们就是鉴于他们的经验教训，少走了一些弯路，现在当然更要引以为戒。"[1] 并郑重地提出："我们要学的是属于普遍真理的东西，并且学习一定要与中国实际相结合。如果每句话，包括马克思的话，都要照搬，那就不得了。我们的理论，是马克思列宁主义的普遍真理同中国革命的具体实践相结合。"[2]《论十大关系》中作出的这个判断表明，我们党在社会主义建设伊始，就开始认真思考适合自己国情的社会主义建设道路了。

1956 年党的八大在正确分析了国内形势的基础之上，指出我国社会的主要矛盾是，人民对于建立先进工业国的要求同落后农业国的现实之间的矛盾、人民对于经济文化迅速发展的需要同当前经济文化不能满足人民需要的状况之间的矛盾，归结起来就是先进的社会主义制度同落后的社会生产力之间的矛盾。因此，全党工作重心要转到经济建设上来，集中力量尽快地把我国从落后的农业国变为先进的工业国。八大还明确了我国社会主义现代化建设的战略目标，即"尽可能迅速地实现国家工

---

[1]　《毛泽东文集》第 7 卷，人民出版社，1999，第 23 页。
[2]　《毛泽东文集》第 7 卷，人民出版社，1999，第 42 页。

业化，有系统、有步骤地进行国民经济的技术改造，使中国具有强大的现代化的工业、现代化的农业、现代化的交通运输业和现代化的国防"①。指出现代化建设要分两步走，用 15 年建立起基本完整的工业体系，用 50~100 年建成富强的工业化国家。

《论十大关系》和党的八大是一个标志，标志着我们党对社会主义建设的探索有了一个良好的开端。党的八大以后，社会主义建设全面展开，但是由于经验不足和后来出现了更为复杂的情况，八大的路线没能在实践中被完全坚持下去。更为严重的是后来发生了持续十年之久的"文化大革命"，致使我国社会主义建设遭受了严重的挫折并产生了灾难性的结果，对社会主义及其建设规律的探索也被迫中断了。

第二个阶段，重新思考社会主义的实现形式及实现途径。1978 年党的十一届三中全会重新恢复和确立了党的实事求是的思想路线，全党思想解放的热情空前高涨。邓小平同志更是石破天惊地讲："不解放思想不行，甚至于包括什么叫社会主义这个问题也要解放思想。"② "我们总结了几十年搞社会主义的经验。社会主义是什么，马克思主义是什么，过去我们并没有完全搞清楚。"③ 这些问题聚焦到一点，就是"什么是社会主义、怎样建设社会主义"这一首要的基本问题。

党的十一届三中全会之后，我们党在实践中进行了艰辛探索，在理论上进行了大胆创新，初步系统地回答了"什么是社会主义、怎样建设社会主义"这个首要的基本问题。在探索过程中也进一步深化了对"建设什么样的党、怎样建设党""实现什么样的发展、怎样发展"这些重大问题的认识，成功开创和拓展了中国特色社会主义道路，接续形成了邓小平理论、"三个代表"重要思想、科学发展观等一系列马克思主义中国化的理论成果，不断深化了对经济文化比较落后国家社会主义建设规律的认识。

第三个阶段，中国特色社会主义进入新时代以来的新探索。经过长

---

① 《建国以来重要文献选编》第 9 册，中央文献出版社，1994，第 315~316 页。
② 《邓小平文选》第 2 卷，人民出版社，1994，第 312 页。
③ 《邓小平文选》第 3 卷，人民出版社，1993，第 137 页。

期努力，中国特色社会主义进入新时代。以习近平同志为核心的党中央坚持以马克思列宁主义、毛泽东思想、邓小平理论、"三个代表"重要思想、科学发展观为指导，坚持解放思想、实事求是、与时俱进、求真务实，坚持辩证唯物主义和历史唯物主义，紧密结合国内外形势变化和我国各项事业发展的新要求，从理论和实践结合上系统回答了新时代"坚持和发展什么样的中国特色社会主义、怎样坚持和发展中国特色社会主义"这个重大时代课题，形成了习近平新时代中国特色社会主义思想。

在对社会主义建设规律的认识方面，习近平新时代中国特色社会主义思想提出了许多新的原创性论断。例如，社会主义初级阶段我国的基本国情没有变，发展中大国的国际地位没有变，但我国社会主要矛盾发生了根本性的转化；社会主义建设要坚持市场在资源配置中的决定性作用，更好发挥政府的作用；公有制为主体、多种所有制经济共同发展，按劳分配为主体、多种分配方式并存，社会主义市场经济体制是我国的基本经济制度；中国特色社会主义建设事业要统筹推进"五位一体"总体布局、协调推进"四个全面"战略布局；中国共产党的领导是中国特色社会主义最本质的特征；中国共产党是中国的最高政治领导力量；坚持以人民为中心的发展观；等等。这些原创性论断，以全新的视野深化了人们对社会主义建设规律的认识。

总之，中国共产党人始终坚持以历史的、唯物的方法来认识世界，在革命、建设、改革发展的过程中从中国实际出发，不断进行理论创新，形成了毛泽东思想、邓小平理论、"三个代表"重要思想、科学发展观、习近平新时代中国特色社会主义思想。这一系列马克思主义中国化的理论成果，既反映了我们党对社会主义建设规律的认识水平，又为深化对社会主义建设规律的认识提供了科学的指南。

三　社会主义建设规律的总结

事物在经历了一个充分的发育过程，或者经历了周期性的发展演变之后，其本质才能显现出来，人们才能更准确地总结出其发展规律。社会主义建设实践从 1917 年俄国十月革命胜利算起，到现在已经有 100 多年的历史，在中国大地上已经有几十年的历史。以唯物史观为指导，回顾和反思社会主义建设曲折发展的历程，关于社会主义建设规律，我们可以得出如下一些初步认识。

第一，社会主义建设模式具有多样性。社会主义的基本原则是实现每个人的自由而全面发展，但是，通过什么方式才能达到这一目标呢？马克思恩格斯从世界历史发展的一般进程出发，提出"同时胜利"学说，认为无产阶级取得胜利之后，阶级国家已经不复存在，当然，建设社会主义的形式也就不存在国家间的差别了。列宁从帝国主义时代资本主义发展不平衡的特征出发，提出了"一国胜利"学说，并取得了十月革命的胜利。由于俄国是当时世界上唯一的社会主义国家，所以其他国家取得社会主义革命胜利之后，通过什么样的方式进行建设，列宁并没有从实践上作出明确回答。在斯大林时期，苏共原则上承认其他国家建设社会主义的自主探索，但理论上是把社会主义当作一个与资本主义相对立的世界体系来对待，所以别国的探索一旦越出"苏联模式"的范围，就有被开除出社会主义阵营的危险。因此，这一时期无论是南斯拉夫的自治模式、匈牙利的市场模式，还是其他社会主义国家的建设，尽管各有一些民族特点，但整体上都没有跳出"苏联模式"的窠臼。

从 20 世纪 50 年代开始，国际共产主义运动就出现了裂痕，表面上这是抵制苏联大党、大国主义，其深层次的原因是摆脱"苏联模式"，独立自主探索本国社会主义建设道路的尝试。到了 20 世纪 70 年代，社会主义国家改革浪潮再起，突破"苏联模式"的呼声更加高涨。随着这轮改革的不断深化，把"苏联模式"等同于社会主义的神话被彻底打破，从本国实际出发探索社会主义建设的势头方兴未艾。特别是 80 年代末到 90 年代初的东欧剧变，更使人们清醒地认识到，不能把"苏联模式"等同于社会主义。朝气蓬勃的中国特色社会主义建设道路，正是在这轮改革中开拓和发展起来的。

中国特色社会主义的"特"就是指与其他国家的社会主义建设方式不同，首先是与"苏联模式"不同，是对"苏联模式"的扬弃。中国改革开放之初，邓小平同志就清醒地认识到："我们的现代化建设，必须从中国的实际出发……照抄照搬别国经验、别国模式，从来不能得到成功……把马克思主义的普遍真理同我国的具体实际结合起来，走自己的道路，建设有中国特色的社会主义，这就是我们总结长期历史经验得出的基本结论。"① 这个"基本结论"在国际共产主义运动史上意义重大，它表明科学社会主义理论向实践的转化可以有不同的形式，而且社会主义建设必须坚持"一种理论，多样实践"。

"一种理论"是讲社会主义国家的建设不能丢了社会主义性质和方向，必须坚持科学社会主义基本原则。"多样实践"是指每一个国家都有自己独特的历史遗产，建设社会主义都是在既定历史条件下进行的，经济文化发展程度不同，风俗习惯和文化传统不同，以及由此所决定的国民性格不同，这就决定了不同国家建设社会主义的方式必然存在差别。因此，由一个大党、大国来发号施令推行同一个模式是违背社会发展规律的，也注定是不会成功的。

"一种理论，多样实践"的警示意义在于：社会主义建设模式是多种多样、发展变化的，即使在一个国家成功的模式，也不一定适用于其他国家。因此，决不能搞"模式""道路"输出。改革开放40多年来，"中国特色社会主义道路、理论、制度、文化不断发展，拓展了发展中国家走向现代化的途径，给世界上那些既希望加快发展又希望保持自身独立性的国家和民族提供了全新选择，为解决人类问题贡献了中国智慧和中国方案"②。中国特色社会主义的世界意义在于"提供了全新选择""贡献了中国智慧和中国方案"，至于其他社会主义国家（也包括发展中国家）是否选择，这应由人家国家的人民自己来决定。我们必须清醒地认识到，倡导"一带一路""构建人类命运共同体"，这绝不是要强制推行中国模式。在发展模式问题上，我们不能强迫别国"抄作业"，更不能指责别国"抄作业都抄不好"。

① 《邓小平文选》第3卷，人民出版社，1993，第2~3页。
② 习近平：《决胜全面建成小康社会　夺取新时代中国特色社会主义伟大胜利——在中国共产党第十九次全国代表大会上的报告》，人民出版社，2017，第10页。

第二，社会主义建设的根本任务是发展生产力。生产力是社会发展深层次、最根本的决定性力量，没有生产力的高度发达和物质财富的极大丰富就没有社会主义。即使在经济发达基础之上取得了胜利的无产阶级，也不能漠视经济的发展，而首先要"利用自己的政治统治，一步一步地夺取资产阶级的全部资本，把一切生产工具集中在国家即组织成为统治阶级的无产阶级手里，并且尽可能快地增加生产力的总量"①。在经历了一个政治上"无产阶级专政"的过渡时期，进入社会主义（马克思讲的共产主义第一阶段）建设时期之后，也必须把生产力的发展放在首要的位置，只有在社会财富的源泉充分涌流，劳动不再是谋生的手段之时，才能摆脱资产阶级法权的局限，进入"各尽所能、按需分配"的共产主义高级阶段。马克思恩格斯虽然没有亲历社会主义建设的实践，但已经充分认识到发展生产力是社会主义建设不可或缺的环节，这与他们的唯物史观是高度一致的。

现实的社会主义都是在经济文化比较落后的国家首先取得胜利的，胜利之后经济建设任务更为繁重。早在第二国际时期，一些理论家就从"经济决定"论出发，认为经济文化落后的俄国不可能取得社会主义革命胜利，即使强行发生革命，由此而诞生的社会主义制度也是"早产儿"，早晚也会夭折的，包括俄国的一些理论家也持同样的观点。十月革命的胜利，用事实有力驳斥了"早产儿"论，但列宁清醒地知道，"劳动生产率，归根到底是使新社会制度取得胜利的最重要最主要的东西"②，"无产阶级取得国家政权以后，它的最主要最根本的需要就是增加产品数量，大大提高社会生产力"③。中国革命取得胜利之后，以毛泽东同志为主要代表的中国共产党人对发展生产力的紧迫性同样有着深刻的认识。

经济文化落后的国家利用历史机遇，先取得社会主义革命的胜利，然后再利用其掌握的政权发展生产，这在理论上是对马克思恩格斯无产阶级革命理论的一大丰富和超越，但是在实践上"先革命，后建设"却面临着难以想象的困难。一是在经济文化明显落后于发达资本主义国家

① 《马克思恩格斯选集》第 1 卷，人民出版社，2012，第 421 页。
② 《列宁选集》第 4 卷，人民出版社，2012，第 16 页。
③ 《列宁选集》第 4 卷，人民出版社，2012，第 623 页。

的条件下，要巩固和维护社会主义国家政权就面临着严峻的挑战。二是在资本主义世界体系封锁的情况下，要引进西方先进的生产技术、管理经验等，缺乏畅通的渠道，更别说大规模对外开放了。三是共产党人长期闹革命，革命经验丰富而建设经验不足，习惯于用革命的思维、革命的方式来搞建设。正是这些原因决定了，即使认识到发展生产力的重要性，一旦建设没有取得立竿见影的成效，就会出现急躁冒进情绪，用"抓革命"的方式来"促生产"，甚至忘记了经济建设这个中心。"左"倾、冒进、超越阶段、"以阶级斗争为纲"，这些现象几乎在所有的社会主义国家建设过程中都发生过，教训深刻，值得深思。

1978年党的十一届三中全会开启了我国社会主义现代化建设的新时期，作出了把党和国家的工作重心转移到经济建设上来的历史性决策，使我国社会生产力的发展跃上了一个新的台阶，大大巩固了社会主义的物质基础。面对东欧剧变的冲击波，面对亚洲金融危机和全球金融危机，面对特大洪水、地震等自然灾害，面对"非典"和新冠肺炎疫情肆虐，我们都顶住了，并在"危"中求"机"，实现了长足的发展，使"科学社会主义在二十一世纪的中国焕发出强大生机活力，在世界上高高举起了中国特色社会主义伟大旗帜"①。这一切充分证明，如果没有社会生产力的发展和物质财富的丰富，不仅彰显不出社会主义制度的优势，恐怕社会主义早就在危机中不复存在了。

第三，社会主义建设的根本目的是促进人的自由而全面发展。社会主义一词，本义就是"社会的"，是反对资本对社会的奴役，反对少数人对绝大多数人的压迫。资本主义是以资本为本，目的是实现资本的自由发展；社会主义则是以社会为本，旨在创造公平公正的社会秩序，为社会每一个成员的自由发展创造条件。科学社会主义把人的自由而全面发展作为衡量社会进步的终极尺度，作为未来社会的基本原则。

遵循科学社会主义基本原则，社会主义建设必须从"现实的人"的需

---

① 习近平：《决胜全面建成小康社会　夺取新时代中国特色社会主义伟大胜利——在中国共产党第十九次全国代表大会上的报告》，人民出版社，2017，第10页。

要出发，坚持以人为本。人是目的，物只是实现人全面发展的手段，不能见物不见人。中国改革开放之初，"现实的人"的需要就是解决温饱问题，摆脱物质生活资料的匮乏，这是我国现代化建设"三步走"战略的第一步，在这个阶段我们大力建设社会主义物质文明，解决人民群众生活资料长期匮乏的问题；到 20 世纪 80 年代中期，我们强调"物质文明和精神文明两手抓、两手都要硬"①，在满足人民物质生活需要的基础上，不断提高人们的思想道德水平和科学文化水平，逐步向小康社会的第二步目标迈进；进入 21 世纪特别是中国特色社会主义进入新时代之后，根据我国经济社会发展水平和人的需要，以习近平同志为核心的党中央对我国现代化建设作出了新的战略安排，即 2035 年时基本实现社会主义现代化，2050 年时把我国建设成为富强民主文明和谐美丽的社会主义现代化强国。改革开放以来，我国社会主义现代化建设的战略安排是与"现实的人"的需要紧密联系在一起的，也正是坚持了从人的需要出发，我国社会主义建设才有了广泛的群众基础，才彰显出了中国特色社会主义制度显著的优势。

遵循科学社会主义基本原则，社会主义建设必须整体布局，满足人全面发展的需要。人的需要是多方面的，社会主义建设也要全方位推进。改革开放以来，我国社会主义现代化建设的布局从"以经济建设为中心"到"两个文明一起抓"，从经济建设、政治建设、文化建设的"三位一体"到经济建设、政治建设、文化建设、社会建设的"四位一体"再到现在的经济建设、政治建设、文化建设、社会建设和生态文明建设的"五位一体"。中国特色社会主义建设总体布局的形成过程，充分反映了人的需要从低层次的生存需要向高层次的发展需要、享受需要的跃迁。在我国社会主要矛盾已经发生根本性转化的新时代，我们党提出："要在继续推动发展的基础上，着力解决好发展不平衡不充分问题，大力提升发展质量和效益，更好满足人民在经济、政治、文化、社会、生态等方面日益增长的需要，更好推动人的全面发展、社会全面进步。"② 突出强调"更好

---

① 《改革开放三十年重要文献选编》（下），人民出版社，2008，第 898 页。
② 习近平：《决胜全面建成小康社会　夺取新时代中国特色社会主义伟大胜利——在中国共产党第十九次全国代表大会上的报告》，人民出版社，2017，第 11~12 页。

推动人的全面发展、社会全面进步"，这是对社会主义建设规律认识的进一步深化。

遵循科学社会主义基本原则，社会主义建设必须把人民的当前需要与最终目标统一起来，切实维护人民群众最直接、最关心、最现实的利益。人的自由而全面发展是建设社会主义的最高目标，但就实践而言，社会主义建设不是一厢情愿地使现实服从于目标，而是在现有条件下不断向最高目标迈进的一个历史过程。未来的目标只有在未来的条件下才能实现，当一个方程式的已知项中没有求解方程式的条件时，是没有办法解出答案的。因此，我们决不能用最高目标的崇高性来压抑人民的现实需求，甚至一味指责群众思想觉悟低，作出伤害人民群众现实利益的事情。过去我们在社会主义建设中没有很好处理"吃饭与建设"的关系，过分强调积累而轻视消费，结果把人民生活搞得很苦，这种禁欲式的社会主义是要不得的。人民群众只有在实践中不断获得实惠，才能切实感受到社会主义的价值，才能更加坚定地向人的自由而全面发展的最高目标迈进。

第四，社会主义建设要积极吸收人类一切优秀文明成果。马克思恩格斯认为，社会主义是高于资本主义的一种社会形态，在社会主义代替资本主义之后，社会主义建设是在世界上已经不存在资本主义的前提下进行的。而现实并非如此，当今世界社会主义与资本主义两种制度并存，世界上资本主义国家的数量明显多于社会主义国家，而且西方资本主义国家在生产力发达程度上比社会主义国家高。在"两制并存"的世界格局下，如何处理与资本主义国家之间的关系，这是社会主义建设必须面对的现实问题。

在"苏联模式"主导时期，两种制度长期处于对立状态，以苏联为首的社会主义国家和以美国为首的西方资本主义国家形成了以意识形态划界的两大阵营、两大军事集团、两个平行市场，双方以"冷战"的方式相互对立、相互封锁，直到东欧剧变、苏联解体之后，这种对立的状态才有了根本性改变。在长期对立的封闭状态下，我国生产力的发展水平与发达资本主义国家的差距不断拉大，面临着被开除"球籍"的危险。正是怀着可能被开除"球籍"的强烈危机意识，中国拉开了对外开放的大幕。

落后学习先进，才能进步，这是一个常识。近代以来，中国长期受西方资本主义国家的侵略，独立之后，我们对西方有一种本能的抗拒，易于出现"凡是敌人反对的，我们就要拥护；凡是敌人拥护的，我们就要反对"① 的社会心理，不恰当地把现代发达的生产力、先进的科学技术、优秀的管理方法等通通当作资本主义来看待。即使在今天，花样翻新的"阴谋论"还时常出现，形态各异的"民粹主义"言行还不断登场，这严重干扰我国对外开放战略，严重阻碍中华民族伟大复兴的进程，这是对中国特色社会主义缺乏自信的表现。社会主义在经济文化比较落后的国家首先取得胜利，其建设起点低、基础薄弱，这是客观事实，但是，如果社会主义总是落后、总是摆脱不了贫穷，就没有说服力。因此，坚持生产力标准，坚持"不问黑猫、白猫，能抓住老鼠就是好猫"② 与"不争论"，坚持不乱贴姓"资"、姓"社"标签，以积极的心态向发达国家学习，大胆吸收人类所创造的一切优秀文明成果，这是建设社会主义现代化强国的唯一正道。

先进的东西，无论是哪一个国家、哪一个民族创造的，只要有利于推进社会主义事业发展都应该大胆地学、大胆地用，不能把西方发达国家创造的东西都一概斥为资本主义。经历 40 余年的对外开放，我们已经认识到有些东西并非资本主义特有的，而是人类文明共同的成果，现代化建设中不可缺少，资本主义可以搞，社会主义也必须搞。"不冒点风险，办什么事情都有百分之百的把握，万无一失，谁敢说这样的话？一开始就自以为是，认为百分之百正确，没那么回事，我就从来没有那么认为。"③ 邓小平同志的这段话，讲透了如何对待资本主义的问题，对于新时代搞社会主义建设仍然有着重要的指导意义。

今天，世界交往的条件之便利、速度之飞快、方式之多样，与工业资本主义时代已不可同日而语，方兴未艾的经济全球化潮流在客观上已经造就了一个"地球村"。可以说"你中有我，我中有你"的格局已经形成，经济贸易、国际投资、技术交流、人员流动把整个人类紧密地联

---

① 《毛泽东选集》第 2 卷，人民出版社，1991，第 590 页。

② 《中共中央文件选集（一九四九年十月～一九六六年五月）》第 45 册，人民出版社，2013，第 29 页。

③ 《邓小平文选》第 3 卷，人民出版社，1993，第 372 页。

系在了一起，面对经济危机、自然灾害、疾病瘟疫、生态灾难、核战争等问题，无论哪一个国家都难以单独应对，人类命运共同体成为一个客观的存在。当前的经济全球化尽管还为发达的资本主义国家所主导，但确实也为社会主义建设提供了一个难得的机会。尽管当前经济全球化遭遇逆流，保护主义、单边主义抬头，世界经济低迷，国际贸易和投资大幅萎缩，但合作大于竞争，不同文明多元共生才是常态。搞社会主义建设必须实现更高水平、更宽领域的对外开放，坚持"引进来""走出去"，不断夯实社会主义的物质基础。当经济全球化的潮流由社会主义来引领和主导之时，人类社会就会向美好的未来迈出新的一步。

第五，社会主义建设要坚持共产党的领导。共产党的领导与共产主义事业之间的关系是历史的、变动的。在无产阶级革命时期，要推翻资产阶级统治，夺取政权，必须坚持党的领导。在过渡时期，旧社会的痕迹还没有被完全清除，虽然这时的国家已经是"半国家"，但无产阶级专政任务还十分复杂和繁重，必须坚持党的领导。在共产主义社会，阶级、政党、国家已经完全消亡，人成为自然界、社会和自身的主人，因而坚持党的领导也就无从谈起了。这是科学社会主义理论对共产党与共产主义关系的历史性认识。然而，实践并没有按照理论规定的线路前进，而且远远超出了理论的推演结果。现实的社会主义国家和现实的世界都走上了一条政党政治不断强化的线路，而不是消亡的线路。在今天，共产党对社会主义建设的领导只能加强，不能削弱。

从共产党执政基础来看，在无产阶级革命取得胜利和社会主义制度建立之后，政党消亡的条件并不具备，共产党的地位和基础都得到了巩固。中国革命取得胜利之后，共产党在全国范围内取得了执政地位，而且成为唯一的执政党，其他党派都是在坚持共产党领导前提下的参政党。在党的阶级基础方面，随着现代化建设的推进，传统的以体力劳动为主的工人的数量在下降，而掌握了科学技术的工人的数量却增加了，随着高等教育的普及，作为工人阶级一部分的知识分子的数量也在快速增加，共产党的阶级基础只是在结构上发生了变化，数量并没有减少，并且先进性进一步提高。在党的群众基础方面，随着改革开放和市场经济的发展，我国涌现出许多新社会成分，他们拥护党的领导、拥护社会主义制度，为现代化建设作出了巨大的贡献。他们与工人、农民、知识分子、干部和解放军指战员团结在一起，同样是中国特色社会主义事业的建设者，成为共产党执政的重要群众基础。总体而言，进入社会主义建设时期，共产党的阶级基础不断巩固、群众基础不断扩大，共产党几乎吸纳了所有社会先进分子，代表性更加广泛和普遍，不仅是中国工人阶级的先锋队，还是中国人民和中华民族的先锋队。共产党的社会组织能力、动员能力、支配社会资源的能力，是其他任何组织都无法比拟的，共产党理所当然地成为中国特色社会主义事业的领导核心，成为当代中国的最高政治领导力量。

从政党在各国政治中的作用来看，当今世界无论是社会主义国家还是资本主义国家，其阶级、政党、国家存在的基础并没有消亡，政党政治是国家治理的一种普遍有效的形式。无论是一党执政、两党轮流执政，还是多党联合执政，执政党在国家政治中都处于统领地位，在国家发展战略的谋划、路线方针的制定、政策措施的推行中都发挥着领导作用，是国家政治经济社会发展的领导力量。在国际舞台上，政党交往是一项重要的外交活动，而执政党之间的交往交流，能够直接表达国家的意志、代表国家的行为。事实证明，无论是内政还是外交，社会主义建设都离不开执政的共产党的领导。

历史新起点与深化马克思主义
中国化研究新维度[*]

崔丽华

  自 2005 年"马克思主义中国化"成为马克思主义理论的二级学科以来，学术界关于马克思主义中国化的研究主要集中在三个方面：一是关于自身特色的研究，讨论了马克思主义中国化的内涵、历史条件、历史进程、基本经验、历史规律、重要成果、方法途径、学科建设，等等；二是理论成果的研究，如三代领导核心与马克思主义中国化之间的关系；三是马克思主义中国化的互动研究，如马克思主义中国化与中国传统文化及现代化的关系、各个时期中国化马克思主义理论形态，等等。

  毋庸置疑，近年来，我国马克思主义中国化研究不断推进，并取得了很大的成绩。但是我们还须清醒地认识到，马克思主义中国化研究仍存在低水平重复、叙述简单、政治色彩过重等问题，问题意识、系统性研究和学理性探讨明显不足。因此，随着社会的不断发展，尤其是今天，我国初步进入邓小平所说的"发展起来以后"阶段，在这样一个新的历史起点上，如何进一步深化和发展当前马克思主义中国化研究就成为迫切需要解决的问题。笔者试图从学理分析、问题意识、国际视野三个维度出发，为当前马克思主义中国化研究提供一些新的维度。

  * 中国马克思主义研究基金会资助、中共中央党校 2012 年度校级青年项目的阶段性成果。本文原载于《科学社会主义》2014 年第 5 期，收入本书时有改动。

一　加强学理分析拓展研究深度

"马克思主义中国化"是一个具有很强政治性并得到广泛运用的概念，也是一个与中国共产党历史发展密切耦合的概念。19世纪末，马克思主义传入中国并被作为救国救民的真理，马克思主义中国化的问题就应运而生。因此，关于马克思主义中国化的研究也就不可避免地被打上了政治的烙印，具有其特殊的意识形态色彩。意识形态色彩是当代马克思主义中国化研究无法回避的因素，但过分强调这一因素，会使马克思主义中国化研究在一定意义上陷入狭窄的、单向度的境地，这也是近些年马克思主义中国化研究流于形式、简单重复，很难突破现状，缺乏具有分量的成果的一个重要因素。

要想使马克思主义中国化研究进入一个全新境界，必须从学理分析入手，强调其学术定位、学术含量和学术旨趣，从而拓展其研究的层次。当然，强调马克思主义中国化的学理分析，并不是否定其政治维度。当前关于中国特色社会主义理论的研究就是将马克思主义理论同中国的现实相结合实现的理论创新，对于进一步改革、发展具有重要的指导意义，因此，政治层面的马克思主义理论研究依然具有重要的意义。但是笔者认为，这里所说的加强学理分析，恰恰能提升当前马克思主义研究的学术涵养，进一步丰富马克思主义中国化研究的学术色彩，增强其学术解释力。这并不是故步自封，使其成为远离尘世的空中楼阁。学理分析更为重要的是扎根于中国的现实，从实践中深化马克思主义研究，是对马克思主义本身所具有的学术内容的研究。学理分析是马克思主义中国化政治层面研究的基础，为其政治研究提供学理支撑，也是深化马克思主义中国化研究的迫切需求。

明确马克思主义中国化的学术定位。学术定位是从学术上如何对马克思主义中国化进行研究，主要是指对马克思主义哲学、政治经济学的研究。随着改革开放的深入，苏联教科书体系僵化、抽象化的话语内容和方式已经不再适应中国发展的需要，在这个意义上，改革传统教科书体系就成为学者迫切需要解决的问题，创立具有中国特色的马克思主义话语体系就成为学者们的主要工作。因此，马克思主义中国化的学术定位就是将马克思主义本身的发展置于当前中国现代化这一宏大背景之下，实现马克思主义理论的自我创新，从生存论和价值论等方面进一步发展马克思主义理论。重新理解马克思关于人、关于实践等问题的研究，强调马克思主义所具有的启蒙作用，这些都有利于深化马克思主义中国化研究。

增加马克思主义中国化的学术含量。这主要是指不应把马克思主义中国化仅仅局限于政治层面的研究，仅仅局限在服务政治体制上，它应有更为丰富的生命力。比如可以从思想史的角度探讨马克思主义中国化的研究，从历史的维度探索思想的价值。如关于马克思主义中国化早期的一些问题，尤其是 20 世纪二三十年代各种论战与马克思主义中国化的关系。这一时期是马克思主义中国化研究最为跌宕起伏的时期。在挽救民族、改革社会这一宏大历史命题下，思想界和理论界异常活跃，各种新思潮、新观点迭出。马克思主义作为当时各种思潮中的一种，其强调线性发展，强调时间概念，以及对经济问题的关注，对当时的国人造成了巨大的冲击。与此同时，马克思主义还充分展示出了其革命性，并成为中国革命的指导力量。在这样的背景下，马克思主义以势不可当的力量发展着，并与各种思潮碰撞、交融，共同构成了马克思主义中国化绚丽的原点。对这段历史的回顾和研究，有助于从源头考察马克思主义中国化学术生态的本来面貌。此外，还可以探讨"文革"时期马克思主义中国化研究停滞的原因、马克思主义的传播、学术层面的版本考证等问题。从这些角度深入，可以挖掘马克思主义中国化研究本身的历史感和思想性，从而增加马克思主义中国化研究的学术含量。

确立马克思主义中国化的学术旨趣。学术旨趣考量的是思想特征、思想内涵等问题。与把马克思主义基本原理与中国问题相结合从而实现对当代中国实践的改革的政治旨趣侧重点不同，学术旨趣主要强调从学理层面对马克思主义中国化的研究进行深入和创新。起初，我们较为关注马克思主义中国化的基本概念、论断与历史条件、发展进程，后来进一步关注马克思主义中国化的理论创新成果。今天，我们还要进一步关注马克思主义中国化的基本规律、发展路径与疑难问题。

总之，马克思主义中国化研究的学理分析是一项基础性的工作，是要明确马克思主义中国化的基本范畴、厘清其基本要素、阐述其基本理论、揭示其内在逻辑、梳理其历史进程、发现其基本规律、把握其基本走向、评价其基本价值。只有这样，才能进一步提升马克思主义中国化研究的层次和水平，才有利于马克思主义的理论创新，才有利于构建有中国特色、中国风格、中国气派的哲学社会科学体系。

二 强化问题意识拓展研究广度

马克思主义中国化是一个深入反映当代中国政治生活和社会发展的命题，在推进马克思主义中国化的同时，必须具有中国问题的视角，必须紧扣中国特色社会主义的伟大实践。问题是"支配一切个人的时代之声。问题是时代的格言，是表现时代自己内心状态的最实际的呼声"①。正如有学者指出的那样，马克思主义中国化，就是把马克思主义同时代特征和中国实际问题结合起来，就是运用马克思主义的立场、观点、方法来解决中国自身发展的重大现实问题。

问题意识是马克思主义理论本身所内含的特质。马克思主义理论能够在中国焕发出新的生命力和生长点，正是源于马克思主义蓬勃的内在性动力和源源不断的实践生命力。马克思主义也正是在实践中展现出魅力，在解决问题中丰富自身的理论内蕴。问题意识使马克思主义不断发展着，这也是进行马克思主义中国化的前提条件。

理论是要为实践服务的，"理论在一个国家实现的程度，总是决定于理论满足这个国家的需要的程度"②。马克思主义传入中国并成为我党的指导思想，是因为它科学地回答了中国面临的问题。马克思主义中国化的进程，就是不断回答或破解"中国问题"的进程，这也表明马克思主义中国化是在理论和现实双重张力中展开的。马克思主义在传入中国之初，所面临的问题是救亡图存、挽救民族。新中国成立后，主要是社

---

① 《马克思恩格斯选集》第 1 卷，人民出版社，1995，第 203 页。
② 《马克思恩格斯选集》第 1 卷，人民出版社，1995，第 11 页。

会主义建设。今天，马克思主义中国化的主题是发展，中国的主要问题是如何更快更好地实现现代化。在这个总问题的统领下，还应包括对经济、政治、文化、社会、生态等具体问题的研究。从马克思主义理论出发对这些问题的研究和分析，本身就是马克思主义中国化的当代体现。

今天的中国正处在初步"发展起来以后"的历史新起点上。"发展起来以后"的问题甚至比不发展的问题更多、更难、更令人苦恼，一些问题甚至是影响中国发展的"命运性问题"。因此，马克思主义中国化的研究必须首先直面并破解这些"命运性问题"。当前，我们的中国面临着更为复杂的局势，世界局势纷繁复杂，各种思想文化交流、交融、交锋，人们的价值观也呈现出多元化。这为马克思主义理论的发展既带来了挑战也带来了机遇。探究什么问题才是马克思主义中国化研究的真问题，就成为继续和深入马克思主义中国化研究的现实要求。胡锦涛强调："马克思主义只有与本国国情相结合、与时代发展同进步、与人民群众共命运，才能焕发出强大的生命力、创造力、感召力。"① 从这段话中可以看到，真正关系中国发展的"命运性问题"需要具备"从实践中来""符合时代发展要求""与人民息息相关"三个要素。

"命运性问题"，必须扎根于中国的现实生活，从实践中来，并被实践所检验，这是我们各项事业成功的法宝之一。如果忽视了实践这一维度，很可能陷入教条主义的泥淖中。马克思主义关于实践的解释和分析，说明了只有通过实践才能在物质和意识之间建立起桥梁，并最终实现改造世界的目的。因此，强调中国问题首先应该明确这一问题是否来源于实践、来源于现实生活。我党在历史上曾出现的"左"倾、右倾错误，恰恰说明了从马克思主义的"本本"出发、脱离实践的危害。面对"命运性问题"，强调将实践活动纳入理论研究中，这既有利于深化理论研究，也有利于把握和理解现实问题。

运用马克思主义的立场、观点、方法研究的关系中国发展的"命运

---

① 《高举中国特色社会主义伟大旗帜　为夺取全面建设小康社会新胜利而奋斗》，《人民日报》2007 年 10 月 25 日。

性问题"还必须符合时代发展的要求，这体现了马克思主义中国化的时代化特征。马克思主义中国化是一个具有鲜活生命力的命题，所研究的问题也就带有了时代的特征。正如列宁强调，"在分析任何一个社会问题时，马克思主义理论的绝对要求，就是要把问题提到一定的历史范围之内"①。不同的时期，面对的时代不同，也就会出现不同的问题，因此，马克思主义中国化所研究的中国问题必须具有时代性。同时，理论也必须与时俱进，只有这样，理论才能说服人，才能成为有用的武器。

"命运性问题"还必须与人民息息相关，这也说明了马克思主义中国化研究绝不仅仅是一个真理性问题，同时还具有鲜明的价值倾向。无论是革命年代，还是社会主义建设时期，历史向我们共产党表明，只有把人民当作我们的主人，从人民利益出发，我们才能取得最终的胜利；如果我们忽视人民的利益，就会损失惨重。因此，马克思主义中国化所面对的中国问题还必须与人民息息相关，尤其是在中国转型期，应探讨与人们切身利益相关的重大现实和理论问题，比如教育公平、养老保障等。研究本身并不是一定要贴上"马克思主义中国化"的标签，运用马克思主义基本原理对这些问题进行分析，也是对马克思主义中国化内涵的丰富和发展。

"从实践中来""与时代密切相连""与人民息息相关"是马克思主义中国化应该面对的真问题，也是评判该问题值不值得研究的标准。具体来说，我们正处在社会主义现代化发展的新阶段，这个阶段所面对的"命运性问题"主要包括转变经济发展方式、公平分配利益、转变政府职能、深化结构改革、推进治理现代化、把握力量转移趋势和促进社会公平公正等，只有从这些真问题出发，才能够有效防止把马克思主义教条化的倾向或将其视为妙药良方的态度，也才能与时代发展共进步，与人民群众共命运。如果这些"命运性问题"处理不好，党的事业就会受挫，为此，必须高度重视。同时，这也是马克思主义中国化研究展现出来的一种理论自觉和理论责任感，坚持从问题出发有利于保证理论立场的坚定和理论基础的牢固，有利于理论研究的深入，有利于理论的宣传

① 《列宁选集》第2卷，人民出版社，1995，第375页。

和教育。归根结底，坚持问题意识，有利于马克思主义中国化研究的进一步深入，有利于不断"推进马克思主义中国化、时代化、大众化"①，有利于在新的历史时期挖掘其新的生长点，拓展其研究的广度。

三 注重国际视野拓展研究宽度

近年来，随着中国经济的快速发展，中国经验、中国模式、中国道路的问题受到了越来越多的关注。但不可否认，关于马克思主义中国化的研究，长期存在自我封闭、自说自话的问题。"我们常常把马克思主义中国化看作一个单纯的马克思主义哲学的输入过程，仅仅在中国系统中考察马克思主义哲学中国化，而不能把马克思主义中国化置于世界范围内，在一个无限开放的系统中揭示其发展的规律性。"②

当今世界在信息化的发展下呈现出一体化的态势，在这样的历史背景下，如何吸收和借鉴其他文化的优秀成果需要我们思考。任何国家马克思主义的发展必须在强调本土化的同时注重国际化。当代中国马克思主义的研究和发展也必须在关注自身问题的同时具有国际视野，实现马克思主义世界化和民族化的有机统一。的确，从国际视野出发，在一个更为宏观的背景下思考问题，可以有效地规避"不识庐山真面目，只缘身在此山中"的问题。

对于马克思主义中国化研究的国际视野这一问题，其内在地包含两个方面：既包含把中国成功的经验介绍到国外，也包含积极吸收国外丰富的思想资源。这二者是一个双向互动的过程，相辅相成，缺一不可。

一方面，随着改革开放的不断深入，中国取得了令世人瞩目的成绩，也开始在国际社会中承担越来越重要的责任和扮演越来越重要的角色，世界也开始关注中国，这为把当代中国马克思主义介绍到国际舞台打下

---

① 《中共中央关于加强和改进新形势下党的建设若干重大问题的决定》，《人民日报》2009 年 9 月 28 日。
② 何萍：《马克思主义哲学中国化研究的世界视野》，《学术月刊》2003 年第11 期。

了一个良好的物质基础。此外，伴随着经济的快速发展，在理论建设方面，我们形成了具有中国特色的社会主义理论体系，并逐渐得到国际社会的认可，这也增强了中国在世界舞台上研究马克思主义的实力。可以说，近些年，中国在经济和理论方面取得的巨大成就使传播中国化的马克思主义成为可能。因此，今后关于马克思主义中国化的研究应着力从国际视野出发，在凸显中国气派、中国特色的同时可以思考关于人类社会普遍面临的重大问题，从而增强中国马克思主义在世界范围内的影响力和感染力。

另一方面，吸收和借鉴国外丰富的思想资源。随着中国不断发展，影响力不断增强，我们已经无法封闭地思考和谈论中国的发展，我们所进行的社会主义现代化建设已经客观地成为世界历史的组成部分。正如新马克思主义者沃勒斯坦在《现代世界体系》中提出"世界体系理论"一样，其也使用了从整体或全局来探讨整个世界的宏观方法。在这样一个背景下，吸收和借鉴国外先进理论就显得尤其必要。当然，已有很多学者注意到这一问题，并提出了一些建议，在目前的研究基础上，新时期深化马克思主义中国化研究的一项重要任务是拓宽研究视野，尤其是对西方马克思主义中的一些合理的思想资源的吸收和借鉴。因为我国初步"发展起来以后"的问题，在西方马克思主义理论中都有不同程度的涉及。自20世纪80年代，西方马克思主义进入我国学者的视野，并逐步成为学术研究的核心问题以来，就一直存在如何研究和借鉴的问题，并形成了两种代表性观点。一种观点认为，西方马克思主义本质上是与马克思主义相对立的一股思潮，二者在研究范式上具有不可通约性。这种观点主要受苏联教科书体系的影响。随着国内学界对苏联教科书体系的批判，这种观点逐渐淡化。另一种观点认为，西方马克思主义是马克思主义在当代西方的发展，属于马克思主义范畴，对丰富和发展当代中国马克思主义具有借鉴意义。这是当前国内学界的主流观点。比如探索中国特色的社会主义现代化路径，消除现代化过程中的弊端，已成为当代中国马克思主义的重大研究课题。国外马克思主义以西方文化传统为背景，反思传统马克思主义和批判资本主义现代性弊病，彰显了马克思主义的当代意义。这为当代中国马克思主义提供了重要理论思路。

再比如说，当代空间理论对马克思主义进行升级，提出"历史—地理唯物主义"，这既体现了马克思主义在新的历史时期的生命力，也彰显了对当代资本主义社会空间问题的解读。这种解读本身对于从更多视角研究我国马克思主义具有借鉴意义。当然，西方马克思主义并不是绝对的妙药良方，也存在对马克思主义的曲解和误读，我们绝对不能简单地依靠西方的理论，更不能妄想西方学者能为我们出谋划策。但这并不妨碍我们从"他者"的角度更加清晰地理解我们的理论。通过比较研究，我们可以得到必要的警示，当代中国马克思主义的相对优势也可以得到彰显，从而更好地讲"中国的故事"。

无论是将中国化的马克思主义介绍到世界，还是吸收和借鉴国外先进理论，都需要处理好马克思主义本土化与国际化之间的张力关系，既要体现出当代中国马克思主义自身的包容性、开放性和自我丰富的必要性，以及将中国问题置于全球化背景之下加以考察的一种理论自觉，又要从国际视野出发，在介绍、比较、借鉴中，实现从不同层面对马克思主义中国化研究的丰富和发展。

总之，从学理分析、问题意识和国际视野三个维度去总结历史经验，试图突破当前僵化地对待马克思主义中国化研究的观念，可以实现马克思主义中国化研究从政治维度到学术维度、从理论问题到现实问题、从自说自话的封闭体系到国际视野的全新转换，这三个维度是一个密切联系着的整体，不可分割。深化学理分析，离不开问题意识和国际视野；强化问题意识，也离不开国际视野，也是为了深化学理分析；从国际视野出发既是时代的需要也是马克思主义中国化本身的需要，它既有利于深化学理分析，又有利于强化问题意识。应从三个维度出发，试图为下一步更好地实现马克思主义中国化找到最佳的路径，从这三个维度，即思想史、现实的、世界视阈三重维度中来展开对马克思主义中国化研究的深层拓展，某种意义上也是马克思主义中国化、时代化、大众化的统一。

国外关于中国特色社会主义研究的
核心问题与解读范式[*]

张 严

近几十年，随着改革开放的进行，中国的巨大发展和蓬勃气象吸引了世界的目光，中国所高举的中国特色社会主义旗帜，也为国外学者所持续瞩目，成为一个在国际上长期得到广泛讨论的热门话题。国外学者在这方面的研究集中于中国特色社会主义的本质和特征、中国道路及其对世界的贡献、中国的市场经济和民主政治等，这在一定程度上代表了外部世界对中国特色社会主义的认知和看法，为我们深化和拓展中国特色社会主义研究提供了外部视角、理论参照和思想资源。

一 问题与解答：国外学者研究的主要内容

国外学者对中国特色社会主义的研究，既导源于中国的改革开放，又与中国改革开放以来的发展紧密相关。他们试图通过对中国特色社会主义的考察，寻找中国发展和崛起背后的深层原因，对中国的现状、中国与世界的关系作出合理解释，并对中国未来的发展及其世界影响作出预测。

（一）关于中国特色社会主义的本质属性

国外学者对中国特色社会主义的研究，首先关注的是它的本质。在

　＊　国家社会科学基金重大项目"中国特色社会主义理论体系基本原理研究"（11&ZD066）的阶段性成果。本文原载于《当代世界与社会主义》2013 年第 5 期，收入本书时有改动。

探讨其本质时，他们主要还是采用社会主义和资本主义两种形态对其"定性"，即便是指认其本质为"第三条道路"的学者，在作出这种认定时，主要参照对象仍然是传统意义上的社会主义和资本主义。具体来说，关于中国特色社会主义的本质，国外学者主要有如下几种界定。

（1）社会主义初级阶段

针对中国社会已是资本主义形态这种说法，法国学者托尼·安德烈阿尼进行了反驳，指出中国的社会性质仍属社会主义，原因在于：第一，中国当前最主要的问题是发展生产力，因为不仅中国必须摆脱"贫穷的社会主义"，而且只有发展生产力，中国社会的生产关系才能进入更高级的阶段；第二，中国的土地仍然实行国家所有制，这就避免了土地所有权大规模集中于私人手中；第三，中国仍然保留了国家计划和政府的宏观调控，只不过通过间接手段进行，但其作用仍然十分强大；第四，中国在发展社会主义市场经济的同时，还促进了精神文明的发展，这种文明完全不同于西方的文明①。奈特·温斯坦认为，国有企业在中国还控制着工业的核心部门和金融部门，正是这种"社会主义属性"使中国在经济危机中得以幸免，并给全球经济注入了活力②。

（2）亚细亚形态的社会主义

波兰马克思主义理论家亚当·沙夫认为，马克思提出的五种社会经济形态包含的范围太狭窄，没有把亚细亚形态也包括进去，因此认识中国当前的制度问题，需要创新社会历史理论。他提出了建立亚细亚社会形态理论的任务，试图以此阐明和破解中国问题③。

（3）市场社会主义

美国学者普兰纳布·巴德汉与约翰·罗默认为，中国采取的市场社会主义形式既能提高生产效益，又能达到经济社会均衡发展的目标。美国学者大卫·施韦卡特认为，中国目前的阶段并不是成熟的社会主义市

---

① Tony Andréani, "La Chine Est-elle Encore Socialiste?" *La Pensée*, No. 1 (2005).

② Nat Weinstein, "In Response to Monthly on China", *Socialist Viewpoint*, Vol. 4, No. 8 (2004).

③ 参见亚当·沙夫《我的中国观》，郭增麟译，《当代世界社会主义问题》2001年第4期。

场经济阶段，只是市场社会主义早期阶段①。

（4）后社会主义

美国学者阿里夫·德里克把中国特色社会主义称为"后社会主义"，指出它具有一种内在的超越资本主义的视界并具有避免回到资本主义的特质，它已经宣布不再高攀一种作为乌托邦理想的社会主义，但也绝对不会"低就"资本主义②。

（5）民族共产主义

"民族共产主义"概念最早由费正清提出，着重强调以中国的文化价值、历史传统来理解中国的社会主义，到20世纪80年代逐步发展成以中华民族和国家利益为基础来理解中国的社会主义。英国学者迈克尔·亚胡达强调了邓小平对国家利益的重视，认为"建设有中国特色的社会主义"这个纲领意味着它是"民族共产主义"的一种形式③。

（二）关于中国特色社会主义的特征

中国特色社会主义中的"中国特色"到底指的是什么？国外学者对此进行了大量的讨论。具体来说，他们的答案主要有以下四种。

第一，"政治实用主义"是中国特色社会主义的突出特征。印度学者孔塔帕里认为，在不偏离社会主义方向的前提下，中国在实践层面奉行务实变通，在理论层面实行兼收并蓄，在继承中发展，形成了一整套与国情紧密结合的发展方略④。日本学者矢吹晋对邓小平的"摸着石头过河"给予了充分肯定，认为这种"摸着石头过河"的理论，才是减少

① 参见徐觉哉《国外学者论中国特色社会主义》，《中国特色社会主义研究》2008年第3期。
② 参见阿里夫·德里克《重访后社会主义：反思中国特色社会主义的过去、现在和未来》，吕增奎译，《马克思主义与现实》2009年第5期。
③ 参见迈克尔·亚胡达《国务活动家邓小平》，李向前译，《国外中共党史研究动态》1994年第1期。
④ 《十七大特稿：中国道路 世界瞩目》，央视网，2007年10月22日，http://news.cctv.com/china/20071022/107095.shtml。

错误比较理想的理论①。德国学者托马斯·海贝勒指出，中国当前阶段的一个特征是意识形态逐渐为实用主义所取代：在经济上，是从计划经济到市场经济的转型或者说政治的经济化；在政治上，共产党已经从一个阶级的政党发展成为一个人民的政党；在意识形态上，政府的目标不再是一个遥不可及的"共产主义"，而是一个不太遥远的"和谐社会"。作为验证，他试图从《中国共产党章程》的变化来解读中国的政治实用主义②。

第二，"中国特色"体现为特殊的体制与文化。意大利学者阿里吉把中国特色社会主义看成以劳动密集与能量储存为基础的东亚斯密主义模式，其实质是勤劳主义模式，认为这种模式将在全球扮演越来越重要的角色③。法国学者罗兰·列夫认为，中国的"现实社会主义"，事实上是混合了来自西方资本主义的一种"现代化"的新颖形式和反资本主义的"社会主义"的民族主义的变种，但只要行得通，照样可以为我所用，这就是中国的特色④。"北京共识"的提出者美国学者乔舒亚·库珀·雷默认为，中国的发展模式是一种适合中国国情和社会需要的发展途径，主要包括：艰苦努力、主动创新和大胆实验；坚决捍卫国家主权和利益；循序渐进、积聚能量⑤。美国学者沈大伟用"party-state"来形容中国特色的社会制度，他认为，中国的政治体制是独特的，其经济体制也是个混合体，中国的发展模式无法轻易移植到他国⑥。英国学者格雷厄姆·哈钦斯认为，中国很难照搬任何外国的现代化模

① 卢明：《二十世纪日本的邓小平理论研究》，《中共党史研究》2007年第4期。
② 参见托马斯·海贝勒《关于中国模式若干问题的研究》，《当代世界与社会主义》2005年第5期。
③ 参见乔万尼·阿里吉《亚当·斯密在北京——21世纪的谱系》，路爱国等译，社会科学文献出版社，2009。
④ Roland Lew，"Les Ressorts Cachés Dudynamisme Chinois"，*Le Monde Diplomatique*，No. 10（2004）.
⑤ 乔舒亚·库珀·雷默：《北京共识：为世界经济发展提供新模式》，《证券日报》2004年6月6日。
⑥ 王广等：《十学者纵论中国道路》，《中国社会科学报》2009年7月1日。

式，中国就是中国，它只能走自己的路①。新加坡学者谭中指出，中国的发展可以归功于"一大 A 四小 a"："一大 A"是 Ability（能力），"四小 a"是 accumulation ability（积累能力）、assimilation ability（吸收能力）、accommodation ability（包容能力）和 adapt ability（应变能力）②。美国学者洪朝辉指出，中国开创的这条道路是建立在特殊的中国体制与文化之上的，它不以现有的经典理论为指标，不以各国的历史与现状为参照，完全以中国近几十年的各种发展现实作为实证分析的基点，是对世界常识的挑战和对经典理论的证伪，是中国发展和延续潜力与活力的秘密所在③。新加坡学者郑永年指出，中国改革的特点在于：一是渐进，这使中国有时间和空间来调整自身的问题，适应社会经济的变化；二是分阶段，先经济改革，再社会改革，然后是政治改革④。

第三，"和谐"是中国特色社会主义的显著特色。乔舒亚·库珀·雷默在谈到中国特色时，将"中国形象"表述为"淡色"。他认为，中国需要一种"淡色"的国家形象，将相反的东西和谐地结合在一起⑤。郑永年认为，"小康社会"与"和谐社会"有密切的相关性，中国共产党强调通过建设"小康社会"而达致"和谐社会"是一个很好的战略设想⑥。美国学者吴永泰指出，中共中央提出构建"以人为本"的和谐社会，实质上是对民主实践、法治、平等的新强调。这种转折"远远超出了经济体制改革的意义"⑦。托马斯·海贝勒把和谐社会看成传统儒家思

---

① 冯雷：《海外人士论有中国特色的社会主义》，《当代世界与社会主义》1997年第1期。

② 参见谭中《要把"中国学问"发扬光大》，《联合早报》2007年10月5日。

③ Chaohui Hong, *The China Uniqueness-Dilemmas and Directions of China's Development*（New York：Cozy House Publisher，2004）.

④ 王广等：《十学者纵论中国道路》，《中国社会科学报》2009年7月1日。

⑤ 乔舒亚·库珀·雷默等：《中国形象：外国学者眼里的中国》，沈晓雷等译，社会科学文献出版社，2006，第9页。

⑥ 王广等：《十学者纵论中国道路》，《中国社会科学报》2009年7月1日。

⑦ Wing Thye Woo, "A Harmonious Socialist Societyor Bust：China's Quest for Sustainable Development"，*China's Economy*，No. 1（2006）.

想的复归，以社会平等、政治和谐为特征，与以消费主义、物质财富、利润最大化为特点的新自由主义市场社会截然不同①。

第四，"独立自主"是中国特色社会主义的独特标志。日本学者天儿慧指出，虽然改革开放初期中国在外国人眼中是确确实实的独立国家，是大国，但是在邓小平和其他领导人看来，中国依然处于国家主权和民族自决受威胁的状况，而邓小平理论以及邓小平的各种政策就是实现中华民族的独立解放、繁荣富强这个目标的手段和方法②。

（三）关于中国特色社会主义市场经济

中国特色社会主义市场经济是在国外的中国特色社会主义研究中得到各个学科专家持续广泛讨论的一个热门话题。

一是用"混合经济"解释中国当前市场经济的性质。大木一训指出，中国在一定范围内将资本主义经济的部分要素引入国民经济中，建立了混合经济体系，这是为了实现经济的高速增长，建立富有活力的社会主义社会。他提出，十四大以后，中国决策当局认为社会主义制度下也可以有市场经济，这就突破了以往市场经济为资本主义国家所特有这一观念的限制③。

二是用"新经济政策"概括中国特色社会主义市场经济。俄罗斯学者季塔连柯认为，中国特色社会主义理论从思想上和方法论上重新考虑了《共产党宣言》中的一些重要原理，"积极评价列宁的新经济政策"，重新考虑"对当代资本主义状况的评价""以及在中国建设社会主义和共产主义的条件"④。美国学者詹姆斯·劳勒认为，社会主义市场经济是

---

① Thomas Heberer, Gunter Schubert（eds.），*Regime Legitimacy in Contemporary China*：*Institutional Change and Stability*（Routledge，2008），p. 72.

② 参见马启民《国外中国特色社会主义理论研究评析》，《当代世界与社会主义》2008 年第 6 期。

③ 参见大木一训《中国経済の発展と現段阶をどうみるか》，《経済》2004 年第 11 期。

④ М. Л. 季塔连柯：《对毛泽东、邓小平社会主义理论的比较研究》，马贵凡译，《中共党史研究》2001 年第 6 期。

通向社会主义高级阶段的过渡形式，是列宁"新经济政策"的中国版本①。

三是用"国家与市场之间的平衡"标记中国特色社会主义市场经济。彼得·诺兰认为，中国自 2000 年以来一直在探索国家与市场之间的一种创造性的、共生的相互关系。中国存在许多深刻的社会经济挑战，其中每一项挑战都需要对市场进行创造性的、非意识形态的国家干预，以解决市场不能独自解决的许多实际问题②。英国著名政治思想家安东尼·吉登斯认为，中国在进入市场经济阶段的同时，不要忘了有市场经济就有市场社会，而市场社会有自己的局限性，因此要考虑市场、社会与政府之间的平衡协调，既要培育竞争的市场，又要培育社会合作③。澳大利亚学者利奥·刘指出，中国没有毫无保留地支持新自由主义的改革，中国的经济改革创造了一种与这种模式完全背离的市场经济④。美国学者黄宗智认为，中国改革开放所要解决的问题之一，就是发动潜在企业家们的创业能力。在改革过程中，中国并没有采用苏联、东欧的方法，而是选择在旧体制的基础上，采用计划和市场的"双轨"进路，"摸着石头过河"来逐步市场化⑤。

（四）关于中国特色社会主义政治发展道路

俄罗斯学者玛玛耶娃认为，从中国共产党十六大到现阶段党政改革领域的政治建设，可以概括为"在科学发展观基础上由经济现代化转向构建和谐社会"；中心任务是完善国家管理体制，建设服务型政府，同时加强

① 参见徐觉哉《国外学者论中国特色社会主义》，《中国特色社会主义研究》2008 年第 3 期。
② 参见彼得·诺兰《处在十字路口的中国》，吕增奎译，《国外理论动态》2005 年第 9 期。
③ 参见安东尼·吉登斯《国家最重要的投资是对人的投资——吉登斯对话录》，《南方周末》2007 年 12 月 20 日。
④ Leong Liew," China's Engagement with Neo-liberalism: Path Dependency, Geography and Party Self-Reinvention", *The Journal of Development Studies UK* (2005).
⑤ 王广等：《十学者纵论中国道路》，《中国社会科学报》2009 年 7 月 1 日。

反腐败斗争；在实践中逐步推行以防范和调控社会"利益冲突"、保持社会稳定为宗旨的党政制度；防止党政高层精英像苏联那样成为封闭性团体和实行"领导层自我复制"①。马丁·雅克认为，中国的经济增长让发展中国家获益巨大，而且崛起为世界主要大国的中国将提供与西方完全不同的政治模式和范例②。郑永年从国家制度建设的角度分析了中国的村民选举，强调中国民主要走自己的路，也就是"中国特色的社会主义民主"，这种民主的价值取向不能照搬西方民主理论，不能简单输入民主③。

（五）关于中国取得的成功与中国特色社会主义的关系

有学者把中国的成功归结为中国特色社会主义制度本身。英国著名历史学家汤因比就曾预测中国探索的"中间道路"可能会成为人类文明的全新文化起点④。季塔连柯在中共十八大开幕之际指出，中国成功的原因在于中国共产党能够遵循时代条件的变化，及时平稳地调整党和国家的发展政策，用不断创新的中国化马克思主义指导实践⑤。保加利亚学者尼·波波夫认为，中国目前选择并实践的模式，是唯一可以挽救和建设社会主义的模式，是唯一正确的充满希望之路⑥。曾提出"历史终结论"的美国政治学者弗朗西斯·福山提出，"中国模式"的有效性证明，西方的自由民主并非人类历史进化的终点，人类思想宝库要为中国传统留有一席之地⑦。

有学者从经济模式上分析了中国成功的原因。阿明提出，小农经

---

① 王广等：《十学者纵论中国道路》，《中国社会科学报》2009年7月1日。
② 《（英）马丁·雅克：中国改变我们的思维方式》，《政府法制》2011年第30期。
③ 郑永年：《先有制度基础，后有民主政治》，《环球时报》2008年1月15日。
④ 阿诺德·汤因比：《历史研究》，刘北成、郭小凌译，上海人民出版社，2005，第394页。
⑤ 毛中秋等：《国外学者关注十八大》，《中国社会科学报》2012年11月9日。
⑥ 吴锡俊：《十四大期间保加利亚波波夫院士谈中国》，《当代世界社会主义问题》1992年第4期。
⑦ 萧元胜：《福山谈"中国模式"》，《天涯》2010年第1期。

济也是中国特色社会主义有可能成功走出一条替代道路的关键。他认为，在中国，农民和土地的直接结合使中国能够创造出一种新的发展模式①。郑永年认为，2008 年金融危机之后，西方人对中国模式感兴趣与其说是他们想了解中国，倒不如说是他们对西方模式的失望②。奈特·温斯坦认为，中国能够在资本主义的世界危机中做到独善其身，是源于国家更为直接和有效的调控，即通过提高利率也通过降低国有企业的生产能力和减少对过热领域贷款的方法，使资源流入有需要的部门。而中国之所以能够运用这种直接的调控，是因为中国的国有经济和计划调节并没有完全被私有制和市场所取代，从而仍旧能够平衡和调控③。

（六）关于中国特色社会主义与中国共产党的关系

韩国《中央日报》指出，我们现在已经生活在了不懂中共就不懂中国的时代④。英国《金融时报》记者马利德在《党：共产主义治理的神秘中国》一书中指出，中国共产党的体制对中国的适应度超过许多人的想象，这是促成中国经济大繁荣的重要原因⑤。英国学者阿奇·布朗在《共产主义的起落沉浮》一书中高度赞扬中国共产党人，并指出是这一批优秀的共产党人在中国汇聚了国家主义、社会主义等不同思想的优秀特色，建立了一个成功的政党⑥。美国学者迈哈内指出："在经历 30 年的政治经济巨大变化后……中国共产党……更加接近经典马克思主义的核心原理。'共产

---

① Samir Amin, "On China: 'Market Socialism', A Stage in the Long Socialist Transition or Shortcut to Capitalism?" *Social Scientist*, Vol. 32 (2004).
② 参见郑永年《中国模式及其未来》，八方文化创作室，2011。
③ Nat Weinstein, "In Response to Monthly on China", *Socialist Viewpoint*, Vol. 4, No. 8 (2004).
④ 姜加林：《世界视角下的中国道路》，《求是》2013 年第 11 期。
⑤ 张红：《地球上最大的政治奇迹》，《人民日报》（海外版）2011 年 6 月 3 日。
⑥ 纪双城：《国外研究中共书籍知多少：英国学术界给予最多关注》，《环球时报》2011 年 6 月 17 日。

主义'仍然是中国共产党的首要目标。"① 沈大伟认为，中国共产党自改革开放以来处于收缩过程之中，同时认为中国共产党采取了许多调适性改革措施来逆转收缩过程，实际上处于一种转型过程之中②。

（七）关于中国特色社会主义的历史连续性

阿里夫·德里克指出，"中国模式"中被大力称道的"民族经济的一体化、自主发展、政治和经济的主权以及社会平等等这些主题的历史和中国革命的历史一样悠久，是社会主义革命时期提出的"，这些社会主义革命的历史遗产是"中国模式"中最重要的内容③。阿明认为，从《论十大关系》开始，中国就开始有意识地探索自己的发展道路。正是这些成功的探索为 1980 年以后中国的成功发展奠定了坚实的基础，从而当中国在新的资本主义全球化险恶环境中实行对外开放政策时，没有遭遇苏联向西方开放所带来的崩溃④。美国学者布兰特利·沃马克通过对毛泽东时代道路的梳理并与中国特色社会主义理论的对比研究，指出由于与毛泽东时代有很多连贯性，中国特色社会主义并不是一个新的历史形态，而是对毛泽东思想的继承与创新⑤。哈萨克斯坦社会党主席叶尔蒂斯巴耶夫认为，"四项基本原则+改革开放"是对马克思主义的创造性发展，中国改革之所以成功，很重要的原因是中国坚持四项基本原则⑥。

---

① 约瑟夫·格利高里·迈哈内:《通往和谐之路：马克思主义、儒家与和谐概念》，铁庵译，《国外理论动态》2009 年第 12 期。

② 参见沈大伟《中国共产党：收缩与调适》，吕增奎、王新颖译，中央编译出版社，2011。

③ 阿里夫·德里克:《中国发展道路的反思：不应抛弃社会主义革命的历史遗产》，远山译，《当代世界与社会主义》2005 年第 5 期。

④ 萨米尔·阿明:《中国发展道路的贡献》，丁海译，《国外理论动态》2006 年第 11 期。

⑤ 李佑新、陈龙:《继承、创新与挑战——沃马克关于中国特色社会主义与毛泽东思想关系的研究》，《国外理论动态》2008 年第 7 期。

⑥ 冯雷:《海外人士论有中国特色的社会主义》，《当代世界与社会主义》1997 年第 1 期。

二　方法与标准：国外学者解读问题的三种范式

基于不同的历史文化背景和政治立场，国外学者对中国特色社会主义的研究也采取了不同的范式，具体来说主要有马克思主义中国化、现代化和"中国模式"三种范式，这三种范式依据的标准还是社会性质，他们大体上分别以社会主义、资本主义和"第三条道路"来看待和评价中国所选择的发展道路以及所取得的发展成就。

一是马克思主义中国化。部分国外学者认为，中国特色社会主义的核心是将马克思主义的基本原理与中国实际相结合，这是马克思主义中国化的具体体现。中国特色社会主义是"一种新版的马克思主义理论"，它科学和系统地回答了中国这样经济文化比较落后的国家，如何在世界历史和全球化大背景下建设社会主义的问题，这种"新版的马克思主义理论"正在颠覆着西方的传统理论。

二是现代化。由于发达资本主义国家最早完成现代化，并在经济、政治、文化各方面形成了制度、体制甚至现代化路径上相对成熟的既定模式，许多国外学者将现代化等同于资本主义。在对中国特色社会主义的研究中，部分国外学者倾向于把中国的改革开放过程当作现代化过程的一部分来考察，并且发现中国的现代化过程并不是一个典型的资本主义过程，即在市场化和经济快速发展的同时，中国并没有形成民主化的政治机制和自由化的核心价值。面对西方经典现代化理论与中国道路之间的错位，他们试图在这二者之间建立起一种新的"解释范式"以"缝合"理论与实践之间的"裂痕"。首先以西方经典现代化理论、市民社会理论等为基准来衡量当代中国并得出社会经济结构中某一领域或某一区域的"中国特色"，然后从历史、文化和改革环节等方面找出这种"特色"形成的"根源"，在此基础上再提出一种适度修正后的新理论，以增强西方经典理论对中国的解释力[①]。对于这种解释路向，部分西方

---

① 范春燕、冯颜利：《海外中国特色社会主义研究的几个不同视角》，《国外社会科学》2012年第2期。

学者指出，西方经典现代化范式已经越来越不适合于分析中国的现实和预测中国的未来。他们认为，中国特色社会主义实际上是在"全球现代性"中寻求一种"另类现代性"①。

三是"中国模式"。受制于现有的价值观、政治立场和研究方法，西方的一些学者在谈论中国取得的成就时有意淡化社会主义的色彩，不愿意使用"中国特色社会主义"的概念。在他们看来，如果使用这个概念，就等于承认社会主义的生命力和创造力②。此外，他们也试图超出传统西方现代化理论模式来看待和评价中国道路和中国经验。作为一种替代，他们更多地使用"中国模式"等概念。部分西方左翼学者不认可"中国模式"这个概念，认为"中国模式"从提法上回避甚至消解了中国道路的社会主义取向。

三 启发与思考：对国外学者研究成果的认识

总体来说，国外学者对中国特色社会主义的研究范围还是比较广泛的，涉及中国特色社会主义的性质、特征、道路、市场经济、民主政治等多方面问题，在一些问题上提出了独到和富有启发性的见解。尽管处于不同的社会和文化背景，但国外大多数学者对中国特色社会主义的评价和研究尽量采取了相对客观的态度，他们对于中国特色社会主义的认识，为我们拓宽理论视野、从新的角度来把握中国现状、加深对中国特色社会主义的理解、深化中国特色社会主义理论体系研究提供了可资借鉴的思想资源，在一定程度上构成了国内的中国特色社会主义研究的参照系。

不过，从学术研究的角度来看，国外的中国特色社会主义研究总体上还存在如下不足。

一是未能深刻认识中国特色社会主义的社会主义性质。不少国外学

---

① 阿里夫·德里克：《后现代主义、后殖民主义和全球化：当代马克思主义所面临的挑战》，王瑾译，《当代世界与社会主义》2007年第2期。

② 严书翰：《中国特色社会主义何以有声有色》，《人民论坛》2009年第6期。

者试图用"中国模式"概括中国特色社会主义的特征，模糊我国的社会主义性质，将对中国特色社会主义的研究评价转换为对"中国模式"的研究评价。还有一些学者试图将中国特色社会主义纳入西方传统现代化的框架中进行考察，将其解读为资本主义道路上的一种新型现代化，在核心层面误解了中国特色社会主义的本质。

二是未能深入把握中国特色社会主义与马克思主义的关系。由于中国问题本身的复杂性，加上身处国外对中国国情缺乏亲身了解，以及受西方媒体的影响，有些国外学者在对中国特色社会主义与马克思主义的关系的把握、对中国特色社会主义与马克思主义中国化内涵的分析和理解上，未能突破原有的思维定式和固定的研究框架，表现出各自的局限性。国外学者大多从对世界与中国的横向对比中来看待中国特色社会主义和中国道路，而较少从纵向角度、从马克思主义和社会主义发展史的角度来考察中国特色社会主义的成就、特征、发展趋势和历史地位。

三是未能从整体上理解中国特色社会主义。国外学者对中国特色社会主义的理解大多局限于具体层面，从某个特定角度展开分析和论证，缺乏从整体上认识中国特色社会主义的角度和视野，对中国特色社会主义的整体性把握不足。

第二编　国家治理与制度优势

中国特色社会主义制度的伟大意义 *

陈曙光

中国特色社会主义制度是个新制度，也是个好制度，在人类文明进步史、马克思主义发展史、社会主义制度建设史、世界现代化史以及中华民族复兴史上都具有伟大的历史意义。

一　人类制度文明的崭新发展阶段

从人类文明进步史来看，中国特色社会主义制度"是在长期实践探索中形成的，是人类制度文明史上的伟大创造"，开创了人类制度文明的崭新发展阶段，"为人类探索建设更好社会制度贡献了中国智慧和中国方案"①。

原始社会解体以后，先后产生的奴隶社会、封建社会、资本主义社会的社会制度都是以私有制为经济基础的制度。这些社会制度的一个共同特点是少数人奴役、剥削和压迫绝大多数人。究其根本原因，是生产资料掌握在奴隶主阶级、地主阶级或资产阶级手中，他们凭借占统治地位的经济力量，主宰国家的政治、经济、思想命脉，而占人口绝大多数的奴隶阶级、农民阶级和工人阶级，因为失去独立的生产资料和物质基础，只能在社会中处于从属地位。人民只有联合起来掌握生产资料，进而掌握国家的经济命脉和政治机器，才能从根本上改变被奴役的从属地

---

* 本文原载于《马克思主义研究》2020 年第 12 期，收入本书时有改动。

① 习近平：《坚持、完善和发展中国特色社会主义国家制度与法律制度》，《求是》2019 年第 23 期。

位，实现个体的自由。启蒙运动时期，西方国家先后完成了资产阶级民主革命，建立了资本主义制度。西方各个阶级、各股政治势力围绕"建立什么样的政治制度"这个历史性课题，在资本主义制度框架下创造了君主立宪制、议会制、多党制、总统制、半总统制等多种制度模式，以私有制为基础的社会制度在现代西方达到了最高阶段和最完善程度，推动人类制度文明和政治文明进入了新阶段，为人类探索更好社会制度提供了欧洲方案。

自资本主义制度在西方奠基以来，西方先后发动和引领了以蒸汽技术为标志的第一次工业革命、以电力技术为标志的第二次工业革命、以计算机和信息技术为标志的第三次工业革命，率先走过了"人的依赖关系"阶段，走进了"人的独立性"阶段，率先完成了现代化的使命。西方300多年的发展进步，证明了社会制度的欧洲方案相对于过去的一切制度，具有鲜明的比较优势。同时，西方世界的发展优势转化为西方制度的话语优势，一系列似是而非的论调纷至沓来。比如，"西方中心论"告诉世人西方制度是最好的制度，"历史终结论"告诉世人西式自由民主制度是历史进化的终点，"世界趋同论"告诉世人不同社会制度最终都将趋同于资本主义，"别无选择论"告诉世人除了资本主义没有别的选择。这些论调都体现了西方世界高度的"制度自信"。

马克思主义的诞生，从理论上揭示了社会主义必然胜利的历史结论。马克思主义认为，资本主义社会仍属于"人类社会的史前时期"[1]，资本主义制度是最后一种立足于私有制基础上的社会形态，是国家制度的最后一种对抗形式。未来新社会，不是用一种剥削制度去代替另一种剥削制度，而是要结束一切剥削压迫制度，最终建立一个没有阶级剥削、阶级压迫和阶级对抗的全新社会制度，开辟人类自觉创造历史的新时代。但是，马克思恩格斯并没有建立社会主义制度的成功实践，社会主义制度在马克思那个时代仍然是一种理想、一种学说。

"建立什么样的国家制度，是近代以来中国人民面临的一个历史性课题。鸦片战争以后，延续了2000多年的封建专制制度已经腐朽不堪，

---

① 《马克思恩格斯选集》第2卷，人民出版社，2012，第3页。

难以应对日益深重的政治危机和民族危机。"① 近代以来，中国早期的制度探索无不以欧洲方案为最初的参照系，康有为和梁启超的改良方案、孙中山的旧式民主革命方案，都是欧洲方案的中国翻版或再版，都未能完成中华民族救亡图存和反帝反封建的历史任务，都未能解决中华民族的前途和命运问题。中国共产党自登上历史舞台以来，一直致力于建设人民当家作主的新社会，在国家制度建设上不懈探索，提出了关于未来国家制度的主张。土地革命时期，党领导建立了中华苏维埃共和国，这是中国共产党人创建人民革命政权的宝贵探索与尝试；抗日战争时期，党领导建设以陕甘宁边区为代表的抗日民主政权，这是新民主主义革命时期马克思主义国家学说和人民民主专政制度在局部的成功实践；社会主义革命和建设时期，党领导建立人民民主专政的国体、人民代表大会制度的政体、基本政治制度、基本经济制度和各方面的重要制度；改革开放以后，党领导人民进一步完善发展中国特色社会主义制度和中国特色社会主义法律体系，为当代中国发展进步提供了根本制度保障。

中国特色社会主义制度是人类制度文明史上的崭新发展阶段。这个"新"体现在三个方面。一是内生性。一个国家选择什么样的国家制度，不是由哪个政党独自选择的，也不是由哪个政治领袖乾纲独断的，而是由这个国家的现实国情决定的，是在其文化土壤中内生性衍化的结果。中国特色社会主义制度内生于本国历史文化传统和现实国情，它不是凭空产生的，更不是"舶来品""飞来峰"。二是原创性。中国特色社会主义制度既不是西方资本主义制度的翻版，也不是苏联高度集中的社会主义制度的再版，它是人类制度文明史上一种全新的制度，是具有原创性的制度文明。三是完善性。中国特色社会主义制度由一系列制度构成，涵盖中国共产党治党治国治军各个方面、内政外交国防各个领域，是人类迄今为止最完善的制度体系。中国特色社会主义制度开创了人类制度文明史上的崭新发展阶段和崭新形态，为人类探索更好社会制度提供了中国方案。

---

① 习近平：《坚持、完善和发展中国特色社会主义国家制度与法律制度》，《求是》2019 年第 23 期。

当然，所谓社会制度的中国方案，绝不意味着我们要搞制度输出，其真实意涵在于中国告诉世界，各国都有权走自己的路、选择适合本国国情的社会制度。今天，社会制度的欧洲方案、美国方案仍然是世界的主流，仍然主导多数国家的政治议程，这不是因为社会制度的西方方案优于中国方案，而是在于：社会制度决定于社会基本矛盾运动，各个国家始终只能"提出自己能够解决的任务"；社会制度具有强大的发展惯性和自我调节能力，资本主义制度"在它所能容纳的全部生产力发挥出来以前，是决不会灭亡的"①。这就是今天西方的制度文明依然当道的根本原因。

二 马克思主义国家学说的成功实践样本

从马克思主义发展史来看，中国特色社会主义制度是马克思主义国家学说在中国的创造性实践及其伟大成果，为马克思主义国家学说的成功实践打造了中国样本，为马克思主义社会形态理论的现实化作出了中国贡献。

马克思主义国家学说自创立以来，曾在欧洲、亚洲、非洲以及拉美等地区的多国付诸实践，但由于多方面原因，这种探索和实践背离了马克思主义国家学说，大多以失败告终，成功者寥寥。迄今为止，新中国是马克思主义国家学说最成功的实践基地，中国特色社会主义制度是马克思主义国家学说成功实践的最伟大样本。

社会主义制度究竟是什么样的，马克思恩格斯只有原则性设想，没有进行具体的制度建设实践。列宁领导建立了世界上第一个社会主义国家，为社会主义制度建设作出了开创性贡献。但是，社会主义制度的建立发展、成熟定型是一个长期的过程，列宁直接领导本国社会主义制度建设的时间太短，来不及完成这样一项重大历史任务。尽管列宁时期有一些好的理念、好的做法，但其并没有发展为成熟定型的科学制度体系。此后，苏联共产党几代领导人在制度建设上进行了有益的探索，积累了

---

① 《马克思恩格斯选集》第2卷，人民出版社，2012，第3页。

一些经验，也走了一些弯路、犯了一些错误。纵观苏联社会主义制度建设 70 多年的历史，苏联共产党对于"什么是社会主义、怎样建设社会主义"这一重大问题并没有从根本上搞清楚，没有完成苏联社会主义制度成熟定型的重大任务。

新中国成立后，我们党领导人民建立了社会主义制度，走上了社会主义道路。马克思主义国家学说在中国如何落地、马克思的制度理想如何转化为中国现实、列宁的制度理念如何转化为中国实践，是摆在中国共产党面前的重大课题。1956 年底，社会主义改造基本完成后，我们党开始独立探索社会主义建设道路，取得了很大成绩，但也走了一些弯路。究其根源，也在于我们对社会主义制度的认识并不彻底。1976 年，"文化大革命"结束，"中国向何处去"成为摆在党和人民面前头等重要的问题。改革开放以来，我们党深刻总结执政以来正反两方面的实践经验，紧紧抓住"什么是社会主义、怎样建设社会主义"这个首要的基本问题，成功开辟了中国特色社会主义道路，发展完善了中国特色社会主义制度。

中国特色社会主义制度是中国共产党人将马克思主义国家学说与中国制度建设的具体实际成功结合的典范。这一"结合"表现在，马克思主义关于无产阶级政治统治的理论和政治解放的理论在中国转化为党的领导制度体系，关于无产阶级新型民主和新型专政的理论转化为人民当家作主制度体系（人民民主专政制度体系），关于无产阶级利用自己的政治统治夺取资产阶级全部资本的理论转化为社会主义基本经济制度，关于无产阶级文化革命的理论和社会主义新文化的理论转化为社会主义先进文化制度，关于社会物质生活关系决定国家与法的理论转化为中国特色社会主义法治体系，关于人民利益观和城乡关系的理论转化为统筹城乡的民生保障制度，关于无产阶级军事的理论转化为党对人民军队的绝对领导制度，关于无产阶级政党建设的理论和社会公仆的理论转化为党和国家监督体系，等等。这些制度和体系是马克思主义制度理论中国化的伟大成果，它们的创立、发展为马克思主义国家学说和制度理论的本土化、民族化、现实化打造了成功样本，为其他社会主义国家的制度建设提供了中国经验、贡献了中国智慧。

中国特色社会主义制度作为马克思主义国家学说成功实践的伟大样本，为发展马克思主义国家学说作出了中国的原创性贡献。这一制度的样本意义体现在多方面：它创造了一套以社会主义为性质定向的制度体系，动摇了资本主义制度文明和制度体系的普适地位；它创造了一套一党领导、多党参政合作的新型政党制度，打破了西方政党制度的唯一性；它创造了一套以人民利益为价值取向的制度体系，不同于资本逻辑操控的西方制度；它创造了一套民主与集中有机结合的制度体系，超越了党争纷沓、相互倾轧、议而不决的西方民主制度；它创造了公有制为主体、多种所有制经济共同发展，按劳分配为主体、多种分配方式并存，社会主义市场经济体制等社会主义基本经济制度，超越了以彻底私有化、完全市场化、非调控化（自由化）为政治—经济哲学基础的西方基本经济制度；它创造了一套以和平外交为主轴的外交政策，摆脱了西方制度的霸权逻辑和修昔底德陷阱；等等。上述这些方面说明，中国特色社会主义制度不是"舶来品"，而是马克思主义国家学说、制度理论的创造性实践，是独立自主的中国创造。

三　社会主义制度的当代中国形态

从社会主义制度建设史来看，中国特色社会主义制度是中国共产党制度探索上的卓越成果，是党推进中国特色社会主义伟大事业所取得的制度成果，是社会主义制度的民族形态、当代形态、中国形态。

任何一种社会制度，总有决定其性质的普遍特征，但不存在放之四海而皆准的普适模板。不同国家的社会主义制度总会有某种共性，也必定各有各的特殊性。社会主义制度扎根于不同的国家、民族，必定表现为不同的国别形态、民族形态。列宁指出："个别一定与一般相联而存在。一般只能在个别中存在，只能通过个别而存在。任何个别（不论怎样）都是一般。任何一般都是个别的（一部分，或一方面，或本质）。"① 任何事物皆是一般与个别的统一体，一般存在于个别之中并通

---

① 《列宁选集》第2卷，人民出版社，2012，第558页。

过个别表现出来。社会主义制度也是一般与个别的统一，社会主义纯粹一般与社会主义纯粹个别都纯属子虚乌有。社会主义制度一般只有通过具体的社会主义制度才能体现出来，只有呈现为具体的国别形态才有生命力。对于社会主义制度一般，经典作家已经作出了原则性的解释，但一般如何呈现为个别样态，如何外化为鲜活的社会主义，则有待于各个民族、各个国家的人民来回答。社会主义制度要在国情各异的国家落地生根，其制度模式、实现形态必定带有或多或少的民族特色，不可能也没必要定于一尊。

中国是一个国情极为独特的文明国家，历史纵深绵历数千年，国土幅员横跨万余里，文化血脉、文明传统未曾断裂，历史运程、国家命运跌宕起伏，人口规模、经济体量位居世界前列，区域发展、城乡发展极不平衡，全世界找不出第二个兼备上述特征的典型样本。治理这样一个超大型国家，我们能照谁的制度模式办？谁又能为我们量身打造合体的制度模式？哪位圣贤先哲能告诉我们该怎么办？新中国成立之初，对于社会主义制度的顶层设计和总体安排，马克思恩格斯不可能为我们提供现成的方案，列宁斯大林也无法解决中国的问题，只能"靠中国同志了解中国情况"①；今天，中国特色社会主义进入新时代，对于中国制度的改革方向和完善思路，同样不能寄希望于圣贤先哲传经送宝，也不能幻想"西天取经"，更不能像某些发展中国家那样照搬西方制度，只能走历史的必由之路。有着14亿人口的超大型国家，必须避免重蹈苏东国家的历史覆辙、犯颠覆性错误。

新中国成立以来，我国在社会主义制度建设上走过了波澜壮阔的发展历程，取得了历史性成就，积累了重要经验，最终创立了中国特色社会主义制度。对于这一经验，也许我们可以总结出十几条、几十条，但最根本的就是一条：必须走自己的路，创立符合本国国情的国家制度和国家治理体系。中国特色社会主义制度的创立、发展，没有简单套用马克思主义经典作家设想的制度模板，也不是其他社会主义国家制度的再版，更不是西方资本主义国家制度的翻版，从来就没有什么现成的教

---

① 《毛泽东选集》第1卷，人民出版社，1991，第115页。

科书。中国特色社会主义制度的创立主体是中国共产党和中国人民，马克思主义者从来不相信有什么万能的"祖师爷"。"个别就是一般"①，中国特色社会主义制度不是别的什么制度，就是名副其实的社会主义制度，是科学社会主义理论逻辑和中国社会发展历史逻辑的辩证统一，是社会主义制度普遍本质与鲜明中国特色的辩证统一，是马克思主义社会形态理论在中国的创造性实践，是社会主义制度在中国的实现形式，是社会主义制度的当代中国形态，是"独一无二的中国制度"②。

中国特色社会主义制度的创立，为社会主义制度的国别探索作出了中国贡献，为其他社会主义国家的制度建设提供了重要启迪，为人类探索更好社会制度树立了典型、积累了经验。

四 人类通往现代化的全新制度选择

从世界现代化史来看，中国特色社会主义制度开辟了壮丽的现代化前景，"拓展了发展中国家走向现代化的途径，给世界上那些既希望加快发展又希望保持自身独立性的国家和民族提供了全新选择"③。

现代化起源于西方，是全人类的共同志向。西方率先完成现代化的任务，也成功创造了现代化的西方模式。西式现代化的制度方案，在政治体制上表现为三权分立制、总统制或议会制，在政党制度上表现为两党制或多党制，在经济制度上表现为以私有制和雇佣劳动为基础的基本经济制度。现代化不仅是发达国家的过去，也是发展中国家的现在与未来。现代化的制度路径何在？是否存在唯一的路径依赖？这是不同现代化学派争论的问题。

"经典现代化理论"主张现代化模式上的西化论，对第三世界国家走资本主义道路充满信心。"经典现代化理论"认为，现代化等于西方化，人类的现代化进程不过是发展中国家向发达国家看齐的过程、东方

---

① 《列宁选集》第 2 卷，人民出版社，2012，第 558 页。
② 田心铭：《中国特色社会主义制度是人类制度文明史上的伟大创造》，《马克思主义研究》2020 年第 4 期。
③ 《习近平谈治国理政》第 3 卷，外文出版社，2020，第 8~9 页。

向西方过渡的过程。发展中国家欲实现现代化，不仅硬件要西方化，软件也要西方化；不仅要全盘引进欧美的发展模式和现代科技，也要全盘复制欧美的社会制度和价值观。"西方"是衡量发展中国家道路、制度、文化和价值观是否具有合法性的唯一标准。东西方的发展差异，被扭曲为传统与现代、愚昧与先进的对立。然而，事实并不如理论设想的那般顺利，一些仿效西方现代化模式的发展中国家，并没有取得预期的成功。比如，拉美国家的现代化运动已经持续了一个多世纪，至今仍深陷"拉美陷阱"之中，非洲国家的现代化之路更是困难重重。

"依附理论"反对现代化模式上的西化论，否定走资本主义道路的可行性。"依附理论"认为，不发达国家在世界体系中的依附地位，是其落后的根本原因。在依附型世界体系中，西方发达国家居于绝对统治地位，控制、剥削边缘国家。不发达国家唯有走自主发展的道路，斩断同中心国家的联系，摆脱依附状态，方能实现现代化。然而，依附会失去自主，脱钩也无法走向富强。在经济一体化的世界中，一国欲求在与世隔绝的环境中独自实现现代化，不过是天方夜谭。要么选择依附，要么选择脱钩，这种二分思路过于简单，也没有穷尽国际交往的全部可能性。

"世界体系理论"反对现代化模式的内因论，主张在不平等的世界体系中解释发展与不发展，最终陷入了历史悲观主义和怀疑论。"世界体系理论"认为，国际经济结构包括中心—半边缘—边缘三个地带。世界经济一体化不等于均等化，相反，中心—半边缘—边缘的层级结构表明了世界经济体系的极端不平等性。英、美等发达国家居于该体系的"中心"，一些中等发达程度的国家居于该体系的"半边缘"，某些东欧国家、大批落后的亚非拉发展中国家居于该体系的"边缘"。中心地区的发展是通过剥削边缘国家、牺牲边缘地区换来的，边缘地区却不可能从中心地区获取巨大能量，实现迎头赶上乃至反超，因为中心地区的优势是不可复制的。资本主义的全球扩张，不过是不断把财富从外围转移到"中心"，不断把外围地区纳入世界体系的"边缘"，世界不断趋向两极分化。根据"世界体系理论"，内因不能解释边缘地区的发展和贫困问题，只有着眼于外因、立足中心—边缘的国际关系结构，该问题才能被理解。从中心—边缘结构来看，正是不发达地区的不发达才成就了发达地区的发达，反之亦然。中心—边缘结构对于资本主义世界来说至关重要。所谓世界各国在同一条跑道上平等竞争的社会发展理论，不过是自欺欺人的虚构。中心地区的现代化，原因在于边缘地区的牺牲；边缘地区的贫困化，原因在于中心地区的剥削。尽管"世界体系理论"的分析框架有其深刻性，但显然忽视了外因只有通过内因才能起作用，忽视了后发国家的后发优势，忽视了社会主义制度的比较优势，因而其解释力也是不足的。

其实，现代化的发展方向不可逆转，但现代化的发展道路可以选择。欧美率先享受到了现代化的成果，并不意味着西方制度和治理体系是实现现代化的唯一选择。西方资本主义制度是被西方实践证明了的通往现代化的一种选择，但不是唯一选择；西方国家治理体系是被西方实践检验了的治理现代国家的一种方案，但不是唯一方案。国家制度和国家治理体系"都是在这个国家历史传承、文化传统、经济社会发展的基础上长期发展、渐进改进、内生性演化的结果"①。

"新中国成立七十年来，我们党领导人民创造了世所罕见的经济快速发展奇迹和社会长期稳定奇迹。"② 中国奇迹不是从天上掉下来的，从来没有无缘无故的奇迹，中国的发展奇迹和稳定奇迹，从根本上说正是中国特色社会主义制度的奇迹。绕开中国特色社会主义制度，对于中国奇迹难以从本质高度给予深刻的回答，中国密码也许永远无法解开。中国特色社会主义制度，包括根本政治制度、基本政治制度、基本经济制度、法治体系、政府治理体系、社会治理制度、军队领导制度、外交政策以及国家监督体系，都与西方完全不同，却取得了比西方更大的成绩、更好的治理效能，中国特色社会主义制度的样本意义是不容抹杀的。与别的制度相比，中国特色社会主义制度具有鲜明优势，是人类通往现代化的全新制度选择。

中国特色社会主义制度的成功，开辟了崭新的现代化之路，向世界

---

① 《习近平关于社会主义政治建设论述摘编》，中央文献出版社，2017，第12页。
② 《十九大以来重要文献选编》（中），中央文献出版社，2021，第270页。

宣告了"照西方的样子改造世界"的时代已经结束，宣告了"现代化＝西方化"的浅薄和偏颇；中国特色社会主义制度的成功，彰显了中国制度的历史进步性、实践合理性和巨大优越性，向世界揭示了"走自己的路"才是唯一正道；中国特色社会主义制度的成功，昭示了"中国之治"的核心密码，给那些正处于经济停滞、民族分裂、政局动荡中的国家提供了重要启迪，给那些迷信西方制度、总是幻想"西天取经"的国家提供了重要警醒，给那些热衷制度输出、到处制造"颜色革命"的国家注入了一剂"清新剂"；中国特色社会主义制度的成功，激发了世界社会主义运动的生机活力，向世界宣告了"人类和地球的欧洲化"时代已经终结，"西方中心论""历史终结论"已经破产。中国特色社会主义进入新时代，标志着世界范围内两种社会制度的较量发生了有利于马克思主义和社会主义发展的深刻转变。

五　当代中国发展进步的根本制度保障

从中华民族复兴史来看，"中国特色社会主义制度是党和人民在长期实践探索中形成的科学制度体系"[①]，具有鲜明中国特色、明显制度优势、强大自我完善能力，是当代中国发展进步的根本制度保障。

中华民族有 5000 多年的文明史，创造了灿烂的中华文明。近代以来，由于帝国主义的入侵，中国逐渐衰落。1840 年第一次鸦片战争以后，无数仁人志士提出了各式各样的救国方略和制度方案，但都以失败告终。太平天国运动失败了，旧式农民阶级提不出符合先进生产力发展要求的纲领，无法触及封建制度的根基，寄希望于改朝换代的路子行不通；洋务运动失败了，封建地主阶级的"自救"运动抵御不了资本主义，寄希望于绕开制度、走实业救国的路子行不通；资产阶级改良主义失败了，弱小的维新派扳不倒强大的封建守旧势力，寄希望于资产阶级君主立宪制的路子行不通，制度改良、维新变法救不了中国；旧式资产阶级民主革命虽然结束了统治中国几千年的君主专制制

---

① 《十九大以来重要文献选编》（中），中央文献出版社，2021，第 269 页。

度，但并没有改变中国半殖民地半封建的社会性质，清王朝倒下后，中华民族并没有站起来，照搬西方制度的路子也行不通；辛亥革命之后，中国各个阶级、各股政治势力轮番登场，议会制、多党制、总统制乃至复辟帝制、一党独裁制等各种制度都尝试了，结果都行不通，各股政治势力都未能担负起实现民族独立、人民解放的历史使命，都未能找到符合中国国情的社会制度。

峰回路转，柳暗花明。在各股政治势力的反复较量中，在中华民族反抗封建统治和外来侵略的激烈斗争中，在中国人民的反复比较权衡中，历史和人民选择了中国共产党，选择了马克思主义，经过几十年浴血奋战完成了新民主主义革命，建立了新中国，中华民族实现了站起来的伟大飞跃。新中国成立后，我们党团结带领全国人民进行社会主义改造，"确立了社会主义基本制度，成功实现了中国历史最深刻最伟大的社会变革，为当代中国一切发展进步奠定了根本政治前提和制度基础"[1]。党的十一届三中全会以来，我们党团结带领全国人民深刻总结社会主义建设正反两方面的经验，作出改革开放的历史性决策，成功开辟了中国特色社会主义道路，成功创立了中国特色社会主义制度。经过长期努力，中国特色社会主义进入了新时代。推动中国特色社会主义制度更加成熟、更加定型，成为党在新时代的一项重大任务。

中国特色社会主义制度来之不易，它是从5000多年中华优秀传统文化中来，从近代以来中国人民反抗外来侵略争取民族独立解放的斗争中来，从对社会主义事业的艰苦创立和艰辛探索中来。这个制度"是以马克思主义为指导、植根中国大地、具有深厚中华文化根基、深得人民拥护的制度"[2]，是充分体现社会主义性质、特点和优势，具有强大生命力和巨大优越性的制度。相对于三权分立、多党竞选、轮流坐庄的西方政治制度和治理模式，中国特色社会主义制度具有鲜明的比较优势。特别是，这一制度具有强大的社会整合能力，可以有效整合社会资源，集中力量办大事，避免了西方的"极化"政治和"否决政体"；这一制度

① 《十九大以来重要文献选编》（上），中央文献出版社，2019，第721页。
② 《习近平谈治国理政》第3卷，外文出版社，2020，第121页。

具有战略规划的定力，可以保持国家大政方针的稳定性、连续性，对攸关长远的事情"一届接着一届干""一张蓝图绘到底"，避免了西方"一届对着一届干""一届隔着一届干"的制度恶果；这一制度具有决策执行的效率，对认准的事情有序推进，不争论、不折腾，拿事实说话，这在那些为了反对而反对的西方议会制度和政党体制下是不可想象的；这一制度具有选贤任能的优势，可以保证国家领导层有序更替，避免了西方在执政团队选拔中受制于财团牵制、民粹裹挟、利益分赃、派系割裂等弊端；这一制度具有自我净化的机制，可以"刀刃向内""自我革命"的勇气解决自身存在的问题，避免了西方选票至上、逃避责任、文过饰非、报喜不报忧的制度漏洞。

中国特色社会主义制度是一个新制度，也是一个被实践证明了的好制度。习近平总书记指出，"中国特色社会主义是不是好，要看事实，要看中国人民的判断，而不是看那些戴着有色眼镜的人的主观臆断"[①]。新中国成立特别是改革开放以来，中国的发展成就惊艳世界，从一穷二白到经济总量稳居世界第 2 位，从使用洋火洋油到建立比较完整的工业体系，从赤贫如洗到全面建成小康社会，从物资短缺到成为世界第一货物贸易大国，从处于世界体系边缘到前所未有地走近世界舞台中央，从落后于时代到逐步赶上时代、引领时代，从西学东渐到为建设美好世界贡献中国智慧、中国方案，中华民族正以崭新姿态屹立于世界东方。中国在这么短的时间内经历了这么大的制度变革、这么快的经济增长，"用几十年时间走完了发达国家几百年走过的工业化历程。在中国人民手中，不可能成为了可能"[②]，这是中国制度优势最有力的证明，也是坚定制度自信最深刻的根据、最充足的理由。2020 年，全球面临新冠肺炎疫情大考，世界大国普遍遭遇大萧条以来最严重的经济萎缩，中国是大型经济体中唯一的一个例外，是全球主要经济体中唯一实现经济正增长的国家。多年的实践归结为一句话，中国特色社会主义制度是实现社会主义现代化、创造人民美好生活的唯一制度选择，是当代中国发展进步的根本制度保障。

① 《十八大以来重要文献选编》（下），中央文献出版社，2018，第 349 页。
② 《十九大以来重要文献选编》（上），中央文献出版社，2019，第 728 页。

六 中国共产党治国理政的"成套制度设备"

从制度的结构和功能来看，中国特色社会主义制度是治党治国治军的"成套制度设备"，是实现社会主义现代化的系统保障，为中国共产党长期执政奠定了坚实的制度基础。

制度是治国之重器，良制是善治之前提。中国共产党长期执政，既要有好的制度体系，也要有好的治理效能。中国共产党何以创造两大奇迹？中国之治与西方之乱对比性何以如此强烈？世界上从来就没有无缘无故的奇迹，中国之治不是从天上掉下来的。好的治理与好的制度内在相关，中国之治与中国之制因果关联。中国之治的密码，正在于中国之制；中国之制的效能，正在于中国之治。

中国之治，实质是制度之治。绕开了中国之制，任何有效的国家治理都是难以想象的，试图解开中国之治的密码也是不可能的。中国特色社会主义制度是由各方面制度构成的"一揽子"制度，是以善治为治理目标的科学制度体系，是中国共产党长期执政的治国重器，是实现国家治理现代化的系统保障。这个制度体系包括 13 个方面，覆盖党的领导、人民当家作主、依法治国、政府治理、经济制度、文化制度、民生保障、社会治理、生态文明、军队领导制度、"一国两制"、外交政策、监督体系。这 13 个方面制度构成了中国特色社会主义制度的总体图谱，涵盖了中国共产党治党治国治军各个方面、内政外交国防各个领域，一个都不能少。各方面制度既保持适度的张力，又形成总体的合力，是总装集成的"成套制度设备"，共同构成了系统完备、科学规范、运行有效的科学制度体系。

不同制度在国家治理中的效能是不一样的。党的十九届四中全会明确，13 个方面制度的地位不是平行的，而是处于不同的层级和位阶，发挥着不同的治理效能。在中国特色社会主义制度中，党的领导制度是我国的根本领导制度，在国家制度和国家治理体系中居于统筹、统领、统帅地位。在中国特色社会主义制度中，起四梁八柱作用的是根本制度、基本制度和重要制度。所谓根本制度，"是指那些反映中国特色社会主义制度本质内容和根本性特征、体现中国特色社会主义质的规定性的制度，是立国的根本"。根本制度除了人民代表大会制度这一根本政治制度之外，还包括党的领导制度、人民民主专政制度、马克思主义在意识形态领域指导地位的根本制度、党对人民军队的绝对领导制度。根本制度的主要效能就是确保国家的性质不变色、社会主义的方向不走偏。所谓基本制度，"是指那些体现我国社会主义性质，框定国家基本形态、规范国家政治关系和经济关系的制度"。基本制度包括三个基本政治制度、一个基本经济制度。基本制度的主要效能就是规定国家政治生活、经济生活的基本原则，捍卫社会主义的发展方向。所谓重要制度，"是指那些由根本制度、基本制度派生的国家治理各领域各方面的主体性制度"①。重要制度遍及经济、政治、文化、民生保障、社会治理、生态文明、政府、军事、外事、监督等各个领域，属于各领域的主体性制度。重要制度的效能就是确保治党治国治军各方面工作有效运转，确保国家治理体系的功能作用充分发挥，确保社会主义制度的优越性充分释放。根本制度、基本制度、重要制度的位阶区分，标志着我们党对国家制度和国家治理体系的认识更加深化，更加接近实践本身的要求和制度本身的逻辑，标志着中国特色社会主义制度往成熟定型的方向迈出了一大步。

七　保证人民当家作主的根本制度安排

从社会制度的价值取向来看，中国特色社会主义制度是维护社会公正的根本制度安排，是保障人民根本利益的可靠制度载体，是"保证亿万人民当家作主的新型国家制度"②。

原始社会解体以后，奴隶社会、封建社会属于人的依赖性阶段，资本主义社会属于物的依赖性阶段，其本质上都是少数人统治多数人的阶段，这些阶段的制度是非正义的社会制度。资本主义制度维护的是资本

---

① 何毅亭：《论中国特色社会主义制度》，人民出版社，2020，第22页。

② 习近平：《坚持、完善和发展中国特色社会主义国家制度与法律制度》，《求是》2019年第23期。

的"正义"，而不是人民的正义；是为某一个特定阶级、特定集团利益服务的制度，而不是服务全体人民、保障全体人民根本权益的制度。资本主义世界，"虽然以人民主权为现代国家的政治前提，但实际建构的民主制度却是以个体自由权利为核心，形成了个体本位的自由主义民主"①。其实，这种自由不是真实的自由，这种民主不是彻底的民主，这种人权不是现实的人权，而是以人与物的分离、物对人的宰制为前提的，背后是资本对人的统治。在资本主义制度下，"资本"是真正的主人，资本逻辑是社会的主导逻辑，资本主义制度除了代表"资本"的利益，没有别的选择。在极少数人和绝大多数人的利益拉锯中，在资本逻辑和人民逻辑的利益博弈中，在经济发展和生命健康的利益冲突中，在党派选举与社会公正的激烈对弈中，在人民形式上有权、实际上无权的民主悖论中，资本主义制度除了服从"资本"的逻辑，没有别的选择。2020年，全球新冠肺炎疫情大考下，西方全线溃败，付出了巨大的生命代价，其背后的制度逻辑值得深思。

社会主义制度的建立，使人民第一次成为自己命运的主人。社会主义制度源于人民、为了人民、代表人民、依靠人民、服务人民，本质是"以每一个个人的全面而自由的发展为基本原则的社会形式"②，在人类制度文明史上第一次科学地回答了"制度代表谁、为了谁、依靠谁、服务谁"这个首要的基本问题。在中国特色社会主义制度框架里，人民是真正的主人，代表人民利益是这种制度的最高利益所在。我国是工人阶级领导的、以工农联盟为基础的人民民主专政的社会主义国家，国家的一切权力属于人民。始终代表最广大人民的根本利益，保证人民当家作主，是我国国家制度和国家治理体系的本质属性，也是中国特色社会主义制度和国家治理体系区别于西方资本主义制度和国家治理体系的根本所在。在极少数人和绝大多数人的利益拉锯中，我们站在绝大多数人的一边；在资本逻辑和人民逻辑的利益博弈中，我们站在人民的一边；在

---

① 林尚立：《论以人民为本位的民主及其在中国的实践》，《政治学研究》2016年第 3 期。

② 《马克思恩格斯选集》第 2 卷，人民出版社，2012，第 267 页。

经济发展和生命健康的利益冲突中，我们选择人民至上、生命至上；在形式民主与实质民主的矛盾中，我们始终追求二者有机统一、实质正义优先。总之，社会主义制度始终有自己的坚守和定力，自觉选择站在人民的一边，始终是人民利益的忠实代表者。

中国特色社会主义制度相比资本主义制度，优越性表现在各个方面。比如，党的全面领导制度相比西方三权分立制度具有明显优势，能够保证党领导人民有效治理国家，切实防止出现群龙无首、一盘散沙的现象；人民代表大会制度相比西方代议制民主具有明显优势，能够保证人民依法实行民主选举、民主决策、民主管理、民主监督，切实防止出现选举时漫天许诺、选举后无人过问的现象；中国共产党领导的多党合作和政治协商制度相比西方多党制具有明显优势，能够有效整合各种政治力量，切实防止出现党争纷沓、相互倾轧的现象；民族区域自治制度相比西方民族制度具有明显优势，能够保障各民族和睦相处、和衷共济、和谐发展，切实防止出现民族隔阂、民族冲突、民族歧视的现象；基层群众自治制度相比西方形式民主具有明显优势，能够保障人民依法直接行使民主权利，切实防止出现人民形式上有权、实际上无权的现象；社会主义基本经济制度相比西方经济制度具有明显优势，能够既保证市场活力又更好发挥政府作用，切实防止出现市场扭曲、两极分化的现象。

在中国特色社会主义制度中，每一个主体制度的终极价值都立足于捍卫社会正义，比如，党的领导制度体系确保党的先锋队性质和为人民服务的宗旨永不变色，人民当家作主制度体系确保国家的一切权力属于人民，中国特色社会主义法治体系确保实现社会公平正义，中国特色社会主义行政体制确保一切行政机关为人民服务、对人民负责、受人民监督，社会主义基本经济制度确保国家经济命脉掌握在人民手中和追求共同富裕的价值目标，繁荣发展社会主义先进文化的制度确保文化为人民服务、为社会主义服务，统筹城乡的民生保障制度确保改革发展成果更多更公平惠及全体人民，共建共治共享的社会治理制度确保人民安居乐业、社会安定有序，生态文明制度体系确保人与自然和谐共生，党对人民军队的绝对领导制度体系确保人民军队为人民的性质、宗旨、本色，"一国两制"制度体系确保捍卫中华民族共同体和中华民族共有精神家园，独立自主的和平外交政策确保维护国家主权、安全、发展利益和人民福祉，党和国家监督体系确保党和人民赋予的权力始终用来为人民谋幸福，等等。哈佛大学肯尼迪政府学院 2020 年 7 月发布对中国政府的长期跟踪调查报告，结果显示，中国民众 2003～2016 年对政府的满意度持续提升，2016 年达到 93.1%①。美国皮尤研究中心最新民调显示，2019年度中国民众对政府的满意度超过 86%，为全球最高，远高于世界平均水平的 47%②。美国知名公关公司爱德曼 2020 年 7 月 25 日发布的信任度调查显示，中国民众对政府信任度达 95%③，在受访国中位居第一。政府满意度、信任度折射出来的正是人民对中国特色社会主义制度和国家治理体系的高度认可和充分信赖。

制度建设是一个过程，任何好的制度都是从建立、发展、完善到成熟定型的，不存在与生俱来、一劳永逸的社会制度。中国特色社会主义事业不断发展，中国特色社会主义制度也要不断发展完善。今天，中国特色社会主义制度取得了巨大成功，但它并没有封闭自我发展完善的历史空间，也没有结束人类对制度文明、政治文明的探索，而是在实践中不断开辟通往更高政治文明、更好社会制度的道路。

---

① 参见钟卫平《哈佛大学 13 年跟踪调查 3 万中国民众，没有找到美国政客想要的答案》，中国日报网，2020 年 7 月 17 日，https：//cn. chinadaily. com. cn/a/202007/17/WS5f112130a310a859d09d8768. html。
② 参见《新华国际时评："人权观察"抹黑中国人权状况用心险恶》，新华网，2020 年 1 月 16 日，http：//www. xinhuanet. com/world/2020 - 01/16/c_1125470423. htm。
③ 参见《美国知名公关公司爱德曼发布信任度调查显示——中国民众对本国政府信任度在受访国家中排名第一》，《人民日报》2020 年 7 月 27 日。

论中国特色社会主义制度优势的
三个本质性维度[*]

王虎学

党的十九届四中全会从党和国家长期向好发展的全局和战略高度，明确了坚持和完善中国特色社会主义制度、推进国家治理体系和治理能力现代化的一系列重大问题，深刻回答了在"制度"和"治理"方面应该"坚持和巩固什么、完善和发展什么"的重大政治问题。全会首次明确梳理总结、提炼概括了我国国家制度和国家治理体系所具有的 13 个方面的"显著优势"，深刻揭示了支撑"中国之治"背后的"中国之制"及其"制"胜之"道"，充分彰显了制度之于治理和秩序的极端重要性。全会指出："我国国家治理一切工作和活动都依照中国特色社会主义制度展开，我国国家治理体系和治理能力是中国特色社会主义制度及其执行能力的集中体现。"[①] 如果说制度是而且应该是治理的根本遵循和依据的话，那么，治理及其效能就应该成为制度及其执行力的集中体现。中国特色社会主义现代化的历史进程，包含着前后相继、持续推进的两个半程。在"前半程"，我们的主要历史任务就是建立社会主义制度；在"后半程"，我们的主要历史任务就是在坚持和巩固中国特色社会主义制度的基础上，不断完善和发展中国特色社会主义制度，从而为党的长期

---

[*]　国家社会科学基金项目"马克思主义价值观研究"（15CKS032）的阶段性成果。本文原载于《中国青年社会科学》2020 年第 4 期，收入本书时有改动。
①　《中共中央关于坚持和完善中国特色社会主义制度　推进国家治理体系和治理能力现代化若干重大问题的决定》，《人民日报》2019 年 11 月 6 日。

执政、国家的长治久安、人民的幸福安康"提供一整套更完备、更稳定、更管用的制度体系"①。要深刻认识并科学把握中国特色社会主义制度体系，就必须紧紧抓住中国特色社会主义制度优势的指导思想维度、领导主体维度、实践效果维度。

一 指导思想之维：中国特色社会主义制度是坚持马克思主义指导的制度

马克思主义是中国特色社会主义制度的理论基础和指导思想，中国特色社会主义制度是坚持以马克思主义为指导的制度。坚持马克思主义的指导地位，既是中国特色社会主义制度之特色在指导思想层面的体现，也是中国特色社会主义制度之优势在指导思想层面的体现。马克思主义是我们立党立国的根本指导思想，习近平总书记强调："一个国家实行什么样的主义，关键要看这个主义能否解决这个国家面临的历史性课题。……是马克思列宁主义、毛泽东思想引导中国人民走出了漫漫长夜、建立了新中国，是中国特色社会主义使中国快速发展起来了。"② 中国共产党正是凭借马克思主义这一伟大认识工具和强大思想武器，其中包括不断发展着的、中国化的马克思主义，成就了百年伟业。在新时代，坚持和完善中国特色社会主义制度、推进国家治理体系和治理能力现代化，必须毫不动摇地始终坚持以马克思主义为指导。

首先，马克思主义是科学的理论，从而保证了中国特色社会主义制度的科学性。我们知道，唯物史观作为马克思恩格斯的"第一个伟大发现"，深刻揭示了人类社会不断演进发展的客观规律，为中国特色社会主义制度的建立和发展提供了科学的理论依据。坚持和完善中国特色社会主义制度，首要的一条就是坚持以马克思主义科学理论为指导。马克思主义的指导思想不能丢也丢不得，丢了就丧失了根本、迷

---

① 《习近平关于全面深化改革论述摘编》，中央文献出版社，2014，第27页。
② 习近平：《关于坚持和发展中国特色社会主义的几个问题》，《求是》2019年第7期。

失了方向。当年十月革命一声炮响为我们送来了马克思列宁主义，中国的一切大变化随之而来。马克思主义为中国革命、建设、改革提供了强大的思想武器。马克思主义在中国的命运，是与中国人民的命运、中国共产党的命运、中华民族的命运紧密不可分割地联系在一起的。可以说，马克思主义兴则中国兴，中国兴则马克思主义兴。事实胜于雄辩，彪炳史册、举世瞩目的"中国奇迹"已经有力地驳斥了马克思主义"过时论""危机论"。前车之鉴，后事之师。当年的"苏东剧变"，尽管原因众多，但其中很重要的一条就是在指导思想层面没有很好地坚持马克思主义，而是放弃了马克思主义的指导，才最终酿成大祸。在"苏东剧变"使社会主义事业遭受了前所未有的重创之际，邓小平同志依然坚定地指出："我坚信，世界上赞成马克思主义的人会多起来的，因为马克思主义是科学。"① 马克思主义这一科学理论深刻揭示了人类社会发展的颠扑不破的普遍真理，历史和现实都已经充分证明马克思主义是科学的理论。马克思主义不仅致力于"解释世界"，是伟大的认识工具，还致力于"改造世界"，是有力的思想武器。尽管物易时移，但谁也不能否认，时至今日，马克思主义依然显示出科学理论的伟力，依然有着强大的生命力。

其次，马克思主义是人民的理论，从而保证了中国特色社会主义制度的人民性。马克思主义具有坚定的人民立场、鲜明的人民性，它不是供少数人自娱自乐、自我欣赏的书斋里的学问，而是为着绝大多数人的利益和全人类解放而孜孜以求、不懈探索的科学理论。在关于制度和人民的关系问题上，马克思曾经深刻地指出，无产阶级的国家制度是"人民的自我规定"②，在其现实性上是"人民自己的作品"③，换言之，不是制度创造了人，而是人创造了制度。制度是人创造并为人所用的，归根到底是人的活动、交往的必然产物。对此，德国法兰克福学派代表人物哈贝马斯也曾指出，制度是人们在追求"目的理性"的过程中所形成

① 《邓小平文选》第 3 卷，人民出版社，1993，第 382 页。
② 《马克思恩格斯选集》第 3 卷，人民出版社，2002，第 39 页。
③ 《马克思恩格斯选集》第 3 卷，人民出版社，2002，第 40 页。

的"交往共识"的体现，是人们交往、互动的必然产物①。既然我们的
国家制度是人民意志的集中体现，那么，人民当然有权为自己建立健
全适合自身发展的新的国家制度。同样的道理，中国特色社会主义制
度也是中国人民自己的意志的体现，是中国人民自己的作品，是中国
人民进行自我创造、自主创新的产物。在坚持和完善中国特色社会主
义制度、推进国家治理体系和治理能力现代化的历史进程中，我们必
须旗帜鲜明地坚持"人民至上"的价值导向，坚持以人民为中心的发
展理念，最大限度地实现好、维护好和发展好最广大人民的根本利益。
诚如习近平总书记所说："我们必须把人民利益放在第一位，任何时候
任何情况下，与人民群众同呼吸共命运的立场不能变，全心全意为人
民服务的宗旨不能忘，坚信群众是真正英雄的历史唯物主义观点不能
丢。"②党的十九届四中全会强调，要不断健全为人民执政、靠人民执政
的各项制度，要通过完善制度保证人民在国家治理中的主体地位。"人
民的信赖、支持和拥护"，是国家制度的"深厚力量源泉和牢固政治基
础"③。

再次，马克思主义是实践的理论，从而保证了中国特色社会主义制
度的实践性。众所周知，实践的观点是马克思主义认识论的首要的和基
本的观点。实践是思想理论得以萌生、发展、完善的源头活水。马克思
主义作为时代精神的精华，既源于实践又指导实践并经过实践的检验。
同样，实践也是制度得以孕育形成的源头和土壤。中国特色社会主义制
度不仅扎根于中国特色社会主义的长期实践并源于中国特色社会主义的
不懈探索，还为中国特色社会主义事业的行稳致远保驾护航。对此，
习近平总书记指出，中国特色社会主义制度"不是简单套用马克思主义

① 于尔根·哈贝马斯：《后形而上学思想》，曹卫东、付德根译，译林出版社，
2001，第60页。
② 《习近平谈治国理政》第2卷，外文出版社，2017，第295页。
③ 《〈中共中央关于坚持和完善中国特色社会主义制度、推进国家治理体系和
治理能力现代化若干重大问题的决定〉辅导读本》，人民出版社，2019，第
29页。

经典作家设想的模板，不是其他国家社会主义实践的再版"①，而是"在我国历史传承、文化传统、经济社会发展的基础上长期发展、渐进改进、内生性演化的结果"②。中国特色社会主义制度不是别人恩赐的，而是党团结带领人民在长期的实践探索中形成发展起来的制度。习近平总书记强调："中国特色社会主义制度和国家治理体系不是从天上掉下来的，而是在中国的社会土壤中生长起来的，是经过革命、建设、改革长期实践形成的，是马克思主义基本原理同中国具体实际相结合的产物。"③ 因此，我们必须谨记，在坚持和完善中国特色社会主义制度的实践过程中，一方面要毫不动摇地坚持把马克思主义基本原理同中国革命、建设、改革的具体实际相结合的"普遍真理"④，另一方面又要善于创造性地开辟新思路。在改革开放以来的伟大实践中，我们已经形成了"以实践基础上的理论创新推动制度创新"的良性互动的制度创新机制，既重视并善于对成功的实践进行深入的理论分析和思考，使其实现从实践形态到理论形态的转化，又重视并善于运用经过实践检验是正确的理论引领并指导新的实践。在这个过程中，我们重视并善于把实践中已经取得明显成效的方针、政策以及行之有效的具体做法及时地转化提升为支撑党和国家长治久安的制度规范。

最后，马克思主义是不断发展的开放的理论，从而保证了中国特色社会主义制度的动态性和开放性。马克思主义之所以经久不衰、历久弥新，时至今日依然具有强大的生命力，根本的原因就在于马克思主义不是固定不变的，不是一成不变的僵死的教条，而是不断向现实、实践、人民、时代开放的科学理论，具有与时俱进的鲜明理论品格。正如列宁所深刻指出的那样，马克思主义"绝不是离开世界文明发展大道而产生的一种故步自封、僵化不变的学说"⑤。所以，坚持以

① 《习近平谈治国理政》第 2 卷，外文出版社，2017，第 344 页。
② 《习近平谈治国理政》，外文出版社，2014，第 105 页。
③ 习近平：《坚持和完善中国特色社会主义制度　推进国家治理体系和治理能力现代化》，《求是》2020 年第 1 期。
④ 《邓小平文选》第 1 卷，人民出版社，1994，第 259~260 页。
⑤ 《列宁选集》第 2 卷，人民出版社，2012，第 309 页。

马克思主义为指导的中国特色社会主义制度的形成、发展和完善是一个不断开放的动态的过程。对此，习近平总书记明确指出："制度更加成熟更加定型是一个动态过程，治理能力现代化也是一个动态过程，不可能一蹴而就，也不可能一劳永逸。"① 正因为如此，与党的十九大关于中国社会发展的战略安排相适应，党的十九届四中全会制定了中国特色社会主义制度现代化的"三步走"的总体发展目标②及其阶段性的发展目标。就具体的"时间表"和"路线图"而言，第一步，到"第一个百年"即建党100年的时候，我们在各个方面的制度更加成熟更加定型；第二步，从"第一个百年"到2035年也即第一个15年的时候，我们在各个方面的制度更加完善，基本实现制度的现代化与国家治理体系和治理能力的现代化；第三步，从2035年到新中国成立100年也即第二个15年的时候，我们将全面实现制度的现代化与国家治理体系和治理能力的现代化，使中国特色社会主义制度更加巩固，优越性充分展现。用邓小平的话来讲，"到那个时候，我们就可以真正用事实理直气壮地说社会主义比资本主义优越了"③。

二 领导主体之维：中国特色社会主义制度是坚持中国共产党领导的制度

中国共产党是中国特色社会主义事业的领导核心和主体力量，中国特色社会主义制度正是中国共产党领导中国人民的伟大创造。正如邓小平所说："没有党的领导也就不会有社会主义制度。"④ 同样，没有党的坚强有力的领导，也不会有中国特色社会主义制度。从领导主体的维度来看，中国特色社会主义制度是坚持中国共产党的领导的制度，这

---

① 习近平：《坚持和完善中国特色社会主义制度 推进国家治理体系和治理能力现代化》，《求是》2020年第1期。

② 《中共中央关于坚持和完善中国特色社会主义制度 推进国家治理体系和治理能力现代化若干重大问题的决定》，《人民日报》2019年11月6日。

③ 《邓小平文选》第3卷，人民出版社，1993，第256页。

④ 《邓小平文选》第2卷，人民出版社，1994，第391页。

既是中国特色社会主义制度之特色在领导主体层面的集中体现，也是中国特色社会主义制度之优势在领导主体层面的集中体现。党的十九届四中全会重申并强调，"中国共产党领导是中国特色社会主义最本质的特征，是中国特色社会主义制度的最大优势"①。在这里，"两个最"的概括非常清晰地描述并深刻地回答了事关党和国家事业长远发展的两个基础性、前提性和根本性的大问题。第一个问题：中国特色社会主义为什么"特"，"特"在何处？第二个问题：中国特色社会主义制度为什么"优"，"优"在何处？答案都是中国共产党领导。如果说中国特色社会主义制度具有"显著优势"是侧重对中国特色社会主义制度优势的全面概括的话，那么，党的领导则是侧重对中国特色社会主义制度优势的重点概括。这两个概括相辅相成、相得益彰。党的领导是贯穿于诸多显著优势之中的首要优势、最大优势。在这里，"两个最"的概括犹如点睛之笔，中国共产党的领导犹如一束普照的光，有了它，中国特色社会主义制度优势才会被真正激活从而真正发挥出来。

中国共产党领导是中国特色社会主义最本质的特征，这是我们深刻认识和把握中国特色社会主义制度优势的一个根本点。正如习近平总书记所说："党的领导是做好党和国家各项工作的根本保证，是我国政治稳定、经济发展、民族团结、社会稳定的根本点。"② 历史和现实已经证明并将继续证明，"没有共产党的领导，肯定会天下大乱，四分五裂"③，只有毫不动摇地坚持中国共产党的领导，才能从根本上解答"中国向何处去"的时代之问，才能真正实现国家富强和人民幸福，才能在短短几十年的时间里成功开创、坚持并完善中国特色社会主义，从而使得中国大踏步赶上了时代。"中国之治"得益于中国共产党领导，中国共产党领导成就了"中国之治"。巴西学者奥利弗·施廷克尔在《中国之治与世界未来》一文中指出，"'中国之治'作为一个成功样板已经在全球完美树立"，中国共产党"这台完美运作的政治机器，到今天更加彰显出

① 《中共中央关于坚持和完善中国特色社会主义制度 推进国家治理体系和治理能力现代化若干重大问题的决定》，《人民日报》2019年11月6日。
② 习近平：《论坚持党对一切工作的领导》，中央文献出版社，2019，第9页。
③ 《邓小平文选》第2卷，人民出版社，1994，第391页。

了她的大气磅礴和组织优势"①。毋庸置疑，中国共产党是一个"想干事"和"能干事"且能"干成事"的伟大政党，是一个不忘初心、牢记使命的伟大政党，是一个不可逆转地改变了近代以来中华民族内忧外患、积贫积弱的"旧时代"落后面貌，同时不可逆转地开启了中华民族伟大复兴"新时代"光明前景的伟大政党。"咬定青山不放松"，坚持中国共产党的领导地位不动摇，就等于抓住了中国特色社会主义的根本点和最本质的特征。习近平总书记指出："为什么我国能保持长期稳定，没有乱？根本的一条就是我们始终坚持共产党领导。党的领导是党和国家事业不断发展的'定海神针'。"② 中国共产党兴则国家兴，中国共产党强则国家强。因此，我们务必要保持头脑清醒，一定要认识到中国共产党的领导是"中国最大的国情"③。党的十九届四中全会关于"党是最高政治领导力量"④ 的重要论断，深刻揭示了中国共产党在整个国家的领导地位和无可替代的作用。在当代中国，"只有中国共产党，最具备素质、最有资格成为中国最高政治领导力量"⑤。

中国特色社会主义制度的最大优势是中国共产党的领导，这已成为全党和中国人民的普遍共识。如果说中国特色社会主义制度优势能够概括出许多条，那么最根本的一条毫无疑问就是坚持中国共产党的领导。如果说中国特色社会主义事业是一座宏伟无比的大厦的话，那么，中国共产党一定是贯穿其中不可或缺的总的骨架，而党中央就是这座大厦的顶梁柱⑥。因此，"我们推进各方面制度建设、推动各项事业发展、加强和改进各方面工作，都必须坚持党的领导，自觉贯彻党总揽全局、协调各方的根本要求"⑦，切

---

① 奥利弗·施廷克尔：《中国之治与世界未来》，《学习时报》2018年1月15日。

② 习近平：《论坚持党对一切工作的领导》，中央文献出版社，2019，第267页。

③ 习近平：《论坚持党对一切工作的领导》，中央文献出版社，2019，第57页。

④ 《中共中央关于坚持和完善中国特色社会主义制度　推进国家治理体系和治理能力现代化若干重大问题的决定》，《人民日报》2019年11月6日。

⑤ 何毅亭：《中国共产党是最高政治领导力量》，《学习时报》2019年5月17日。

⑥ 习近平：《论坚持党对一切工作的领导》，中央文献出版社，2019，第11页。

⑦ 习近平：《坚持和完善中国特色社会主义制度　推进国家治理体系和治理能力现代化》，《求是》2020年第1期。

实把党的领导落实到国家治理各领域、各方面、各环节。只有坚持党的领导，才能最大限度地发挥中国特色社会主义制度的整体优势。中国特色社会主义制度是一个严密完整的科学制度体系，在中国特色社会主义制度体系中，起"四梁八柱"作用的是根本制度、基本制度、重要制度，其中，党的领导制度居于统领和支配地位，发挥主导和决定作用。党的十九届四中全会明确指出，"党的领导制度是我国的根本领导制度"①。在这里，我们可以清楚地看到，中国特色社会主义制度体系实质上呈现出了"众星捧月"的总体格局，这"众星捧月"中的"月"就是中国共产党。

党的领导制度体系是中国特色社会主义制度体系的中轴。坚持和完善中国特色社会主义制度、推进国家治理体系和治理能力现代化，首要的也是最根本的一条就是，坚持和完善党的领导制度体系。习近平总书记指出，"国家治理体系是在党领导下管理国家的制度体系"②，且"国家治理体系是由众多子系统构成的复杂系统。这个系统的核心是中国共产党，党是领导一切的"③。换句话说，在这个复杂系统中，党的领导是核心，是中轴，这个地位是不可动摇的，而其他的各个子系统同样一个都不能少，都是整个系统的有机组成部分。它们之间既各负其责，保持"自转"，又相互配合，坚持"公转"。在这里，形象地讲，如果说整个国家治理体系如同一个大棋局的话，那么，毫无疑问，党中央就是坐镇中军帐的"帅"，其地位不可撼动。因此，充分发挥中国特色社会主义制度优势，必须进一步坚持和巩固、完善和发展党总揽全局、协调各方的根本领导制度体系。诚如习近平总书记所说："推进党的领导制度化、法治化，既是加强党的领导的应有之义，也是法治建设的重要任务。"④ 党的十九届四中全会不仅首次明确使用"党的领导制

① 习近平：《坚持和完善中国特色社会主义制度 推进国家治理体系和治理能力现代化》，《求是》2020年第1期。
② 《十八大以来重要文献选编》（上），中央文献出版社，2014，第548页。
③ 习近平：《论坚持党对一切工作的领导》，中央文献出版社，2019，第9页。
④ 习近平：《论坚持党对一切工作的领导》，中央文献出版社，2019，第267页。

度体系"这一提法，并且明确把"坚持和完善党的领导制度体系"置于整个制度系统即中国特色社会主义制度体系的第一位，进一步强调并凸显出党的领导制度体系在整个中国特色社会主义制度体系之中的中轴地位。

三　实践效果之维：中国特色社会主义制度是实践证明了的具有强大生命力和巨大优越性的制度

中国特色社会主义制度优势不仅体现在马克思主义的指导思想优势和中国共产党的领导主体优势中，最终还要体现在制度执行、制度落实的治理效能、实践效果中。实践是检验真理的唯一标准，同样，中国特色社会主义制度优越不优越、效果好不好，说到底还应该而且必须接受实践的检验。实践已经证明并将继续证明，中国特色社会主义制度既是一套"行得通"的制度，也是一套"真管用"的制度，更是一套"有效率"的制度。

中国共产党成立百年来，中华人民共和国成立70多年来，尤其是改革开放40多年来的伟大实践证明，中国共产党不仅经受住了战争与革命的洗礼，经受住了和平与发展的考验，还团结带领全国各族人民创造了"两大奇迹"：一个是经济快速发展，一个是社会长期稳定。这"两大奇迹"，可谓世所罕见。与此同时，中华民族也相继迎来了前所未有的"三次伟大飞跃"，即从站起来、富起来到强起来的伟大飞跃。这"三次伟大飞跃"可谓举世瞩目。在"世界之变""西方之乱"的"百年未有之大变局"中，"中国之治"越来越展现出"风景这边独好"的局面。当然，这一定是多方面合力作用的结果，但是其中很重要的一个原因就是，中国的国家制度即"中国之制"具有强大的生命力和显著的优越性。放眼全球，在和平与发展的时代主题下，战争时有发生，不确定性、风险、变量日益增多，可谓危机四伏、暗流涌动，国与国之间的较量和竞争也随之日益激烈。中国特色社会主义制度的优越性和生命力，在当今世界的国际比较中已经得到了充分证明。著名未来学家奈斯比特等指出，"中国已经开始展示出一种与西方不同的、诱人的发展模式"①。巴西著名学者施廷克尔强调，"西方之乱"已经成为当今世界和平发展进程中的不稳定因素，相比之下，"中国之治"却明显增加了全球的稳定性，为全球提供了参考样板，它不仅让中国这个古老而文明的东方大国再次焕发了更大的生机与活力，还"给人类制度和文明的演进提供了另一种可能"②。历史与现实已经深刻地证明，"中国之治"的奥秘就是"中国之制"，支撑"中国之治"的核心密码正是"中国之制"。同样，面向未来，我们可以充满自信地说，中国特色社会主义制度过去是、现在是、将来也必定是中国发展进步的制度保证。

中国特色社会主义制度是具有强大生命力和巨大优越性的先进制度。在"历史向世界历史转变"的全球化时代，各国各种制度之间的交流、交往、交锋都不可避免。坚持和完善中国特色社会主义制度，既不能脱离中国社会的土壤，也不能自我孤立于世界各国而独自发展。对此，习近平总书记强调，我们"一定要有定力、有主见，决不能自失主张、自乱阵脚"③。换句话说，我国不应该是制度的"搬运工"，不能简单地照抄照搬别国的制度，更不能以西方制度的标准任意裁剪中国制度。比如，在政治制度方面，如果我们"看到别的国家有而我们没有就简单认为有欠缺，要搬过来；或者，看到我们有而别的国家没有就简单认为是多余的，要去除掉"，"这两种观点都是简单化的、片面的，因而都是不正确的"④。当然，中国特色社会主义制度也不应该是制度的"独立王国"，我们不能闭目塞听，而是要学会在"睁眼看世界"的过程中善于借鉴和汲取世界各国包括资本主义国家创造的一切文明成果，特别是那

---

① 约翰·奈斯比特、多丽丝·奈斯比特：《中国大趋势：新社会的八大支柱》，魏平译，吉林出版集团、中华工商联合出版社，2009，第6页。

② 奥利弗·施廷克尔：《中国之治与世界未来》，《学习时报》2018年1月15日。

③ 习近平：《坚持和完善中国特色社会主义制度 推进国家治理体系和治理能力现代化》，《求是》2020年第1期。

④ 习近平：《在庆祝全国人民代表大会成立六十周年大会上的讲话》，《求是》2019年第18期。

些积极的进步的制度因素，从而使得我们的国家制度"成为世界上最好的制度"①。但是，大胆借鉴人类制度文明成果并不等于"照单全收"。那些曾经对西方制度模式完全采取"拿来主义"的国家，最后大多数不可避免地沦为西方的附庸。中国特色社会主义制度的坚持和完善，必须扎根中国土壤，"坚持以我为主、为我所用，认真鉴别、合理吸收，不能搞'全盘西化'，不能搞'全面移植'，不能照搬照抄"②，否则，会导致水土不服，可谓"橘生淮南则为橘，生于淮北则为枳""画虎不成反类犬"，甚至会把党和国家的前途命运葬送掉。

中国特色社会主义制度的强大生命力和显著优越性，还体现为中国特色社会主义制度是具有自我完善能力的制度。正如恩格斯所说，和任何其他的社会制度一样，"社会主义社会"不是也不应该被视为某种固定不变的东西，而应该"把它看成是经常变化和改革的社会"③。同样的道理，中国特色社会主义制度也不是一种一成不变的制度，而是生成并完善于不断变革的中国特色社会主义伟大实践之中的。我们要承认，中国特色社会主义制度在现实中固然"还不是尽善尽美、成熟定型"④ 的制度体系，但是，它是具有"强大自我完善能力的先进制度"⑤，这种强大自我完善能力确保了其在实践层面的蓬勃的生命力和巨大的优越性。在中国特色社会主义制度的坚持和完善过程中，我们还必须始终坚定"制度自信"。当然"制度自信"不是"制度自负"，也就是说，在制度建设过程中，我们决不能妄自尊大、自我膨胀，也不能故步自封、自我满足，而是"要把坚定制度自信和不断改革创新统一起来"⑥，在坚持根

---

① 《邓小平文选》第 2 卷，人民出版社，1994，第 337 页。
② 《习近平新时代中国特色社会主义思想三十讲》，学习出版社，2018，第 186 页。
③ 《马克思恩格斯文集》第 10 卷，人民出版社，2009，第 588 页。
④ 习近平：《紧紧围绕坚持和发展中国特色社会主义　学习宣传贯彻党的十八大精神——在十八届中共中央政治局第一次集体学习时的讲话》，人民出版社，2012，第 5 页。
⑤ 习近平：《在庆祝中国共产党成立 95 周年大会上的讲话》，人民出版社，2016，第 13 页。
⑥ 习近平：《在庆祝全国人民代表大会成立六十周年大会上的讲话》，《求是》2019 年第 18 期。

本制度、基本制度和重要制度的基础上，不断自我革新、自我完善，从而"让我们的制度成熟而持久"①。

　　总之，中国特色社会主义制度优势的三个本质性维度即指导思想维度、领导主体维度和实践效果维度，要求我们在坚持和完善中国特色社会主义制度、推进国家治理体系和治理能力现代化的过程中，必须以马克思主义理论特别是习近平新时代中国特色社会主义思想为指导，必须坚持中国共产党的全面领导，必须在建设中国特色社会主义的实践中进一步发挥制度优势。中国特色社会主义制度优势的进一步发挥，必将更加显示出"中国制度"的力量，不但会推动实现社会主义现代化和中华民族的伟大复兴，也会为人类社会探索更美好的制度继续贡献中国智慧和中国方案。

----

　　①　《习近平关于全面深化改革论述摘编》，中央文献出版社，2014，第22页。

论法治中国的实践逻辑[*]

辛 鸣

党的十八届四中全会以全面推进依法治国为主题，再次吹响了建设
法治中国的号角。中国社会在迈向法治中国的历史进程中，全面推进依
法治国，旗帜鲜明地彰显"四个维护"的价值追求，以建设中国特色社
会主义法治体系作为总抓手，把"三个共同推进"和"三个一体建设"
作为工作总布局。这一系列战略部署反映的是坚持和发展中国特色社会
主义的本质要求，体现的是让法治中国走得更稳、走得更快、走得更好
的实践逻辑。

一 准确的功能定位

法治是现代社会最突出的标志、最核心的价值，也是现代国家治理
的鲜明特征和基本方式。但是，正如列宁曾经讲的，"只要再多走一小
步，看来像是朝同一方向多走了一小步，真理就会变成错误"①。崇尚法
治是必然的，崇拜法治却是错误的；相信法治是必须的，迷信法治却是
有害的。如果我们不能对依法治国有科学准确的定位，而对其无限地拔
高，不切实际地想当然，以为法治可以包打天下，甚至可以重新塑造国
家，则不仅不会为全面推进依法治国注入正能量，反倒可能会产生副作
用，让依法治国流于空谈，甚至误导中国建设法治国家的努力方向。

对于今日中国社会来说，我们一定要明确依法治国本身不是目的，

---

* 本文原载于《中国特色社会主义研究》2015 年第 1 期，收入本书时有改动。
① 《列宁选集》第 4 卷，人民出版社，2012，第 211 页。

·126·

作为治国方略其指向是实现国家治理体系和治理能力现代化，是要通过依法治国让我们的国体与政体更完善、更有效，而不是改变我们的国体和政体，是要通过依法治国实现中华民族伟大复兴的中国梦。法治可以改变一个国家的面貌，可以优化一个国家的状态，但改变不了也不能改变一个国家的性质及其基本制度。

关于依法治国的这一实践定位，中国共产党的认识很深刻，党的十八届四中全会讲得也很清楚。在十八届四中全会的《中共中央关于全面推进依法治国若干重大问题的决定》（以下简称《决定》）开篇中有一段话："全面建成小康社会、实现中华民族伟大复兴的中国梦，全面深化改革、完善和发展中国特色社会主义制度，提高党的执政能力和执政水平，必须全面推进依法治国。"① 讲的就是关于依法治国的定位问题。这段话涵盖了中国共产党十八大以来正在做的三件大事："全面建成小康社会"是党的十八大提出的，"全面深化改革"是党的十八届三中全会要求的，"全面推进依法治国"则是党的十八届四中全会的主题。三年"三个全面"，绝非无意的巧合，更不是简单的文字排比，贯穿其中的是当代中国实现中华民族伟大复兴中国梦的路线图。因此，习近平总书记在作《决定》说明时指出，十八届四中全会体现的就是这"三个全面"的逻辑联系②。

而在党的十八届四中全会结束后不久，习近平总书记在江苏调研时，又提出了第四个"全面"，即"全面从严治党"③。从"三个全面"到"四个全面"，既是坚持和发展中国特色社会主义实践的客观要求，又是对坚持和发展中国特色社会主义规律认识的深化，更是建设法治中国的逻辑必然。党的十八届四中全会提出的加强党内法规制度建设，就是全面从严治党的重要举措之一。在这"四个全面"中，全面建成小康社会是奋斗目标，有目标则有方向；全面深化改革是动力，有动力则能成事；

---

① 《十八大以来重要文献选编》（中），中央文献出版社，2016，第155页。

② 习近平：《关于〈中共中央关于全面推进依法治国若干重大问题的决定〉的说明》，《人民日报》2014年10月29日。

③ 《主动把握和积极适应经济发展新常态推动改革开放和现代化建设迈上新台阶》，《人民日报》2014年12月15日。

全面推进依法治国是保障，有规矩则成方圆①；全面从严治党是主心骨，任凭风浪起，稳坐钓鱼台。

党的十八大提出，到2020年要全面建成小康社会。"依法治国基本方略全面落实，法治政府基本建成，司法公信力不断提高，人权得到切实尊重和保障"② 等，这些在十八届四中全会上被高度聚焦的内容早就被当作全面小康的内涵写进了党的十八大报告。

因此，作为中国共产党人在迈向中华民族伟大复兴历史征程中形成的新的战略布局，"四个全面"一体两翼，中有核心。目标是体，动力与方略是翼，伟大光荣正确的中国共产党是当之无愧的核心、当仁不让的主心骨。四管齐下，绘就中国发展新蓝图；四足鼎立，共同撑起中华民族伟大复兴中国梦。着眼于全面小康的全面深化改革就是以更大的政治勇气和智慧，不失时机地深化重要领域改革，坚决破除一切影响全面小康的思想观念和体制机制弊端，构建系统完备、科学规范、运行有效的制度体系，使各方面制度更加成熟、更加定型；着眼于全面小康的全面推进依法治国则能更好地统筹社会力量、平衡社会利益、调节社会关系、规范社会行为，使我国社会在深刻变革中既生机勃勃又井然有序；着眼于全面小康的全面从严治党，旨在通过全面加强党的思想建设、组织建设、作风建设、反腐倡廉建设、制度建设，增强自我净化、自我完善、自我革新、自我提高的能力，确保党在全面建成小康社会进而实现中华民族伟大复兴的进程中始终是坚强领导核心。

其实，中国社会的全面深化改革早就与全面推进依法治国协同推进了，而全面从严治党犹如一根红线始终贯穿其中。党的十八届三中全会通过的《中共中央关于全面深化改革若干重大问题的决定》的第八、九、十这三部分所讨论的内容与党的十八届四中全会《决定》的内容完全一致，甚至第九部分的标题就是"推进法治中国建设"③。因为全面推进依法治国所需要的制度体制要通过全面深化改革培育、形成、确立。

---

① 辛鸣：《"三个全面"绘就中国路线图》，《南风窗》2014年第23期。
② 《十八大以来重要文献选编》（上），中央文献出版社，2014，第14页。
③ 《十八大以来重要文献选编》（上），中央文献出版社，2014，第529页。

这也就是为什么习近平总书记把这两个"决定"称为"姊妹篇":"党的十八届四中全会通过了全面推进依法治国的决定,与党的十八届三中全会通过的全面深化改革的决定形成了姊妹篇。全面深化改革需要法治保障,全面推进依法治国也需要深化改革。"① 至于说在全面深化改革中碰到的"老大难""硬骨头""雷区""险滩",在全面推进依法治国中遭遇的思想不适应、行为不规范、制度不完备等问题,当然要靠全面从严治党去解决,但它们同时也为全面从严治党提示了入手处与着力点,让全面从严治党更加有的放矢。

通过"四个全面"的逻辑关系来对依法治国进行功能定位,依法治国绝非简单的"法律工具主义"。法律虽不能成为政治权力的工具,却必须也必然是国家治理的手段,不能本末倒置、体用易位。法治通过提供制度化方案来实现对国家的治理,因而其必然是对既定社会制度框架的法治化,是对社会制度的维护与改良,不是对社会制度的否定与颠覆。离开了特定的社会制度,法治就失去了其赖以运行的基础;抛开社会制度搞法治是买椟还珠。对于今日中国社会的法治建设来说,这一制度基础就是中国特色社会主义制度。正如马克思所强调的:"在现代国家中,法不仅必须适应于总的经济状况,不仅必须是它的表现,而且还必须是不因内在矛盾而自相抵触的一种内部和谐一致的表现。"②

二　坚定的道路自觉

当代中国建设社会主义法治国家的目标是明确的,但是如何走向社会主义法治国家,如何真正实现依法治国,不同的路径选择会产生截然不同的结果。一个国家走向法治之路要与这个国家的经济基础、社会发展水平、历史文化传统、集体心理行为等相契合、相适应,简

---

① 《习近平主持召开中央全面深化改革领导小组第六次会议强调学习贯彻党的十八届四中全会精神运用法治思维和法治方式推进改革》,《人民日报》2014年10月28日。

② 《马克思恩格斯选集》第4卷,人民出版社,1995,第702页。

单生硬地照抄照搬不仅行不通，还会引发更严重的问题。"坚定不移走中国特色社会主义法治道路"就是党的十八届四中全会凸显出来的道路自觉。

中国特色社会主义法治道路并不是一句抽象的话语，而是有着十分确定的内涵与要求。十八届四中全会从两个方面对中国特色社会主义法治道路进行了说明。

首先是"五个坚持"：坚持中国共产党的领导，把党的领导贯彻到依法治国全过程和各方面；坚持人民主体地位，把人民作为依法治国的主体和力量源泉；坚持法律面前人人平等，任何组织和个人都必须尊重宪法法律权威，都必须在宪法法律范围内活动，都必须依照宪法法律行使权力或权利、履行职责或义务，都不得有超越宪法法律的特权；坚持依法治国和以德治国相结合，以法治体现道德理念、强化法律对道德建设的促进作用，以道德滋养法治精神、强化道德对法治文化的支撑作用，实现法律和道德相辅相成、法治和德治相得益彰；坚持从中国实际出发，围绕社会主义法治建设重大理论和实践问题，推进法治理论创新，发展符合中国实际、具有中国特色、体现社会发展规律的社会主义法治理论，为依法治国提供理论指导和学理支撑①。这"五个坚持"是中国特色社会主义法治道路的底线原则，如果在这五个方面放弃了、退让了，就会犯"颠覆性错误"，不可弥补、无法挽回。

较之于从党的十六大以来一直沿用的提法，即"坚持党的领导、人民当家作主、依法治国有机统一"，"五个坚持"从正面阐明了中国特色社会主义法治道路的基本原则，其立场与态度更加明确坚定，内涵也更加具体清晰。但这还不是全部。习近平总书记明确指出，坚持党的领导，坚持中国特色社会主义制度，贯彻中国特色社会主义法治理论，"这三个方面实质上是中国特色社会主义法治道路的核心要义，规定和确保了中国特色社会主义法治体系的制度属性和前进方向"②。

---

① 习近平：《关于〈中共中央关于全面推进依法治国若干重大问题的决定〉的说明》，《人民日报》2014年10月29日。
② 《十八大以来重要文献选编》（中），中央文献出版社，2016，第146页。

我们注意到，在这"五个坚持"和"三大核心要义"中，两次都提到了"坚持党的领导"，并且都将之列在第一位。这是因为"法治需要前进方向，党的领导是法治的政治保证"①。

政治是法治的前提，政治方向决定着法治的方向。不管多么自诩为超越政治的法治，其立脚之处一定是特定的政治土壤，不是这一种就是那一种。中国特色社会主义政治发展从根本上决定着中国特色社会主义法治建设的目标、价值与形态，决定着中国特色社会主义法治道路的前进方向。

中国特色社会主义法治建设是为了人民、依靠人民、造福人民、保护人民，是要保证人民当家作主、发展社会主义，是着眼于实现基于人民立场的公平正义。想要做到这一切，把党的领导贯彻到依法治国全过程和各方面是最根本的保证。人民是依法治国的主体，但这一主体地位只有在中国共产党的领导下才能得到真正保障，从而使人民变为现实的政治力量；人民是依法治国的力量源泉，但这一力量也只有在中国共产党的领导下才会被组织起来，浩浩荡荡，众志成城。

其次是为什么坚持中国共产党的领导能解决制度和法律背后更为深层的问题呢？这在于中国共产党的性质，在于中国共产党的信仰。马克思主义告诉我们，判断一个政党的性质，最主要的是看它的纲领和路线代表什么人的利益。关于这一点，恩格斯说得很透彻："一个新的纲领毕竟总是一面公开树立起来的旗帜，而外界就根据它来判断这个党。"② 在一个代表了社会发展大方向、代表了人民群众根本利益的政党领导之下，中国社会的法治建设就有了正确的前进方向，不再是就法治论法治。

党的十八届四中全会不仅主题是依法治国，还强调"坚持依法治国首先要坚持依宪治国，坚持依法执政首先要坚持依宪执政"③。这是中国共产党对中国特色社会主义法治道路的坚定坚持与明确阐述。正如

---

① 辛鸣：《核心要义背后的法治逻辑》，《深圳特区报》2014年11月18日。

② 《马克思恩格斯选集》第3卷，人民出版社，1995，第325~326页。

③ 《十八大以来重要文献选编》（中），中央文献出版社，2016，第229页。

习近平总书记所讲："在走什么样的法治道路问题上，必须向全社会释放正确而明确的信号，指明全面推进依法治国的正确方向，统一全党全国各族人民认识和行动。"① 中国共产党已经把中国特色社会主义法治道路的原则、要义和决心表述得如此清楚。

三　鲜明的价值追求

法治本身就是人类社会最宝贵的价值追求。法治作为社会主义核心价值观中的重要内容之一，表达的正是对法治价值的高度认可。但法治中国绝不是为了法治而法治，法治价值从来不是也不能是抽象的，一定要与经济社会发展的目标相一致，并且体现在具体的国家治理、政治发展、社会进步与人民幸福的实践中。因此，在今日中国社会，依法治国有极其具体而又明确的价值追求，这就是党的十八届四中全会提出的"四个维护"：坚决维护宪法法律权威、依法维护人民权益、维护社会公平正义、维护国家安全稳定。

（一）宪法法律权威是法治的前提

区别现代法治社会与传统法律社会的关键性标志就在于法律在社会中是否有权威。在人类社会发展的进程中，有很多封建帝王君主甚至包括奴隶主也标榜法律，其所制定的法律甚至门类还很齐全，但他们是把法律作为工具去管制别人，把法治作为手段来牟取私利。法律在他们面前是没有权威的，只有法律而无法治。只有进入现代社会，把法律从皇权王权中剥离出来并使之获得了权威，法治才有了前提。

建设法治中国要维护法律的权威，更要维护作为法律之宗、法律之本的宪法的权威。关于这一点，习近平总书记在首都各界纪念现行宪法公布施行30周年大会上讲得明确而坚定、有力而坚决："维护宪法权威，就是维护党和人民共同意志的权威。捍卫宪法尊严，就是捍

① 习近平：《关于〈中共中央关于全面推进依法治国若干重大问题的决定〉的说明》，《人民日报》2014年10月29日。

卫党和人民共同意志的尊严。保证宪法实施，就是保证人民根本利益的实现。"①

维护宪法法律权威，一定要把宪法法律当作一个整体，全面遵循宪法法律的要求，完整体现宪法法律的精神，不能断章取义，不能各取所需。例如，既要向社会、向公民讲清楚宪法规定的"公民的合法的私有财产不受侵犯"，这是现代文明社会最基本的要求，又要向社会、向公民讲清楚宪法规定的"社会主义的公共财产神圣不可侵犯"，这是社会主义国家的本质要求。

（二）人民权益是法治的根本

马克思在谈民主制国家的时候，特别强调："不是人为法律而存在，而是法律为人而存在；在这里法律是人的存在，而在其他国家形式中，人是法定的存在。"② 民主制国家的类型或许有很多，人民当家作主的性质与特点让中国当之无愧位列其中。正因为如此，人民的权利权益不仅是中国法治的出发点，也是中国法治的重要着力点。我们要依法保障全体公民享有广泛的权利，保障公民的人身权、财产权、基本政治权等各项权利不受侵犯，保证公民的经济、文化、社会等各方面权利得到落实。排斥最广大群众的、少数精英群体自娱自乐的法治模式在中国社会不具有政治合法性，也注定得不到最广大群众的支持。

在此需要特别提出的是，权利不具体到个体难说落实，但权利不从整体考虑则丧失了前提。中国特色社会主义法治要把保障每一个中国人个体的权利落到实处，就一定要先保障个体背后群体的权利。如果人民群众作为一个整体在社会中的地位不能从政治层面上得到切实的认可与保障，个体的权利也就成了无源之水、无本之木。这也就是中国特色社会主义法治道路把坚持人民主体地位作为重要原则提出来的原因所在。

---

① 《十八大以来重要文献选编》（上），中央文献出版社，2014，第87页。
② 《马克思恩格斯选集》第3卷，人民出版社，2002，第40页。

（三）公平正义是法治的灵魂

公平正义是一个社会赖以存在、运行、发展、繁荣的条件，也是法治最突出的价值指向。不能矫正社会自然发展中出现的不公平不正义已是法治的遗憾，法律安排和法律程序导致不公平不正义更是法治的耻辱。应该说在现代社会中这两种类型的不公平不正义现象都还存在，我们把维护社会公平正义明确提了出来，不仅是对法治的期待，更是对法治的要求。

当然，在不同发展水平上，在不同历史时期，拥有不同思想认识的人、不同阶层的人，对社会公平正义的认识和诉求也会不同。对于经过数十年快速发展转型进入新常态的中国社会，具体而不是抽象的、真实而不是虚幻的公平正义，最根本的指向就是促进共同富裕。邓小平讲过："社会主义最大的优越性就是共同富裕，这是体现社会主义本质的一个东西。"① 离开了共同富裕所谈的公平正义是不彻底的公平正义，不着眼于共同富裕的公平正义是打了折扣的公平正义，法治中国的建设一定要从最基本的制度安排、最根本的法律设计上体现这一价值要求。在此基础上，要依法公正对待人民群众的诉求，努力让人民群众在每一个司法案件中都能感受到公平正义，绝不能让不公正的审判伤害人民群众感情、损害人民群众权益。

（四）国家安全稳定是法治的价值底线

法治指向秩序，秩序形成安全，法治不可能与国家社会的安全稳定相对立。尤其当前我国国家安全的内涵比历史上任何时候都要丰富，时空领域比历史上任何时候都要宽广，内外因素比历史上任何时候都要复杂，维护安全稳定的挑战也丝毫不比历史上任何时候轻松。依法治国一定要服务于国家总体安全，应为"以人民安全为宗旨，以政治安全为根本，以经济安全为基础，以军事、文化、社会安全为保障，以促进国际

---

① 《邓小平年谱（1975～1997）》（下），中央文献出版社，2004，第1324页。

安全为依托"① 的中国特色国家安全道路提供坚强有力的法治保障，而不能抽象地谈论超历史、超现实的法治价值。我们不能被西方发达国家的所谓"人权高于主权"的论调牵着鼻子走。正所谓"皮之不存，毛将焉附"。在现实的国际环境中，没有完整、全面、坚强的国家主权作保障，所谓的人权保障只能是一厢情愿。对于现在国际社会中那些处于国家动乱之中的民众而言，西方发达国家许诺给他们的人权是空中楼阁。

这"四个维护"是贯穿法治中国政策设计和制度安排的基本要求，只有这样，才能让依法治国的方略成为实现"两个一百年"奋斗目标、实现中华民族伟大复兴中国梦的可靠法治保障。中国社会之所以对法治提出这样具体而清晰的价值要求，是因为"社会不是以法律为基础的。那是法学家们的幻想。相反地，法律应该以社会为基础。法律应该是社会共同的、由一定物质生产方式所产生的利益和需要的表现，而不是单个的个人恣意横行"②。马克思100多年前的话语在今日中国社会依然发人深省。

四　全面的法治体系

早在20世纪90年代中后期，党的十五大就提出建设社会主义法治国家的目标，并在随后把依法治国作为党领导人民治理国家的基本方略写入宪法。经过多年的实践前行，中国社会在迈向法治国家的道路上取得了极为丰硕的成果。2011年3月10日，时任全国人大常委会委员长吴邦国在第十一届全国人民代表大会第四次会议上作工作报告时宣布，"一个立足中国国情和实际、适应改革开放和社会主义现代化建设需要、集中体现党和人民意志的，以宪法为统帅，以宪法相关法、民法商法等多个法律部门的法律为主干，由法律、行政法规、地方性法规等多个层次的法律规范构成的中国特色社会主义法律体系已经形成"③。

① 《习近平关于总体国家安全观论述摘编》，中央文献出版社，2018，第4页。
② 《马克思恩格斯选集》第6卷，人民出版社，1961，第291~292页。
③ 《吴邦国所作全国人民代表大会常务委员会工作报告》，中国政府网，2011年3月18日，http：//www.gov.cn/2011lh/content_ 1827143.htm。

但是法律体系的建成并不等于法治国家的建成，仅仅有法律体系是不够的。全面推进依法治国是一个系统工程，不仅要有法可依，更要让法律在经济社会发展的全过程发挥作用。因此，党的十八届四中全会把全面推进依法治国的总目标扩充为两句话，在"建设社会主义法治国家"前面加上了"建设中国特色社会主义法治体系"，并且明确提出中国特色社会主义法治体系有五大子系统：完备的法律规范体系、高效的法治实施体系、严密的法治监督体系、有力的法治保障体系以及完善的党内法规体系。习近平总书记把建设中国特色社会主义法治体系称为"总抓手"："全面推进依法治国涉及很多方面，在实际工作中必须有一个总揽全局、牵引各方的总抓手，这个总抓手就是建设中国特色社会主义法治体系。依法治国各项工作都要围绕这个总抓手来谋划、来推进。"① 把这五大体系建设好了，也就解决好了建设社会主义法治国家进程中科学立法、严格执法、公正司法、全民守法以及依规治党这些重大而基本的问题。

（一）科学立法，形成完备法律规范体系的源头活水

截至 2013 年，我国有 243 部现行有效法律，680 多部国务院制定的现行有效行政法规，8000 余部（份）地方性法规和其他立法确认的具有法律性质的规范性文件。这从数量上说已不算少，称之为中国特色社会主义法律体系名副其实。但是法律体系只有更完备没有已完备，随着经济社会的发展，法律必须不断充实、修改、丰富、发展，科学立法依然任重道远。比如，贯彻落实总体国家安全观，加快国家安全法治建设，抓紧出台一批急需法律，推进公共安全法治化，构建国家安全法律制度体系；又如，用严格的法律制度保护生态环境，加快建立有效约束开发行为和促进绿色发展、循环发展、低碳发展的生态文明法律制度；等等。

特别需要提出的是，科学立法不仅体现为遵循立法规律，增强法律

---

① 习近平：《关于〈中共中央关于全面推进依法治国若干重大问题的决定〉的说明》，《人民日报》2014 年 10 月 29 日。

法规的及时性、系统性、针对性、有效性，降低立法成本，避免立法浪费，把公正、公平、公开原则贯穿立法全过程，更要体现为站对、站稳立法立场，在立法中恪守以民为本、立法为民的理念，使每一项立法都符合宪法精神、反映人民意志、得到人民拥护。

（二）严格执法，下好建立高效法治实施体系的"先手棋"

法律在实施中彰显存在，又在实施中确立权威。我国各级行政机关是实施法律法规的重要主体，据统计，80%以上的法律法规是通过行政机关的具体职能活动来实施的。这样一种法治实施模式与状态对行政机关严格执法提出了很高的要求。没有行政机关的严格执法，高效法治实施体系就不可能开好头、起好步。

严格执法要通过深化行政执法体制改革来实现，如十八届四中全会提出的健全行政执法和刑事司法衔接机制、建立健全行政裁量权基准制度、完善纠错问责机制等一系列制度安排，就旨在把执法权装进制度的笼子里，既不能以权压法、以身试法，也不能法外开恩、徇私枉法。在体制改革的基础上再迈出纵深一步就是建设法治政府，这是严格执法，形成高效法治实施体系的基础工程。之所以出现选择性执法、寻租执法、钓鱼执法等现象，之所以行政权力可以任意膨胀、政府责任可以随意消解，根源在于政府角色定位有误。通过建设职能科学、权责法定、执法严明、公开公正、廉洁高效、守法诚信的法治政府，把政府的定位科学化、事权规范化、行为法治化，高效法治实施体系就有了一个新的起点。

（三）公正司法，为法治监督体系筑就正义底线

公正司法是维护社会公平正义的最后一道防线，要让人民群众在每一个司法案件中都感受到公平正义，严密的法治监督体系不可或缺。法治监督体系旨在要求司法既不能受权力的干涉，也不能内部腐败"吃了原告吃被告"。想要司法不受权力干涉就要强化依法独立公正行使审判权和检察权的制度，独立本身就是最大的监督，尤其是建立起领导干部干预司法活动、插手具体案件处理的记录、通报和责任追究制度，更会让那些试图以言代法、以权压法、徇私枉法的领导干部心存忌惮，"手

莫伸，伸手必被捉"。而推进以审判为中心的诉讼制度改革，实行办案质量终身负责制和错案责任倒查问责制，以及完善检察机关行使监督权的法律制度，加强对刑事诉讼、民事诉讼、行政诉讼的法律监督，完善人民监督员制度等，是着眼于彻底消除法外开恩，办关系案、人情案、金钱案的司法痼疾。

（四）全民守法，夯实法治保障体系的社会基础

只有全民守法的社会才是真正意义上的法治社会，而全民守法离不开法治保障体系。建立法治保障体系，首先要在让人民群众信仰法治上下功夫。"法律的权威源自人民的内心拥护和真诚信仰。"① 写在纸上的法律不一定管用，深入人民心里的法律才有力量。法律如何才能深入人心，让人民群众真信？法律必须确实对人民群众有好处，能够切实保障他们的权利，而不仅仅是管制约束他们。绝大多数群众当感觉到自身的权利能够通过法治得到充分的保障，甚至他们不曾知晓的权利通过法治得到了、丰富了、拓展了时，自然就相信法治了。同时，法治保障体系要夯实社会基础。毋庸讳言，通过司法途径维权成本很大，程序也烦琐、复杂。通过多层次多领域依法治理，特别是深化基层组织和部门、行业依法治理，支持各类社会主体自我约束、自我管理，发挥市民公约、乡规民约、行业规章、团体章程等社会规范在社会治理中的积极作用，就可以把很多的法律争端与法律诉求消化在走向司法程序之前。当法治保障体系把这些都做到的时候，全体人民自然就会成为社会主义法治的忠实崇尚者、自觉遵守者、坚定捍卫者，全民守法也就水到渠成。

（五）依规治党，完善的党内法规体系是制度基础

党的领导是社会主义法治最根本的保证。如何让党的领导在全面推进依法治国的历史进程中得到有力的体现、充分的保证？打铁先得自身硬，执政党从思想到行为要适应依法治国的要求。在这一过程中首要的就是让中国共产党成为像习近平总书记所要求的"有规矩"的政党那

---

① 《十八大以来重要文献选编》（中），中央文献出版社，2016，第172页。

样。我们要通过加强党内法规制度建设，完善党内法规制定的体制机制，形成配套完备的党内法规制度体系，运用党内法规把党要管党、从严治党落到实处，促进党员干部带头遵守国家法律法规，提高党员干部法治思维水平和依法办事能力，提高党的依法执政能力和水平。

形成配套完备的党内法规制度体系，要以党章为根本依据。党章是总规矩，是总原则、总要求。同时经过进一步的制度细化，把这一系列"总"切实体现在政党的执政实践中。比如，在保障党员权利、发展党内民主、改革用人制度、壮大基层组织、推进作风转变、规范权力行使、严明党的纪律、强化党内监督等方面都依照党章总规矩来制定一系列更有针对性、指导性和可操作性的"分规矩"，使党依法执政的制度基础更加牢固。

五 结语

实践逻辑首先表现为实然，法治中国就是这样一步一步走出来的，就是在破解一个又一个问题中成熟完善的。但是，实践逻辑也一定是内含并体现应然要求的，法治中国的建设不会也没有背离法治的基本规律、基本价值，对法治性质的强调、对法治道路的自觉、对法治功能的清醒等，体现的都是对法治建设基本规律的自觉遵循与运用。应然与实然的有机统一塑造出了法治中国的实践逻辑，也开启了建设法治中国的新时代。

国家治理现代化的实质[*]
——基于国家、社会、个人三个层面

崔丽华

国家治理现代化是我们党提出的全新理念，标志着我们党对中国特色社会主义规律的认识提高到一个新境界。国家治理现代化这一命题蕴含着丰富的内容。本文从广义的哲学视角出发，从国家、社会、个人三个层面展开分析，试图阐释中国从传统社会向现代社会转变的理论自觉。

一 国家层面：从人治国家向法治国家的转变

国家治理现代化的提出不仅表现出新一届中央面对新的历史起点的勇于开拓，还体现出对当代中国现实问题的回应。20世纪末，面对东欧剧变、苏联解体，社会主义受到严重质疑，西方一些学者甚至提出"历史的终结"。面对这样的国际背景，中国不仅抵住了这股来自国际范围内的攻击，还以蓬勃发展之势崛起，成为世界第二大经济体。但必须承认，中国的发展还有很多问题。尤其是面对如何治理社会主义国家，我国始终在摸索中。从新中国成立到现在，虽然中间发生了不少曲折，但总体形势是好的，是适应中国的发展的。同时也要看到，我们在国家治理方面还有很多不足。

我们要从时间和空间上跨越西方的发展，实现从农耕文明向新的文明形式的转化，用几十年的时间完成资本主义社会在国家治理上几百年

---

* 本文原载于《马克思主义与现实》2015年第3期，收入本书时有改动。

[""]

的任务，这使得我国发展具有时空压缩特征。中国几千年农耕文明的治理模式要向现代文明成功转型也不是朝夕之间的事情。传统社会形成的人治传统依然影响着今天中国的发展。邓小平1980年在《党和国家领导制度的改革》一文中指出："我们进行了二十八年的新民主主义革命，推翻封建主义的反动统治和封建土地所有制，是成功的，彻底的。但是，肃清思想政治方面的封建主义残余影响这个任务，因为我们对它的重要性估计不足，以后很快转入社会主义革命，所以没有能够完成。"[①] 虽然从鸦片战争开始，中国被迫开启了现代化的进程，但是传统的观念、习俗、制度、规定还影响着当前中国的发展。"走关系""投门子""潜规则"等落后的理念依然影响和支配着中国社会运行的很多方面。这些"另一种制度"成为现代文明发展的绊脚石。

同时，我们还缺乏国家治理的经验。在现代化进程中，中国是后发国家，我们缺乏进行现代化治理的经验，国家制度体系不完善，法制不健全，有法不依、执法不严的现象还很突出，社会参与、群众自治的程度不高。国家治理的法治化、科学化、制度化、程序化、规范化水平还有待提高。因此，我们的发展必然会借鉴先进国家治理的成功经验。尤其是西方现代化国家关于国家治理的理论有值得我们借鉴的地方。西方国家对治理的理解比较丰富。最初的治理主要是针对政府而言的。但进入现代法治社会，治理这个词不仅包括政府的管理，还包括"执政党与政府以外的社会团体及公民个人参政议政、公民平等参与公共事务、居民自治与互助、公民依宪监督、依照民意与听证会立法、司法部门监督行政等等"[②]。同时它还坚持法治精神至上。从1215年《自由大宪章》的签署，到卢梭的《社会契约论》，再到《拿破仑法典》，现代法治观念在西方深入人心，成为普遍的共识。应该承认，西方发达国家在现代国家治理方面，确实积累了大量有益经验，值得我们学习借鉴，但绝不能简单地照抄照搬。习近平总书记说，一个国家选择什么样的治理体系，

① 《邓小平文选》第2卷，人民出版社，1994，第335页。
② 李侃如：《治理中国：从革命到改革》，胡国成、赵梅译，中国社会科学出版社，2010，第3页。

是由这个国家的历史传承、文化传统、经济社会发展水平决定的，是由这个国家的人民决定的①。今天我们的国家治理体系，是由我们的国情所决定的，我们当前正处在社会主义初级阶段，也就是社会转型的历史机遇期，这一阶段和时期决定了我们还有很多需要完善和丰富的地方。

当前，我们谈论国家治理，在立足自身历史、国情、发展目标的同时，要积极吸收人类文明的一切成果。尤其是在国家层面，要努力摒除长期的农业、农村社会形成的人治传统，走向法治国家。首先要从思想上解放出来，从官本位的封建思想中解放出来，从人治等旧的观念中解放出来，在思想上突破旧传统，树立现代化的治理理念。其次要完善社会主义制度。邓小平指出，"制度问题更带有根本性、全局性、稳定性和长期性"，"制度好可以使坏人无法任意横行，制度不好可以使好人无法充分做好事，甚至会走向反面"②。1992 年他在南方谈话中又提出，"再有 30 年的时间，我们才会在各方面形成一整套更加成熟、更加定型的制度"③。国家治理现代化归根结底就是要不断地完善社会主义制度，这也标志着我国的改革进入整体推进制度创新、制度建设的新阶段。这就需要讲法治。法治是现代国家治理的基本方式，是深化改革的重要内容。它不仅约束和规范统治者，也约束和规范一切社会成员。当前，法治建设必须同中国进入全面深化改革的新的历史时期相适应，与时俱进。其核心就是对政府公权力的限制和赋予公民个人权利，使得公权力有边界、有限制，做到真正的简政放权、放权让利。总而言之，国家治理的现代化，有赖于各个领域的法治化。

二　社会层面：从小康社会到公正社会的转变

从广义上讲，国家治理的主体不仅包括政府，还包括"执政党与政府以外的社会团体"。但是通过对中国传统社会进行分析，"'社会'更

---

① 《习近平的"国家治理公开课"》，光明网，2019 年 10 月 31 日，https：//politics. gmw. cn/2020－12/04/content_ 34428848. htm。
② 《邓小平文选》第 2 卷，人民出版社，1994，第 333 页。
③ 《习近平谈治国理政》，外文出版社，2014，第 90 页。

多的是国家行动的目标，而较少成为影响国家的思想和动机的源泉。……社会的某些组成部分可能反抗国家，但总体框架一直是，社会看不到它与国家的区别，或有任何办法向国家提出重大要求"①。在传统社会里，社会是屈从于国家的。改革开放以来，我国致力于打破国家与社会二者之间的这种关系。"改革还创造了一个极其活跃而不同的社会。"② 尤其是社会主义市场经济的发展、社会结构的调整、户籍制度的改革，增强了社会的流动性。国家与社会的关系发生了很大的变化，国家的权力在不断地退却，社会成为国家的补充力量，在今天发挥着越来越重要的作用。社会成为国家治理非常重要的一个层面。伴随着西方"全能国家""万能市场"神话的破灭，社会的力量开始被纳入国家的治理体系之中。社会在政府主导的国家治理中所蕴含的治理功能是不可替代的。一个国家要实现长治久安，首先就要实现良好的社会治理。

在1978年改革开放初期，我们的社会治理目标就是解决老百姓的温饱问题，具体来说就是实现社会主义初级阶段的小康社会，解决把蛋糕做大的问题，我们采取的方法是"以经济建设为中心"，即以发展来建设小康社会。可以说，这是当时的要求，定位非常准确，也取得了成功。经过一段时间的发展，蛋糕做大了，但是如何分好蛋糕成为要解决的首要问题，如何建立公平正义的社会成为当前社会治理的首要问题。在事实逻辑上，小康社会主要解决的是让一部分人先富起来的问题，带来的是社会结构的大转型，人们传统上所依存的社会结构不复存在，导致其心理上的和观念上的巨大落差，结果必然是阶层、地区之间的贫富差异以及由此而来的阶层之间的利益冲突。在一部分人先富起来之后，如何让大家共同富裕起来，就成为要解决的首要问题，其核心就是解决公平正义的问题。当然，公平正义不仅是当前社会现实的迫切需要，还是"社会主义"价值体系的题中应有之义。社会结构的剧烈转型、社会价值诉求的变化、施政目标的转变给社会治理提出了一个更高的要求。

---

① 李侃如：《治理中国：从革命到改革》，胡国成、赵梅译，中国社会科学出版社，2010，第301页。
② 李侃如：《治理中国：从革命到改革》，胡国成、赵梅译，中国社会科学出版社，2010，第302页。

在我国，社会治理是指在执政党领导下，由政府组织主导，吸纳社会组织等多方面治理主体参与，对社会公共事务进行治理的活动。按照党的十八大报告，我国的社会治理是在"党委领导、政府负责、社会协同、公众参与、法治保障"的总体格局下运行的中国特色社会主义社会管理。具体来说，要实现公正社会，就必须约束权力，这是实现公正社会的最直接路径。"权力不受制约"直接危害着公正社会，因此必须以法治（宪政）来约束权力。如果不对公权力进行约束，公民的基本权利就不可能得到相应的保障。同时，要鼓励和支持社会各方面参与。社会自治的实现基于参与者的自愿和组织者的非强制性权威，具有公共部门不可比拟的亲和力，更容易采用"润物细无声"的温和方式实现社会和谐的治理目标，更容易为公众所接受。关于公众参与，当前存在参与渠道不通畅、参与程序不规范、主体意识不强、社会组织不健全等问题。因此，在政府的帮助下，鼓励社会各界广泛地参与到社会治理中，如加入各种社团、慈善组织等，不仅能够完善社会治理，使得社会参与有序、科学，政府和公众成为建设性的合作关系，共同进行社会管理，降低社会管理成本，提高社会管理效率，还可以促使政府自身的社会管理模式进行革新，从控制型政府向服务型政府转变。

三 个人层面：关键是领导干部的德治与能治

国家治理现代化包含国家治理体系现代化和治理能力现代化。国家治理能力现代化是国家治理体系在实践中的绩效彰显，是检验国家治理体系是否科学合理的重要指标。只有好的制度，没有有效的治理能力，再好的制度也难以发挥作用。这就意味着国家治理现代化包含一个十分重要的层面：个人层面。从个人层面来谈国家治理现代化，主要讲的是治理主体的问题。再好的理念、制度、设计，归根结底都要靠具体的个人来实施与落实，治理主体能力的高低直接影响着国家治理现代化的进度。治理主体包括具体政策的落实者、领导干部和政策的参与者、广大人民群众，其中关键是领导干部。

人民群众是国家治理的参与者。在马克思那里，人民群众是历史主体，也是价值主体。人民群众创造物质财富和精神财富，是推动社会变革和历史前进的决定性力量。因此，把人民群众的根本利益作为价值的最高标准，尊重人民群众的历史主体和价值主体地位，既内在地包含着尊重社会发展规律，也内在地包含着尊重人民利益需求。可以说，人类社会的发展历史是人民群众实践活动的历史，也是人民群众的利益、意愿和要求不断得到实现的历史。因此，国家治理的核心就是不断满足人民群众的需求。

领导干部是国家治理的落实者。中国各级领导干部的素质，直接决定着中国的国家治理状况。可以说，影响治理能力的关键是人的素质，尤其重要的是领导干部的素质。但是当前我国正处于从传统社会向现代社会转变的过渡期，我们的领导干部还存在一些问题，这严重地败坏和影响了我们执政党的形象和作风。这些现象的出现，有历史和社会原因。我国是一个有着悠久封建传统历史的国家，封建社会那种权力至上的理念还根深蒂固。此外，伴随着改革开放的不断深入，西方的各种社会思潮、文化观念，尤其是落后的思潮和观念冲击着我们的价值观念。还有一些领导干部自身约束能力不够，缺乏正确的世界观、人生观、价值观。随着社会的不断发展，中国治理变革的总趋势是逐渐从统治到治理，从人治到法治，从一元治理到多元治理，从管制型政府到服务型政府。这一治理变迁过程，实质上反映了中国共产党在开始从革命党转向执政党后，其执政方式需要进行根本转变。

具体来说，就是要不断提升领导干部的素质，在道德层面和能力素质上下功夫，使之适应当前国家治理的新形势。第一，要解放思想，转变观念，凝聚共识，形成新的政治认同。思想上要跟着时代的发展，摒除传统落后文化的影响。提出治理能力现代化，已经表明党和政府希望从思想上、行动上革除传统的"管理"套路，各级领导干部要认清形势，转变思想。第二，要修养党性，树立理想信念，培养和强化党员干部的政治忠诚。接受党风党纪教育，重温中国共产党的执政宗旨，倡导廉洁从政，增强党员干部的政治责任感。第三，要注重学习，开阔视野。提高党员干部的科学文化素质是能治的关键，各级领导干部要不断学习新知识，掌握新技能，向书本学习，向实践学习。既要夯实理论基础，又要在实践锻炼过程中培养技能、增长才干，提高行动能力。

全面从严治党制度优势及其治理效能转化[*]

柳宝军

制度治党是中国共产党管党治党的有效方式。党的十八大以来，党中央坚定不移地深化党的建设制度改革，不断深化对党内治理的规律性认识，将全面从严治党实践经验及时转化上升为制度成果，党内治理的制度建设全面驶入快车道。各类条例、准则、意见等党内法规制度频频出台，全面从严治党的制度笼子扎得更紧，制度规矩约束进一步强化，为全面从严治党提供了坚强制度保障，党的自身建设与内部治理由"宽松软"全面转向了"严紧硬"。以党的十八届六中全会通过的《关于新形势下党内政治生活的若干准则》（以下简称《准则》）为代表，"全会通过的准则、条例内在统一、相辅相成，是推进全面从严治党的重要制度法规保障"①。党的十九届四中全会将全面从严治党制度纳入党的领导制度体系，也纳入中国特色社会主义制度和国家治理体系，进一步提出了"把我国制度优势更好转化为国家治理效能"的战略要求。在国家治理现代化的时代背景下，执政党必须要将自身治理的现代化置于国家治理现代化总体目标之下，将全面从严治党的显著制度优势转化为强大政党治理效能，以政党自身治理现代化引领和推动国家治理现代化战略目标的顺利实现。

---

* 国家社会科学基金青年项目"党政联合发文制度研究"（21CDJ011），主持人张海涛；北京市社会科学基金重大项目"习近平总书记关于加强党的政治建设的重要论述研究"（19ZDA06），主持人王春玺。本文原载于《理论探索》2022年第2期，收入本书时有改动。

① 《十八大以来重要文献选编》（下），中央文献出版社，2018，第455页。

一　全面从严治党制度具有多方面的显著优势

"立治有体，施治有序。"制度是现代政党治理的重要载体，是政党解决自身问题、化解内部矛盾、搞好自身建设的必要手段。习近平指出，"要建设和管理好一个有几千万党员的大党，制度更带有根本性、全局性、稳定性、长期性"①。制度优势是通过不同制度形态和制度文明之间的比较，并经过事实验证而显现出来的客观状态和相对优势。一项制度是否具有显著优势，不仅取决于其要素构成和内容体系是否健全完善，更取决于制度的治理功能和整体效能的优劣高低。党的十八大以来，全面从严治党之所以取得卓著治理成效，同全面从严治党制度体系所具有的多方面显著优势密不可分。

（一）　集中统一、权威高效优势

维护党中央权威和集中统一领导是马克思主义建党学说的一贯主张，能否形成并巩固党中央权威和集中统一领导，决定着党领导的事业的兴衰成败，也决定着党内治理的根本成效。民主集中制原则在全面从严治党中承担着重要功能。作为党的领导制度，民主集中制有利于在充分发扬民主的基础上实现集中，维护党中央权威和集中统一领导，集中全党智慧，反映全党的共同意志，确保领导班子团结协作、民主和谐、高效运转。同时，有利于形成能及时发现党内存在的问题与矛盾并对其进行协商解决的工作机制，保证党中央在决策部署环节权威高效、一锤定音，在贯彻传达环节统一思想、政令畅通，在督促落实环节有效执行、落地见效，从而将党总揽全局、协调各方的原则落到实处。中国共产党各项全面从严治党制度具备集中统一、权威高效的显著优势，决定了中国特色的政党治理始终是在党的集中统一领导下，为造福民众、建设国家而进行的自我革命伟大实践和政党内部治理工程。

---

① 习近平：《始终坚持和充分发挥党的独特优势》，《求是》2012 年第 15 期。

（二）自我革命、调适变革优势

百年大党，立志千秋伟业，中国共产党深刻认识到制度更具有根本性、全局性、稳定性和长期性，"推进全面从严治党，既要解决思想问题，也要解决制度问题"①，善于通过制度载体和制度方式消除党内出现的信仰危机、政治隐患、执政风险和党内突出问题，将制度建设视为全面从严治党的根本之策、长久之策。

一项制度所具有的显著优势，最直接地表现在能够有效解决问题和成功化解矛盾上，就全面从严治党制度而言亦是如此。习近平强调，"贯彻落实准则，关键看是否有效解决了党内政治生活存在的突出矛盾和问题"②。事实证明，以制度方式推进党的自我革命、实现党的调适性变革是具有显著实效的。管党治党不是一劳永逸的，随着党面临的时代环境发生变化，党内会不断产生各式各样的矛盾和问题，既有影响党的先进性和纯洁性以及长期困扰党内治理的老问题，也有新的时代条件下出现的新问题。全面从严治党一系列制度安排具有鲜明的问题意识和问题导向。面对一段时期以来形形色色的政治不纯、思想不纯、组织不纯和作风不纯的突出问题，中国共产党通过贯彻执行党内政治生活的各项制度设计持续推进自我革命，坚决同一切影响党的先进性、弱化党的纯洁性的问题作斗争，同违背党的初心使命的因素作斗争，始终将党内矛盾和各类问题消除在萌芽状态。通过不断加强反腐倡廉制度建设把权力关进制度之笼，科学构建权力运行和制约体系，加快党内腐败治本进程。总之，通过自身的努力，党在内部就能及时检视问题，不断提高自我净化、自我完善、自我革新、自我提高能力，以"刀刃向内""自我革命"的形式不断革故鼎新、守正创新，实现自身的调适性变革，能够灵活适应不同的时代条件和执政环境，不断增强创造力、凝聚力、战斗力，确保始终具备长期执政的主体资格、精神风貌和强大本领，始终成为中国特色社会主义事业的坚强领导核心。

---

① 习近平：《新时代中国特色社会主义思想学习纲要》，学习出版社、人民出版社，2019，第237页。

② 习近平：《关于全面从严治党论述摘编》，中央文献出版社，2016，第49页。

（三）联系群众、巩固执政优势

人民群众是全面从严治党的重要依靠力量。党深刻认识到，"我们党的最大政治优势是密切联系群众，党执政后的最大危险是脱离群众"①。在全面从严治党制度体系构成中，尽管各项制度的具体内容和功能定位各有侧重，但为人民服务、对人民负责则是贯穿其中、始终如一的鲜明价值底色。在《准则》十二条内容中，其中有一条就是"保持党同人民群众的血肉联系"。《准则》强调，"必须把坚持全心全意为人民服务的根本宗旨、保持党同人民群众的血肉联系作为加强和规范党内政治生活的根本要求"②，这是党的群众路线在管党治党制度建设领域的重要体现。这一优势有利于增进人民群众对于党的执政地位的政治认同和情感认同，确保党的长期执政具有广泛、深厚、可靠的群众基础。

人民群众不仅是全面从严治党成效的受益者，也是全面从严治党成效的评判者和监督者。在群众路线教育实践活动中，"坚持真开门、开大门，让群众参与，让群众监督，诚恳请群众评判"③；在"不忘初心、牢记使命"主题教育中，"坚持敞开大门，请群众参与、监督、评判，对群众不满意的及时'返工'、'补课'"④。以党内监督制度为例，在党和国家各类监督形式中，群众监督是必不可少的监督手段，是党内监督的重要补充，加强作风建设、密切联系群众是党内监督的重要内容之一。党中央围绕联系群众、服务群众制定出台了包括中央八项规定在内的一系列党内法规制度，通过这些法规制度的贯彻执行解决了许多直接影响群众切身利益的工作作风问题、腐败问题和基层治理问题，坚决扭转了脱离群众的不良局面，党群干群关系显著改善，党和人民群众的血肉联系更加密切，党的根基更加巩固，全面从严治党制度联系群众、巩固执政的优势得到了进一步显现。

---

① 《十八大以来重要文献选编》（上），中央文献出版社，2014，第698页。
② 《十八大以来重要文献选编》（下），中央文献出版社，2018，第427页。
③ 《十八大以来重要文献选编》（中），中央文献出版社，2016，第91页。
④ 习近平：《在"不忘初心、牢记使命"主题教育总结大会上的讲话》，人民出版社，2020，第8页。

二 全面从严治党制度优势转化为治理效能的
战略意义

制度优势和治理效能是不同层面、不同范畴的两个概念，中国共产党全面从严治党具有多维制度优势，但存在的优势并不能直接转化为客观事物所需要的主体功能和效能供给，关键在于如何运用制度并推动制度优势转化为治理效能。就全面从严治党制度而言，从制度优势到治理效能还需要科学构建诸多工作机制和转化环节，只有将全面从严治党制度优势转化为强大治理效能，全面从严治党制度才能实现其制度价值和终极治理功能，全面从严治党制度的优越性才会得到进一步彰显和巩固。

（一） 加强党的全面领导、巩固党的政治优势的重要前提

党的十九届四中全会擘画了党的领导制度体系的基本框架和建设蓝图，提出了坚持和完善党的领导制度体系的努力方向和重要着力点。全面从严治党制度作为党的领导制度体系的重要组成部分，对于加强党的领导发挥着不可替代的制度功能。坚持和加强党的领导是全面从严治党的根本政治原则和根本目标，全面从严治党是加强党的领导的必要途径和实践抓手，将全面从严治党制度优势转化为治理效能，对于巩固党的政治领导和政治优势具有重要意义。从政党与国家的内在关联方面看，在我国，中国共产党是唯一的执政党，是实现国家治理现代化的领导主体和政治保障，在国家治理现代化中承担着总揽全局、协调各方的重要领导职能。只有将全面从严治党制度优势转化为政党治理效能，才能加强党对各项工作的全面领导，发挥党集中统一、上下贯通、协调行动、整体推进的政治优势，才能切实防止议而不决、决而不行、行而不实的不良情形，这是把中国特色社会主义制度优势更好转化为国家治理效能的内在要求和重要前提。从党的领导与全面从严治党的内在关系方面看，邓小平曾提出"坚持党的领导必须改善党的领导"[①] 的重要论断，全面

---

① 刘长江、潘永江、周广松主编《邓小平党建理论和新时期执政党建设》，人民出版社，1999，第74页。

从严治党并非为了治理而治理，而是通过系统性党内治理加强和改进党的领导，最终为完成党的政治任务和历史使命保驾护航。只有将全面从严治党制度优势转化为政党治理的显著效能，才能有利于构建从中央到地方再到基层推进全面从严治党战略部署层层贯通、统一协调的行动方略，也才能将政党治理的制度优势转化为加强和改进党的领导的工作优势和主体优势，确保党的领导始终坚强有力。

（二）推进制度治党进程、实现政党治理制度化的必由之路

全面从严治党要摆脱传统运动式治理的路径依赖，更好地发挥其管党治党的效能，就必须走向科学化、程序化和法治化的制度式治理。以习近平同志为核心的党中央将制度建设视为管党治党的长久之策、根本之策，坚持思想建党和制度治党紧密结合，以德治党和依规治党协同推进，全面从严治党开创了制度之治、党规之治的政党治理新形态。传统管党治党模式往往倾向于通过运动式、一阵风的方式进行整党整风，党内治理的效果难以持久，制度缺失、治理不足是一个重要原因。以作风治理为例，过去一段时间，作风问题久治不愈、频发复发，甚至愈演愈烈，其症结就在于对作风问题的顽固性和反复性估计不足，缺乏常抓的韧劲、严抓的耐心，缺乏管长远、固根本的制度。党的十八大以来推行的制度治党推动了党内治理模式的演进。回顾中国共产党百余年管党治党历程，随着不同历史时期政党革命、建设、改革任务和党内情况的不断变迁，其实践模式大体上经历了"阶级立党—思想建党—制度治党"三个演进阶段。

在新型政党治理实践中，党内治理事务的复杂性、协同性和非线性特征日益显著，党内治理的政治性规定、思想性要求、组织性建设、纪律性规定、实践性部署等均要通过制度化方式予以规范和固化，也要通过制度化手段予以调节和优化，以制度化载体挤压一言堂、家长制、人身依附等腐朽政治文化和党内潜规则的作用空间。制度治党以非人格化的制度特质、常态化的制度运行，有助于规避随意化、短期化、阶段式的治理效应，使政党治理走出"一抓就治、一放就乱"的怪圈，保持常态化、长效化的治理局面。制度化治理是现代政党的标志性特征，制度化水平直接影

响政党治理的质量，而实现制度优势向治理效能的转化则是实现制度化治理的关键环节。能否实现良好转化决定着能否用制度化载体有效规范权力运行、协调党内关系、优化内部治理，用制度意识和制度化手段把权力关进制度之笼，实现从"不敢腐"的强大震慑过渡到"不能腐"的制度制约，从而为最终实现"不想腐"的内在自觉创造制度条件。

　　总之，在国家治理现代化背景下，政党治理要自觉顺应这一形势要求，将自身治理模式的现代化置于国家治理现代化目标之下，将全面从严治党制度优势及时转化为政党治理效能，"向制度建设要长效"，以政党治理制度化推动政党治理体系和治理能力现代化。

（三）提升政党治理效能、锻造强大政党能力的内在要求

　　政党能力是政党在自身建设与内部治理实践中积累起来的复合型能力体系。在全球治理赤字背景下，政党治理能力越来越成为衡量政党治理水平和政党综合实力的关键指标。中国特色政党治理体系本质上是一整套全面从严治党的法规制度体系，而政党治理能力则是运用和贯彻全面从严治党制度体系的本领和能力，全面从严治党制度优势与政党治理效能之间的转化能力是影响中国共产党政党治理能力的重要因素，将制度优势转化为治理效能也是锻造强大政党能力的关键一环。从这个意义上讲，能否将全面从严治党制度优势转化为治理效能则是衡量现代政党治理能力的重中之重，制度优势与治理效能之间的转化能力也就构成了中国共产党政党治理能力的核心指标。因此，只有将全面从严治党的制度优势转化为治理优势和能力优势，才能确保我们党在信念上、政治上、责任上、能力上、作风上始终过硬，才能不断增强党自我净化、自我完善、自我革新、自我提高的能力，不断激发党的创造力、凝聚力和战斗力，使新时代中国共产党在能力和本领上全面强起来。同时，只有具备了强大的政党能力，才能更好地解决党内突出问题和深层次问题，增进新时代中国特色政党治理的科学性、预见性、系统性、实效性，全面提升新时代中国共产党的政党制度自信和能力自信，推动新时代中国共产党政党治理效能与政党能力的良性互动和双向提升，实现中国特色政党治理体系和治理能力现代化。

（四） 防范和化解风险挑战、确保党实现长期执政的战略举措

现代社会是一个风险社会，当代世界由经济低迷、民粹主义、生态危机、地区冲突等引发的重重风险此起彼伏、相互交织，加之在现代信息化、专业化、精细化的社会条件下，社会事物的发展、组织体系的变革往往呈现非线性的演变态势。社会形态的复杂性、联动性、不确定性特征凸显，社会发展的不确定性和风险系数越来越大，社会风险指数显著提高，局域的治理失灵和系统紊乱可以引发连锁反应从而导致全局性危机。与以往的传统社会形态不同，整个世界已进入一个面临各类非传统安全的"风险社会"。当今中国处于强国建设、民族复兴的战略机遇期，也处在实现"两个一百年"奋斗目标的重要历史交汇期。我们党面临的更是一个各种内外矛盾、风险挑战并存的复杂性社会。处于现代高度复杂的社会条件下，一系列可预期与不可预期的风险将不可避免地传导给在其中起领导核心作用的执政党，使其往往面临各种不可预期的风险挑战和治理危机，党内信仰危机、政治风险、廉政风险、执政风险等不同类型危机风险将伴随政党执政与内部治理的全过程。习近平指出："发展环境越是严峻复杂，越要坚定不移深化改革，健全各方面制度，完善治理体系，促进制度建设和治理效能更好转化融合，善于运用制度优势应对风险挑战冲击。"[1] 面对错综复杂的国内外风险挑战，只有注重运用制度威力应对各类风险挑战对党内治理的冲击，将全面从严治党制度优势及时转化为强大治理效能，坚持防患于未然、治理重心前移，提高管党治党风险防控和危机防范意识，才能锻造应对风险、化解危机、化危为机的强大本领，筑牢党应对各种复杂局面的安全屏障，也才能有效应对"四大考验"与"四大风险"，清除和化解威胁党的长期执政基础的深层次矛盾和突出问题，始终做到"任凭风浪起，稳坐钓鱼船"，使我们党在民族复兴前进道路上成功应对各种复杂局面、战胜各种风险挑战。

---

① 《习近平主持召开中央全面深化改革委员会第十三次会议强调深化改革健全制度完善治理体系善于运用制度优势应对风险挑战冲击》，《人民日报》2020 年 4 月 28 日。

三 全面从严治党制度优势转化为治理效能的实现机制

全面从严治党的治理效能体现在多个方面，在党的全面领导方面体现为政治领导效能、战略规划效能、为民服务效能等，在政党执政方面体现为科学决策效能、选人用人效能、防范风险效能等，在自身建设方面体现为法纪效能、预防效能、净化效能、革新效能等。习近平指出："要加大贯彻执行力度，让铁规发力、让禁令生威，确保各项法规制度落地生根。"① 新时代全面推进党的建设新的伟大工程，推动全面从严治党向纵深发展，要进一步坚持和完善全面从严治党制度体系，构建将全面从严治党制度优势转化为政党治理效能的实现机制。强化系统治理、依法治理、综合治理、源头治理，推动全面从严治党制度优势效能转化、落地见效，有效实现全面从严治党良制与善治的转化融通，有机贯通全面从严治党制度优势与制度效能，不断彰显全面从严治党制度体系的科学性、实践性、优越性，在新时代管党治党、强党兴党的历史进程中充分释放出强大政党治理效能。

（一）全面从严治党制度资源的整合优化机制

有效整合制度资源、健全制度体系，是全面从严治党制度优势转化为治理效能的重要前提和基础。如果全面从严治党制度建设滞后，制度质量低下，"制度建设不均衡无法完全覆盖党的领导和党的建设各方面，甚至存在不同层级党内法规之间的矛盾问题，造成衔接不畅、相互掣肘，严重影响党内法规制度功能的正常发挥"②，就会严重影响全面从严治党制度优势的发挥，进而影响治理效能的转化。全面从严治党制度虽然基本成形于党的十八大以后，但与党的十八大以前我们党抓自身建设与内

---

① 《习近平在中共中央政治局第二十四次集体学习时强调加强反腐倡廉法规制度建设让法规制度的力量充分释放》，《人民日报》2015 年 6 月 28 日。
② 陈忠禹：《习近平关于党内法规制度建设论述的科学内涵与理论价值》，《马克思主义研究》2018 年第 10 期。

部治理的理论与实践、模式与经验不可分割，全面从严治党的所有制度形态均处于渐进衍化、一以贯之的发展序列之中，它们有着共同的使命追求和价值旨归。作为党的十八大以来全面从严治党制度代表性成果的《准则》也正是"党章规定和要求的具体化，也是近年来全面从严治党实践形成的一系列规定和举措的系统化"[①]。质言之，党的十八大以来全面从严治党制度体系是对近百年推进党的建设伟大工程的制度载体的凝练提升和系统化总结。因此，要从传承历史与立足现实相互结合、理论创新与实践创新良性互动的视角，整合优化全面从严治党各类制度资源，为全面从严治党治理效能转化提供坚实的制度依托。

第一，历史性资源与现代性资源。既要传承我国古代政治制度史中的制度资源，深入挖掘我国古代廉政制度史和治吏制度史的资源和养分，并对其进行创造性转化和创新性发展，也要深入总结现代政党治理的基本规律和演进特点，以自信开放的姿态汲取现代政党政治的优秀制度成果，适时构建适应现代信息化、智能化社会条件下开展政党治理的新型制度形态。第二，内生性资源与外生性资源。将坚定制度自信和不断改革创新结合起来，既要立足于中国特色政党治理的本土制度实践，系统总结中国共产党制度建设的有益经验，用好经过实践检验并行之有效的传统制度资源，如民主集中制、组织生活制度、选贤任能制度、党内集中学习教育制度等，"坚持以实践基础上的理论创新推动制度创新，坚持和完善现有制度，从实际出发，及时制定一些新的制度，构建系统完备、科学规范、运行有效的制度体系"[②]，也要积极借鉴他国政党治理的基本模式和制度实践，使其中的先进制度文明和有益制度成果为我所用。第三，实体性资源与程序性资源。在政党治理效能转化中，既要关注"转化什么"，也要关注"如何转化"。对于实体性资源，要注重其集成性，形成制度合力；对于程序性资源，要增强其衔接性，形成制度制定、制度执行、制度监督、制度优化的工作闭环。第四，文化性资源与规制性资源。将制度优势转化为治理效能，必须重视制度建设与思想政治、

---

① 《习近平谈治国理政》第 2 卷，外文出版社，2017，第 180 页。
② 《十八大以来重要文献选编》（上），中央文献出版社，2014，第 76 页。

文化传承、社会心理和历史传统等因素的耦合性和关联性，既要关注规制性资源，强调制度执行的规则性和公平性，也要重视文化性资源，看待制度优势的治理效能要有文化因素、哲学基础和人文底蕴等方面的思考，"以良好的党内政治文化提升法规制度的执行力、影响力"①，实现自律与他律相互配合、柔性引导和刚性制约相得益彰。

（二）全面从严治党制度内核的价值彰显机制

人民性是全面从严治党制度的价值内核，全面从严治党制度优势转化为治理效能不能剥离以人民为中心的价值导向，全面从严治党制度优势的治理效能转化要将坚持为人民服务、对人民负责的价值旨归作为基本前提。在全面从严治党制度优势效能转化中，要不断展现中国共产党为人民服务的初心和宗旨，彰显以人民为中心的价值导向和制度内核，防止全面从严治党制度在执行过程中变异变形所导致的政党治理实践失效失灵，规避政党治理实践中各类目标置换现象的发生。

第一，彰显以人民为中心的价值导向。党内思想治理、作风治理、组织治理、腐败治理等各项工作、各项举措都要坚持以人民为中心的价值导向，要将全面从严治党制度的贯彻落实与解决人民群众身边的"急难愁盼"问题结合起来，使全面从严治党效能的发挥过程成为解民忧、纾民困、惠民生的过程，将全面从严治党制度优势转化为人民群众幸福感、安全感和获得感的源泉，将全面从严治党制度治理效能更多地惠及人民群众，为满足人民群众美好生活需要提供组织保障和作风保障。

第二，构建人民群众参与机制。在我国政治生活中，"任何人都没有法律之外的绝对权力，任何人行使权力都必须为人民服务、对人民负责并自觉接受人民监督"②。人民群众是管党治党的重要主体力量，中国共产党向来注重依靠人民发现自身存在的问题，坚持"相信群众、敞开大门"是中国共产党在党的群众路线教育实践活动中积累的宝贵经验。

---

① 《习近平就加强党内法规制度建设作出重要指示强调坚持依法治国与制度治党、依规治党统筹推进、一体建设》，《人民日报》2016年12月26日。
② 习近平：《关于全面从严治党论述摘编》，中央文献出版社，2016，第199页。

作为执政党的中国共产党，要尊重人民群众在自身建设和内部治理中的重要地位和功能，"每个环节都组织群众有序参与，让群众监督和评议"①，及时回应人民群众关切，畅通人民群众参与全面从严治党监督的有效渠道，使得全面从严治党效能符合人民意愿、反映人民意志、满足人民预期。

第三，构建人民群众评价机制。全面从严治党制度优势的发挥程度如何、全面从严治党最终治理成效如何，人民群众最有发言权。开门搞治理是党的十八大以来管党治党的重要方法，在党的群众路线教育实践活动中，中央要求始终确保"真正敞开大门，请群众帮助找准找实问题，整改措施结果及时向群众公布反馈，避免以自我感觉代替群众评价"②。在全面从严治党治理效能转化中要善于发扬人民群众帮助我们党发现问题、解决问题的优良传统和制度优势，对全面从严治党制度的治理效能检验必须真正合乎人民群众诉求、意愿和期盼。

（三）全面从严治党制度运行的衔接协调机制

全面从严治党制度是规范党内事务治理的复合型制度体系，各项制度在制度体系中构成一个单独子系统，在其中相对独立又协调一致地发挥特定制度功能。全面从严治党制度优势与治理效能能否实现有效转化，不仅取决于各项制度的特殊功能，也取决于各项制度之间的协同配合与良性耦合程度。要健全完善全面从严治党制度体系，增强全面从严治党制度的体系系统性、要素耦合性和举措协同性，实现全面从严治党制度的体系整体优化、要素耦合与举措协同。

第一，实现全面从严治党制度的体系整体优化。习近平指出，党内法规制度建设要注重宏观思考、总体规划，"既要注意体现党章的基本原则和精神，符合国家法律法规，也要同其他方面法规制度相衔接，使实体性法规制度和程序性法规制度、综合性规定和专门性规定、下位法

---

① 《习近平关于党的群众路线教育活动论述摘编》，党建读物出版社、中央文献出版社，2014，第58页。
② 《习近平关于党的群众路线教育活动论述摘编》，党建读物出版社、中央文献出版社，2014，第83页。

规制度和上位法规制度相互协调、相辅相成，提升法规制度整体效应"①。这一论述为构建全面从严治党制度运行的衔接协调机制指明了方向。在以往制度建设实践中，存在系统性、衔接性欠缺的问题与不足，要么出现单向突破、局部建构，往往形成制度漏洞和制度短板，要么各项制度之间相互重叠，在制度执行中政出多门、相互抵牾，形成巨大的效能内耗。因此，要着眼于新时代党的建设总目标，深化党的建设制度改革，注重全面从严治党制度的顶层设计和内部协调，将构建体系、提高质量作为全面从严治党制度优势治理效能转化的一项重点任务，着力在弥补制度漏洞、补齐制度短板上多下功夫，提高全面从严治党制度整体质量，"要把反腐倡廉法规制度的笼子扎细扎密扎牢，必须做到前后衔接、左右联动、上下配套、系统集成"②，推动全面从严治党制度更加成熟、更加定型，确保各类党内治理事务有章可循、有据可依。

第二，实现全面从严治党制度的要素耦合。党的十九大把制度建设规定为贯穿党的各项建设布局始终的"中轴性""全局性"建设，这"实际上是提升了制度建设的地位，凸显了党对制度治党的重视"③。但是制度效能的激发不能就制度而谈制度，而是需要各个方面制度要素的配套和支撑，解决"牛栏关猫"的问题。要强化全面从严治党制度的集成创新闭环管理，加快补齐制度短板、减少制度漏洞，增强全面从严治党制度的衔接性，实现全面从严治党制度的要素耦合，使各项制度发生化学反应，产生"一加一大于二"的制度集成效果。着眼于加强党的全面领导，不仅要构建全面从严治党制度同党的领导制度体系内各项制度的衔接协调机制，如不忘初心、牢记使命的制度，坚定维护党中央权威和集中统一领导的各项制度，党的全面领导制度，为人民执政、靠人民执政的各项制度，提高党的执政能力和领导水平的制度等，也要构建全

---

① 《习近平关于严明党的纪律和规矩论述摘编》，中央文献出版社、中国方正出版社，2016，第 63 页。

② 《习近平关于严明党的纪律和规矩论述摘编》，中央文献出版社、中国方正出版社，2016，第 64 页。

③ 赵秀华：《准确理解中国共产党自我革命的科学内涵》，《马克思主义研究》2020 年第 2 期。

面从严治党制度体系内各项制度的衔接协调机制，促进各项制度进行深层互动和密切协同。

第三，实现全面从严治党制度的举措协同。实现从体系到理念、从制度到行动的有效转化，实现制度优势与治理效能转化，重在制度执行过程中各项举措的协同联动，制度执行过程中任何一个方面出现薄弱环节，都会妨碍到全面从严治党整体效能。要构建全面从严治党各项制度的配套衔接机制，"注重系统集成、协同高效，一体推进坚持和巩固制度、完善和发展制度、遵守和执行制度"①，通过制度操作程序的优化破除深层次制度的各种隐性显性障碍和政党治理机制的"中梗阻"，推进全面从严治党流程再造，形成党内治理的有效机制和工作闭环。比如，在腐败治理中，传统意义上的单一化的惩治难以实现标本兼治，因此要协同施策、一体推进"三不腐"反腐方略，系统构建一体推进不敢腐、不能腐和不想腐的法规制度和工作机制，"让法规制度的力量在反腐倡廉建设中得到充分释放"②。

（四）全面从严治党制度效能的集成提升机制

中国特色社会主义进入新时代，推动全面从严治党向纵深发展，要强化政党治理的目标导向、结果导向和效果导向，紧紧围绕新时代党的历史使命和中心任务对全面从严治党这一系统工程进行系统谋划和顶层设计，科学构建全面从严治党制度效能的集成提升机制。中国特色社会主义对于党的建设提出的成效是一个总体性的要求，全面从严治党制度优势不能仅仅着眼于某一方面制度优势的治理效能，而是既要从小处着手，增强政党治理的精准性和科学性，更要从大处着眼，增强政党治理的系统性和协同性，实现政党治理效果集成，通过制度化治理推动党的建设实现高质量发展，最终"使从严治党的一切努力都集中到增强党自

---

① 《习近平主持召开中央全面深化改革委员会第十三次会议强调深化改革健全制度完善治理体系善于运用制度优势应对风险挑战冲击》，《人民日报》2020年4月28日。

② 《习近平在中共中央政治局第二十四次集体学习时强调加强反腐倡廉法规制度建设让法规制度的力量充分释放》，《人民日报》2015年6月28日。

我净化、自我完善、自我革新、自我提高能力上来，集中到提高党的领导能力和执政能力、保持和发展党的先进性和纯洁性上来"①。

第一，构建全面从严治党制度的治理效能联动机制。将全面从严治党制度优势转化为治理效能，其本质就是以制度给政党治理赋能增效。要通过全面从严治党制度功能调适与激发实现制度治理效能的联动集成，使党员的先锋模范作用和党组织的战斗堡垒作用在新的历史条件下以新的形式发挥出来，"不断增强党的政治领导力、思想引领力、群众组织力、社会号召力，确保我们党永葆旺盛生命力和强大战斗力"②，在党内营造各个治理主体之间各安其位、各司其职、各尽其能的良好运行状态和治理格局。

第二，构建全面从严治党制度的治理效能评估机制。习近平指出，"严肃党内政治生活，最终要体现到调动广大党员、干部积极性和推动事业发展上"③，全面从严治党制度的治理效能具体体现为各项制度在解决党内问题、化解党内矛盾、凝聚党员力量、提高党建质量中所发挥出的实际制度功能。党的建设历来是为党的中心工作服务的，评价全面从严治党制度优势效能，终归要看能否通过制度优势效能"促进'廉洁政治'与'有为政治'兼容耦合"④。围绕新时代党的建设总目标，科学构建治理效能评估机制，设置衡量全面从严治党制度治理效能的指标体系，为全面从严治党制度治理效能的转化与评估提供基本遵循和实践依据。

第三，构建全面从严治党制度治理效能转化的动态调适机制。全面从严治党制度的建设是一个随着形势的不断变化发展而日臻健全、止于至善的动态优化过程，其制度优势转化为治理效能也是一个动态演进、累进优化的过程。这就决定了并非要等到全面从严治党制度完全成熟、完全定型之后再将其制度优势转化为治理效能，而是要立足于管党治党

①　《十八大以来重要文献选编》（中），中央文献出版社，2016，第102页。
②　《习近平谈治国理政》第3卷，外文出版社，2020，第13页。
③　《习近平关于全面从严治党论述摘编》，中央文献出版社，2016，第43页。
④　唐皇凤、姚靖：《全面从严治党制度的科学内涵与优化路径》，《江汉论坛》2020年第7期。

的新实践与新经验，不断深化政党治理制度体系改革、进行政党治理效能转化，将全面从严治党制度的清理、修订、补充、新建等工作有机统一于制度优势治理效能转化的全过程之中，将制度制定和制度执行、制度改革和制度运行、制度完善和效能转化一体谋划、同步推进，使全面从严治党制度的完善过程成为治理效能的转化过程，成为制度优势和制度自信的彰显过程。在解决党内实际问题和深层次矛盾中不断深化，使党内治理成效更加符合解决党内问题的实际需要、符合国家治理现代化战略要求、符合现代政党治理基本规律。

（五）全面从严治党制度优势治理效能转化的能力保障机制

全面从严治党制度优势治理效能转化是新时代管党治党的重要理念，也是实现政党治理现代化的实践要求，不仅需要强化思想认识，也需要增强制度优势与治理效能之间的转化能力和实践本领。

第一，坚持党对全面从严治党制度优势治理效能转化的集中统一领导。党的领导是中国特色社会主义制度的最大优势，也是全面从严治党制度的最大优势。坚持党的全面领导的重要意涵之一就是要加强党对管党治党的集中统一领导，将全面从严治党制度优势转化为治理效能首先就是要强化而不是弱化党对新时代中国特色政党治理的领导。中国特色语境中的政党治理并非去权威化的"多中心"治理模式，而是在坚持政党的政治领导、维护领袖的核心地位的根本前提下，在维护党内治理秩序的基础上，调动各主体对党内事务治理的积极因素和主体活力。从一定意义上说，能否坚持和加强党的领导，能否落实党的领导制度体系，能否构建党的全面领导工作机制，直接决定了全面从严治党制度优势的转化结果和转化成效。要发挥党的领导的最大政治优势，将党的领导落实落细到政党治理效能转化的全过程，切实发挥党的领导在全面从严治党制度优势治理效能转化过程中把方向、管大局、保落实的作用。

第二，完善全面从严治党制度的执行督促机制。制度的生命力在于执行，要以党的政治建设统领全面从严治党的各方面体制机制，完善和落实全面从严治党责任制度，将其贯穿到全面从严治党各项制度的制定和执行过程当中去，防止各地区、各部门、各单位在贯彻落实中央全面从严治党各项制度过程中各行其是、大打折扣。构建全面从严治党制度治理效能的监测预警机制，将督促执行全面从严治党各项制度作为加强新时代党的建设的经常性工作，纳入党内巡视和党内监督工作的内容范畴体系之中，对于违反全面从严治党制度的党员领导干部，要严肃问责、严格查处。

第三，强化各级领导干部的制度意识和治理能力。提升全面从严治党制度优势与治理效能转化的自觉性与坚定性，深化全面从严治党制度宣传教育，加强党员干部对全面从严治党制度优势及其治理效能转化的理性认识与科学理解，教育引导党员干部深刻认识全面从严治党制度对于提高党的建设质量、正确处理和协调党内各种关系、调动党内各个治理主体的主动性和积极性等方面所具有的制度功能。把提高治理能力作为新时代干部队伍建设的重要任务，"各级党委和政府以及各级领导干部要切实强化制度意识"[1]，党员领导干部尤其是高级党员领导干部要"强化制度意识，带头维护制度权威，做制度执行的表率，带动全党全社会自觉尊崇制度、严格执行制度、坚决维护制度"[2]，增强按制度办事意识和制度认同意识，带头维护制度权威，进行党内制度培训和制度教育，营造良好制度文化和制度环境，将制度的执行力转化提升为强大领导力和基层组织力。

治国必先治党，治党务必从严，从严务必有效。在中国特色社会主义语境下，中国共产党承担着领导实现国家治理和政党治理的双重使命，担负着协同推进社会革命和自我革命的双重任务，管党治党在做到"全面"和"从严"两个基本要求的同时，还要坚持结果导向和效能导向，最终做到"有效"。所谓"有效"，就是在全面从严治党思路、理念、举措、实践等要素的共同作用下，将全面从严治党的制度优势切实转化为政党治理效能，汇聚政党治理强大合力。全面从严治党制度是一种性能优势，政党治理效能是一种势能呈现，全面从严治党制度优势必然要通

---

[1] 《中共中央关于坚持和完善中国特色社会主义制度　推进国家治理体系和治理能力现代化若干重大问题的决定》，《人民日报》2019年11月6日。

[2] 《中共中央关于坚持和完善中国特色社会主义制度　推进国家治理体系和治理能力现代化若干重大问题的决定》，《人民日报》2019年11月6日。

过将性能优势转化为势能优势而得以彰显，通过政党治理强大效能的激发与转化来得以体现。全面从严治党制度是伴随着党的十八大以来全面从严治党的理论与实践发展进程而逐渐形成的，当前依然处于不断丰富、不断完善的过程之中。全面从严治党实践发展永远在路上，只有进行时，没有完成时，这就决定了全面从严治党制度的构建与健全也是一个不断优化、日臻完善的探索过程。因此，要不断深化对全面从严治党规律的认识，将管党治党实践的推进、制度的完善、体系的健全与治理效能的释放有机统一起来，做到同向而行、一体推进，充分发挥全面从严治党制度优势、利用全面从严治党制度红利，全面推进新时代制度治党进程，以政党治理的强大效能助推新时代管党治党、强党兴党的伟大实践。

第三编　意识形态与思想文化

从党章看党的指导思想创新规律[*]

牛先锋

恩格斯说过，"我们党有个很大的优点，就是有一个新的科学的世界观作为理论的基础"①。坚持科学的世界观，与时俱进地进行指导思想的创新，用新的思想指导新的社会实践，是中国共产党的一大优点和优势。中国共产党自成立以来，一直非常重视指导思想建设的连续性和创新性，在革命建设和改革开放现代化建设进程中，在坚持马克思列宁主义基础之上，不断进行指导思想上的创新，接续形成了毛泽东思想、邓小平理论、"三个代表"重要思想、科学发展观、习近平新时代中国特色社会主义思想，在统一党的理论指导、推动中国经济社会发展进步上起到了非常重要的作用。

一 党章关于党的指导思想的规范表述

中国共产党第十九次全国代表大会对党的章程进行了修改，新修改的党章规定：中国共产党以马克思列宁主义、毛泽东思想、邓小平理论、"三个代表"重要思想、科学发展观、习近平新时代中国特色社会主义思想作为自己的行动指南。这是对党的指导思想的一个总纲式的概括，在总纲之下，党章分别对指导思想的各项内容作出了详细的解释。

不同的政党信奉的思想存在很大差别。从逻辑上看，党章首先要回答的问题就是，中国共产党为什么要以马克思列宁主义为指导。党章从

---

* 本文原载于《学术前沿》2017年第11期（上），收入本书时有改动。

① 《马克思恩格斯文集》第2卷，人民出版社，2009，第599页。

历史发展规律的高度指出：马克思列宁主义揭示了人类社会历史发展的规律，它的基本原理是正确的，具有强大的生命力。这表明，中国共产党人是遵从规律，在推动社会发展中是按照规律而不是以自己的主观意愿办事情的，信守的是社会发展大道。

社会发展大道，在不同的时代、不同的国家和民族有其不一样的表现。接着，党章依据中国社会发展的历史逻辑，论述了不同时期形成的指导思想成果。

以毛泽东同志为主要代表的中国共产党人，把马克思列宁主义的基本原理同中国革命的具体实践结合起来，创立了毛泽东思想。毛泽东思想是马克思列宁主义在中国的运用和发展，是被实践证明了的关于中国革命和建设的正确的理论原则和经验总结，是中国共产党集体智慧的结晶。

十一届三中全会以来，以邓小平同志为主要代表的中国共产党人，总结新中国成立以来正反两方面的经验，解放思想，实事求是，实现全党工作中心向经济建设的转移，实行改革开放，开辟了社会主义事业发展的新时期，逐步形成了建设中国特色社会主义的路线、方针、政策，阐明了在中国建设社会主义、巩固和发展社会主义的基本问题，创立了邓小平理论。邓小平理论是马克思列宁主义的基本原理同当代中国实践和时代特征相结合的产物，是毛泽东思想在新的历史条件下的继承和发展，是马克思主义在中国发展的新阶段，是当代中国的马克思主义，是中国共产党集体智慧的结晶，引导着我国社会主义现代化事业不断前进。

十三届四中全会以来，以江泽民同志为主要代表的中国共产党人，在建设中国特色社会主义的实践中，加深了对什么是社会主义、怎样建设社会主义和建设什么样的党、怎样建设党的认识，积累了治党治国新的宝贵经验，形成了"三个代表"重要思想。"三个代表"重要思想是对马克思列宁主义、毛泽东思想、邓小平理论的继承和发展，反映了当代世界和中国的发展变化对党和国家工作的新要求，是加强和改进党的建设、推进我国社会主义自我完善和发展的强大理论武器，是中国共产党集体智慧的结晶，是党必须长期坚持的指导思想。

十六大以来，以胡锦涛同志为主要代表的中国共产党人，坚持以邓小平理论和"三个代表"重要思想为指导，根据新的发展要求，深刻认识和回答了新形势下实现什么样的发展、怎样发展等重大问题，形成了以人为本、全面协调可持续发展的科学发展观。科学发展观是同马克思列宁主义、毛泽东思想、邓小平理论、"三个代表"重要思想既一脉相承又与时俱进的科学理论，是马克思主义关于发展的世界观和方法论的集中体现，是马克思主义中国化重大成果，是中国共产党集体智慧的结晶，是发展中国特色社会主义必须长期坚持的指导思想。

十八大以来，以习近平同志为主要代表的中国共产党人，顺应时代发展，从理论和实践结合上系统回答了新时代坚持和发展什么样的中国特色社会主义、怎样坚持和发展中国特色社会主义这个重大时代课题，创立了习近平新时代中国特色社会主义思想。习近平新时代中国特色社会主义思想是对马克思列宁主义、毛泽东思想、邓小平理论、"三个代表"重要思想、科学发展观的继承和发展，是马克思主义中国化最新成果，是党和人民实践经验和集体智慧的结晶，是中国特色社会主义理论体系的重要组成部分，是全党全国人民为实现中华民族伟大复兴而奋斗的行动指南，必须长期坚持并不断发展。

二 中国共产党指导思想创新的规律

从党章对党的指导思想的这些规范性文字表述中，可以看出中国共产党的指导思想创新遵循下述基本规律。

（一）时代是中国共产党指导思想创新之母

从19世纪末到20世纪初，时代的主题是帝国主义战争与无产阶级和殖民地半殖民地人民革命，无产阶级和人民利用帝国主义之间的战争发动革命，赢得和平和国家独立。毛泽东思想就是在世界战争与革命的大时代中、在中国革命时代洪流中产生的伟大思想。

人类社会在进入20世纪70年代中期以后发生了一系列新的变化，新科技革命迅速兴起，科技与生产力走向深度融合，以科技水平和生产力发展水平为核心的综合国力竞争，成为国际竞争的关键因素，发展问题成为世界关注的大问题；同时，制约大规模战争的因素不断增加，维护世界和平的呼声越来越高，和平与发展已成为时代的主题。党的十一届三中全会以来，以邓小平同志为核心的党中央在分析国际大势的基础上，提出了"和平与发展是当代世界的两大问题"① 的著名论断，适时实现了党和国家工作重点的转移，在实践中创立了邓小平理论。

20世纪90年代，世界局势风云变幻。在国际上，世界多极化和经济全球化在曲折中发展；东欧剧变、苏联解体，世界社会主义发展陷入低谷。作为社会主义大国的中国发展前景如何，成为社会关注的焦点。面对复杂多变的国内外形势，中国共产党顺应时代要求，冷静观察世情、国情、党情的变化，提出了"三个代表"重要思想。

进入新世纪新阶段，和平与发展的时代主题仍然没有变，经济全球化使中国与世界的联系更加紧密，世界多极化特征更加明显。在新一轮科技革命推动下，世界范围内经济发展转型、产业结构升级、生产方式创新趋势明显。面对这一新的时代特点，中国共产党紧紧抓住有利于我国的战略机遇期，在实践中提出了科学发展观。

党的十八大以来，国内外形势发生深刻复杂变化，世界处于大发展、大变革、大调整时期，和平与发展仍然是时代主题。世界多极化、经济全球化、社会信息化、文化多样化深入发展，全球治理体系和国际秩序变革加速推进，各国相互联系和依存程度日益加深，国际力量对比更趋平衡，和平发展大势不可逆转。同时，世界面临的不稳定性、不确定性突出，世界经济增长动能不足，贫富分化日益严重，地区热点问题此起彼伏，恐怖主义、网络安全、重大传染性疾病、气候变化等非传统安全威胁持续蔓延，人类面临许多共同挑战。习近平新时代中国特色社会主义思想，是紧紧抓住了国内外形势变化的新特点、发展的新趋势而提出来的。

从党章对党的指导思想表述来看，中国共产党指导思想的每一个理论成果都有一个时间上的限定，毛泽东思想创立于"中国革命"过程

---

① 秦治来：《和平·发展·合作：为什么要推动建设和谐世界》，人民出版社，2008，第69页。

中，邓小平理论开创于党的十一届三中全会以来，"三个代表"重要思想形成于党的十三届四中全会以来，科学发展观形成于党的十六大以来。时间上的限定，一方面表明党的指导思想取得的每一个理论成果都是对时代呼声的回应，另一方面也表明党的指导思想是一个开放和发展的体系，体现的是中国共产党人永不保守、永不僵化、开拓创新、与时俱进的品质。

（二）实践是中国共产党指导思想创新之源

理论来自实践，思想创新来自实践的推动和实践的需要。马克思说过，社会实践一旦有需要，比十所大学更能推动科学前进。中国共产党指导思想接力创新的源泉，来自中国革命建设和改革开放的实践需要。

近代以来，我国在中华民族求独立、人民求解放的过程中产生了中国共产党。以毛泽东同志为主要代表的中国共产党人，带领中国人民在反对帝国主义、封建主义、官僚资本主义的革命斗争实践中，总结正反两方面的经验，呼应生动的革命实践需要，探索出了一条符合中国实际的革命道路，并对中国社会主义建设道路进行了初步的探索，创立了毛泽东思想。

1978 年以来，我国进入了改革开放的新时期，广大人民群众以饱满的热情开始探索解决生活贫困问题，农民自发搞承包制，城市居民自发做起小生意。在改革开放的实践不断深化中，以邓小平同志为主要代表的中国共产党人第一次系统地回答了在中国这样一个经济文化比较落后的国家什么是社会主义、怎样建设社会主义这一首要的基本问题，开创了中国特色社会主义新局面，形成了邓小平理论。

20 世纪 80 年代末至 90 年代初，国际上发生了东欧剧变。改革开放会不会导致中国被西方和平演变，还能不能坚持以经济建设为中心，事关举什么旗、走什么路这个大问题。同时，经历改革开放多年的发展，我国社会结构发生了巨大的变化，出现了一个新社会阶层。如何判定新社会阶层的政治身份？新社会阶层能否入党？这也成为我国政治生活实践中亟待回答的大问题。以江泽民同志为主要代表的中国共产党人积极回应实践需要，高举邓小平理论伟大旗帜，加深了对什么是社会主义、怎样建设社会主义和建设什么样的党、怎样建设党的认识，形成了"三个代表"重要思想。

　　进入 21 世纪后，中国的发展站在了一个新的历史起点上，我国经济社会发展面临两大重要问题。其一，我国经济在经历改革开放多年高速增长之后，还能不能保持这样快的发展速度？仔细评估可以发现，发展的可持续性受到了资源等供给的限制，环境的承载能力有限，劳动力成本在国际比较中的优势也在逐渐减弱。这一系列问题表明传统的工业化模式已经无法再持续下去，走新型工业化道路，发展资源节约型社会、环境友好型社会，实施国家创新发展战略成为必然的选择。其二，改革开放多年来我国经济高速度发展是不争的事实，然而社会建设相对滞后，教育、医疗卫生、社会保障体系等公共事业与经济发展不相匹配，出现"一条腿长一条腿短"的不协调现象。同时，发展不平衡的问题也表现出来，区域之间、城乡之间、阶层之间收入和财产差距拉大，社会矛盾加剧。正是为了解决经济社会发展中这些重大问题，以胡锦涛同志为主要代表的中国共产党人，根据新的发展要求，深刻认识和回答了新形势下实现什么样的发展、怎样发展等重大问题，形成了以人为本、全面协调可持续的科学发展观。

　　经过长期努力，中国特色社会主义进入了新时代，我国社会主要矛盾已经转化为人民日益增长的美好生活需要和不平衡不充分的发展之间的矛盾。我国稳定解决了十几亿人的温饱问题，总体上实现了小康，现已全面建成小康社会。人民美好生活需要的日益增长，不仅对物质文化生活提出了更高要求，而且在民主、法治、公平、正义、安全、环境等方面的需求也日益增长。同时，我国社会生产力水平总体上显著提高，社会生产能力在很多方面进入世界前列，更加突出的问题是发展不平衡不充分，这已经成为满足人民日益增长的美好生活需要的主要制约因素。针对我国发展出现的新情况，党的十八大以来，以习近平同志为核心的党中央紧密结合新的时代条件和实践要求，以全新的视野深化对中国共产党执政规律、社会主义建设规律、人类社会发展规律的认识，进行艰辛的理论探索，从理论和实践结合上系统回答了新时代坚持和发展什么样的中国特色社会主义、怎样坚持和发展中国特色社会主义这个重大时代课题，形成了习近平新时代中国特色社会主义思想。

中国共产党指导思想的创新过程表明，实践是理论之源，理论又要回到实践中经受实践的检验。党章指出：毛泽东思想是"被实践证明了的关于中国革命和建设的正确的理论原则和经验总结"，邓小平理论是"马克思列宁主义的基本原理同当代中国实践和时代特征相结合的产物"，"三个代表"重要思想是"在建设中国特色社会主义的实践中"形成的，科学发展观是"根据新的发展要求"提出的，习近平新时代中国特色社会主义思想"从理论和实践结合上系统回答了新时代坚持和发展什么样的中国特色社会主义、怎样坚持和发展中国特色社会主义这个重大时代课题"。这些表述，清晰地反映出党的指导思想的每次创新都是对中国革命建设、改革开放现代化建设实践问题的科学回答和理论总结。社会实践每发展一步就会提出新的问题，我们需要从理论上来回答这些问题，中国共产党指导思想创新是与实践发展同步而进的。

（三）继承与发展是中国共产党指导思想创新的理论之基

理论创新需要思想资源，新的思想都是在吸收前人思想基础之上形成的。党的十九大修改后的新党章指出："把马克思列宁主义的基本原理同中国革命的具体实践结合起来"创立了毛泽东思想；邓小平理论"是马克思列宁主义的基本原理同当代中国实践和时代特征相结合的产物，是毛泽东思想在新的历史条件下的继承和发展"；"'三个代表'重要思想是对马克思列宁主义、毛泽东思想、邓小平理论的继承和发展"；"科学发展观是同马克思列宁主义、毛泽东思想、邓小平理论、'三个代表'重要思想既一脉相承又与时俱进的科学理论"；"习近平新时代中国特色社会主义思想是对马克思列宁主义、毛泽东思想、邓小平理论、'三个代表'重要思想、科学发展观的继承和发展"。

党章对指导思想成果的接续性表述，反映出中国共产党的指导思想创新的优点和特点。第一，中国共产党始终坚持以马克思列宁主义为指导，这是指导思想的理论之源，对共产主义的信仰始终如一，无论发展到什么时候都不忘初心，无论取得多大的成就、遇到多大的困难都牢记使命。第二，一代又一代的中国共产党人在接续为中华民族伟大复兴的历史使命而奋斗，前仆后继，勇往直前。指导思想创新的一系列成果是有机的统一，不是后者对前者的否定，而是承前启后、与时俱进的创新发展。正如习近平总书记所讲："坚持和发展中国特色社会主义是一篇大文章，邓小平同志为它确定了基本思路和基本原则，以江泽民同志为核心的党的第三代中央领导集体、以胡锦涛同志为总书记的党中央在这篇大文章上都写下了精彩的篇章。现在，我们这一代共产党人的任务，就是继续把这篇大文章写下去。"① 这完全不同于西方的两党制或多党制，后者否定前者，二者相互攻讦扯皮。第三，指导思想的前后统一性保证了中国共产党思想上的统一、组织上的团结、事业上的进步。

中国共产党能够做到在事业上"一张蓝图绘到底"，中国共产党人能够拥有"功成不必在我"、一锤子一锤子敲的"钉钉子"的耐心，正在于有一个前后统一的指导思想。也正是因为这样，中国社会主义现代化道路才得以不断延展，中国特色社会主义事业才得以不断开拓创新，中华民族伟大复兴中国梦的目标才离我们越来越近。

（四）以人民为中心是中国共产党指导思想创新的宗旨

在新党章中关于党的指导思想有这样的表述，毛泽东思想、邓小平理论、"三个代表"重要思想、科学发展观都是"中国共产党集体智慧的结晶"；习近平新时代中国特色社会主义思想是"党和人民实践经验和集体智慧的结晶"；而这一系列指导思想的创新成果都是中国共产党带领全国各族人民在革命建设和改革开放的伟大实践中创造和形成的。

人民是历史的创造者，人民立场是马克思主义的根本政治立场。毛泽东把为人民服务作为党的宗旨确定下来；邓小平强调要把人民拥护不拥护、赞成不赞成、高兴不高兴、答应不答应作为衡量一切工作得失的根本标准②；江泽民强调要坚持立党为公、执政为民，要始终代表最广大人民的根本利益③；胡锦涛强调要坚持执政为民、紧紧依靠人民、切实造福人

---

① 《习近平谈治国理政》，外文出版社，2014，第 23 页。
② 《十八大以来重要文献选编》（下），中央文献出版社，2018，第 352 页。
③ 《十六大以来重要文献选编》（下），中央文献出版社，2008，第 960 页。

民，在充分发挥人民创造历史作用中体现党的领导核心作用①；习近平强调人民对美好生活的向往，就是我们的奋斗目标，中国梦归根到底是人民的梦，必须紧紧依靠人民来实现，必须不断为人民造福②，依靠人民创造历史伟业③。

中国革命建设和改革开放取得巨大成就一刻也离不开人民积极性的发挥。就党的指导思想的创立和形成来看，党的指导思想是对人民群众实践经验的总结，是对实践中产生的重大问题的科学回答。毛泽东说过，我们的同志不要以为自己还不了解的东西，群众也一概不了解，许多时候，广大群众跑到我们前头去了④。党的指导思想的形成过程，真实地证明了党的指导思想中凝聚了广大人民群众丰富的智慧。从党的指导思想的引领作用来看，人民群众之所以对党的指导思想感到亲切，是因为它本身就来自人民的生产和生活实践经验；人民群众之所以自觉接受党的指导思想，是因为它本身就是为人民谋福利的思想。

三　中国共产党的指导思想创新引领着中国社会发展进步

理论来源于实践，经实践证明了的科学理论，又对实践起着指导作用。中国共产党的指导思想是对中国革命建设和改革开放实践经验的总结，是被实践反复证明了的理论。纵观党的指导思想创新的历程，党的指导思想每一次创新，都引领中国社会向前迈进一大步。

党章指出："在毛泽东思想指引下，中国共产党领导全国各族人民，经过长期的反对帝国主义、封建主义、官僚资本主义的革命斗争，取得了新民主主义革命的胜利，建立了人民民主专政的中华人民共和国；新中国成立以后，顺利地进行了社会主义改造，完成了从新民主主义到社

---

① 《胡锦涛文选》第 3 卷，人民出版社，2016，第 159 页。

② 《习近平：中国梦归根到底是人民的梦》，中国共产党新闻网，2018 年 2 月 20 日，http://cpc.people.com.cn/xuexi/n/2015/0728/c385474-27369918.html。

③ 《十九大以来重要文献选编》（上），中央文献出版社，2019，第 15 页。

④ 《毛泽东选集》第 3 卷，人民出版社，1991，第 1095~1096 页。

会主义的过渡，确立了社会主义基本制度，发展了社会主义的经济、政治和文化。"正是在毛泽东思想指导下，中国走出了半殖民地半封建社会的黑暗深渊，实现了民族独立、人民解放，完成了中华民族伟大复兴的第一个历史课题，中国人民从此站起来了。

邓小平理论的创立，实现了马克思主义与中国实际相结合的第二次飞跃，开拓了马克思主义的新境界，把对社会主义的认识提高到了新的科学水平。党的十四大报告指出："在邓小平同志建设有中国特色社会主义理论的指导下，我们党和人民锐意改革，努力奋斗，整个国家焕发出了勃勃生机，中华大地发生了历史性的伟大变化。社会生产力获得新的解放。安定团结的政治局面不断巩固。十一亿人民的温饱问题基本解决，正在向小康迈进。我国经济建设上了一个大台阶，人民生活上了一个大台阶，综合国力上了一个大台阶。在世界风云急剧变幻的情况下，中国的社会主义制度经受住严峻的考验，显示了强大的生命力。"党的十九大新修改的党章指出：邓小平理论"引导着我国社会主义现代化事业不断前进"。

在"三个代表"重要思想的引领下，人民生活总体上实现了由温饱到小康的历史性跨越。党的十六大报告指出，从1989年到2002年"这十三年是我国综合国力大幅度跃升、人民得到实惠最多的时期，是我国社会长期保持安定团结、政通人和的时期，是我国国际影响显著扩大、民族凝聚力极大增强的时期。我们党和我国人民作出的艰辛努力和取得的伟大成就举世瞩目，必将载入中华民族伟大复兴的光辉史册"。党的十九大新修改的党章指出："始终做到'三个代表'，是我们党的立党之本、执政之基、力量之源"，这"是党必须长期坚持的指导思想"。

在科学发展观的指导下，我们紧紧抓住和用好了我国发展的重要战略机遇期，战胜了一系列重大挑战，奋力把中国特色社会主义推进到新的发展阶段。党的十八大报告指出："我们取得一系列新的历史性成就，为全面建成小康社会打下了坚实基础。我国经济总量从世界第六位跃升到第二位，社会生产力、经济实力、科技实力迈上一个大台阶，人民生活水平、居民收入水平、社会保障水平迈上一个大台阶，综合国力、国际竞争力、国际影响力迈上一个大台阶，国家面貌发生新的历史性变化。人们公认，这是我国经济持续发展、民主不断健全、文化日益繁荣、社会保持稳定的时期，是着力保障和改善民生、人民得到实惠更多的时期。"党的十九大新修改的党章指出，科学发展观是"发展中国特色社会主义必须长期坚持的指导思想"。

习近平新时代中国特色社会主义思想系统回答了新时代坚持和发展什么样的中国特色社会主义、怎样坚持和发展中国特色社会主义，包括新时代坚持和发展中国特色社会主义的总目标、总任务、总体布局、战略布局和发展方向、发展方式、发展动力、战略步骤、外部条件、政治保证等基本问题，并且根据新的实践对经济、政治、法治、科技、文化、教育、民生、民族、宗教、社会、生态文明、国家安全、国防和军队、"一国两制"和祖国统一、统一战线、外交、党的建设等各方面作出理论分析和政策指导。近年来，我们取得的成就是全方位的、开创性的，发生的变革是深层次的、根本性的。我们解决了许多长期想解决而没有解决的难题，办成了许多过去想办而没有办成的大事，推动党和国家事业发生了历史性的变革。党的十九大新修改的党章指出："在习近平新时代中国特色社会主义思想指导下，中国共产党领导全国各族人民，统揽伟大斗争、伟大工程、伟大事业、伟大梦想，推动中国特色社会主义进入了新时代。"

中国特色社会主义是不断发展着的事业，中国特色社会主义理论体系也是开放和发展的理论体系；党和人民的事业在不断发展进步，党的指导思想也必然要与时俱进地创新。经过长期努力，中国特色社会主义进入了新时代，这是我国发展新的历史方位。站在新的历史方位上，中国共产党承担着更为艰巨的伟大使命。党章指出：习近平新时代中国特色社会主义思想，"是全党全国人民为实现中华民族伟大复兴而奋斗的行动指南，必须长期坚持并不断发展"。只有坚持这个行动指南，我们才能实现昂首走向基本实现社会主义现代化，进而建成社会主义现代化强国的伟大目标，并在现代化建设的进程中不断推进党的指导思想的创新发展。

习近平关于"不忘初心、牢记使命"
重要论述的哲学意蕴[*]

薛伟江

"不忘初心、牢记使命"既是中国共产党人党性的集中体现,也是广大党员在改革创新实践中砥砺心性、涵养党性的修养活动。这种知行合一的修养活动,以人民幸福和民族复兴为价值理想,以遵循科学规律、务求实效为行动依据,体现出一种人文与科学相融通的新型人文精神。这种"文理交融"的新型人文精神,在实践基础上将认识世界、改造世界与认识自我、改造自我结合起来,将知情意和真善美统一起来,更加彻底地超越了传统二元对立的哲学认识论,背后是集实践性、辩证性、人本性和历史性于一身的哲学思维方式。这种哲学思维方式以人的不忘初心的、自觉自由的实践活动为核心范畴,将中国传统心性哲学与当代哲学深度融合,为推动马克思主义哲学中国化、时代化、大众化奠定了坚实的思想理论基础,铺就出亮丽的精神底色。

一 彰显时代精神

"不忘初心、牢记使命"不是单纯的心理活动,而是广大党员在认识和改造客观世界的同时,通过人格修养提升思想境界,认识和改造主观世界的综合性实践活动。这种集"不忘初心"和"实事求是"于一身的实践活动,着眼于整个人类文明的发展进步,表现为一种融人文理念于科学态度的"文

---

[*] 本文原载于《学习与实践》2020 年第 12 期,收入本书时有改动。

理交融"的新型人文精神。这种新型人文精神，在世界百年未有之大变局的背景下，体现为一种国家间"包容贵和"的和平发展精神。这种和平发展精神，立足于当代中国全面深化改革的过程中，彰显了一种把初心和使命作为精神动力、激励共产党员担当作为的"知行合一"的改革创新精神。

（一）彰显"文理交融"的新型人文精神

时代的精神与观察的视野密切相关。人类文明视野下的时代精神，与"人类向何处去"的时代问题紧紧连在一起。近现代以来，人类社会面临极为严峻的精神危机和时代难题，人文与科学形成了对峙局面。价值迷失、信仰缺失、道德丧失的现象比比皆是，享乐主义和拜金主义的主张到处流行，功利主义和极端个人主义的思潮大行其道，造成人与人的关系、人与社会的关系、人与自然的关系紧张，民族间、国家间和文明间的冲突加剧。科技的飞速进步、物质的极大丰富导致人的"物化""奴化"等"异化"问题在诸多方面凸显。消融人文与科学的对峙、高扬以人为本的理念、重视人的价值与尊严，给人以新的自由和解放，就成为人类文明视野下时代精神的具体体现。

"不忘初心、牢记使命"是党性的具体体现，强调共产党人要在为人民谋利益的改革实践中持续纯洁党性和修养党性，在尊重规律、求真务实的理性态度中贯彻尊重人性、完善人格的人文理想，发挥人的情感意志的能动性，达到"人心之美""人性之善""人力之真"的统一，所呈现的正是一种融合科学力量与人文关怀的、更加全面的新型人文精神。一方面，"不忘初心、牢记使命"的要求，是以人民大众乃至人类的福祉为价值导向的，把人本身的利益、尊严和幸福放在最优先的位置，强调现实的人是最根本的价值尺度，说到底是一种以人为本的情怀。习近平总书记指出："不忘初心、牢记使命，说到底是为什么人、靠什么人的问题。以百姓心为心，与人民同呼吸、共命运、心连心，是党的初心，也是党的恒心。"① 这充分说明以人民为中心的发展思想，坚持人民主体地位，人不是工具和手段，而是发展的直接目的；人要以最本真

---

① 《习近平谈治国理政》第3卷，外文出版社，2020，第138页。

的方式工作和生活，尊重初心的选择；人是与对象一体的存在，每一个共产党人都与人民共在、与人民事业共在。另一方面，"不忘初心、牢记使命"的要求，尊重事物发展的客观规律，坚持科学的方法，以实现人民对美好生活的向往为依据，表现为求真务实的理性态度。习近平总书记强调："以人民为中心的发展思想，不是一个抽象的、玄奥的概念，不能只停留在口头上、止步于思想环节，而要体现在经济社会发展各个环节。"① 实践证明，中国共产党革命、建设、改革的历史，也是具体把握社会矛盾运动规律、不断为人民谋取福利的历史。党的十八大以来，我们党对共产党执政规律的把握、对社会主义建设规律的理解和对人类社会发展规律的认识全面深化。

（二）彰显"包容贵和"的和平发展精神

从国际竞争和交流状况看，当今时代面临"不同的文明向何处去"的问题。人文精神的匮乏以及科学与人文的对峙，集中表现为某些国家贪婪自私和迷信武力的霸权主义行径，以及由此引发的不同文明、不同地域、不同国度之间的各类冲突。谋求和平与发展是世界各国民众的共同心声，这个时代的主题仍然是和平与发展。两次世界大战的惨痛教训，逆全球化、孤立主义、民粹主义等思潮抬头，贫富分化日益严重，生态危机和地区热点此起彼伏，这些在不断地警示人们。显然，奉行自我中心主义、赢者通吃的零和博弈无法实现世界范围的和平与发展，时代的问题难以破解。为此，高扬人文精神，以全世界最广大民众的最广泛福祉为目标，倡导"包容贵和"的和平发展精神，通过文明的交流互鉴，凝聚人类文明成果，消融敌视与对立，树立构建人类命运共同体的信念，就是时代精神在当今国际社会的具体体现。

为人类谋求和平与发展，是为中国人民谋幸福和为中华民族谋复兴的自然延伸，也是中国共产党人初心的全面展开。"中国共产党是为中国人民谋幸福的党，也是为人类进步事业而奋斗的党。……中国共产党

① 《习近平谈治国理政》第2卷，外文出版社，2017，第213~214页。

所做的一切,就是为中国人民谋幸福、为中华民族谋复兴、为人类谋和平与发展。"① 当今世界正面临百年未有之大变局,国与国之间的关系日益复杂,协作的需求和冲突的风险并存,在战争的阴影和非传统安全威胁的背景下,和平、发展、合作、共赢必将成为符合最广大国家利益的时代潮流。西方仍有不少政客奉行冷战思维,鼓吹"国强必霸",宣扬"文明冲突"论,充满傲慢和偏见,把中国的发展视为自身利益的根本威胁,采取尔虞我诈、以邻为壑甚至损人不利己的策略,说到底,是头脑中缺乏崇高的人文情怀和包容和谐的价值观念。习近平总书记强调:"文明相处需要和而不同的精神。只有在多样中相互尊重、彼此借鉴、和谐共存,这个世界才能丰富多彩、欣欣向荣。"② 和平是发展的前提,不同文明间的相互尊重、彼此借鉴是人类文明进步的重要推动力量。当前,中国持续推进"一带一路"建设,与许多国家携手构建人类命运共同体,把人类对美好世界和美好生活的向往摆在首位,为世界和平与发展贡献了中国智慧、中国方案和中国力量。

(三) 彰显"知行合一"的改革创新精神

立足当代中国的视野,中国共产党人需要进一步回答好"中国向何处去"的时代问题。从屈辱和彷徨中挣脱出来,让一个有着悠久历史和文化的国度重获自信,再度振奋精神,走出自己的新路来,以彻底的革命姿态破除生产力发展的桎梏,激流勇进,追赶、融入并带动世界文明发展的潮流,是近代以来中国仁人志士的不懈追求。无论是以往革命或建设时期,还是如今的改革年代,都需要中华儿女拿出超人的胆略和意志,凝心聚力,勠力同心,把良知与行动统一起来,坚定"四个自信",以改革创新、守正出新的精神状态,披荆斩棘,砥砺前行。一方面,需要中国共产党人把马克思主义基本原理同中国具体实际相结合,实事求是,化理性为方法,实现认知(认识)与行动的辩证统一;另一方面,需要中国共产党人将改造客观世界与改造主观世界相结合,焕发革命者

---

① 《习近平谈治国理政》第 3 卷,外文出版社,2020,第 436 页。
② 《习近平谈治国理政》第 2 卷,外文出版社,2017,第 524 页。

的创造潜能，不忘初心，化理性为德性，实现良知（党性）与行动的辩证统一。因此，以"知行合一"为特色的改革创新精神，成为当下中国的时代精神的具体体现。

历史和现实表明，人的能动性和革命性的焕发，是民族进步和国家富强的重要前提；相反，人的能动性和革命性的丧失，则是民族落后和国家衰弱的必然结果。单纯的科技力量解决不了人生价值的问题，也不可能自动转化为推动社会向善向美的正能量。初心和使命才是真正激励中国共产党人永不懈怠、一往无前的根本动力。中国共产党能够历经挫折而不断奋起，历尽苦难而淬火成钢，归根到底在于在中国共产党人的内心里，理想和信念坚定执着，始终闪耀着夺目的光芒。同时，初心和使命作为不竭的精神动力之源，与党的气质和作风是一体的，与党的各项事业的发展状况息息相关。习近平总书记指出："坚持不忘初心、继续前进，就要坚定不移高举改革开放旗帜，勇于全面深化改革，进一步解放思想、解放和发展社会生产力、解放和增强社会活力，不断把改革开放推向前进。"① 面对新的形势与任务，不忘初心就意味着必须改革创新，意味着自我革命的勇气和艰苦奋斗的作风，敢于解放思想，勇于刀刃向内，以革命者的大无畏精神破除社会生产力发展的阻碍。

二　彰显更加辩证的哲学思维方式

"不忘初心、牢记使命"重要论述所蕴含的时代精神，尤其是蕴含的新型人文精神，为解决哲学的时代问题——科学主义与人文主义的对峙，贡献了中国智慧。从更深层次来说，新型人文精神背后的辩证思维方式，是对以二元对立思维方式为认识论基础的传统哲学的彻底超越和清算。习近平总书记关于"不忘初心、牢记使命"的重要论述的哲学意义就在于，在坚持马克思主义实践观基础上把握时代潮流，吸纳了中国哲学和现代哲学的积极成果，扩展了传统的认识论范畴，更加彻底地超越了传统主客两分的哲学思维方式。

---

① 《习近平谈治国理政》第2卷，外文出版社，2017，第38～39页。

（一）现代哲学超越传统形而上学思维方式的基本取向

近现代以来，科学主义与人文主义的紧张对立关系，归根到底是主客二分的思想流弊没有得到彻底清除的后果。这种形而上学的思维方式，把人的感性的情感意志与理性的逻辑思维割裂开来，进而把人的存在和发展抽象化，看作与其对象相分离的孤立、原子式、静态的纯主体，掩盖了人的现实存在和人的本真性，知识与情感意志的疏远，真理与价值（善和美）的分离，社会与人的隔阂，往往会导致人与自我、他人、环境和历史的紧张关系，使人最终得不到精神上、心灵上的安宁和自由。因此，从更深层次来说，新型人文精神背后的辩证思维方式，是对以二元分立思维方式为认识论基础的传统哲学的彻底超越和清算。

为超越哲学二元分立思维方式，一个多世纪以来，现代哲学家们通过"人学转向""生存论转向""语言转向"等各种"转向"设计，重构主客、心物、思有之间的关系，力图将主客关系发展看作一个不可分割的过程，强调其中起主导作用的是作为主体的人的创造性实践活动。这些努力通过不同的形式，有时甚至是迂回的形式，走向了与马克思主义实践观相似的思想。特别值得注意的是，有的哲学家要求超越理性的界限、转向非理性的世界，对人的情感、意志和人格等方面的非理性的精神活动进行研究；有的哲学家从人学和人类学的视角，从人的肉体的、精神的、心理的、文化的各个方面研究人，据此强调人的认识活动具有不可避免的局限性和价值性；有的哲学家干脆直接肯定，要使主客分离的世界转向二者统一的现实生活世界，就必须以人的实践作为现当代哲学的出发点。上述观念虽然在一定程度上缓和了认识论意义上的主客对立关系，但是由于这种主客关系总体仍局限在个体性、即时性的实践过程中，还没有全面地、历史地联系人类文明演进与人的认知发育过程来考察人的实践活动，因此，上述"转向"只是在一定程度上克服了主客两分思维方式的局限性，在基本思维取向上由形而上学转向辩证法，并且在一定意义上接近了强调实践原则的唯物主义，但还不能说是彻底和全面地超越了传统哲学思维方式。

（二）后现代主义哲学思维方式对传统认识论的超越及其局限

作为现代哲学思维方式的重要代表，后现代主义哲学思潮备受关注。从思维方式的历史衍化视角来考察后现代主义哲学，是当前后现代主义哲学研究的一条重要思路。说到底，后现代主义哲学思维方式属于一种动态思维方式。这种动态思维方式强调通过差异化事物之间的相互作用来考察更高层次的事物整体运动过程，抵制静态的线性化、绝对化的逻辑分析方法，主张从打破事物内部要素相互作用模式的视角看待事物的发展变化，突出事物（要素）相互作用亦即竞争与协同的作用。因此，后现代主义哲学思维方式常被称为具有反基础主义和反本质主义的认识方法，拒斥存在所谓确定的、最终的理论起点和精确的、刚性的理论框架的信念，反对追寻事物背后恒久不变的绝对内容的努力，批判单纯还原性、收敛性和封闭性的线性认识逻辑。同时，这种哲学思维方式更加强调事物的存在是过程性、创生性、互动性的存在，事物的存在始终处于普遍联系和永恒发展的状态。

西方的后现代哲学家对传统认识论的超越，突出表现为更关注知识论问题。他们对主体与客体、心与物的第一性问题有所淡化，"关系的分析学"取代了以往的"实体分析学"，关系论、中介论取代了传统的实体论。对于认识论问题而言，后现代主义哲学的积极意义在于，不再自信对事物的认知终将变成绝对的、不变的真理，不再致力于寻求一个"可靠"的认识起点，不管这个起点是主体性的精神还是客体性的实在，而是把认识活动视为一个知识（智慧）形成的过程，强调知识实际上是生成性的获得。其中，因为有了人在实践中能动的参与，主体与客体之间、主客体的中介之间才产生了各种差异和相互作用，认识和把握这些相互作用的规律，有助于人们深入理解知识的增长、认识发展和社会进化的原因。例如，伽达默尔在其关于"理解的结构"的新解释学中，就把理解看作视界融合的过程。而视界融合就是解释者与被解释者相互作用、相互影响的结果。他指出："这种融合不是同一或均化，而只是部分重叠，它必定同时包括差异和交互作用。"①

---

① 刘放桐等编著《新编现代西方哲学》，人民出版社，2000，第 500 页。

后现代主义哲学思维方式从整体上自觉不自觉地否定形而上学的静态思维方式，肯定具有辩证色彩的动态思维方式。但是，这种肯定仍有其局限性。首先是不得辩证法之要领，在肯定事物发展绝对的动态性的同时，对相对的静态性重视不足，对二者不可分割的辩证属性把握不到位，在寻求辩证法的同时又走向了新的形而上学。例如，片面追求差异性和不确定性，对追求事物存在发展的绝对基础和绝对本质的形而上学冲动地进行深入批判，并且将之上升为反基础主义和反本质主义的思维方式，而一旦上升到了反基础主义和反本质主义的层次，就连基础和本质都通通抛弃了。这就忘记了人类的认识活动总是建立在抽象与具体对立统一的逻辑范畴之上的。对基础和本质的把握也是认识的前提，只有不懂得基础和本质的相对性，把基础和本质当成绝对的基础和本质时，才是辩证法所批判的对象。对此，部分后现代哲学家的观念也有所调整，在主张理论的批判性的同时也重视了其建设性。其次是在认识论领域，后现代哲学家看到了主客统一的关系，主张用中介的方式来把握认识活动的过程，并且以不同的方式把这种中介关系向实践和现实生活世界靠拢。但是，总体上还没有真正全面地把握实践的内涵，特别是把握实践对于综合人类认识活动的丰富性和历史性。例如，实证主义和形形色色的实用主义都主张以行动的姿态来把握相对的"真理"，但是，在这个主客统一的过程中，价值与行动的互动关系不明确，只剩下了实用的效果。人类学哲学是当代西方哲学之集大成者，努力把主体的人的丰富性加以研究展示，进而在主客一体的问题上产生新的表达。通过这种努力，人的丰富性确实得到了重视，包括历史性和各种心理学、行为学的理论都引入主体中，把知识论建立在了人类学的基础上，主体的丰富性为更好地把握客体奠定了基础。可是，这种丰富性从哪里来，又何以在每个个体身上体现，仍不能有一个科学的解释，简单地诉诸现实生活世界并不能算是科学的解释。

（三）"不忘初心、牢记使命"重要论述倡导了一种广义认识论

从辩证的观点看，认识论与实践论、历史观、人本论、价值论密不

可分。以实践的观点为首要观点的认识论，强调认识、改造世界与认识、改造自我的统一。人是全面的人，是知情意和真善美的统一体。人在认识世界和认识自己、改造世界和完善自身的交互过程中，通过实践以现实之道还治现实自身，社会个体的天性发展转化为人的德性，"自在之物"逐渐转化为"为我之物"，最后形成自由理想的人格。没有对人格的发育和完善的理解，我们对人的认识活动的把握就是不完整的。而强调理想人格的塑造，正是"不忘初心、牢记使命"重要论述所彰显的思维方式所具有的重要特征。

近代以来，东西方的哲学家在讨论知识论问题时，对认识主体的全面性、历史性的把握仍然有所忽视，对主观能动性的理解也都或多或少有所偏颇。人的智慧问题特别是人格和境界问题，长期被排斥在哲学认识过程的外部，仅仅归于心理学、领导科学的范畴。过去，曾有一种观点较为流行，认为中国传统哲学对逻辑历来不太重视，以至于认识论没有发展起来。实际上，在认识和逻辑问题上，中国和西方哲学各有特色和偏重。西方哲学侧重研讨的问题是人的感觉是否能够真正给予客观实在，以及科学知识是否具有绝对的普遍性和确定性；中国传统哲学在此基础上则更加关注逻辑思维（心与性）能否把握宇宙发展法则（天与道），以及理想人格如何培养的问题。新时代的马克思主义哲学正在努力将传统的心性哲学和现代哲学结合起来，将认识世界和认识自己结合起来。从哲学层面看，习近平总书记关于"不忘初心、牢记使命"的重要论述，是将中国传统哲学中关于人格培养的内容充实到了认识论范畴，将传统哲学与马克思主义哲学进一步融合起来。心性修养理论是中国哲学中最富有传统特色的东西，把这种贯穿于科学、道德、艺术、宗教等文化领域的智慧，提升到党（德）性和使命（天道）的程度来认识，可以使马克思主义哲学具备更深厚的民族传统特质。

"不忘初心、牢记使命"重要论述所彰显的广义认识论思想，可以被视为中西方文化经过近百年接触、碰撞和交融，在新的历史阶段上交流互鉴的产物。近现代以来，西方科学主义与人文主义双峰对峙，支持人文主义的一方强调人的自我价值和人的自由至上，要求把尊重人性、人文关怀放在首位；主张理性主义的一方却努力把人本身的问题和人生意义排除在哲学研究之外，声称认识的唯一目的就是求"真"。如何消除双方的对立冲突，实现真理与价值的统一，在求"真"的同时也求"善"、求"美"，确实需要深入思考。20世纪之初的科玄论战以及所谓的东西方文化对立和文明的冲突，从哲学认识论角度看，都是知识与情感意志的内在对峙的表现，是"可爱"与"可信"之间的矛盾。同认识外在世界一样，人类认识自己也是一个永恒的难题。"不忘初心、牢记使命"重要论述批判了那种忽视"认识自我"的理论倾向，指出认识世界和认识自己、改变世界和发展自我是统一的。实际上，中国的哲学家在丰富和发展马克思主义哲学的探索中，特别是在党性修养的理论中，一直就把"人"纳入认识论的考虑范围，主张认识论要全面涵盖"人学"，研究理想人格养成问题，强调将"认识自己"和"认识世界"联系起来，在认识和改造客观世界的同时，认识和改造主观世界。总之，"不忘初心、牢记使命"重要论述所倡导的广义认识论，扩展了认识论研究的内容，既体现了中国特色又彰显了时代精神，为解决哲学的时代问题——科学主义与人文主义的对峙提供了新的视野。

三　丰富和发展中国马克思主义哲学的当代形态

习近平总书记关于"不忘初心、牢记使命"重要论述的哲学意义就在于，在坚持马克思主义实践观基础上把握时代潮流，吸纳了中国哲学和现代哲学的积极成果，扩展了传统（狭义）认识论的范畴，更加彻底地超越了传统主客二分的哲学思维方式。

一方面，"不忘初心、牢记使命"重要论述在坚持和发展实践观念的过程中，强调把实践的丰富内涵更加彻底地贯彻于认识论，实际上是在"知"的基础上把"情""意"的因素考虑进去，在求"真"的前提下把扬"善"、审"美"的因素结合起来。因为在实践过程中，不但有认识的作用，而且有情感和意志的作用；不但要获取真理性知识，而且要涵养德性和发展美育。实践作为最具基础性、全面性和过程性的逻辑"起点"，必然内含有知情意和真善美的内容。其中，认识和实践的高级阶段即"主客不分"或"物我交融"阶段，这种"不分"和"交融"

不是否定认识的前提，即划定出来的事物间的界限，而是超越这种人为划定的僵化界限。这就涉及审美意识。在一定意义上，"审美意识中的自由境界只有靠超越主客二分、超越自我才能实现"①。马克思说过，"从前的一切唯物主义——包括费尔巴哈的唯物主义——的主要缺点是：对对象、现实、感性，只是从客体的或者直观的形式去理解，而不是把它们当作人的感性活动，当作实践去理解"②。列宁也说过，研究认识论，就要研究各门科学的历史、儿童智力发展的历史、动物智力发展的历史、语言的历史、心理学、感觉器官的生理学，这些就是认识论和辩证法应当从中形成的知识领域，简单地说，就是整个认识的历史，全部知识领域③。与此相应，"不忘初心、牢记使命"的党性原则，既包括了其内在的科学理论基础和实践标准，对人民、民族和人类最深沉的情感，也表达了对推进人类自由解放事业的最坚定的意愿，还把人民对美好生活的向往作为最高奋斗目标。这种融真善美和知情意为一体的实践活动，贯穿于新时代共产党人的改革创新进程，为广大党员干部更加全面地把握规律、更加能动地推进工作提供了强大的思想精神动力。

另一方面，"不忘初心、牢记使命"重要论述在坚持和发展实践观念的过程中，注重认识世界和认识自己的统一，强调实践活动中除了要认识世界、解释世界和改造世界之外，还包括认识自我、改造自己、成就自身德性的重要内容。"普遍规律可以交给科学去探讨，那是个知识问题，而超越自我，提高境界，则是任何科学知识所不能代替的，这里需要的是陶冶和修养，需要的是超越知识。"④ "知识不但使人在认识论上有能力作出判断和推论，还可以使人有能力在道德上和美学上，甚至世俗习惯上表示态度和采取行动。"⑤ 显然，实践中的知识涉及人的各方面的能力，而这些能力包括外在和内在两个方面内容。习近平总书记指出，"领导干部到党校进行脱产培训，既要学习理论、掌握新知、认识

---

① 张世英：《天人之际——中西哲学的困惑与选择》，人民出版社，2007，第5页。
② 《马克思恩格斯选集》第1卷，人民出版社，1995，第58页。
③ 《列宁全集》第55卷，人民出版社，1990，第302页。
④ 张世英：《天人之际——中西哲学的困惑与选择》，人民出版社，2007，第6页。
⑤ 刘放桐等编著《新编现代西方哲学》，人民出版社，2000，第619~620页。

真理、探索规律,提高改造客观世界的能力,又要加强党性锻炼,提高自身修养,改造主观世界"①。在认识和改造客观世界的过程中不断推进认识和改造主观世界,通过认识和改造主观世界不断推进认识和改造客观世界,这是中国共产党人推动党和人民事业前进的规律,也是领导干部成长进步的规律。同时,他特别强调,"不忘初心、牢记使命"就要推进"两个伟大革命",即"开新局于伟大的社会革命"和"强体魄于伟大的自我革命"。"要把新时代坚持和发展中国特色社会主义这场伟大社会革命进行好,我们党必须勇于进行自我革命,把党建设得更加坚强有力。"② 可以看出,习近平总书记关于"不忘初心、牢记使命"的重要论述中,认识和改造自己与认识和改造世界是内在统一的,"不忘初心"与"实事求是"更加紧密结合在一起,成为一块整钢,构成了一体两面的实践内涵,实际上是将传统的认识论扩展为一种更加广义的认识论。这种更加广义的认识论,与老一辈马克思主义哲学家冯契先生的构想非常相近,是更加具体化和现实化的广义认识论,深刻地体现了实践论、认识论、方法论和逻辑学的统一。

当今中国所处的时代,是一个需要理论而且一定能够产生理论的时代,是一个需要思想而且一定能够产生思想的时代。伟大的时代需要具有中国特色、风格、气派的哲学理论。中国共产党人在长期的革命、建设和改革实践中,坚持思想建党、理论强党,兼收并蓄、守正出新,取得了极为丰硕的思想理论成果,尤其是形成了独具特色的党性教育理论。习近平总书记将党性教育形象地称为中国共产党人的"心学"。习近平总书记关于"不忘初心、牢记使命"的重要论述,是贯穿于党的新时代中国特色社会主义事业的思想之魂和理论之根,是治国理政的智慧和境界。习近平总书记围绕"不忘初心、牢记使命"发表了一系列重要论述,"不忘初心、牢记使命"成为指导党性教育、党的建设和坚持发展中国特色社会主义的一条主线,成为习近平新时代中国特色社会主义思想的灵魂。这一标志性的中国智慧,实现了中

① 习近平:《领导干部要认认真真学习》,《学习时报》2013年4月28日。
② 《习近平谈治国理政》第3卷,外文出版社,2020,第515页。

国传统哲学与马克思主义哲学在新的时代背景下的深度融合，是马克思主义哲学中国化的新成果，为丰富和发展新时代中国马克思主义哲学形态开拓了思路。

以人为本是马克思主义理论的重要立场，人的自由解放是马克思主义理论的重要内容。马克思主义自诞生以来，正是由于它的初心使命的强大感染力和对世道人心的革命性改造，才深刻影响了人类历史进程。它坚决反对人的神化和物化，坚决与一切不符合人性和正义的社会现象作斗争，通过变革旧的生产方式和经济基础当中的固有矛盾，变革生产关系和社会关系，努力把人从丧失自我、逆来顺受的生存状态下解放出来，使其重获精神上、心灵上的自由。值得重视的是，中华民族几千年来积聚了丰富的知性智慧和理性思辨，这既是指引人类文明演进的重要资源，也是中华文明创造性转化、创新性发展的重要基础。中国传统文化尤其强调，人生的意义与提升心灵境界、修养完善人格密不可分，知与行密不可分，通过在实践中修身养性，达到"内圣外王"的境界，是获得人生幸福和实现国家善治、谋求世界大同的前提。因此，推动马克思主义哲学中国化、时代化、大众化，应当激活传统文化中的心学资源，特别是构建好、发展好党性教育理论。

党的十八大以来，以习近平同志为核心的党中央高度重视党的建设，高度重视党性教育在党的建设中的关键作用，围绕"不忘初心、牢记使命"提出了一系列具有哲学意蕴的论断，主要包括：强调党员的一言一行必须践行党性原则，将党性内化于心、外化于行，做到"心中有党"，将"不忘初心"的要求融于改革创新实践活动的实践论；坚持主客观的统一和实践与认识的统一，把认识和改造客观世界与认识和改造主观世界结合起来，重视通过认识和改造主观世界来推动认识和改造客观世界，做到"心中有民"，在德性提升的过程中进行实践认识活动的广义认识论；坚持自觉进行党性修养，做到"心中有戒"，践行"三严三实"要求，增强"四个意识"，做到"两个维护"，慎独、慎微、慎初，把使命、道路、理论、初心、党性、正气、忠诚等思维范畴的具体化过程即理论深化过程，与主观世界改造结合起来，将理论转化为德性的修养方法论；坚持真理与价值的统一，坚定理想信念，积极担当作为，坚守人民至上的根本立场,以"人民幸福、民族复兴、人类大同"为价值取向,做到"心中有责",融德性与理性为一体的价值论。这些论述,把马克思主义哲学的基本范畴体系进一步中国化、时代化,充实了其中哲学人生论的内容,初步形成了以"不忘初心"为核心范畴的思想理论体系,以新的形态呈现出马克思主义哲学的时代特色和民族特色,实现了马克思主义哲学在更高层次上的实践论、认识论、辩证法和价值论的统一。

总体国家安全观视域中的意识形态安全 *

唐爱军

安全是国家的核心利益，也是实现国家有序发展的前提。当前，我国既处于发展的战略机遇期，又处于矛盾与风险的凸显期；面临多元复杂的安全威胁，传统安全威胁与非传统安全威胁相互交织，维护国家安全和国家利益的任务艰巨繁重。维护意识形态安全是其中的一项重要任务。学术界对意识形态安全已有相关研究，但坦率地说，这些研究基本停留在"一般理论宣传策略"或"舆论斗争"的层面上，很少上升到"国家安全战略"层面上，更没有从总体国家安全观高度审视后冷战时期的意识形态安全。本文的主要任务在于摆脱意识形态建设的普遍化阐释模式，从总体国家安全观的角度探讨意识形态安全的概念、定位、功能等基本理论问题，以及当前我国意识形态安全面临的挑战及其应对等重大现实问题。

一 总体国家安全观与意识形态安全

在不同的理论视角下，意识形态安全呈现出不同的内涵与外延。理解当前我国意识形态安全，前提性条件就是把握总体国家安全观。

（一）总体国家安全观的概念

2014 年 4 月 15 日，习近平总书记在中央国家安全委员会第一次会议上首次提出了"总体国家安全观"的概念。"当前我国国家安全内涵和

---

* 本文原载于《社会主义研究》2019 年第 5 期，收入本书时有改动。

外延比历史上任何时候都要丰富，时空领域比历史上任何时候都要宽广，内外因素比历史上任何时候都要复杂，必须坚持总体国家安全观，以人民安全为宗旨，以政治安全为根本，以经济安全为基础，以军事、文化、社会安全为保障，以促进国际安全为依托，走出一条中国特色国家安全道路。"① 总体国家安全观的核心内容是"五大要素"和"五对关系"。"五大要素"指的是国家安全的宗旨（人民安全）、根本（政治安全）、基础（经济安全）、保障（军事、文化、社会安全）、依托（国际安全）。"五对关系"指的是既重视外部安全，又重视内部安全；既重视国土安全，又重视国民安全；既重视传统安全，又重视非传统安全；既重视发展问题，又重视安全问题；既重视自身安全，又重视共同安全。

总体国家安全观是对"传统安全观"和"新安全观"的双重超越。传统安全观以政治和军事安全为中心，进入后冷战时期，随着非传统安全威胁明显增加，它越来越显示出局限性。20世纪90年代，面对复杂多变的国际形势，党中央提出了"以互信、互利、平等、协作为核心的新安全观"②。新安全观本质上是一种"对外安全观"，尽管关注了一些非传统安全要素，但它并没有将国内安全、人的安全等纳入其中。国家安全研究一般探讨"四个议题"，我们可以从这些议题中透视总体国家安全观与以往安全观的不同，以及它的基本特征③。一是"谁的安全"。安全是一种属性，指主体没有危险的客观状态④。"谁的安全"拷问的是安全的主体。传统安全观的主体是国家，非传统安全观着重研究的是"非国家主体"（超国家、次国家、个体）所带来的安全威胁。总体国家安全观统筹了传统安全和非传统安全，既关涉国家主体，也关涉社会、个体等主体，但核心主体还是国家。二是"什么威胁安全"。它探讨的是"威胁场域"。传统安全观和新安全观主要关注的是国家的外部威胁。总体国家安全观认为要应对来自国家内部和外部两个方面的威胁。三是

① 《习近平关于总体国家安全观论述摘编》，中央文献出版社，2018，第4页。
② 《江泽民文选》第3卷，人民出版社，2006，第298页。
③ 参见刘跃进《非传统的总体国家安全观》，《国际安全研究》2014年第6期。
④ 刘跃进：《国家安全学》，中国政法大学出版社，2004，第44页。

"哪些安全领域"。总体国家安全观涵盖的安全领域，既包括政治安全、军事安全、国土安全等传统安全领域，也包括经济安全、文化安全、社会安全、科技安全、网络安全、生态安全、资源安全、核安全和海外利益安全等非传统安全领域。四是"安全落在何处"。它探讨的是安全的目标和价值指向。总体国家安全观既以维护国家主权、安全、发展利益为目标和价值指向，又以人民安全为宗旨，一切为了人民，实现"国家安全"和"人的安全"的价值统一。

（二）从总体国家安全观看意识形态安全相关概念

在总体国家安全观的指导下，《中华人民共和国国家安全法》对"国家安全"概念进行了界定："国家安全是指国家政权、主权、统一和领土完整、人民福祉、经济社会可持续发展和国家其他重大利益相对处于没有危险和不受内外威胁的状态，以及保障持续安全状态的能力。"①作为国家安全体系的构成部分，意识形态安全指一个国家的主流意识形态相对处于没有危险和不受内外威胁的状态，以及保障持续安全状态的能力。

从总体国家安全观的"四个议题"，我们可以进一步阐释意识形态安全概念的具体所指。一是"谁的安全"。意识形态安全指涉对象既有国家主体，也有社会主体，前者主要针对的是外部挑战与威胁，后者主要针对的是内部挑战与威胁。从国家主体看，意识形态安全主要指国家意识形态安全（针对敌对国的意识形态挑战）；从社会主体看，意识形态安全主要指统治阶级意识形态安全（针对被统治阶级意识形态或一般社会思潮的挑战）。二是"什么威胁安全"。在全球化时代，民族国家意识形态既受到外来文化、意识形态等的冲击，也受到非主流意识形态、次国家认同等的冲击。三是"哪些安全领域"。一些学者将意识形态安全划分为"非传统安全"类别，归属于文化安全的一个类别，这实际上是不对的，至少是不全面的。意识形态安全具有双重属性，既有"传统安全属性"，又有"非传统安全属性"，同时也是政治安全的一部分。党中央明确指出，"意识形态

---

① 《总体国家安全观干部读本》，人民出版社，2016，第257页。

安全是政治安全的重要组成部分"①。可见,意识形态安全统合了政治安全和文化安全两个领域。四是"安全落在何处"。意识形态安全以维护政治合法性、民族文化的特性和独立性为基本目标和价值指向。

如何判断一个国家的主流意识形态是否安全(以及安全度)?这里涉及"意识形态安全衡量标准"的问题。衡量意识形态是否安全,不是依靠统治阶级和执政集团的主观感受,也不囿于在思想观念层面进行"真假判断",而是从意识形态安全在维护国家利益和国家安全的功能中加以探讨。具体说来,可以从三个方面加以分析。第一,从"功能"的角度来看,意识形态安全首先意味着意识形态能够发挥其应有功能。有哪些应有功能?从"思想层面"来看,意识形态发挥功能,指的是主流意识形态在思想观念领域具有主导性,对其他各种社会思潮发挥着引导力、凝聚力和控制力。从"非思想层面"来看,意识形态发挥功能,主要指主流意识形态对经济、政治、社会等领域起着积极有效的作用,如政治认同、组织动员、社会整合、批判敌手等功能。第二,从"社会基础"的角度来看,意识形态安全指一国内主要阶级和大多数社会民众对主流意识形态有认同感。第三,从"国家机器"的角度来看,主流意识形态安全指的是,统治阶级或执政集团能够充分掌握各种意识形态资源、要素,能够充分调动意识形态相关部门和机构,一句话,能够掌握并运用好意识形态国家机器。

二 意识形态安全在总体国家安全中的地位

意识形态安全的地位或重要性,可以用两句话集中表达出来:一是"实现国家利益的重要手段";二是"维护国家安全的重要屏障"。国家安全具有整体性、系统性,也就是说,各个领域的国家安全构成了一个相互联系的整体,不同领域的安全是相互作用的。意识形态安全在总体国家安全中的地位,实际上主要指它对其他安全领域起到的重要作用。在这里,我们主要谈两个方面。

①《总体国家安全观干部读本》,人民出版社,2016,第83页。

（一） 意识形态关乎政治安全

意识形态安全既是政治安全的一部分，又在维护政治安全中起着至关重要的作用。习近平总书记强调："意识形态关乎旗帜、关乎道路、关乎国家政治安全。"[①] 国家政治安全的核心是政权安全和制度安全。而外部势力往往是在意识形态领域对政权安全和制度安全率先发起挑战。这些年，西方一些势力往往把中国崛起视为对其价值观和制度模式的挑战，加紧通过意识形态渗透等手段进行西化分化，以各种西方话语解读中国道路、批判中国制度，试图移植西方自由民主制度，给我国的制度安全带来极大威胁。我们要坚定政治制度自信，避免两种错误的观点："看到别的国家有而我们没有就简单认为有欠缺，要搬过来；或者，看到我们有而别的国家没有就简单认为是多余的，要去除掉。"[②] 维护好政权安全和制度安全，从意识形态安全工作的角度来看，就是要论证好、宣传好人民民主专政、中国特色社会主义制度和党的领导的合理性与合法性。意识形态之于政治安全的重要性，归根到底在于它能提供政治合法性，能为政权和制度提供有效辩护。李普塞特认为："合法性意味着政体具备提出并维持一种信念——现有的政治制度是最适合所在社会的制度——的能力。"[③] 主流意识形态一旦丧失为政治合法性辩护的功能，政治安全就会面临严重的威胁，尤其在敌对国进行意识形态渗透的时候更是如此。

（二） 意识形态关乎社会安全

社会安全是国家安全的重要内容，在社会转型中，影响社会安全和社会稳定的因素不断凸显。维护社会安全，需要多管齐下，其中一个重要的条件就是"社会凝聚力"。分化构成了现代社会的一个显著特征，但一个有序社会是分化与整合的统一体。过度的阶层分化、利益分化以

① 《十八大以来重要文献选编》（中），中央文献出版社，2016，第 301 页。
② 《习近平关于总体国家安全观论述摘编》，中央文献出版社，2018，第 27 页。
③ 西摩·马丁·李普塞特：《政治人——政治的社会基础》，郭为桂、林娜译，江苏人民出版社，2013，第 51 页。

及社会各系统的分化会带来社会离心化，导致社会冲突、社会矛盾乃至社会解体。维护社会安全需要有效的整合，需要社会凝聚力和社会向心力。"国家安全的国内因素不仅基于武力与控制，还需要合法性和社会凝聚力。"① 主流意识形态、主流价值观能够给予转型中的社会以凝聚力。"不同的社会具有不同的脆弱性（Vulnerability），这取决于它们的'认同'是如何被构建的。"② 一个社会的主流意识形态越是具有感召力和号召力，这个社会的脆弱性就越弱、凝聚力就越强，社会也就越安全。当代中国正处在一场深刻的变革与转型中，面对不断彰显的"多元化"和"差异化"，意识形态作用也不断凸显，在建构中国精神中不断增强社会凝聚力和向心力，巩固社会稳定和促进社会进步。

三　双重挑战：当前我国意识形态安全风险

安全的对立面是危险或风险。意识形态安全研究的核心对象是威胁意识形态安全的各种因素。那些威胁意识形态安全的因素是多方面的，既有"非意识形态因素"（如经济危机、政治腐败、军事冲突等），也有"意识形态因素"（如社会思潮等），还有"意识形态相关因素"（一些不属于思想观念范畴但与意识形态紧密相关的因素，如意识形态传播的平台、载体、体制机制等）。在这里，我们主要是从后两方面探讨当前我国意识形态安全风险问题。当前我国意识形态安全面临的威胁可以分为外部威胁与内部威胁：一是西方国家对我国进行的意识形态渗透；二是国内的各种社会思潮、非主流价值观等对主流意识形态构成的压力与挑战。

（一）外部挑战：西方意识形态渗透

西方敌对势力"一直把我国发展壮大视为对西方价值观和制度模式

---

① 巴里·布赞、琳娜·汉森：《国际安全研究的演化》，余潇枫译，浙江大学出版社，2011，第29页。

② 巴瑞·布赞、奥利·维夫、迪·怀尔德：《新安全论》，朱宁译，浙江人民出版社，2003，第167页。

的威胁，一刻也没有停止对我国进行意识形态渗透"①。近年来，西方意识形态渗透的主要方式是推广"普世价值"，消解我国主流意识形态，并且通过设置话语陷阱，评判中国道路、中国制度，试图误导中国改革开放的方向。西方"普世价值"战略一般是围绕"自由""民主""人权"等概念设置话语陷阱，进行意识形态渗透。

一是新自由主义神话。新自由主义思潮起源于西方发达资本主义国家，20世纪80年代以来，尤其是东欧剧变之后，通过"华盛顿共识"传播至全球。新自由主义的核心价值理念是"自由"，它认为"个人自由"是最高的价值诉求，把自由鼓吹为"普世价值"。个人自由构成衡量一切社会活动的根本尺度，个人自由、个人利益成为解释一切个体或社会行为、历史事件的缘由。以个人自由为终极价值的新自由主义在经济领域的主张体现为"三化"：私有化、市场化和自由化。首先，"私有产权神话"。新自由主义经济学家鼓吹"私有产权神话"，他们主张私有化的理由主要有两点。第一，私有制能够保障个人自由。个人拥有生产资料所有权，意味着个人有了发财致富的机会，有了自由选择的条件。第二，私有制能够激发个体从事经济活动的积极性、主动性、创造性，从而能够提高效率。与此同时，新自由主义经济学家极力反对公有制，主要理由也是两点。第一，公有制导致个体丧失自由，掌握生产资料的独裁者会将整个社会带入集权主义的统治之中。第二，公有制导致产权不清晰、不可转让，会造成经济效率低下、浪费与腐败。其次，"市场万能论"。新自由主义同时也是一种"市场原教旨主义"，相信市场万能，主张彻底市场化，认为市场机制能够解决一切经济社会问题。这也意味着，新自由主义反对国家干预，反对国家宏观调控。最后，"全球自由化"。新自由主义把"市场原教旨主义"推广到全球，主张各国取消各种经济保护，实现金融和贸易的完全自由化和国际化。新自由主义思潮严重冲击了我国主流意识形态，并且给我国改革开放政策、经济基础带来了严重影响，不仅危及意识形态安全，也危及经济安全。个人至

---

① 《习近平关于总体国家安全观论述摘编》，中央文献出版社，2018，第128页。

上、自由至上的价值观给集体主义、公平正义等主流价值观带来了负面影响；私有化理论挑战了当前我国社会主义所有制观念，冲击了以公有制为主体的经济基础；无论是市场万能论还是贸易自由化，实际上都是反对政府作用和政府监管，主张"去国家化"，这些都给党的领导和社会主义国家制度带来了冲击。

二是西方自由民主观念和模式。西方意识形态渗透在政治层面上，主要表现为西方自由民主观念和模式对我国社会主义政治制度的冲击。西方发达国家意识形态战略的重点就是"输出民主"，而这首先得力于西方成功建构了民主话语权。今天普遍流行的西方民主理论是通过"三步走"而建构起来的。第一步是改造民主的概念，实现从人民主权到选举式民主的转换。第二步是将民主框定在自由主义框架之内。第三步是改造合法性概念，论证只有以竞争性选举为核心的自由民主政体才具有合法性①。西方国家将"选举式民主"建构成民主的唯一模式，同时也构成评判别国政治制度民主与否的唯一标准。这些年，西方国家在我国大肆推广自由、民主等"普世价值"和"自由民主模式"，目的"就是要同我们争夺阵地、争夺人心、争夺群众，最终推翻中国共产党领导和中国社会主义制度"②。西方一些人认为，中国政治制度不符合以选举民主、多党制等为基本特征的"自由民主模式"，由此攻击中国共产党的领导和中国特色社会主义制度。这些强势话语显然也影响到了国内一些人："有的人把改革开放定义为往西方'普世价值'、西方政治制度的方向改，否则就是不改革开放。"③

三是"人权高于主权"的文化霸权战略。在政治和文化领域，我国意识形态安全风险还表现为西方推行的"人权外交""人权高于主权"的文化渗透：首先，主观地认为本国的人权水平是最高的，人权状态是最好的；其次，应该突破国家主权的限制，将这种最佳的人权结构"种植"于那些人权水平不高的国家；最后，如遇到那些以国家主权作为屏

① 曾毅、杨光斌：《西方如何建构民主话语权——自由主义民主的理论逻辑解析》，《国际政治研究》2016年第2期。
② 《习近平关于社会主义文化建设论述摘编》，中央文献出版社，2017，第27页。
③ 《习近平关于总体国家安全观论述摘编》，中央文献出版社，2018，第19页。

障抵制西方人权形式进入的国家和政权，必须强行限制其主权的实现①。"人权高于主权"观念为西方国家推行霸权主义和干涉别国内政提供了合法性，它对于我国意识形态领域的危害主要体现在：攻击中国人的爱国主义精神，淡化中国人的主权意识，尤其是"文化主权"意识，从而为西方的文化霸权、文化扩张开辟道路。

（二）内部挑战：来自非主流意识形态的压力

概括说来，主流意识形态面临的内部挑战可以划分为"多元化挑战"和"世俗化挑战"。

一是"多元化挑战"。随着改革开放不断深入，尤其是社会主义市场经济体制的建立与发展，我国社会结构不断分化，人们的利益诉求不断多元化；利益分化、诉求多元化必然带来思想观念的多元化。正是在这样的社会背景下，国内出现了各种社会思潮，它们都在谋求发出自己的声音，并且努力影响当代中国政治社会发展走向以及社会民众的认知与行为选择。当前主流意识形态面临的"多元化挑战"至少表现在两个方面。其一，人们思想活动的独立性、选择性、多变性、差异性明显增强，导致主流意识形态的教育引导、整合等功能无法有效发挥，或者说发挥作用的难度在增加。过度多元化思想观念及其行为取向，消解着主流意识形态权威，也会给社会增加"离心力"。其二，非马克思主义的社会思潮冲击主流意识形态统治权。当前我国存在的社会思潮流派众多，我们对其要辩证分析，既要看到它们的危害性，也要正确认识其合理成分。我们要清醒地意识到这些社会思潮的"主导面"是负面的、消极的，它们否定、冲击马克思主义的一元化地位，主张指导思想的多元化。比如，民主社会主义声称，不依赖任何单一的意识形态，主张包括马克思主义在内的多元化思想，其实质是用思想多元化动摇马克思主义的指导地位。这些非马克思主义社会思潮或政治观点广泛蔓延，使得马克思主义在意识形态领域的指导地位面临严峻挑战。

---

① 具体可参见陆忠伟《非传统安全论》，时事出版社，2003，第334页。

二是"世俗化挑战"。改革开放以来，我们确立了"以经济建设为中心"的发展战略，进入一个"物质利益时代"。市场经济体制的引入，使得整个社会更加快速地世俗化、物质化。市场经济不仅是一种物质力量，也是一种强大的精神力量，它不断渗透到人们的精神生活中，不断改变整个时代的"精神面貌"和"思想肖像"。包括主流意识形态在内的整个文化系统面临"世俗化挑战"，或者更为准确地说，是"市场逐利性的挑战"。市场的消极面、市场交换原则等观念渗透到人们的精神生活中来。拜金主义、享乐主义、极端个人主义在一定范围滋长蔓延，社会主义、集体主义、爱国主义等主流价值遭遇挑战。更为严重的是，一些人在价值观层面上持怀疑主义、虚无主义立场，拒绝理想，解构崇高，共产主义远大理想和中国特色社会主义共同理想受到一定程度的"消解""解构"，影响了民众对主流意识形态的价值认同。

四 如何维护意识形态安全

如何维护意识形态安全？最根本的一条就是把意识形态建设上升到国家安全的战略地位，制定和实施国家意识形态安全战略。2015年1月23日，中央政治局会议审议通过了《国家安全战略纲要》，它是我国第一个完整的国家安全战略文本。关于意识形态安全，我国还没有形成具体的、有针对性的战略文本。因此，我们将以总体国家安全观为指导，基于安全战略高度，探讨维护意识形态安全的相关路径。意识形态安全战略包括了战略目标和战略手段两个层面。最根本的战略目标就是"两个巩固"："宣传思想工作就是要巩固马克思主义在意识形态领域的指导地位，巩固全党全国人民团结奋斗的共同思想基础。"[①] 从中观层面上看，实现意识形态安全目标的途径和手段可以从认知—解释、价值—信仰和决策—操作等三个系统加以探讨。

① 《习近平关于社会主义文化建设论述摘编》，中央文献出版社，2017，第22页。

（一）认知—解释系统

从认知—解释层面看，主流意识形态要维护其有效性、合理性，关键是要回答好"是什么"的问题，即对社会现实的解释与说明要有说服力。"理论要有说服力"至少表现在两个方面。一是"要能指导实践"。1978年之前，主流意识形态危机的重要表现就是脱离实际，严重的"空洞化"。"无产阶级专政下继续革命"理论，尽管在形式上保持"绝对权威"，但其实它是僵化的、脱离实际的，面临着危机。改革开放以来，我们党在坚持马克思主义基本原理的前提下，不断调整和变革主流意识形态，根据变化了的时代条件和变革中的社会发展，推动马克思主义不断创新、发展，形成了中国特色社会主义理论体系。当前，维护意识形态安全就要继续推进马克思主义中国化，实现中国特色社会主义理论体系不断创新，用新的理论指导新的实践、新的改革。二是"要能解释实践"。主流意识形态的有效性还表现为能够有效地解释实践，在当前意识形态斗争中，这一点尤为重要。话语权旁落是一个国家主流意识形态不安全的集中表现。对于当代中国意识形态安全议题，紧迫之事就是破除西方话语霸权，构建中国理论、中国话语，牢牢把握解释中国道路的话语权。改革开放以来，我们走出了一条举世瞩目的现代化之路，但是我们却缺少一整套把自己说清楚的话语体系，反而，中国道路常常在西方话语体系中被言说：要么用"专制主义""中国特色资本主义""威权社会主义"等话语给中国道路定性；要么用"普世价值"话语观察中国道路，试图引导中国改革开放的方向；要么用"国强必霸论""中国威胁论""中国不负责论"等话语有意曲解中国道路，指责中国发展模式。这些强势的西方话语在国内大肆渲染，影响到了一些人。在中国经验、中国道路上，西方强势话语给主流意识形态的解释权和话语权带来极大挑战。针对西方话语霸权，我们应当加强当代中国马克思主义话语体系建设，构建起能够有效解释好中国道路的话语系统，建立起"防御性话语"系统，筑起话语安全屏障，其战略支点有三。第一，在中国经济发展模式上，要抵制新自由主义的话语泛滥，积极主动构建中国特色社会主义政治经济学话语体系，要掌握解释中国经济发展模式的话语权。第二，在中国政治发展模式上，要抵制西方自由民主话语，尤其是西方合法性话语的渗透，积极主动构建中国特色社会主义民主话语体系，打造"中国式民主"话语，特别是要论证好"中国共产党的领导是中国特色社会主义最本质的特征"。第三，在中国对外战略上，针对西方大肆渲染的"中国威胁论"，要积极主动构建对外话语体系，解释好中国道路的内在和平主义特质，它是和平主义的"王道"，而非强权主义的"霸道"。

（二）价值—信仰系统

认同是国家安全的一个重要变量。国家认同危机必然导致国家安全风险。无论是外来意识形态渗透，还是内部的社会思潮竞争带来的挑战，最终都集中到一点：认同危机。从意识形态安全维护的角度来看，解决认同危机，关键还是意识形态结构中最核心部分——价值—信仰系统的建设。这涉及两个方面：解构与建构。一是解构"普世价值"。解构"普世价值"，需要从学术和政治两个层面入手。第一，从学理上批判"普世价值"在理论依据上的错误。"普世价值"模糊了价值的普遍性和价值的普遍主义，将价值的普遍性与特殊性割裂开来，把西方特殊价值普遍化，作为唯一的标准强加于人。第二，从政治实践角度揭露"普世价值"背后的"真实意图"。"普世价值"占领道义制高点，它们好像是整个人类社会普遍接受、认同的价值观念，因此，没有接受这些价值观念的国家就是自绝于整个人类社会。实际上，"普世价值"是西方资本主义利益的价值观念反映，它是为西方资本主义政治服务的意识形态工具。习近平总书记指出："如果我们用西方资本主义价值体系来剪裁我们的实践，用西方资本主义评价体系来衡量我国发展，符合西方标准就行，不符合西方标准就是落后的陈旧的，就要批判、攻击，那后果不堪设想！"① 为什么要批判"普世价值"？因为它背后指向的是国家制度的建构及其标准，接受了"普世价值"，必然会"合乎逻辑"地接受私有制、多党制等西方制度模式。批判"普世价值"的根本目的在于夺取

---

① 《习近平关于总体国家安全观论述摘编》，中央文献出版社，2018，第34页。

"制度建构权"。二是建构核心价值观。核心价值观是一个国家的"重要稳定器"①。建构核心价值观，就是确立民众共同认同的价值观这一"最大公约数"，也就是塑造国家认同、价值认同。从塑造认同、维护意识形态安全的角度来看，当前我国社会主义核心价值观的建构与阐释的过程中，应当更加凸显三个面向。第一，着眼于合法性建构，着力阐释国家制度的道义基础。第二，着眼于制度建构，为国家制度的建构提供基本方向，即实现价值观与国家制度的深度融合，牢牢掌握"制度建构权"。第三，着眼于社会价值，奠定社会的主导价值基础，真正实现核心价值观的"凝心聚力"作用，抵制非主流价值观的"分化"威胁。

（三）决策—操作系统

决策—操作系统探讨的是关于意识形态的政治社会化的行为模式，它涉及意识形态实践活动的一系列要素，如意识形态主体、意识形态资源与平台、工作体制机制、传播方式方法、意识形态受众等。从决策—操作系统来说，牢牢掌握意识形态工作领导权、维护意识形态安全，当前至少有两个方面的重点任务。一方面，落实意识形态工作责任制。"一个政权的瓦解往往是从思想领域开始的，政治动荡、政权更迭可能在一夜之间发生，但思想演化是个长期过程。思想防线被攻破了，其他防线就很难守住。"② 意识形态工作极端重要，对政权安全起着至关重要的作用。因此，做好意识形态工作必须坚持全党动手。全面落实意识形态工作责任制，压紧压实维护意识形态安全的政治责任、领导责任；落实工作责任制就要加强阵地建设和管理，要发扬斗争精神，始终站在意识形态斗争第一线，敢于亮剑。另一方面，建立意识形态安全风险预警机制。一般说来，它有三个方面的具体机制。一是监测机制。通过监测意识形态领域焦点、热点等信息，进行有效的分析与研判，准确把握意识形态安全风险的动态和方向。二是警报机制。当发现监测结果（包括

---

① 《习近平关于社会主义文化建设论述摘编》，中央文献出版社，2017，第106页。
② 《习近平关于社会主义文化建设论述摘编》，中央文献出版社，2017，第21页。

分析研判结论）显示意识形态安全出现警情征兆时，通过相关渠道、机制向党和政府发出警报。三是反应机制。意识形态工作相关领导机构快速采取有效措施，解决意识形态安全事件。可以说，三种机制都依赖于意识形态安全风险的预警指标体系的设计。意识形态风险、意识形态安全事件的发生是有一个过程的，并且具有征兆性。我们可以通过对一些警兆指标（比如，对社会主义核心价值观的认同度、对党和国家主要领导人的认同度、对党执政的信任度、对干群关系的满意度等）的统计与测量，对主流意识形态安全风险进行评估。

总而言之，我们要准确把握国家意识形态安全形势，在总体国家安全观的理论高度探讨关于意识形态安全的一系列理论议题；在把握当前我国意识形态面临的内外部风险的前提下，有针对性地制定国家意识形态安全战略，维护主流意识形态的领导权和主导权，为总体国家安全构筑思想防线。

百年未有之大变局中的
中国意识形态战略选择*

唐爱军

党的十八大以来，以习近平同志为核心的党中央从历史规律出发洞察世界发展大趋势，把握我国历史方位，作出"百年未有之大变局"的重大论断。2017 年 12 月 28 日，习近平在接见回国参加 2017 年度驻外使节工作会议的全体使节时指出，放眼世界，我们面对的是百年未有之大变局①。2018 年 6 月 23 日，在中央外事工作会议上，他又强调："当前，我国处于近代以来最好的发展时期，世界处于百年未有之大变局，两者同步交织、相互激荡。"② "百年未有之大变局"为崛起中的中国框定了历史方位和时空坐标。党和国家意识形态建设要置于这一大变局中进行新的谋划、必要的战略调整，形成新时代意识形态战略方案。

一 百年未有之大变局的本质与基本构成

诸多学者从基本内涵、主要要素等各个角度把握百年未有之大变局，取得了诸多学术成果。从一般意义来看，百年未有之大变局包括了"主

---

* 2019 年国家社会科学基金项目"唯物史观视野中的中国道路研究"（19BKS131）的阶段性成果。本文原载于《思想理论教育导刊》2021 年第 4 期，收入本书时有改动。

① 《习近平谈治国理政》第 3 卷，外文出版社，2020，第 421 页。
② 《坚持以新时代中国特色社会主义外交思想为指导努力开创中国特色大国外交新局面》，《人民日报》2018 年 6 月 24 日。

体"（什么发生了大变局）、"属性"（主体的类别以及主体变化的性质）、"时间"、"效应"（对世界、地区、中国等客体造成的影响）等要素。我们认为，阐释百年未有之大变局的本质，还是要回到唯物史观：坚持从生产力与生产关系、经济基础与上层建筑的矛盾运动中去揭示世界发展大趋势、时代本质以及中国的历史方位；坚持从经济结构、政治结构以及文化结构等方面的"结构变迁""力量转移"中去揭示大变局之"变"。从唯物史观的原则高度来看，百年未有之大变局是人类社会历史进程中的多重要素相互作用的大变革，包括生产力和生产方式领域、物质财富和经济基础领域、政治上层建筑领域以及思想观念和意识形态领域等"变革群"构成的经济社会演变趋势。百年未有之大变局主要涉及三个层面。

一是生产力和生产方式层面。生产力是推动社会进步的根本力量。近代以来，人类的生产力主要表现为工业生产力形态。迄今为止，人类社会经历了三次工业革命时代，即"蒸汽时代""电气时代""信息时代"。当前，人类社会正迈向第四次工业革命时代，即"智能时代"。第四次工业革命以数字技术和智能技术为先导，以数字经济为主要产业特征，以人工智能、大数据、物联网等为主要技术特征。第四次工业革命将催生新产业、新业态、新发展模式，深刻改变人类的生产力布局、人类物质生产体系，以及人类生产方式、生活方式、交往方式和思维方式等。以科学技术为核心的生产力发展是人类社会发展的根本动力，数千年来的文明兴衰、大国起落无不验证了这一原理。历史上的三次工业革命都是西方启动和推进的，西方通过工业革命实现了对非西方的绝对主导优势。第四次工业革命正在到来，我国要抢占制高点，抓住这一巨大的历史机遇。

二是物质财富和经济基础层面。它主要关涉两个方面。其一，世界经济格局之变。最大的变化就是发达国家群体与发展中国家群体力量对比。按照国内生产总值（GDP）计算，发展中国家群体已占全球的一半，按照购买力平价（PPP）计算，发展中国家群体已经超过发达国家群体。据预测，到2035年，发展中国家群体GDP将超过发达国家群体，在全球经济和投资中的比重接近60%。全球经济增长的重心从欧美转移到亚洲、从发达国家转移到发展中国家。以西方发达国家为中心、以非西方的发展中国家为外围的"中心—边缘"的世界经济体系不断发生深刻变化。其二，财富创造模式和发展范式之变。以 1979 年撒切尔革命和 1980 年里根革命为起点的新自由主义日益成为风靡全球的发展模式，自由竞争、私有化、市场化、贸易全球化等构成其基本特征。该模式遵循"赢者通吃"原则，已导致严重的贫富分化和社会冲突等问题。西方发展模式出现了严重危机，人类社会需要新的发展模式，"发展范式"正处于深刻调整中。中国道路、中国模式为人类社会"发展范式"变革提供了新的选择。

三是思想观念层面。其一，自由主义思潮面临严重挑战，国际思潮更加复杂化。二战后一直占主导的自由主义思潮日渐式微，民粹主义、逆全球化思潮等兴起。民粹主义进一步强化了政治身份认同，使得整个世界更加分裂。其二，多元文化主义陷入困境。少数族群意识与主流族群文化之间、族群认同与国家认同之间的对立与冲突日趋严重，民族主义、种族主义甚至国家主义等思潮回流。其三，西方国家政治和意识形态极化趋势明显。西方国家普遍存在以下问题：经济上，分配失衡导致贫富阶层两极分化；政治上，政治精英分化、政党分化以及意识形态分化；文化上，社会分裂与文化冲突。

社会存在决定社会意识。"随着经济基础的变更，全部庞大的上层建筑也或慢或快地发生变革。"① 我国意识形态建设要积极有效应对"生产方式—经济力量—权力秩序—价值观念"的变革，形成应对百年未有之大变局的新的意识形态战略选择。

二　针对"非西方导向"趋势，积极构建中国话语体系

近代以来，西方国家通过资本开辟了世界历史，同时也重构了世界秩序："它使未开化和半开化的国家从属于文明的国家，使农民的民族

---

① 《马克思恩格斯文集》第 2 卷，人民出版社，2009，第 592 页。

从属于资产阶级的民族，使东方从属于西方。"① 21 世纪以来，随着以中国为代表的发展中国家"群体性崛起"，以西方为主导的世界秩序逐步被打破，整个世界格局出现了"力量转移"或"力量转换"。"力量转换的最大影响是导向问题。"② 整个世界出现了从"西方导向"走向"非西方导向"的大趋势，它涉及经济力量、政治格局、思想观念等各个领域。从思想文化和价值观领域来看，发展范式、价值观、国际关系理论、全球治理规则等方面都呈现出"非西方导向"。西方诸多学者认为，中国崛起不仅是一个经济事件，还是一个文化事件。比如，英国学者雅克指出："西方将会越来越多地在准则、价值观和制度方面与中国竞争。"③ 以中国理念和中国价值为代表的"非西方导向"话语体系越来越具有国际话语权。我们应当用好力量转移带来的导向变化的战略机遇期，积极主动构建中国话语和价值观体系，促进"中国实力向国际影响力"的有效转化。对此，至少有三个层面值得我们重视，并力图形成基本的战略思路。

（一）构建、传播中国人的世界观和方法论，构建中国自己的世界秩序话语

中国日益走近世界舞台中央，这对我们讲好中国故事、争取国际话语权提出了时代要求。与此同时，我们在"观"世界、解决人类问题等议题上，要构建、传播中国人的世界观和方法论，"解决中国的问题，提出解决人类问题的中国方案，要坚持中国人的世界观、方法论"④。

一是构建新的世界秩序观。国际话语权首先是对国际社会、世界秩序的解释权。冷战后，关于世界秩序话语，西方提供的有广泛影响的主

---

① 《马克思恩格斯文集》第 2 卷，人民出版社，2009，第 36 页。

② 张蕴岭：《对"百年之大变局"的分析与思考》，《山东大学学报》（哲学社会科学版）2019 年第 5 期。

③ 马丁·雅克：《当中国统治世界：中国的崛起和西方世界的衰落》，张莉、刘曲译，中信出版社，2010，第 343 页。

④ 《习近平关于社会主义文化建设论述摘编》，中央文献出版社，2017，第 85 页。

要有两种："历史终结论"和"文明冲突论"。"历史终结论"认为，西方自由民主制度是"人类最后一种统治形式"，社会主义和共产主义是没有未来的，整个世界秩序是"自由民主秩序""普世文明秩序"。"文明冲突论"认为，后冷战世界秩序是由不同文明体构成的，不同文明体之间是冲突的，在未来世界，中华文明、伊斯兰文明将与西方文明出现大规模冲突甚至是"断层线"战争。这两种世界秩序话语极大地配合了美国对外霸权战略，尤其是意识形态渗透战略。特朗普政府时期，构建了"自由世界秩序"与"压制性世界秩序"二元话语，实施对华竞争战略。概述说来，西方世界秩序观主要表现为"二元对立"思维模式、"零和博弈"的对抗思维，以西方特殊价值和制度模式为标准，追求世界的同质化。针对西方旧的世界秩序观，我们要积极构建新的世界秩序观，"人类命运共同体"就是其有效尝试。作为中国的世界秩序话语构建，人类命运共同体仍处于不断发展中，但是，其基本原则是清晰的、确证的。第一，它超越了狭隘的民族国家利益，以全人类共同利益为理念范式。第二，它超越了"文明冲突论"和"零和博弈"思维，强调文明多样性、文明交流互鉴。第三，它是以共同发展为核心诉求的发展型世界秩序观。第四，它以"五个世界"构成现实世界秩序的核心主张。人类命运共同体关于世界秩序的现实化诉求就是持久和平、普遍安全、共同繁荣、开放包容、清洁美丽的五个世界。第五，它旨在构建世界秩序的"理想类型"。也就是"各美其美，美人之美，美美与共，天下大同"的美好世界。

二是深入阐释、积极宣传回答"世界之问"的中国方案。"世界怎么了、我们怎么办？"这是当今时代的"世界之问"。我们要直面"世界之问"，在世界舞台上积极主动宣传好为解决人类问题提供的中国方案。比如，主张世界既具有多样性又具有统一性的世界观；强调国家之间相互平等的国家观；强调各国都有自主选择社会制度和发展道路权利的制度观；树立平等、互鉴、对话、包容的文明观；主张以包容性为核心的发展观；坚持共商共建共享的全球治理观；主张始终不渝走和平发展道路、维护世界和平的和平观；坚持义利并举、以义为先的正确义利观；等等。

(二) 从文明论高度深入阐释、宣传中国道路与中国发展

西方对中国道路、中国发展的歪曲主要表现为两种观点。第一种观点认为，中国道路"只有财富没有自由"，常常用"极权主义""威权主义"等话语规制中国道路，认为中国道路是游离于现代文明主流的"例外"。第二种观点认为，中国道路、中国发展必然会挑战现存国际秩序，导致冲突与战争。亨廷顿的观点具有代表性："中国的历史、文化、传统、规模、经济活力和自我形象，都驱使它在东亚寻求一种霸权地位。这个目标是中国经济迅速发展的自然结果。所有其他大国如英国、法国、德国、日本、美国和苏联，在经历高速工业化和经济增长的同时或在紧随其后的年代里，都进行了对外扩张、自我伸张和实行帝国主义。没有理由认为，中国在经济和军事实力增强后不会采取同样的做法。"[1] 西方一些人总"认为中国发展起来了必然是一种'威胁'，甚至把中国描绘成一个可怕的'墨菲斯托'，似乎哪一天中国就要摄取世界的灵魂"[2]。针对西方的"中国强权论""中国威胁论"等话语陷阱，我们的意识形态建设要超越基于力量、实力甚至软实力逻辑，而是从文明逻辑、价值逻辑对中国道路与中国发展进行话语构建。中国发展、中华民族复兴绝不是追求"世界排名"，而是超越旧有国际格局，构建更高类型的文明。主流意识形态要从中华传统文明的"和平基因"（比如，"和为贵""和而不同""内圣外王""睦邻友邦""天下大同"等价值理念）、社会主义价值原则（比如，"共同富裕""社会公正""社会和谐"等）、中国共产党人为人类谋和平与发展的政党理念等各个文明维度、价值维度出发，构建有效的对外话语体系，向世界说明中国发展对其不是一种威胁。中国走的是和平发展道路，反对西方霸权主义、强权政治；中国发展是超越"国强必霸"逻辑的文化发展、文明发展。

---

① 亨廷顿：《文明的冲突与世界秩序的重建》，周琪等译，新华出版社，2009，第205页。
② 《习近平谈治国理政》，外文出版社，2014，第264页。

（三）警惕国际领导权中的"金德尔伯格陷阱"，平衡自身利益与国际责任

所谓"金德尔伯格陷阱"是指在世界权力转移过程中，如果新崛起的大国不愿或不能承担领导责任，不为世界提供必要的国际公共产品，就会导致全球经济混乱和安全失序。美国在特朗普政府时期强调"美国优先"，提供国际公共产品的能力和意愿都在下降。在这种情况下，国际社会更加关注中国是否有能力、有意愿填补美国留下的"责任空间"，承担提供国际公共产品的责任。中国应当对人类有较大的贡献，我们要促进"中国实力向国际影响力"转化，将我国发展优势转化为国际话语优势。但是，在宣传中国的国际责任与国际贡献的同时，一方面，一定要警惕被"捧杀"的危险，防止提供国际公共产品成为我国不能承受之重，要承担与自身能力相适应的国际责任；另一方面，不能一味"唱衰西方"，不能犯冒进错误。在构建中国话语、讲好中国故事的进程中，我们要在利益与责任之间寻求平衡，防止出现透支实力、迟滞民族复兴的危险。总之，在掌握中国国际话语权问题上，要强调辩证法，在战略选择上，既反对"话语保守"，又警惕"话语冒进"。

三　研判西方意识形态渗透新动向，维护好我国意识形态安全

随着中国发展和世界力量转移，中美关系开始发生质变，美国对华政策由"接触"（Engagement）调整为"规锁"（Confinement），美国正在形成"全政府对华战略"（A Whole-of-government Strategy on China）。《美国国家安全战略报告》把中国定位为一个长期的"战略竞争者"和"修正主义国家"。意识形态遏制与渗透是美国国家战略的有机组成部分，意识形态领域的妥协退让无法改变大国竞争的客观事实。对于美国意识形态遏制战略及其新特点，我们要高度重视。

一是从国际层面看，针对中国国际影响力提升，西方利用"锐实力"新话语，进一步渲染"中国威胁论"，推动西方社会对中国的战略

疑虑不断增加。百年未有之大变局显著表现就是以美国为代表的西方国家的国家实力和国际影响力相对"衰落"，以中国为代表的发展中国家快速发展，国际影响力显著提升。这一力量对比导致西方的担忧，直接催生了"锐实力"新概念、新话语。2017年底，美国全国民主基金会发布了《锐实力：崛起的威权主义影响》（*Sharp Power: Rising Authoritarian Influence*）的研究报告。"锐实力论"是西方在意识形态领域塑造的新的"中国威胁论"。"锐实力论"主要涉及三个要素：推行主体是以中俄为代表的"威权国家"；权力行使方式主要是"对外审查、操纵和干扰"，不同于自愿性、公开性、开放性等"软实力"作用方式；战略意图是塑造价值观、制度认同。此外，"锐实力论"认为，中国的"锐实力"能够发挥作用的原因主要有两点。其一，利用了中国对外部世界的诸多优势（比如，经济优势、发展优势等）。其二，世界其他国家对中国的诸多需求（比如，资本需求、文化需求等）。西方一些势力利用这一概念，把这些年我国在参与全球治理、提升国家形象与国际影响力等方面所作的努力"妖魔化"，将我国在海外开展的智库和文化交流合作等项目定性为"像楔子一样渗透进西方的价值观"战略举措。"锐实力论"担忧中国发展模式和中国文化对世界尤其是发展中国家的影响力扩散。中国崛起对美国乃至西方不是"主权威胁"，而是"价值观威胁"。它将中国道路、中国发展模式和中国方案等视为对西方的"普世价值"、自由民主体制、"华盛顿共识"的对抗。因此，我们要充分认识到百年未有之大变局下西方对我国意识形态遏制的新变化：从接触战略下的"价值观改造"到规锁战略下的新的"中国威胁论"。对此，我国意识形态战略一方面要管控矛盾分歧，在国际舆论场上，要"弱化""软化"中西方意识形态的冲突性、对抗性；另一方面，主动批判、积极破除以"锐实力论"为核心的新的"中国威胁论"，要摆脱"意识形态赤字""话语赤字"等困境，不断构建正在发展的中国所需要的意识形态话语体系。

二是从国内层面看，西方意识形态渗透战略重心从"主义之争"转向"问题之争"，抓住我国发展过程中的问题矛盾大肆渲染，试图制造"合法性危机"。国际上，"西方敌对势力一直把我国发展壮大视为对西方价值观和制度模式的威胁，一刻也没有停止对我国进行意识形态渗透"①。近年来，随着美国等西方社会危机的加深、价值观推广进程中"双标"等问题的暴露以及人们认识的深化，"自由""民主""人权"等西方话语的虚伪性日益被人们识破，西方一些势力逐步转向"问题之争"：利用我国社会体制转型过程中积累的一些矛盾问题，大肆渲染，刻意放大，煽动民众不满情绪，试图消解党的政治合法性。任何一个社会都不可能是尽善尽美的，任何一种发展道路也不可能是"全优"模式，在现实中，不可避免存在这样或那样的社会矛盾，产生这样或那样的社会问题，中国社会制度和中国道路同样如此。可是，西方敌对势力"千方百计利用一些热点难点问题进行炒作，煽动基层群众对党委和政府的不满，挑动党群干群对立情绪，企图把人心搞乱"②。

西方意识形态渗透的"问题之争"，常常表现在：歪曲我国经济社会发展基本面，恶意炒作改革发展中的矛盾和问题，恶意炒作我们经济社会发展面临的困难挑战，对经济个案风险进行夸大式炒作，宣扬"经济悲观论"；社会热点和社会问题被蓄意泛政治化、泛意识形态化，站在所谓的"自由""民主""人权"价值立场炒作信访、环保、医疗、拆迁等民生领域的个案，煽动质疑公权力的情绪；等等。在社会转型和互联网发展条件下，这些经过西方意识形态"构建"的社会矛盾和社会问题又产生了叠加效应、放大效应、诱导效应等，给我国政治安全和意识形态安全带来极大危害。西方的"问题之争"渗透战略意图在于消解民众政治认同，引起"合法性危机"，进而颠覆中国共产党的领导、颠覆我国社会主义制度。对此，我们要牢牢掌握社会问题和社会矛盾的解释权和话语权，要将社会问题和社会矛盾"非体制化"（核心是非政治化、非全局化），"避免一些具体问题演变成政治问题、局部问题演变成全局性事件，避免出现大的意识形态事件和舆论漩涡"③。此外，对于一些传统的老问题，要积极主动解释，通过一定的有效方式

---

① 《习近平关于社会主义文化建设论述摘编》，中央文献出版社，2017，第53页。
② 《习近平关于社会主义文化建设论述摘编》，中央文献出版社，2017，第53页。
③ 《习近平关于社会主义文化建设论述摘编》，中央文献出版社，2017，第53页。

释放"社会情绪",减轻"意识形态库存压力"。不能一味回避社会问题和社会矛盾,不能总是朝着有利于自己的经济社会形势和国内舆论的方向进行意识形态宣传或话语构建,因为这容易造成国民群体性误判。要正确揭示事件真相尤其是负面事件的真相,对此进行科学理性分析,要对民众心理和国民精神等进行"预建"。

四 应对第四次工业革命挑战,掌握意识形态建设主动权

生产力决定生产关系、经济基础决定上层建筑。人类社会正处于从第三次工业革命到第四次工业革命的"文明转型"时期,第四次工业革命必将在诸多领域超越以往工业革命取得的文明成果,整个人类社会将面临全新的知识革命和思维革命。我们要加强对第四次工业革命和人工智能时代的研究,构建与之相适宜的意识形态体系,尤其是意识形态安全体系,掌握第四次工业革命和人工智能时代意识形态建设主动权。

(一)研究第四次工业革命和人工智能时代的意识形态"本体论"议题

从基本理论来看,经济基础决定意识形态基本图式被重构,大数据(以及其他新智能要素)改变了意识形态的因变量。经济基础决定论演变为经济基础与大数据共同决定论。大数据构成了经济基础决定意识形态的中介原则、基本机制。从基本形态来看,意识形态显现出从大工业意识形态到(由数字技术和互联网构造的)大数据意识形态、从传统政治意识形态到非传统政治意识形态的转型。比如,在人工智能时代,资本主义与社会主义、自由主义与共产主义二元对立的传统政治意识形态影响力会有所下降,非传统政治意识形态(比如,"亚意识形态""次意识形态")会广泛存在,并对特定社会人群产生决定性影响。从实践逻辑来看,"意识形态生产与分配"整个环节和机制将会发生根本性变革。比如,人工智能通过机器人写作改造了意识形态、信息内容的"生产环节",通过智能"算法+推荐"改造了意识形态、信息内容的

"分发环节"，形成了大数据时代的"算法分发模式"。它完全不同于传统媒体的编辑分发模式以及社交媒体的社交分发模式。从治理逻辑来看，意识形态治理呈现从主观性治理到客观性治理、从灌输型治理到互动型治理、从模糊性治理到精准性治理、从真实性治理到虚拟性治理等的模式变迁。

（二）研判第四次工业革命和人工智能时代国家意识形态安全新风险，争取主动

新时代意识形态建设一是要警惕人工智能时代传统主流媒体影响力被边缘化的风险。在新媒体异军突起、新技术应用、受众偏好变化、传播效果评价体系变化等诸多要素的"合力"下，传统主流媒体影响力会受到极大削弱，甚至存在被边缘化、虚置化等的风险。二是要正视人工智能"算法+推荐"信息分发模式造成的"信息茧房"（Information Cocoons），其会加剧社群区隔和价值分化冲突的危险。"算法+推荐"信息分发模式，基于用户阅读新闻、获取信息的倾向性、个性化偏好、价值立场，通过算法为不同的用户推送和呈现他们感兴趣或有价值认同的内容。只给"喜欢的"，极容易导致人们视野窄化和观点极化，不同群体的认知、价值观更加倾向于偏激、固化，增加了主流意识形态整合难度。三是要警惕人工智能时代新闻消费与网络空间的过度感性化、碎片化、实用化、娱乐化以及公共意识弱化等问题。借助于人工智能的"算法+推荐"信息分发模式，新闻舆论、媒体提供给受众的更多的是满足人的感性需求甚至感官刺激需求的信息或知识，它一方面导致了新闻舆论、媒体的过度感性化、碎片化，另一方面降低了公众对主流意识形态、严肃话语的关注度，弱化了公众对重大公共事务的理性分析、反思的能力。

（三）探索第四次工业革命和人工智能时代意识形态安全风险预警防范机制

在百年未有之大变局中，国家意识形态安全风险主要有两种：一是直接的外来意识形态或非主流意识形态危害与威胁；二是由新科技革命带来的意识形态内容生产与传播方式变革所形成的意识形态安全新风险。

第四次工业革命带来了物理空间、网络空间、生物空间以及"多重融合空间",它们必然会建构意识形态安全的多维空间及其关系。对此,我们要在物理空间、非物理空间等不同空间,建立意识形态危机审查巡查制度。比如,在网络空间,可以通过大数据监测机制全方位地预测主流意识形态和非主流意识形态的基本走向和发展趋势;通过大数据分析机制感知网络安全态势,做好风险防范;等等。建立和完善审查巡查制度的核心环节就是构建意识形态安全风险预警防范机制。在不同技术条件下、不同意识形态空间形态下,意识形态安全风险预警防范机制有所不同,但是基本上都涉及三个方面。一是监测机制。通过监测、研判、分析不同意识形态空间、领域的焦点、热点等信息,精准把握意识形态安全风险的动态和方向。二是警报机制。当发现监测结果(包括分析研判结论)显示意识形态安全出现警情征兆时,通过相关渠道、机制向意识形态管理部门发出警报。三是反应机制。意识形态工作相关管理机构快速采取有效措施,处理意识形态安全事件。

五 在世界百年未有之大变局与中华民族复兴的历史交汇期,更加重视国家凝聚力建设

在百年未有之大变局下,我国要在激烈的国际竞争中谋求属于自己的位置,实现民族复兴,就必须增强国家凝聚力。此外,在大变革时代,国家凝聚力对国家安全也是至关重要的。国家凝聚力是指一个国家不同民族、不同政党以及人民群众在理想、目标和利益共同基础上,因国家满足其物质、精神、政治、文化、安全等需要,而产生的内向聚合力和外向吸引力。国家凝聚力包括国家物质凝聚力、国家精神凝聚力、国家政治凝聚力、国家文化凝聚力、国家安全凝聚力等方面。从文化和意识形态建设角度来看,加强我国国家凝聚力建设,要着重处理好三对关系。

(一) 处理好对外来观念和价值的吸收与批判之间的关系

文化建设一方面要有开放性,吸收外来优秀文化,另一方面要有批判性,尤其要质疑和批判那些影响国家凝聚力、误导国家发展方向的观

念和价值。"如果从观念上来考察，那么一定的意识形式的解体足以使整个时代覆灭。"① 从一定意义上来说，对一个传统社会的稳定构成主要威胁的，并非外国军队的侵略，而是外国观念的侵入。人们质疑国家建构的一些核心观念，在一定程度上会威胁到政治秩序的稳定性。以美国为首的西方意识形态渗透集中表现为"观念入侵""价值观输入"。"美国的对外交往不是传统意义上的外交政策，而是传播价值观的工程。它认为其他所有民族都渴望照搬美国的价值观。"② 在大变局下，我们要警惕西方恶意渗透式"观念入侵"。比如，要批判"普世价值"等西方意识形态观念，要警惕消解中国道路和中国制度合法性的西方话语陷阱。同时，还要警惕非恶意渗透式"观念入侵"。比如，要防止全球化极端民族主义浪潮刺激和助长国内民族分裂主义。

（二）处理好"强国"与"富民"、"民族复兴"与"美好生活"之间的关系

国家凝聚力建设，除了抵制、批判外来观念和价值观渗透，关键还要做好"内功"，构建具有强大感召力的价值观。党的十八大以来，我们强调以实现中华民族伟大复兴中国梦为中轴构建国家精神凝聚力。在中国梦的建构与宣传中，我们应该进一步将"强国"与"富民"、"民族复兴"与"美好生活"有机结合起来，形成强大的国家精神凝聚力。要坚决反对两种错误的"离心力"话语。一是"抽象强国论"。它把中华民族伟大复兴的中国梦误读为以不顾甚至牺牲个人自由和幸福生活为代价的"强国梦"。中华民族伟大复兴不是抽象的，而是最终体现在千千万万个家庭的幸福美满上，体现在亿万人民生活的不断改善上。国家只有满足人民的需要，才具有凝聚力。二是"小民尊严论"。"小民尊严论"具有很强的迷惑性，它把中华民族伟大复兴的中国梦、富强民主文明和谐美丽的追求歪曲为所谓的"军事的耀武扬威""经济的财大气粗""政治势力的唯我独

---

① 《马克思恩格斯文集》第8卷，人民出版社，2009，第170页。
② 亨利·基辛格：《世界秩序》，胡利平、林华、曹爱菊译，中信出版社，2015，第305~306页。

尊"; 它完全站在个人主义、民粹主义立场上，将国家利益、民族利益与个人利益对立起来，对国家凝聚力有很强的杀伤力。对此，我们要警惕，要坚决批驳。

（三）处理好民族的价值观与普遍性价值观、特殊性叙事与普遍性叙事之间的关系

民族的精神、价值观对国家凝聚力至关重要。但是，国家凝聚力建设不能仅仅停留在民族的特殊性叙事上，而排斥普遍性叙事。第二次世界大战后，美国之所以崛起为世界最强大的国家，除硬实力之外，普遍性叙事的软实力起着至关重要的作用，它不仅有助于消弭国家内部种族、民族、阶层的矛盾，而且能对世界其他国家的精英形成强大的外在吸引力。我们要批判西方"普世价值"，因为它是虚假的、伪善的。中华民族的文化基因里既有"家国情怀"又有"天下胸怀"，当代中国共产党人既要"为中国人民谋幸福"又要"为人类进步事业而奋斗"。当前，国家精神凝聚力建设要将特殊性叙事与普遍性叙事有机结合起来，警惕在强调"中国特色"的过程中，走向"中国—世界""特殊—普遍"的极端二元论，要更加凸显普遍性叙事，站在全人类立场上，构建与宣传和平、发展、公平、正义、民主、自由等全人类共同价值。

"反向格义"还是"主动化西"?*

——兼论马克思主义哲学中国化的话语体系问题

王　巍

　　当代中国人文社会科学话语体系问题，已日益成为学界关注的热点问题。这一学术热点的出现，在一定程度上反映了人文社会科学所面临的一种普遍性境遇。在进入现代学术共同体的过程中，各门具体学科与相应西方理论之间断裂与嫁接、模仿与照搬、创新与共享、东渐与西传、融入与排斥的关系，直接影响了各学科当下的研究范式和话语体系。任何一门学科的话语体系的形成，都以其核心概念、基本范畴和主要观点的确立为基础。中国哲学（指与西方哲学相平行的二级学科）确立其核心概念和基本范畴，经历了一个较为复杂的探索过程。中国哲学的话语体系建构必须要克服"反向格义"和"汉语西化"这两种倾向，真正做到"主动化西"，化西为中，为我所用。这为构建中国特色、中国风格、中国气派的马克思主义哲学中国化的话语体系提供了重要的理论参考。

一　中国哲学话语体系现状及历史成因

　　中国哲学的话语体系问题实际上是其研究和表述中如何看待"中—西"的问题。话语体系的中西之别实际上与研究范式的中西之别直接相关。在哲学研究领域中，中西差异问题尤为突出。从思想史来看，1911~1921 年的十年，是中国哲学界甚至整个思想界"三足鼎立"格局

---

　　* 本文原载于《福建论坛》（人文社会科学版）2013 年第 3 期，收入本书时有改动。

形成的十年。1911 年辛亥革命爆发，1914 年第一次世界大战打响，1915
年新文化运动开始，1917 年俄国十月革命爆发，1919 年五四运动爆发以
及 1921 年中国共产党成立，这一系列事件使得此十年间形成和确立了我
们现在所说的"中学"、"西学"和"马学"三足鼎立的学术格局。在此
后近百年的时间里，三种思潮相互交织，构成了中国思想界的一大奇观。
其中，哲学研究中"西学"与"中学"的勾连更甚。与史学、文学不
同，哲学是近代以来才在中国形成的一个学科，其产生的背景就决定了
其发展中必然充斥中西之间碰撞与融合的过程。

我们先从冯友兰先生的一个著名判断说起——"中国的哲学"与
"中国底哲学"。冯先生说："我们常说，德国哲学，英国哲学等。却很
少说，德国化学，英国化学等。假令有人说德国化学英国化学等，他的
意思，大概亦是说德国的化学，英国的化学，而不必是德国底化学，英
国底化学。因为化学只有一个，我们不能于其上加上德国底，或英国底
等形容词。"① 但是，哲学却有"中国的哲学"和"中国底哲学"的区
别，这里的"的"是所有格，指所属关系，指中国学者在中国进行的哲
学研究，这种研究包括对西方哲学、印度哲学和中国传统哲学等的研究；
而"底"是形容词，表示属性，"底"有标注民族文化和文化特性的意
思，如"Chinese Philosophy"，翻译过来就应该是"中国底哲学"。后来，
普通话推行，"底"不再具有这个义项，冯先生便又用"的"和"在"
来表达这一分别。即以前的"中国底哲学"，现在用"中国的哲学"或
"中国哲学"来表示；而以前的"中国的哲学"现在用"哲学在中国"
来表示。

那么，区别"中国的哲学"与"哲学在中国"究竟有何意义？或
者说这一差异是如何形成的？这要联系哲学学科在中国建立起来的历
史背景来探讨。我们知道，在 19 世纪末以前，中国是没有"哲学"这
个概念的（古代"哲"是"智慧"的意思），它是由日文翻译过来的。
日本学者西周将英文"Philosophy"汉译为"哲学"，后来其被介绍到
中国来。"哲学"概念本身就是一个"舶来品"。以西方哲学的眼光来

---

① 冯友兰：《三松堂全集》第 5 卷，河南人民出版社，1986，第 305~306 页。

看待"中国哲学"，便有了"中国没有哲学"或"'中国哲学'不值一提"的看法，同时也就有了以西方哲学的概念、命题、话语或体系、框架来建立中国哲学，从而导致中国哲学摆脱不了西方哲学的影响、无法充分凸显自身特点的后果。依据这一观点，20世纪末甚至出现了关于"中国哲学合法性"的争论。追根溯源，这一争论来自黑格尔的《哲学史讲演录》。黑格尔认为，所谓的东方哲学只是一种思想，而非哲学的判断，比如，孔子的学说只是一些伦理的教条。这一观点直接影响到对中国哲学存在合法性的讨论。所以，纵观20世纪中国哲学的发展史，证明中国哲学存在的合法性始终是中国传统哲学言说活动的内在需求，而如何"说其所是"，则成为言说活动内在焦虑的情结。

因而，当中国哲学这一学科没有形成自己的话语体系之时，前辈学人便开始用西方哲学的结构框架和术语来构建中国哲学的体系。例如，关于中国哲学史的第一本书《中国哲学史大纲》（1919年）是由胡适在20世纪初写成的，这被看作中国哲学作为一门学科在中国诞生的标志。早期研究中国哲学的大家，大多学贯中西。比如，梁漱溟的思想是伯格森的生命哲学与儒学的结合，冯友兰的心理学是新实证主义与程朱理学的结合，贺麟的新心学是新黑格尔主义与陆王心学的结合，熊十力的新唯识论也吸收了伯格森的生命哲学和其他西方哲学的思想观念。因此，中国哲学这门学科在其创建与发展的过程中，始终带有浓厚的"西方哲学"的色彩。由于是根据西方哲学的话语体系撰写中国哲学史，他们常常把哲学思想分为几个不同的部分，常见的分类有本体论、认识论、方法论和道德哲学或社会哲学等。

二 "反向格义"还是"主动化西"：中国哲学话语体系的选择

中国哲学话语体系的建构，必须回应以下两条道路的选择：一是"反向格义"，二是"主动化西"。关于"格义"这个概念，大家知道，指的是佛教传入中国后，中土的学者为了使佛教被更好地接受，就借用老庄的概念去诠释佛教的思想。陈寅恪和汤用彤在其著述中都提到过这一情况。"反向格义"则是香港中文大学的刘笑敢提出的。他认为,西学东渐实际上是一个"反向格义"的过程,即用西方哲学的概念和术语去诠释中国哲学的概念和术语。何为"主动化西"?"化西"是与"西化"相对应的一个概念。"西化"这个词出现频率很高,如"全盘西化"等。"化西"的概念是贺麟先生提出来的。他认为仅仅有"西化"不够,我们还需要另外一种立场和态度——"化西",只有将二者相结合,才能实现中西文化真正的交融和贯通。

刘笑敢借用佛教传入中国时中土僧人以老庄的术语解释佛教教义的"格义"概念,称近代以来形成的用西方哲学的眼光、角度、概念、方法研究中国哲学的方法为"反向格义"。他说:"传统的格义是以自己熟悉的本土的经典和概念来理解和解释陌生的概念,在近百年来的中国哲学研究中,在多数情况下,对于大多数中国研究者和读者来说,却是以相对来说自己不够熟悉的西方哲学概念体系来解释自己更熟悉的中国本土的典籍。这是通过自己不太了解的理论思维框架来重新认识自己比较熟悉的经典或传统思想。"[①] 他认为,这种方法很难避免机械地套用西方哲学概念并会导致我们对中国哲学的误解。自从近代西方文化传入中国,西方哲学就逐渐成为研究中国哲学的唯一的方法和话语系统,西方哲学已成为研究中国哲学不可或缺的学术背景和理论指南,似乎不懂西方哲学就完全没有资格也无法谈论中国哲学。也有学者戏称这样的现象为"汉话胡说"。

"汉话胡说"或者"反向格义"是否中国哲学研究的常态或普遍现象?也不尽然。实际上,在 20 世纪早期众多依据西方哲学结构书写的中国哲学史教材之外,已经有学者开始试图依据中国哲学固有的特点和语言来撰写中国哲学发展史,如张岱年先生在 20 世纪 30 年代写作的《中国哲学大纲》。张先生晚年回忆说:"此书力图展示中国传统哲学的理论体系,对于中国传统哲学中的概念、范畴、问题、争论做出比较全面的阐述……全书在主观愿望上力图做到深、准、全。所谓深,就是力图将

---

① 刘笑敢:《"反向格义"与中国哲学研究的困境——以老子之道的诠释为例》,《南京大学学报》(哲学·人文科学·社会科学版) 2006 年第 2 期。

中国古代哲人的深邃思想显示出来……所谓准即力求准确，要符合古代哲人的原意，不望文生义，不牵强附会。所谓全即进行全面的研述，力求避免偏缺。"①《中国哲学大纲》的结构分为三部分：第一部分是"宇宙论"，分述了中国哲学的"本根论""大化论"；第二部分是"人生论"，主要论述了中国古代的"天人合一"思想；第三部分是"致知论"，主要探讨了与知识论有关的问题。这三个部分在冯友兰先生那里分别被归为本体论、知识论和社会哲学与政治哲学。关于中国哲学和西方哲学的关系，张先生在《中国哲学大纲》中曾指出："我们也可以将哲学看作一个类称，而非专指西洋哲学。可以说，有一类学问，其一特例是西洋哲学，这一类学问之总名是哲学……以此意义看哲学，则中国旧日关于宇宙人生的那些思想理论，便非不可名为哲学。"② 他认为，"哲学"不等于"西洋哲学"。因此，他的《中国哲学大纲》虽然也按照宇宙论、人生论、致知论的通行体例安排内容，却相当照顾中国传统哲学的特质，如用"本根论""大化论"分别代替"本体论""宇宙论"，在人生论部分着重考察了"天人关系"等。这里需要特别说明的是，张先生用"本根论"代替"本体论"，并对中国哲学"本根"和西方哲学"本体"之间的差异作出了分析，他认为中国哲学中没有西方哲学本体为真、现象为幻的观念，本根与万有众象同属实在。应该说，这是对简单挪植西方的"本体"概念来观照中国哲学中"道""天"等观念的研究方法的一种有意识的纠偏。

此外，贺麟先生在面对"全盘西化"的思潮时也提出："我根本反对被动的'西化'，而赞成主动的'化西'。所谓'化西'，即是自动地自觉地吸收融化，超越、扬弃西洋现在已有的文化。"③ 可见，在"化西"的过程中，我们并不是处在一个学徒的地位上，处处都等着来自西方的师傅教给我们正确的答案。相反，我们将自己看作一个已经拥有深

---

① 《张岱年全集》第8卷，河北人民出版社，1996，第589~590页。

② 张岱年：《中国哲学大纲》，中国社会科学出版社，1982，第2页。

③ 转引自周辅成《哲学、文化与民族——我所了解的贺麟先生》，宋祖良、范进编《会通集——贺麟生平与学术》，生活·读书·新知三联书店，1993，第6页。

厚文化传统的主人，而同时要向另一个主人虚心学习。作为主人的我们绝不能丧失自我而屈就于对方，但在向对方学习的过程中，我们必须尊重对方，这就意味着我们不能只根据自身的需要随意从对方那里抽取一些表层的东西，而是要深入对方的文化传统，在对其有了整体的、有机性的把握之后，学习到对方的精髓和本质，从而实现我们自身的质的提升。只有把对方看作这样一个平等对话的主体，我们才能真正从对方那里学到东西，并最终通过商略旧学、融会新知，实现对我们自身和对方文化传统的双重超越。贺麟先生还另举了宋明理学的例子。他认为，宋明理学正是对外来的佛教加以扬弃的结果，最终，它作为一种哲学形态，既实现了对先秦两汉儒学传统的超越，又实现了对佛教的超越。但是，这里面又存在一个问题，即这种学术演进路径对当代有没有什么借鉴意义？宋明理学的形成是隐秘地借助于政治力量的结果，是政治与学术联姻的产物，但是在学术与政治渐趋分离的现代，学术凸显，思想淡出，"主动化西"实现的可能性路径是什么？这是一个值得进一步探讨的问题。

正如学界对用唯物和唯心二分法作为判定一个思想家进步还是落后的标准进行反拨时，我们是否意识到，那种自觉地用现成的西方哲学概念、话语来对应、定义中国哲学观念和术语的方法是否使我们落入另一个思想牢笼呢？这么说并非一种文化保守主义，因为在当代社会，稍有常识的人都不会简单拒斥西学的影响，但关键是以何种心态去面对西学。借鉴西方哲学固然也能深化对中国哲学的认识，但借鉴吸收西方哲学的目的是促进中国哲学的发展，并不是把中国哲学纳入西方哲学的框架和轨道，不是把西方哲学的范畴简单地套用于中国哲学，更不是用西方哲学来肢解中国哲学。中国哲学未来发展的关键，在于处理好自身与西方哲学的关系，应该在参照西方哲学和相对独立发展之间寻求一种动态的平衡，要使自己真正学会说自己的话。

三 从中国哲学话语选择看建构马克思主义哲学中国化的话语体系

对中国哲学话语体系存在的问题和路径选择的讨论，对建构马克思主义哲学中国化的话语体系有着非常重要的参考意义。"主动化西"要求我们要说中国话，而非外国话；要真正使人民掌握理论，就必须说大众话而非小众话；要使理论对"中国问题"的现实具有穿透力和说服力，就必须说现实话而非抽象话。

第一，要说中国话，而非外国话。恩格斯曾说："马克思的世界观远在德国和欧洲境界以外，在世界的一切文明语言中都找到了拥护者。"① 因此，马克思主义哲学中国化，就必须用中华文明的语言来表述。然而在当前马克思主义哲学研究领域，食洋不化、挟洋自重、亦步亦趋的现象客观存在。很多论著脱离中国现实的语境，把现实的"中国问题"蒸发成为思辨和抽象的西方话语体系，把诸如体验、解构、祛魅、本真、独白等的现代西方语词概念直接嫁接在中国学术讨论的话语之中，甚至生造出一些不伦不类、不知所然的词语，可谓自说自话、自编自演、自吹自擂、自娱自乐。这也是很多所谓的"书斋马克思主义"和"教条马克思主义"的软肋所在，如果仅仅做"鹦鹉""留声机"，那永远也把握不到马克思主义哲学的真精神，更不用说将其中国化了。

第二，要说大众话，而非小众话。马克思主义哲学中国化的创新之道不是在书桌上，也不是在讲堂上，而是在人民群众生活于其中的蓬勃发展的当代中国现实中。离开大众的理论需求来谈论的马克思主义，用纯粹的学院化的研究方式对待的马克思主义，不是真正的马克思主义。马克思主义哲学的任何创新，都必须通过"说大众话"的整套话语体系为大众立言，进而回到实践中去、回到群众中去，为群众所接受，在群众中流传，"理论一经掌握群众，也会变成物质力量"②。只有这样，才能对现实社会历史进程发挥其应有作用。因而，马克思主义哲学中国化内在包含了马克思主义哲学话语体系的中国化，它不可避免地要经历一次再加工、再创作的过程。中国化的马克思主义哲学需要大众化，当代中国的话语体系也要大众化。说大众话必须澄清两种观点。

一种观点认为，说大众话必须说通俗话，而说通俗话一定导致说庸

---

① 《马克思恩格斯选集》第 4 卷，人民出版社，1995，第 212 页。
② 《马克思恩格斯选集》第 1 卷，人民出版社，1995，第 9 页。

俗话，二者的界限很难区分。对此，我们可以回顾一下李公朴先生在为艾思奇的《大众哲学》所撰写的"编者序"中说过的一句话，他指出："把正确的理论通俗化，只要理论不歪曲、不错误，是绝没有庸俗的危险的。"同样，在《大众哲学》的第4版"代序"中，艾思奇这样定位自己的这本书："它不是装潢美丽的西点，只是一块干烧的大饼。"虽然只是一块大饼，但它却可以"解一解智识的饥荒"。可见，说通俗话并不一定导致说庸俗话，真正的说大众话的马克思主义一定是"深入浅出"的，彻底的理论也一定是大众能读懂的理论。正如马克思所说："理论只要彻底，就能说服人。"①

另一种观点认为，说通俗话会导致学理性不强、学术味不够。因而，现在很多学者喜欢用深奥和生造的话语来表述自己的思想，以为通俗话"不够味"。究其根源，恐怕是"'现在不是没有人能写出更好的同类的书'，但因为谁也'没有去努力'的缘故"②。学理性固然是马克思主义哲学研究的重要标志，但一旦将其绝对化和神圣化，势必与马克思主义的本性——实践品格格格不入。马克思主义哲学的根本特征就是革命的实践性，实践是马克思主义不断向前发展并进行自我批判、自我更新的基石。学理性并不一定体现在深奥的语词之中，而是看其对现实问题的分析能否深入本质性的层面，能否"抓住事物的根本"③。

第三，要说现实话，而非抽象话。说现实话，这是由马克思主义哲学的本质和主题所决定的。马克思主义哲学究竟是书斋哲学还是实践哲学？从马克思主义哲学形成、发展和传播的历史来看，它都是一种实践哲学。马克思主义哲学的中国化，要求我们不要机械地把马克思主义哲学的"文本"和"真经"照搬到中国来，而要在把握马克思主义哲学基本原理的基础上，把马克思主义的基本理论转化为我们认识和改造世界的巨大物质力量，这便是马克思主义哲学中国化的最终目的。马克思主义的诞生地和落脚点都是在现实社会历史运动之中，那种离开实践抽象

---

① 《马克思恩格斯选集》第1卷，人民出版社，1995，第9页。
② 艾思奇：《大众哲学》，人民出版社，2006，第5页。
③ 《马克思恩格斯选集》第1卷，人民出版社，1995，第9页。

地争论思维的真理性和现实性的哲学倾向，是经院哲学的固有特征。

自马克思主义传入中国起，早期的马克思主义者就意识到，必须从中国社会现实发展的问题出发来理解马克思主义。譬如，李大钊就侧重从"实际的问题"出发来研究马克思主义，他说："我们的社会运动，一方面固然要研究实际的问题，一方面也要宣传理想的主义。这是交相为用的，这是并行不悖的。"① 马克思主义的研究不单纯是书斋中的研究，更为重要的是要"用到实际的方法上去"。在当代推进马克思主义哲学中国化，更应围绕"中国问题"来进行。

总之，只有在摒弃"反向格义"、做到"主动化西"的过程中，讲好中国话、大众话和现实话，才能有效地建构马克思主义哲学中国化的话语体系，这种话语体系是根植于中国现实发展的深厚土壤之中的，是具有中国特色、中国风格、中国气派的话语体系，正如毛泽东所说的那样："使马克思主义在中国具体化，使之在其每一表现中带着必须有的中国的特性，即是说，按照中国的特点去应用它，成为全党亟待了解并亟须解决的问题。洋八股必须废止，空洞抽象的调头必须少唱，教条主义必须休息，而代之以新鲜活泼的、为中国老百姓所喜闻乐见的中国作风和中国气派。"②

---

① 《李大钊全集》第 3 卷，人民出版社，2006，第 2 页。
② 《毛泽东选集》第 2 卷，人民出版社，1991，第 534 页。

第四编　发展道路与发展战略

马克思社会发展阶段思想
与我国发展新方位[*]

牛先锋

准确把握社会发展所处的历史方位及其特点，弄清该发展阶段中的主要矛盾，是确定社会发展动力、完成社会发展使命、制定社会发展目标、明确社会发展战略的前提，是动员社会力量推动社会前进的总依据。马克思恩格斯对社会发展阶段有丰富的论述，这为各国共产党人认识自己社会发展所处的历史方位提供了重要的思想遵循。党的十九大作出"中国特色社会主义进入新时代，这是我国发展新的历史方位"的重大政治判断，这在理论上是对马克思社会发展阶段思想的具体运用、丰富和发展；在实践上开启了建设富强民主文明和谐美丽的社会主义现代化强国的新征程。

一 研判社会发展阶段的理论依据

马克思恩格斯创立的唯物史观中蕴含着丰富的社会发展阶段思想。马克思在 1859 年《政治经济学批判》序言中指出："社会的物质生产力发展到一定阶段，便同它们一直在其中运动的现存生产关系或财产关系（这只是生产关系的法律用语）发生矛盾。于是这些关系便由生产力的发展形式变成生产力的桎梏。那时社会革命的时代就到来了。随着经济

---

 * 国家社会科学基金一般项目"执政条件下党的意识形态建设规律研究"（12BKS070）的阶段性成果。本文原载于《治理研究》2018 年第 1 期，收入本书时有改动。

基础的变更，全部庞大的上层建筑也或慢或快地发生变革……无论哪一个社会形态，在它所能容纳的全部生产力发挥出来以前，是决不会灭亡的；而新的更高的生产关系，在它的物质存在条件在旧社会的胎胞里成熟以前，是决不会出现的。"① 这是从人类社会发展的普遍规律意义上来讲的，考察的是人类社会变革的基本原理。

关于从资本主义到共产主义发展的阶段，马克思也有清晰的论述。在运用社会发展的基本规律观察资本主义演进时，马克思认为："在资本主义社会和共产主义社会之间，有一个从前者变为后者的革命转变时期。同这个时期相适应的也有一个政治上的过渡时期，这个时期的国家只能是无产阶级的革命专政。"② 在过渡时期结束之后，人类将进入共产主义，但是"这里所说的是这样的共产主义社会，它不是在它自身基础上已经发展了的，恰好相反，是刚刚从资本主义社会中产生出来的，因此它在各方面，在经济、道德和精神方面都还带着它脱胎出来的那个旧社会的痕迹"③。我们把马克思所讲的这一社会发展阶段称为共产主义第一阶段。"在迫使个人奴隶般地服从分工的情形已经消失，从而脑力劳动和体力劳动的对立也随之消失之后；在劳动已经不仅仅是谋生的手段，而且本身成了生活的第一需要之后；在随着个人的全面发展，他们的生产力也增长起来，而集体财富的一切源泉都充分涌流之后，——只有在那个时候，才能完全超出资产阶级权利的狭隘眼界，社会才能在自己的旗帜上写上：各尽所能，按需分配！"④ 这个阶段，就是马克思所讲的共产主义社会高级阶段。

根据马克思关于社会发展阶段的思想，我们可以得出如下四个基本结论。第一，社会基本矛盾运动推动社会向前发展，其中"经济因素"起决定性的作用，但社会发展是"历史合力"作用的结果，这样的结果所呈现出的不同特征是划分社会发展阶段的依据。第二，依据与生产力发展相适应的占主导地位的生产关系的性质，可以把社会发展划分为若

---

① 《马克思恩格斯文集》第 2 卷，人民出版社，2009，第 591~592 页。
② 《马克思恩格斯文集》第 3 卷，人民出版社，2009，第 445 页。
③ 《马克思恩格斯文集》第 3 卷，人民出版社，2009，第 434 页。
④ 《马克思恩格斯文集》第 3 卷，人民出版社，2009，第 435~436 页。

干社会形态。例如，原始社会、奴隶社会、封建社会、资本主义社会、共产主义社会，这是从社会形态上对人类社会所作的阶段性划分，主要讲的是社会形态的性质。第三，在同一社会形态发展中，依据生产力发展程度的高低以及由此所决定的、社会所表现出的特点，可以划分出不同的社会发展阶段。例如，从资本主义旧社会到共产主义新社会有一个从前者到后者的革命转变时期，这个时期即过渡时期；过渡时期结束之后，人类就进入了共产主义社会；根据共产主义社会发展水平高低又可将其划分为低级阶段和高级阶段。第四，社会是在社会基本矛盾运动推动下由低级向高级发展的一个自然过程，社会发展规律如同自然规律，既不能跳过也不能用法令取消，但人们掌握了规律、按规律办事，能够促进社会向前发展。

二　对社会主义发展阶段认识的历史进程

十月革命前后，列宁立足于资本主义发展到帝国主义阶段的新特征，从俄国不断变化的实践出发，依据马克思主义社会发展阶段思想，对俄国社会发展阶段作出过许多判断和描述。他使用过"社会主义初级形式""社会主义初级发展阶段""发达的社会主义""完全的社会主义""社会主义中级阶段"等说法。当然，这些对社会主义发展程度的描述，都是在特定背景下针对特定的问题提出来的。列宁去世之后，斯大林等后继者都对苏联社会主义发展阶段作出过判断，我们党对社会主义发展阶段也作出过自己的判断。但总体上讲，在社会主义发展阶段这个问题上包括苏联和我们都出现了急躁冒进的情绪，对发展阶段的判断都超前了。

改革开放以来，我们党恢复和重新确立了实事求是的思想路线，在总结历史经验基础上，开始面向现实不断反思我国社会发展所处的阶段。1979 年，叶剑英在国庆 30 周年讲话中说"我国现在还是发展中的社会主义国家，社会主义制度还不完善，经济和文化还不发达"①，社会主义初级阶段的思想开始萌芽。1981 年 6 月，十一届六中全会通过的《关于建国以来党的若干历史问题的决议》第一次明确指出"我国的社会主义

---

① 《改革开放三十年重要文献选编》（上），中央文献出版社，2008，第 58 页。

制度还是处于初级的阶段"。1987 年 8 月 29 日，邓小平在会见意大利共产党领导人并与之谈话时指出："我们党的十三大要阐述中国社会主义是处在一个什么阶段，就是处在初级阶段，是初级阶段的社会主义。社会主义本身是共产主义的初级阶段，而我们中国又处在社会主义的初级阶段，就是不发达的阶段。一切都要从这个实际出发，根据这个实际来制订规划。"①

1987 年 10 月召开的党的十三大指出："正确认识我国社会现在所处的历史阶段，是建设有中国特色社会主义的首要问题，是我们制定和执行正确的路线和政策的根本依据。"党的十三大报告明确了"我国正处在社会主义的初级阶段。这个论断，包括两层含义。第一，我国社会已经是社会主义社会。我们必须坚持而不能离开社会主义。第二，我国的社会主义社会还处在初级阶段。我们必须从这个实际出发，而不能超越这个阶段"②。这是我们党在党的代表大会文献中对社会主义初级阶段的第一次系统阐述，是对我国国情的基本判断和认识。

此后，我们党在历次代表大会的报告中都坚持"社会主义初级阶段"这个重大判断，强调我国仍处于并将长期处于社会主义初级阶段。认为，我国仍处于并将长期处于社会主义初级阶段的基本国情没有变，人民日益增长的物质文化需要同落后的社会生产之间的矛盾这一社会主要矛盾没有变，我国是世界最大发展中国家的国际地位没有变。

正是明确了我国所处的历史方位，坚持了我国仍处于并将长期处于社会主义初级阶段的正确判断，改革开放 40 多年来，党和国家才避免了在"左"、右之间的摇摆不定，坚定了"一个中心，两个基本点"的基本路线，才使我国的生产力发展水平、人民群众的生活水平和国家的综合国力发生了飞跃性的提升。也正因为如此，我们党把社会主义初级阶段看作中国特色社会主义的总依据。

----

① 《邓小平文选》第 3 卷，人民出版社，1993，第 252 页。
② 《十三大以来重要文献选编》（上），人民出版社，1991，第 9 页。

三 社会主义初级阶段不断变化着的特征

社会主义社会如同其他任何社会一样，也是不断变革的社会。随着社会生产力的发展，社会基本矛盾会以不同的形式表现出来，社会发展也会呈现出阶段性特征。我们强调我国仍处于并将长期处于社会主义初级阶段，党在社会主义初级阶段的基本路线一百年不动摇，并不是说在社会主义初级阶段中经济社会发展始终都是一个状态。相反，随着改革开放的深入，我国从生产力到生产关系、从经济基础到上层建筑诸领域都在经历一个快速变化的过程，社会整体发展也会表现出一些新的特征。习近平总书记 2017 年 7 月 26 日在省部级主要领导干部专题研讨班上的重要讲话中指出：认识和把握我国社会发展的阶段性特征，要坚持辩证唯物主义和历史唯物主义的方法论，从历史和现实、理论和实践、国内和国际等的结合上进行思考，从我国社会发展的历史方位上来思考①。基于这几重角度进行思考，党的十九大报告重申了"我国仍处于并将长期处于社会主义初级阶段"的判断。同时，也指出：社会主义初级阶段也呈现出了一些新的阶段性特征，我国发展站到了一个新的历史方位。

第一，社会主义初级阶段的基本国情没有变。社会主义初级阶段的基本国情是什么呢？党的十三大报告分析道："它不是泛指任何国家进入社会主义都会经历的起始阶段，而是特指我国在生产力落后，商品经济不发达条件下建设社会主义必然要经历的特定阶段。""我国社会主义初级阶段，是逐步摆脱贫穷、摆脱落后的阶段；是由农业人口占多数的手工劳动为基础的农业国，逐步变为非农产业人口占多数的现代化的工业国的阶段；是由自然经济半自然经济占很大比重，变为商品经济高度发达的阶段；是通过改革和探索，建立和发展充满活力的社会主义经济、政治、文化体制的阶段；是全民奋起，艰苦创业，实现中华民族伟大复兴的阶段。"② 从党的十三大报告描述的"五个阶段"来看，尽管今天我

---

① 《习近平谈治国理政》第 2 卷，外文出版社，2017，第 61 页。
② 《十三大以来重要文献选编》（上），人民出版社，1991，第 12~13 页。

们在脱贫致富上取得了巨大的成就，城镇化率也提高得很快，社会主义市场经济体制已经建立，各项体制和机制在逐步得到完善，我们离实现中华民族伟大复兴的目标也从来没有像今天这样近过。但是，我们人口多、底子薄、生产力相对落后的总体状况还没有得到根本性的改变，实现中华民族伟大复兴的目标还需要付出更加艰巨、更加艰苦的努力。因此，我们还远不能讲，社会主义初级阶段的国情已经发生了变化。

第二，我国是世界最大发展中国家的国际地位没有变。中国历史悠久，幅员辽阔，人口众多，在世界上是一个名副其实的大国，在历史上也是名副其实的强国。但是，鸦片战争后，中国陷入内忧外患的黑暗境地，中国人民经历了战乱频仍、山河破碎、民不聊生的深重苦难。在抵抗西方列强入侵的过程中，在无数仁人志士艰苦探索中华民族伟大复兴的过程中，中国人民认识到实现现代化对于中国命运的重要性，开始探索实现现代化的道路。中国共产党一经成立，就义无反顾地肩负起实现中华民族伟大复兴的历史使命，我们党深刻认识到，实现中华民族伟大复兴，必须推翻压在中国人民头上的帝国主义、封建主义、官僚资本主义三座大山，实现民族独立、人民解放、国家统一、社会稳定；深刻认识到，实现中华民族伟大复兴，必须建立符合我国实际的先进社会制度；深刻认识到，实现中华民族伟大复兴，必须合乎时代潮流、顺应人民意愿，勇于改革开放，让党和人民事业始终充满奋勇前进的强大动力。最为重要的是，经历革命、建设和改革开放的长期实践，我们党探索到了一条适合中国国情的社会主义现代化道路，为引领中华民族伟大复兴开辟了广阔的前景。我们党自成立以来，为了实现中华民族伟大复兴的历史使命，无论是弱小还是强大，无论是处于顺境还是逆境，都初心不改、矢志不渝，团结带领人民历经千难万险，做出巨大牺牲，敢于面对曲折，勇于修正错误，攻克了一个又一个看似不可攻克的难关，创造了一个又一个彪炳史册的人间奇迹。面对社会主义现代化的新成就，我们既不能妄自尊大，也不能妄自菲薄。客观地讲，我国在工业化、信息化、城市化、社会化等方面与发达国家还有一定差距，还没有完成现代化的任务，还承担不起发达国家应该承担的国际责任和义务。我们实现社会主义现代化强国的目标还任重道远，仍需沉下心来，艰苦奋斗。

第三，我国社会主要矛盾已经转化为人民日益增长的美好生活需要和不平衡不充分的发展之间的矛盾。党的十三大报告在明确我国社会主义初级阶段时指出："我们在现阶段的主要矛盾，是人民日益增长的物质文化需要同落后的社会生产之间的矛盾。"并确立了如下具有长远意义的指导方针："必须集中力量进行现代化建设"；"必须坚持全面改革"；"必须坚持对外开放"；"必须以公有制为主体，大力发展有计划的商品经济"；"必须以安定团结为前提，努力建设民主政治"；"必须以马克思主义为指导，努力建设精神文明"。经历改革开放以来的发展，从人民群众的物质和文化需要来看，"我国稳定解决了十几亿人的温饱问题，总体上实现小康，不久将全面建成小康社会，人民美好生活需要日益广泛，不仅对物质文化生活提出了更高要求，而且在民主、法治、公平、正义、安全、环境等方面的要求日益增长"。从社会生产来看，"我国社会生产力水平总体上显著提高，社会生产能力在很多方面进入世界前列，更加突出的问题是发展不平衡不充分，这已经成为满足人民日益增长的美好生活需要的主要制约因素"[1]。

总之，我国社会主义初级阶段的基本国情没有变、世界最大发展中国家的国际地位没有变，这"两个没有变"表明：我国仍处于并将长期处于社会主义初级阶段，这是中国最大的实际，党和国家的一切工作必须立足于这个实际。党的基本路线是党和国家的生命线、人民的幸福线，必须坚持以经济建设为中心，坚持四项基本原则，坚持改革开放，永不停歇地推动中国特色社会主义事业向前发展，在党的基本路线问题上绝对不能含糊和摇摆。同时，我国社会主要矛盾已经发生了一个转变，这"一个转变"对党和国家工作提出了许多新要求，我们必须紧紧抓住社会主要矛盾，从着力解决好不平衡不充分的发展问题入手，来更好地满足人民在经济、政治、文化、社会、生态等方面日益增长的需要，更好地推动人的全面发展、社会全面进步。

---

[1] 习近平：《决胜全面建成小康社会 夺取新时代中国特色社会主义伟大胜利——在中国共产党第十九次全国代表大会上的报告》，人民出版社，2017，第11页。

四 社会主义初级阶段新特征的时代意蕴

从我们党认识到我国处于社会主义初级阶段，强调"把马克思主义的普遍真理同我国的具体实际结合起来，走自己的道路，建设有中国特色的社会主义"① 以来，经过 40 多年的长期努力，今天党的面貌、国家的面貌、人民的面貌、中华民族的面貌都发生了前所未有的变化，中国特色社会主义进入了新时代，这是我国发展新的历史方位。进入"新时代"、站到"新的历史方位"，其意义重大而深远。

从实现中华民族伟大复兴的视角来看，新时代、新的历史方位，意味着近代以来久经磨难的中华民族迎来了从站起来、富起来到强起来的伟大飞跃，迎来了实现中华民族伟大复兴的光明前景。1840 年鸦片战争之后，在西方列强坚船利炮的攻击之下，中国国土分割、主权沦丧，一步一步陷入了半殖民地半封建社会的黑暗深渊。从那时起，实现中华民族伟大复兴，就成为无数仁人志士的追求目标。1921 年中国共产党成立之时，中国军阀混战、生灵涂炭，国家四分五裂。中国共产党一成立，就勇敢地担当起了实现中华民族伟大复兴的历史重任。1949 年中华人民共和国成立之时，人民饱受战争创伤，国家一穷二白。以毛泽东同志为主要代表的中国共产党人，以高度的责任感和使命感，带领全国各族人民开始探索实现国家强大、人民富裕的社会主义建设道路。1978 年改革开放之时，人民思想混乱，国民经济濒临崩溃。以邓小平同志为主要代表的中国共产党人，解放思想、实事求是，开创了中国特色社会主义道路。党的十八大以来，以习近平同志为核心的党中央科学把握国内外发展大势，顺应实践要求和人民愿望，以巨大的政治勇气和强烈的责任担当，提出一系列新理念、新思想、新战略，出台一系列重大方针政策，推进一系列重大工作，解决了许多长期想解决而没有解决的难题，办成了许多过去想办而没有办成的大事，推动党和国家事业发生历史性变革。将当代中国与 180 多年前鸦片战争时期、100 多年前中国共产党成立时

① 《邓小平文选》第 3 卷，人民出版社，1993，第 3 页。

期、70 多年前新中国成立时期、40 多年前改革开放开始时期相比较，中国人民都能感受到，我们比历史上任何时期都更接近、更有信心和能力实现中华民族伟大复兴的目标。1949 年新中国的成立，标志着中国人民从此站起来了，2020 年全面建成小康社会，标志着中国人民从此富起来了，从 2020 年开始中国人民将开启向强起来前进的新航程。

从世界社会主义运动发展角度来看，新时代、新的历史方位，意味着科学社会主义在 21 世纪的中国焕发出强大生机活力，在世界上高高举起了中国特色社会主义伟大旗帜。科学社会主义诞生以来，世界社会主义既有高歌猛进的高潮，也有曲折发展的低谷。20 世纪 80 年代末 90 年代初，东欧发生剧变，世界上社会主义国家的数量一下子减少到只剩下中国、越南、朝鲜、老挝、古巴 5 个国家。许多发达国家的共产党也改旗易帜，不把科学社会主义当作奋斗的方向，甚至把党的性质和名称都作了变更。一些发展中国家在选择现代化发展道路时，也不再把社会主义作为发展方向，纷纷看好"华盛顿共识"。一时间，科学社会主义似乎真成了世人唯恐躲避不及的"幽灵"，世界社会主义跌入低谷。中国还敢不敢改革开放，是否也会被和平演变，还能否举起社会主义这面旗帜？这不仅对于中国，而且对于整个世界社会主义的发展前途和命运都有直接的影响。在严峻的考验面前，中国共产党人毫不动摇地坚持党的基本路线，坚持改革开放不停步，坚持四项基本原则不动摇，坚定不移地走中国特色社会主义道路。经过坚持不懈的努力，中国成功走出了一条适合自己国情的社会主义现代化道路，使社会主义在中国焕发出生机，使世界社会主义发展站稳脚跟、走出低谷。改革开放以来特别是党的十八大以来，中国以自己的发展成就充分证明了社会主义的优越性，以人民为中心的发展也充分证明了中国特色社会主义是社会主义而不是其他任何别的主义。

从中国发展的世界影响视角来看，新时代、新的历史方位，意味着中国特色社会主义道路、理论、制度、文化不断发展，拓展了发展中国家走向现代化的途径，给世界上那些既希望加快发展又希望保持自身独立性的国家和民族提供了全新选择，为解决人类问题贡献了中国智慧和中国方案。发展，是当今人类面临的最大问题之一，而现代化既是世界各国推动发展的方式又是实现发展的目标。综观当代世界，已经实现现代化的国家也只有经济合作与发展组织（OECD）中的一些发达国家，二战结束后，新独立的国家要搞现代化大都以这些发达国家为样板，形成了所谓的"华盛顿共识"。而改革开放以来的中国，坚持把马克思主义基本原理同中国具体实际相结合，走出了一条富有自己特色的社会主义现代化道路。我们既不走封闭僵化的老路，也不走改旗易帜的邪路，奋力开拓中国特色社会主义的新境界，使中国现代化建设取得了伟大的成就，世界开始把目光转向中国，提出了"北京共识""中国道路""中国模式"等概念。中国特色社会主义道路是中国实现现代化和中华民族伟大复兴的唯一正确的道路，我们以自己的发展证明了通过这条道路走向现代化的可行性。我们为解决人类问题提供中国智慧，为发展中国家实现现代化提供了一种全新的选择方案。但是，每一个民族和国家的人民都有选择自己发展道路和社会制度的权利，我们充分尊重他国人民的意愿，决不干预他国的自主选择。

总之，中国特色社会主义进入新时代，我国发展站在新的历史方位，在中华人民共和国发展史上、中华民族发展史上具有重大意义，在世界社会主义发展史上、人类社会发展史上也具有重大意义。这既是我国历史发展的新高度，又是开创中国特色社会主义更为广阔前景的新起点。

五　立足我国发展新的历史方位迈向发展新的征程

谋划布局我国未来新发展，就要立足于我国发展新的历史方位，把握转化了的新的社会主要矛盾，提出新的思想、制定新的方略、规划新的战略步骤。

新的历史时代、新的发展方位，呼唤着新的思想产生。党的十八大以来，以习近平同志为核心的党中央根据国内外形势变化和我国各项事业发展情况，从理论和实践结合上系统回答了"新时代坚持和发展什么样的中国特色社会主义、怎样坚持和发展中国特色社会主义"这个重大时代课题。以全新的视野深化对共产党执政规律、社会主义建设规律、人类社会发展规律的认识，取得了重大理论创新成果，形成了习近平新时代中国特色社会主义思想。

习近平新时代中国特色社会主义思想，明确坚持和发展中国特色社会主义，总任务是实现社会主义现代化和中华民族伟大复兴；明确新时代我国社会主要矛盾是人民日益增长的美好生活需要和不平衡不充分的发展之间的矛盾；明确中国特色社会主义事业总体布局是"五位一体"、战略布局是"四个全面"；明确全面深化改革总目标是完善和发展中国特色社会主义制度、推进国家治理体系和治理能力现代化；明确全面推进依法治国总目标是建设中国特色社会主义法治体系、建设社会主义法治国家；明确党在新时代的强军目标是建设一支听党指挥、能打胜仗、作风优良的人民军队，把人民军队建设成为世界一流军队；明确中国特色大国外交要推动构建新型国际关系，推动构建人类命运共同体；明确中国特色社会主义最本质的特征是中国共产党的领导。在"八个明确"基础之上，又从"十四个坚持"方面提出了在各项工作中全面准确贯彻落实新时代中国特色社会主义的方略。

"八个明确"和"十四个坚持"，从新时代坚持和发展中国特色社会主义的总目标、总任务、总体布局、战略布局和发展方向、发展方式、发展动力、战略步骤、外部条件、政治保证等基本问题方面，对"两个一百年"目标的实现进行了战略谋划；从经济、政治、法治、科技、文化、教育、民生、民族、宗教、社会、生态文明、国家安全、国防和军队、"一国两制"和祖国统一、统一战线、外交、党的建设等各方面，根据新的实践作出了理论分析和政策指导，构成了全党全国人民为实现中华民族伟大复兴而奋斗的行动指南。

坚持习近平新时代中国特色社会主义思想，迈向建设社会主义现代化强国的新征程，必须认识到社会主义初级阶段我国社会主要矛盾的变化是关系全局的历史性变化，这对党和国家工作提出许多新要求，在"决胜全面建成小康社会""基本实现社会主义现代化""建成社会主义现代化强国"的每一个战略步骤上，都要紧紧抓住我国社会发展的主要矛盾，并着力于解决矛盾的主要方面，以重点问题的解决，带动经济社会全面进步。

一是要继续推动发展，这是建设社会主义现代化强国的基础。经过社会主义建设、改革开放特别是十八大以来的长期努力，我国的经济总量已经不小，我国成为世界第二大经济体，这为我国顺利实施下一步发展战略奠定了雄厚的经济基础。但是，我国人口多，经济社会发展还有许多欠账和短板要补，我国还是发展中大国，家底并不富裕。因此，发展仍然是党和国家的工作的中心，必须坚持党在社会主义初级阶段"一个中心，两个基本点"的基本路线不动摇，必须坚定不移把发展作为党执政兴国的第一要务，坚持解放和发展社会生产力，坚持社会主义市场经济改革方向。聚精会神搞建设，一心一意谋发展，推动经济持续健康发展。经济建设这个中心一刻也不能放松，更不能摇摆。必须谨记，发展中的问题只能通过发展来解决，不发展半点马克思主义都没有，不发展只能是死路一条，不发展不仅决胜不了全面建成小康社会，更建不成社会主义现代化强国。

二是要着力解决好发展不平衡不充分问题，这是主要矛盾的主要方面。从决胜全面建成小康社会来看，我们在全面发展的同时，必须突出抓重点、补短板、强弱项，特别是要坚持打好防范化解重大风险、精准脱贫、污染防治的攻坚战，使全面建成小康社会得到人民认可、经得起历史检验，使我国发展质量和效益得到大力提升。从基本实现社会主义现代化和建设社会主义现代化强国来看，我们一定要坚定不移贯彻创新、协调、绿色、开放、共享的发展理念，统筹推进中国特色社会主义"五位一体"总体布局、协调推进"四个全面"战略布局。必须坚持和完善我国社会主义基本经济制度和分配制度，毫不动摇地巩固和发展公有制经济，毫不动摇地鼓励、支持、引导非公有制经济发展，使市场在资源配置中起决定性作用，更好发挥政府作用，推动新型工业化、信息化、城镇化、农业现代化同步发展，主动参与和推动经济全球化进程，发展更高层次的开放型经济，不断壮大我国经济实力和综合国力。

三是要更好地满足人民在经济、政治、文化、社会、生态等方面日益增长的需要，更好地推动人的全面发展、社会全面进步，这是中国共产党以人民为中心的执政追求，也是社会主义的本质要求。在战火连天的年代，人民期盼的是生命安全；在物资匮乏的年代，人民向往的是免于饥饿。人民对美好生活的需要是发展变化的、多层次多方位的，随着改革开放以来我国经济社会的发展，人民对美好生活的需要正朝着更高层次和个性化、多样化的方向发展。中国共产党把人民对美好生活的向往作为奋斗目标，就必须坚持人民的主体地位，坚持立党为公、执政为民，践行全心全意为人民服务的宗旨，带领人民、依靠人民，通过艰辛努力，创造出满足人民更加美好生活需要的条件。我们要建设的现代化强国，是富强民主文明和谐美丽的现代化强国，富强民主文明和谐美丽是中国特色社会主义"五位一体"总布局中每一"位"的建设目标，也是人民对美好生活五个方面的向往，这充分体现出建设现代化强国就是要满足人民对美好生活的向往。我们要建设的现代化强国，是社会主义性质的现代化强国，而社会主义和共产主义的本质要求就是实现每一个人的自由而全面的发展。因此，我们把满足人民对美好生活的需要同推动人的全面发展、社会全面进步统筹起来，既体现了中国特色社会主义的共同理想，又体现了实现共产主义的远大理想。

总而言之，经过长期努力，中国特色社会主义进入新时代，这是我国发展新的历史方位。习近平新时代中国特色社会主义思想从理论和实践相结合上系统回答了"新时代坚持和发展什么样的中国特色社会主义、怎样坚持和发展中国特色社会主义"的重大时代课题，为我们正确认识当代中国社会发展的历史方位、分析这个历史方位上的社会主要矛盾、制定社会发展战略提供了行动指南，从我国发展新的历史方位出发，开启了我国建设社会主义现代化强国的新征程。

发展哲学的五大前沿问题[*]

邱耕田

一　引言

发展是时代的主题之一，是当今中国的"第一要务"。虽然目前有对社会发展进行分门别类研究的具体的发展学科，如发展经济学、发展政治学、发展社会学、发展文化学等，但仍然需要一门学科对整个社会发展进程中的一般问题进行形而上的学理性研究，而且这种研究是任何其他具体的发展学科所无法胜任也无法替代的，这就是发展哲学。

作为一门具体的应用性哲学，发展哲学的研究对象是社会发展整体，它要对社会发展这一特殊的运动形式进行科学的抽象和概括，透过极为复杂的发展现象揭示出深藏其中的发展的本质、规律、意义、价值目的等。发展哲学有着丰富的含义，从发展哲学和发展观的关系看，发展哲学是理论化、系统化的发展观；从发展哲学和具体的发展学科的关系看，发展哲学是经济、政治、社会、文化、生态及人的发展知识的概括和总结；从发展哲学在社会生活中的地位看，发展哲学是以最一般的概念、逻辑的形式反映社会发展存在的特殊的社会意识形态。

国内发展哲学兴起于 20 世纪八九十年代，演进到今天，其学科框架已相对成熟，学科内容也日臻系统。当前，人们在将发展哲学运用于发

---

* 国家社会科学基金项目"整体性发展研究"（15BKS128）的阶段性成果。本文原载于《新疆师范大学学报》（哲学社会科学版）2016 年第 6 期，收入本书时有改动。

展实践的过程中，出现了两种值得注意的趋向：一是发展哲学相关理论观点的政策化、实践化的现象，二是发展哲学与其他相关发展学科的渗透化、交叉化的现象。

对发展问题的关注和研究是发展哲学的生长点，也是其发展的动力。发展哲学要研究的理论和实践问题有很多，而结合当前的发展理论和发展形势，发展哲学应高度关注以下几个方面的前沿问题。

二　马克思主义哲学相关原理及国外发展理论的进一步挖掘利用问题

发展哲学既是社会发展理论的最高层次，又是马克思主义哲学的一个分支学科，它的兴起，反映了马克思主义哲学发展的基本走向，为马克思主义哲学特别是历史唯物主义与现实实践的结合，提供了一个重要的"切入点"。发展哲学在发展演进的过程中，要不断从马克思主义理论特别是马克思主义哲学中汲取营养，以增强其科学性和理论说服力。

例如，马克思主义哲学的物质观，应该包括两个相互依存、密不可分的基本论断，那就是世界的物质统一性原理和世界的物质差异性存在及发展原理。世界的物质统一性原理回答的是世界"是什么"的问题。在马克思主义的物质统一性原理看来，我们周围的世界是一个物质的世界，世界上的事物、现象尽管纷繁复杂，却在物质的基础上统一起来。而世界的物质差异性存在及发展原理着重回答的是物质世界"怎么样"的问题，即物质世界究竟是一个什么样的世界。所谓差异性原理，是在大量观察和长期实践的基础上，经过总结概括而得出的关于普遍存在于物质世界及其运动发展中的差异现象的一种带有规律性的认识。在差异性原理看来，差异具有多样性，其中就包括正向差异和负向差异等。正向差异在方向上是向前或向上的，在内容上是积极的或有益的；负向差异在方向上是向后或向下的，在内容上则是消极的或有害的。基于发展哲学的视角分析，所谓正向差异，其实就是一种积极的进步性差异，即社会或社会的某一领域、某一要素经过发展而表现出与自己既往或与别人不同的具有正向意义的差异；所谓负向差异，其实是一种消极的落后性或倒退性差异，即社会或社会的某一领域、某一要素由于没有实现发展或发展得不好，而在与其他发展主体或自身以往的比较中所表现出的具有负向意义的差异。可见，在社会领域，所谓"进步"，其实表现的是具有正向意义的或积极向上的差异。从某种意义上说，社会发展就是一个"求差"的过程，即打破原来的平衡格局而取得一种"正向差异"。在这里，差异性原理成为我们把握社会何以发展、社会怎样发展的一种独特视角。在差异性原理看来，我们在发展中所应采取的合理策略是：其一，尊重和关照差异，实施差异化发展战略；其二，关注和防范差异的消极性，追求社会有序运行；其三，消除差异的凝固化，实现由负向差异向正向差异的转化；等等。

再如，我们在发展中所坚持的人民主体地位原则以及以经济建设为中心的基本方略，都能从唯物史观的历史合力论中找到新的理论支持。首先，合力论是我们实行共享发展或包容性发展的重要理论基础。唯物史观告诉我们，人民群众是推动社会发展的主力军，因而社会发展必须坚持以人为本的价值取向，遵循人民主体地位原则，力争让发展成果由广大民众共享。事实上，让广大民众共享发展成果的主张和做法完全可以由历史合力论予以解释或支持。"合力"，顾名思义，就是无数人力量的集合。既然所有的社会成员都参与到了社会发展进程中，都对社会发展有贡献，诚如恩格斯所指出的，"每个意志都对合力有所贡献，因而是包括在这个合力里面的"[1]，因而，我们要"按照人人参与、人人尽力、人人享有的要求"，坚持发展的包容性、普惠性和共享性。其次，我们为什么要始终坚持以经济建设为中心，大力解放和发展生产力呢？根据马克思主义的历史合力论，虽然社会的多种因素对社会发展发挥着重要的作用，或者说，推动我国社会发展的力量是一种合力，但在这种合力中，经济因素起着决定性的作用。正如恩格斯所说的，我们是在十分确定的前提和条件下创造历史的，"其中经济的前提和条件归根到底

---

[1] 《马克思恩格斯文集》第 10 卷，人民出版社，2009，第 593 页。

是决定性的。但是政治等等的前提和条件，甚至那些萦回于人们头脑中的传统，也起着一定的作用，虽然不是决定性的作用"①。也就是说，社会发展进程虽然是在多种力量和要素的相互作用中实现的，但其中的经济运动才是最强有力和最有决定性的，我们不能因其他力量或要素的存在而否定经济发展这一最根本的要素。

如此看来，马克思主义哲学的差异性原理和历史合力论，需要我们在发展哲学的视阈内进一步把握其理论价值，并做好挖掘整理工作。除了对马克思主义哲学的深掘，推进发展哲学研究还需要关注国外发展理论，借鉴和学习其有益的研究观点和方法。例如，在关于造成生态危机的深层理念原因的分析中，学界普遍将人类中心主义视为导致生态危机的"价值罪魁"而使其成为备受挞伐的"精神对象"。然而，其一，人类中心主义本身是无法否定的，因为人类中心主义是人类生存和发展的根本的价值取向；其二，把生态危机发生发展的价值根源归咎于人类中心主义，无法全面准确地说明或反映生态危机发生演变的真实原因。事实上，西方生态学马克思主义早已摒弃了从人类中心主义的视角抽象地考察生态危机的做法，它坚持了一条"自我中心主义"的分析进路。生态学马克思主义反对简单而笼统地把生态危机的原因归结为人对自然的控制和支配，认定资本主义社会的危机从本质上说就是生态危机，而这种生态危机主要源自资本主义的生产方式，即以追求利润最大化为宗旨的资本主义生产方式必然破坏生态环境。英国学者卡利尼科斯指出："人类面临的主要问题：贫穷、社会上的不公正、经济波动、环境破坏、战争，来自同一个根源——资本主义制度。"在《反资本主义宣言》一书中，卡利尼科斯反复强调："世界正变得危机四伏，而罪魁祸首就是资本主义。无论从短期的政治角度还是长期的生态角度，资本主义都在威胁着我们的星球。"② 第三代生态学马克思主义的代表人物、美国学者福斯特也认为："危机的原因需要超出生物学、人口统计学和

① 《马克思恩格斯文集》第10卷，人民出版社，2009，第592页。
② 阿列克斯·卡利尼科斯：《反资本主义宣言》，罗汉、孙宁、黄悦译，上海译文出版社，2005，第40页。

技术以外的因素作出解释，这便是历史的生产方式，特别是资本主义的制度。"① 在福斯特看来，"资本主义是一种永不安分的制度"，因为它把追求利润增长作为首要目的，并且不惜任何代价追求经济增长，包括剥削和牺牲世界上绝大多数人的利益，因此，生态危机的发生在资本主义制度下就具有了必然性。"这种把经济增长和利润放在首要关注位置的目光短浅的行为，其后果当然是严重的，因为这将使整个世界的生存都成了问题。一个无法逃避的事实是，人类与环境关系的根本变化使人类历史走到了重大转折点。"② "总体来看，西方生态学马克思主义既没有把生态危机的根源归结为抽象的人类中心主义价值观，也反对把科学技术看做是生态危机的罪魁祸首，而是把生态危机的主要原因归结为资本主义制度及其生产方式的存在，认为只有立足于制度维度的基础上，才有可能谈论人类中心主义的价值观和科学技术对生态危机的影响。"③ 以这样一种坚持"自我中心主义"的分析范式说明生态危机深层或主要原因的做法，就把生态危机的原因具体化和准确化了。可见，生态学马克思主义在揭示生态危机的原因方面，具有重大的历史进步意义。

三　发展的意义问题

当前，人类面临着种种严重的危机和问题，这一切其实都与意义危机有关，可以说，当代人类所遭遇的最大危机，正是发展的意义危机。而发展的意义危机主要表现在三个方面。

第一，人们在发展实践中一味追求发展的物的意义，从而遮蔽了发展的人的意义。发展的意义何在？在于物的创造和积累吗？或者说

---

① 约翰·贝拉米·福斯特：《生态危机与资本主义》，耿建新、宋兴无译，上海译文出版社，2006，第68页。

② 约翰·贝拉米·福斯特：《生态危机与资本主义》，耿建新、宋兴无译，上海译文出版社，2006，第60页。

③ 王雨辰：《反对资本主义的生态学——评西方生态学马克思主义对资本主义社会的生态批判》，《国外社会科学》2008年第1期。

发展的意义是其创造物质财富的功利性意义吗？如果真是这样，那么，在生产力不断进步、物质财富不断丰富、人们的生活水平不断提高的今天，为什么我们还面临着那么严重的精神信仰方面的问题呢？为什么还有那么多人感觉不到人生的快乐和意义呢？可见，发展的意义并不仅仅是或主要是社会发展所具有的创造物质财富的价值。因为发展中的物的价值并不是发展的最核心的价值，物的价值从某种意义上说只是一种中介性、服务性的价值，在其背后还隐藏着更深层次的东西。这种更深层次的东西就是物的创造背后所体现的人的自由全面平等发展的意义，是人对自身自由和幸福的追寻，是人在发展中的主体性地位的确立和巩固，或者说，发展的人的意义才是发展的本真意义、核心意义。在发展中，人的意义支配着物的意义，即支配着对物的意义的创造、评价和选择。但不幸的是，人在发展中的主体性地位和作用被发展的物化追求所销蚀，这无疑是一种最大的发展意义危机。

第二，将追求"小我"发展的意义凌驾于追求"大我"发展的意义之上，从而造成了"小我"发展的意义与"大我"发展的意义的严重对立和冲突。"小我"是局部的，"大我"是全局的；"小我"是具体的，"大我"是整体的；"小我"是眼前的或今天的，"大我"是长远的或明天的。我们既要关注和尊重"小我"的发展意义，更要关注和尊重"大我"的发展意义。由于发展主体是一种多样性的社会存在，发展活动具有横向的局域性和纵向的阶段性的特征，因而，对特定的"当事性"发展主体有意义的发展活动或发展模式则不一定对其他的发展主体有意义，对今天的发展有意义的，不一定对明天的发展有意义。这样的情况并不鲜见。如源于西方的"先污染后治理"的发展模式，如果从世界范围内来考量则不具有其价值意义的普适性。还有在当今发展实践中相当盛行的粗放型的经济增长方式，显然不能适应人类可持续发展的要求。然而遗憾的是，在现实的发展活动中，时常存在为了追求"小我"的发展意义而损害了"大我"的发展意义的情况。例如，霸权主义和强权政治的发展模式之所以在当今世界不受欢迎，是因为这种模式将某一个国家或民族的价值利益置于其他国家或民族的价值利益之上，其弊端不仅在于实现利益的手段往往是对抗性的，更在于其对发展意义的追求是极端利己性或自私性的。再以当前我们谈论得较多的"大国崛起"为例，一个成功崛起的国家，应当是指成功地解决了自身和世界所面临的重大问题的国家。对于谋求在国际体系中占据一个令人羡慕的位置并拥有巨大影响力的国家而言，这意味着置于国家战略首位的，不仅是对硬实力的追求，还主要是对软实力的追求，是对解决问题的智慧的追求，一句话，是对自身所进行的发展的世界性意义的追求。可见，只有追求对"小我"同时对"大我"有价值意义的发展模式或发展活动才是真正有意义的，也才是值得提倡、普及和传承的。绿色发展模式以及和平发展、共同发展等主张之所以能在世界范围内产生较大的反响或广泛的响应、追求，是因为它们对"小我"和"大我"都具有重大的价值意义，蕴含着解决世界性重大发展难题的独特智慧。

第三，人们对发展意义特别是对发展的物的意义的创造采取了一种不合理的高代价的发展模式，从而加剧了发展的意义危机。迄今为止，人类的发展模式从总体上讲是一种高代价的发展模式。这种发展模式，尽管促进了生产力的极大进步，创造了大量的物质财富，实现了人的一定程度的阶段性的发展，但也造成了一系列严重的发展代价问题，而一系列发展代价问题的出现，不仅加剧了社会发展物化追求的消极后果，更使人们在日益严重的发展代价的重压下，对社会发展的合理性、正当性产生了疑问——人们孜孜以求的发展活动，会是这样一种状况吗？社会发展的真正希望和出路在哪里？面对日益严重的发展代价和步履维艰的发展进程，人们感到困惑、茫然和无所适从是必然的，也是自然的。这其实正是一种失去了真正的意义支撑的表现，是一种找不到应有的方向感的表现。物欲横流的社会似乎变成了一架发了疯的钢琴，而人们则在混乱嘈杂的音响的冲击下晕头转向。美国学者威利斯·哈曼博士一针见血地指出：当今世界"唯一最严重的危机主要是工业社会意义上的危机。我们在解决'如何'一类的问题方面相当成功"，"但与此同时，我们却对'为什么'这种具有价值含义的问题，越来越变得糊涂起来，越来越多的人意识到谁也不明白什么是值得做的。我们的发展速度越来越快，但我们却迷失了方向"①。

总之，在发展的意义问题上，我们应当在认识上进行这样两种必要的提升或超越：第一种，要从"小我"的价值意义跃升到"大我"的价值意义；第二种，要从发展的物的意义跃升到发展的人的意义。唯有如此，我们才能对发展的意义问题获得一种完整、准确和深刻的认识。而这样的认识，为我们消除发展的意义危机、追求一种有意义的发展提供了必要的认识论基础。

四　发展的受动性问题

工业革命以来，人类运用日趋先进的科技工具，在改天换地的实践进程中，恣意张扬着自己的主动性或能动性。这种率性而为、几乎不受约束的"本质力量"，既为人类创造了巨量的物质财富，也给人类带来了严重的发展问题。但人类既有主动性或能动性，更有受动性或受制性，而这种主动性和受动性是辩证统一的，它们之间的辩证关系恰恰是发展哲学要研究的对象。换言之，发展哲学既要关注发展的主动性，如创新、变革之类的问题，也要关注人的发展行为的受动性，即受客观规律、客观条件等制约的问题。这种对发展受动性的研究在当下的发展背景下更有现实意义。发展哲学要深究发展受动性的根据、意义及其一般的方法论等内容。例如，根据发展受动性的内在机理，人类要因时制宜、适时而动，采取一种适度的发展。

适度发展是针对传统发展，如竞争性发展而提出来的。传统发展的"关键词"是速度、规模、以物为本、高代价等。首先，传统发展是一种速度型发展，认为快的都是好的，视经济发展为开运动会，跑得越快越好；其次，传统发展是一种扩张型发展，主要追求规模和数量；再次，传统发展的价值取向是以物为本，所追求的主要是 GDP 的增加和人均收入的提高等，它鼓励或刺激人们高消费，着重满足人们的奢侈型需求，

---

① 维克多·奥辛廷斯基：《未来启示录——苏美思想家谈未来》，徐元译，上海译文出版社，1988，第 193 页。

如房子越住越大、车子越开越豪华等；最后，传统发展有着强大的驱动力，但缺少平衡力，导致了严重的发展问题，属于高代价发展，是发展成就和发展问题同步增长的一种发展。

当代法国著名的种群遗传学家和人口学家阿尔贝·雅卡尔在其代表作《"有限世界"时代的来临》中，也谈到了地球资源对人类的物质生产特别是人口生产的限制性问题，指出："在很长一段时间里，人类在进行推理的时候，好像可以不存在任何限制。今天，人类不得不正视这样一个现实：存在——并且在很多情况下都存在——限制。"① 在雅卡尔看来，这种限制具体表现在这样几个方面：空间上的界限是很明显的——我们脚下的星球并不大，而我们的足迹已遍布全球；不可再生资源的使用极限也快被我们达到了；我们已经达到了地球可以忍耐我们行为后果的极限。总之，适度发展是关于人的实践受动性的发展模式的现实反映，它通过对人的行为的约束和限制，为人类开辟了通往光明和安全未来的可靠路径。

五　中国发展的问题

发展是具体的、现实的，具有一定的时代性、地域性或国别性；同样，发展哲学所分析的问题、所服务的实践，也具有一定的时代性、地域性或国别性。换言之，我们所谈论的发展哲学必须是面向中国发展的发展哲学，它要关注中国的发展问题、指导中国的发展实践，而30多年来中国大地上生机勃勃的发展创造，为发展哲学的丰富和发展提供了最直接、最生动、最具价值的"现实素材"。在马克思主义发展哲学看来，党的十八大以来，中国发展所出现的最具根本性和深远意义的变化，就是正在发生从要素性发展向整体性发展的历史性转变。

众所周知，社会是一个有机系统，社会系统是由若干相互联系的要素和不同的发展阶段组成的并与自然环境发生密切互动关系的有机整体。

---

① 阿尔贝·雅卡尔：《"有限世界"时代的来临》，刘伟译，广西师范大学出版社，2004，第111页。

但长期以来，无论是国际还是国内，社会发展基本上都是一种要素性发展。这种要素性发展主要有两点表现：其一，只重视社会系统的某一要素或某一方面的发展，从而导致了社会发展的非协调化现象；其二，只重视当前或眼下的发展，从而导致了社会发展的不可持续化现象。这表明，具有片面性和断代性等特征或缺陷的要素性发展，只把注意力集中于特定时空的具体的"点"和"时"上，呈现出"只见树木，不见森林""只见现在，不见未来"的局限性，从而导致了一系列发展问题的发生和恶化。

整体性发展是对要素性发展的扬弃和超越。所谓社会的整体性发展，简而言之，是指社会系统的关联性发展，具体而言，是指构成社会系统的静态的要素（如人的要素、物的要素等）间和动态的阶段间的关联性发展。社会的整体性发展是沿着横纵两个"坐标"展开或推进的。这样，从内容上看，整体性发展包括这样几方面的子内容或"子发展"。从横向的维度看，基于不同地区和国家的视角，表现为共同发展；基于关系的视角，表现为和谐发展；基于构成社会系统的要素或领域的视角，表现为协调发展，即构成社会系统的诸要素如经济、政治、文化、生态等的全面和相对均衡的发展进步。从纵向的维度看，表现为代际或不同阶段、不同时期的可持续发展，具体说是指不同的发展阶段之间紧密传承、关系优化、相互照应的一种发展，从而确保发展能持续下去。

现实的整体性发展推动了整体发展观或整体性发展思想的形成，而整体发展观是全面揭示当今社会存在状态及其发展样式包括社会发展的本质、规律，特别是揭示我国社会发展本质、规律、趋势的观点和方法的总和。在整体发展观看来，整体性应当是中国发展的最高和最有价值的特性。整体性作为当今中国发展的本质属性，是现阶段中国发展与传统发展相区别的内在规定性，是我们把握现阶段特别是未来中国发展走向的根本切入点。用整体发展观来考察当今中国的发展，可以获得如下两个方面的重要认识。第一，从本体论的视角看，整体性是中国社会发展的本质属性或根本特征，因为中国发展所要追求的人本性、全面性、协调性、可持续性等都要从整体性中引申、衍生、阐释。换言之，人的全面发展及社会的协调发展、和谐发展、可持续发展等都是整体性发展在不同角度或不同方面的具体表现。整体性发展的先进性或多维表现，使其代表了人类社会包括中国社会发展的基本趋势和方向，而只有这样的发展，才能在有效克服严重的发展问题的实践中，把世界和中国引向光明和安全的未来。可见，当今中国的发展，在一种应然的意义上，必须要以整体的形象出现，表现为一系列的整体性。第二，从方法论的视角看，整体性是当今中国社会发展的重要的认识和实践方法，我们要从整体性视角来把握、分析、评价和解决发展问题。具体而言：我们审视发展现实、解决发展问题、重塑发展未来，都需要一种整体视野，从而使整体性的观念和实践方法成为我们从事发展实践的重要的方法论武器。

党的十八大以来，我国发展的整体性特征主要表现在以下几个方面。

第一，发展目标的整体性。这种目标就表现为"中国梦"。中国梦的整体性主要有两层含义。其一，作为发展目标，中国梦本身具有整体性。即我们实现中国梦，不是实现其中的一个方面的子内容，而是包括从民族复兴、国家富强到人民幸福的多维内容的全面实现。如果只是实现了其中一个方面的内容或子目标，那就不能称其为中国梦了。其二，作为发展目标，实现中国梦的过程具有整体性，即实现中国梦是一个长期的过程，这个过程始于近代，正在实现于当下。但无论是过去、现在还是将来，中国梦作为我们的奋斗目标，都具有整体性的导引作用。或者说，中国梦的伟大目标具有一以贯之、总括全局、涉及长远的统领性。"我们党的庄严使命、改革开放的根本目的、我们国家的奋斗目标，都聚焦于这个总任务、归结于这个总任务。我们要紧紧扭住这个总任务，一代一代锲而不舍干下去。"①

第二，发展的根本政治制度的整体性。这种根本政治制度的整体性就表现为中国特色社会主义。换言之，中国社会的发展在根本的制度属性上是指中国特色社会主义的发展，因而，我们必须"深刻领会中国特色社会主义是由道路、理论体系、制度三位一体构成的"②。中国特色社

---

① 《习近平谈治国理政》，外文出版社，2014，第 12 页。
② 《习近平谈治国理政》，外文出版社，2014，第 8 页。

会主义既然是实践、理论、制度三位一体的有机结合，因而，中国特色社会主义整体性发展的意义就在于，我们既要把成功的实践上升为理论，又要以正确的理论指导新的实践，还要把实践中已见成效的方针政策及时上升为党和国家的制度。正是在这种实践、理论和制度的协同互动中，既促进了实践，又发展了理论，从而在整体上推动着中国特色社会主义事业的发展。

第三，发展任务的整体性。这表现为经济建设、政治建设、文化建设、社会建设、生态文明建设的五位一体。习近平总书记指出："坚持以经济建设为中心，在经济不断发展的基础上，协调推进政治建设、文化建设、社会建设、生态文明建设以及其他各方面建设。"① 这五种建设都是整个中国特色社会主义事业的有机组成部分，都属于中国发展的具体内容或具体任务。没有这五种建设就没有整个中国社会的发展进步，但中国社会的发展进步又不能只归结到其中的一两种建设上，只有上述五种建设全面推进、协同联动，才能实现整个中国社会的发展进步。

第四，发展战略布局的整体性。这表现为"四个全面"的战略布局，即全面建设社会主义现代化国家、全面深化改革、全面依法治国、全面从严治党的相互联系上。"全面"本身就具有整体性的含义，它在空间上包括方方面面，具有极大的覆盖性；在时间上涉及未来，具有长期性。"四个全面"是相辅相成、相互促进、相得益彰的整体，其中，全面建设社会主义现代化国家是我们的战略目标，全面深化改革、全面依法治国、全面从严治党是三大战略举措。同时，"四个全面"中的每一个"全面"，自身又都具有子系统的性能。我国发展战略布局的整体性，体现着当前和今后一个时期，党和国家各项工作的关键环节、重点领域、主攻方向更加清晰，内在逻辑更加严密，所体现的新一届中央领导集体治国理政的总体框架也更加完整。

第五，发展理念的整体性。习近平总书记的一系列讲话都体现或蕴藏着鲜明的整体性的思维理念，或者说，习近平总书记实际上是用整体发展观来规划中国的发展、来治国理政并认识世界的。这表现为以下几

① 《习近平谈治国理政》，外文出版社，2014，第11页。

点。其一，整体性的发展理念观。党的十八届五中全会提出了发展的"新理念"：创新、协调、绿色、开放、共享。与之相对应，在实践中出现了创新发展、协调发展、绿色发展、开放发展、共享发展这五种具体的发展形式。事实上，无论是五种发展理念还是五种具体的发展形式，都是一个具有内在联系的整体，因而我们需要用整体性的思维去看待和实施它们，切不可就事论事，"只见树木，不见森林"，以一种形而上学的态度机械对待它们。其二，整体性的改革观。习近平总书记指出："改革开放是一个系统工程，必须坚持全面改革，在各项改革协同配合中推进。改革开放是一场深刻而全面的社会变革，每一项改革都会对其他改革产生重要影响，每一项改革又都需要其他改革协同配合。要更加注重各项改革的相互促进、良性互动，整体推进，重点突破，形成推进改革开放的强大合力。"① 其三，整体性的生态观。习近平总书记指出："我们要认识到，山水林田湖是一个生命共同体，人的命脉在田，田的命脉在水，水的命脉在山，山的命脉在土，土的命脉在树。用途管制和生态修复必须遵循自然规律，如果种树的只管种树、治水的只管治水、护田的单纯护田，很容易顾此失彼，最终造成生态的系统性破坏。"② 其四，整体性的安全观。习近平总书记要求"坚持总体国家安全观，走出一条中国特色国家安全道路"③。他指出，贯彻落实总体国家安全观，要"构建集政治安全、国土安全、军事安全、经济安全、文化安全、社会安全、科技安全、信息安全、生态安全、资源安全、核安全等于一体的国家安全体系"④。其五，整体性的国际观，即命运共同体思想。所谓命运共同体，是指存在诸多差异的国家、民族所组成的命运攸关、利益相连、相互依存的国家集合体。命运共同体思想包括这样两方面的基本内容：命运共同体思想的差异观和命运共同体思想的统一观。命运共同体思想的差异观强调和承认世界的多样性、差异性，而这种差异观又具体表现为命运共同体思想的相互尊重原则、民主协商原则和中国声音、中

---

① 《习近平谈治国理政》，外文出版社，2014，第68页。
② 《习近平谈治国理政》，外文出版社，2014，第85页。
③ 《习近平谈治国理政》，外文出版社，2014，第200页。
④ 《习近平谈治国理政》，外文出版社，2014，第201页。

国主张等；命运共同体思想的统一观表达着当今国际社会的统一性和共性，正如习近平总书记所指出的，在当今世界，"各国相互联系、相互依存的程度空前加深，人类生活在同一个地球村里，生活在历史和现实交汇的同一个时空里，越来越成为你中有我、我中有你的命运共同体"①。

总之，习近平总书记的整体发展观的内容十分丰富，而这是切合当今中国发展实际并指导中国发展进步的新的发展理论。直面发展问题特别是中国发展问题的发展哲学就应当高度关注当今时代的这一具有鲜明中国特色的科学的发展思想。

① 《习近平谈治国理政》，外文出版社，2014，第 272 页。

适度发展与生态文明建设[*]

邱耕田　李宏伟

在文明发展的时代主旋律里，中国奏响了生态文明建设的最强音。这是当今中国发展的"好声音"：它是建设"美丽中国"的呐喊，是实现"中国梦"的呼唤。而通过适度发展的路径来建设生态文明，是切合当下中国实际的不二选择。

一　从人与自然的矛盾谈起

从某种意义上说，当今人类社会所面临的最急迫、最危重的矛盾应当是人与自然的矛盾，因为这一矛盾已威胁到世界的和平与发展。其一，从和平的角度看，人与自然关系的失调或恶化，是当今人类发生纷争甚至战争的主要原因或直接原因。这表明，人与人关系失调的背后，所隐藏着的其实是人与自然关系的失调。其二，从发展的角度看，人与自然关系的失调，对人类发展所造成的危害更大，因为它有可能断送人类的未来，使人类发展呈现出不可持续的态势。总之，人与自然关系的恶化，既威胁到人类的和平，更威胁到人类的可持续发展。

所谓人与自然的矛盾，其具体内涵是指人的发展的无限性与自然资源环境的有限性的矛盾，而造成人与自然矛盾关系日趋紧张的主要根源在人。对此，我们通过分析"四个越来越"的现象，来具体说明人与自然之间所具有的互动关系。这"四个越来越"指：人口越来越多，而越

---

* 本文原载于《天津社会科学》2014 年第 6 期，收入本书时有改动。

来越多的人口都想过上越来越好的生活，结果导致了越来越严重的生态环境问题，并使越来越多的人深受其害。

以北京为例，2013 年末北京常住人口 2114.8 万人，从 2000 年到 2011 年的 11 年间，北京人口增加了 637 万人，是前一个 10 年所增人口数量的两倍多。以衡量人的生活水平的小汽车拥有量为例，2013 年末北京机动车拥有量 543.7 万辆，比上年末增加 23.7 万辆，其中，私人轿车 311.0 万辆，比上年末增加 12.8 万辆。越来越多的人的生活水平的不断提高，势必给脆弱的生态环境造成越来越大的冲击。目前，北京的人口规模已经超过了北京环境资源的承载极限，尤其是水资源短缺已到了十分严重的程度。2001~2010 年，北京肺癌的发病率增长较快，全市新发癌症患者中有 1/5 为肺癌患者。虽然癌症包括肺癌发生的原因比较复杂，但严重的空气污染绝对是其中不容小觑的因素。

"四个越来越"存在内在的因果关系：越来越多的人口和越来越好的生活是因，越来越严重的生态环境问题是直接结果，越来越多的人深受其害则是次生性的反馈结果。早在 20 世纪 70 年代初，罗马俱乐部在其关于人类困境的第一份研究报告《增长的极限》中，就要求人类必须作出这样的选择："当没有利用的可耕地很多时，就可以有更多的人，每个人也可以有更多的粮食。当所有土地都已利用，在更多的人或每人更多的粮食之间权衡就成为绝对的选择。"[①] 但遗憾的是，当下人类似乎并不打算作这样的选择，依然固执地沿着越来越多的人都要过上越来越好的生活的轨道向前发展，即便生态再脆弱、资源再枯竭、环境再污染也要"一条道走到黑"，长此以往，再不警醒，人类还会有明天吗？

因此，要缓和人与自然之间日趋紧张的矛盾关系，走出"四个越来越"的恶性循环，就必须约束或抑制人类在生产和生活方面的快速、无序、递增的势头，选择走适度发展之路。

---

① 丹尼斯·米都斯等：《增长的极限——罗马俱乐部关于人类困境的报告》，李宝恒译，吉林人民出版社，1997，第 56 页。

二 发展为何"适度"

适度发展主要是从发展的速度、规模等外在属性方面对发展所进行的把握，它是指在满足人的基本需求的基础上，为了实现人与人特别是人与自然之间的平衡关系而采取的一种有节制的发展。适度发展主要表现在三个方面：人口上的适度增长、生产上的适度进步、生活上的适度消费。

适度发展是针对传统发展而提出来的。传统发展是一种速度型发展，认为快的都是好的，视经济发展为开运动会，跑得越快越好；传统发展是一种扩张型发展，主要追求规模和数量；传统发展的价值取向是以物为本，所追求的主要是 GDP 的增加和人均收入的提高等，它鼓励或刺激人们高消费，着重满足的是人们的奢侈型需求，如房子越住越大、车子越开越豪华等；不仅如此，传统发展有着强大的驱动力，但缺少平衡力，导致严重的发展问题，属于高代价发展。

适度发展主要有这样一些表现：适速型——适当的速度，适度发展认为发展如同开车，在路况好、车辆少的情况下可以适当快一点，但在路况差、车辆多的情况下，就必须控制速度，否则，极易导致交通事故的发生；自律型或内敛型——是人们对自身发展行为所进行的一种规范、修正和约束，适度发展强调在适当缩减发展规模和数量的基础上，要特别注重发展效益的提高；基本需求满足型——适度发展主要着眼于对人在衣食住行医等方面的基本需求即合理需求的满足；平衡型——适度发展是一种平衡型发展，它将驱动性机制和平衡性机制集于一身，强调发展，更强调适度性，即通过适当的速度和规模等来约束发展，以缓解发展问题，实现人与人特别是人与自然关系的协调平衡。

发展的适度性之所以作为一个重大的问题被提出来，关键在于传统发展自身的高耗能、低效率、重污染等缺陷导致了日益严重的生态环境问题。因此，我们倡导并实施适度发展，实际上是建设生态文明、缓解日趋严重的环境问题的一种基本策略和基本做法。适度发展的根本目的当然是满足全体国民的基本需求和实现整个民族的长远发展。它鼓励人们创造财富，但不会倡导拜金主义；它引导人们过上有尊严、体面的生活，但不会鼓励人们高消费或炫耀式消费。

关于适度发展或发展的适度性，我们并不陌生，20 世纪 70 年代以来，人们对于可持续发展的认识、讨论首先是从对人类自身行为的约束控制开始的，如控制人口增长、节制消费、限制向自然环境排放污染物、实施清洁生产、发展低碳经济等。换言之，这一时期人们已认识到了发展的适度性或自律性对可持续发展的重要性。如在罗马俱乐部关于人类困境的报告《增长的极限》中，就阐明了一种抑制增长的思想。在"全球均衡状态"一章中，作者明确提出了可供人们选择的三个方案——一是不受限制的增长，二是由人们自己对增长加以限制，三是由自然对增长加以限制，论者所特别强调的观点乃是"自觉抑制增长"①。一些后现代主义者关于经济社会发展的观点，与《增长的极限》也颇为一致。例如，达利在《稳态经济：治疗增长癖的后现代良方》一文中，就批判了把经济增长看作至高至善和灵丹妙药的"增长癖"，他指出，在当今世界，相对于生态系统而言，经济规模已经发展得如此庞大，以至于没有多大空间可供物质方面指数式增长了，并阐述了"生物物理和社会伦理对增长的限制"②。《我们共同的未来》研究报告提出了鲜明的限制或适度发展思想。该报告认为可持续发展是一种既满足当代人的需要又不对后代人满足其需要的能力构成危害的发展，论者认为这里所说的需要实际上指的是要有发展，即对于人们"尤其是世界上贫困人民的基本需要，应将此放在特别优先的地位来考虑"；同时为了保证可持续性，要有对于"技术状况和社会组织对环境满足眼前和将来需要的能力施加的限制"③。

上述观点表明，适度发展实际上反映的是人对自然规律的遵从，是对自然权益的尊重和保护。从存在论的角度看，自然界是人类之母，人

---

① 丹尼斯·米都斯等：《增长的极限——罗马俱乐部关于人类困境的报告》，李宝恒译，吉林人民出版社，1997，第 131 页。
② 大卫·雷·格里芬：《后现代精神》，王成兵译，中央编译出版社，2005，第 172 页。
③ 世界环境与发展委员会：《我们共同的未来》，王之佳等译，吉林人民出版社，1997，第 52 页。

是大自然之子，人与自然之间具有绝对的统一性或人对自然具有绝对的依从性，因为"人直接地是自然存在物"①。恩格斯也指出，"我们连同我们的肉、血和头脑都是属于自然界和存在于自然界之中的"②。由此决定了人在改造、利用自然的过程中，要对自身的行为进行适当的约束和控制，即人的所作所为不可超出自然环境的承载能力，这是适度发展提出的基本事实依据。从客观规律的角度分析，在社会发展进程中存在协调规律，从某种意义上说，社会发展要通过协调来实现，这是人类发展进程中鲜明的带有必然性的客观趋势。社会历史运动既是一个物的创造和人的发展的过程，又是一个以人为中心的诸多关系的生成和调整的过程。如果社会发展的"关系网"出现了紊乱和失调，特别是出现了人与自然关系的失调，就会危及人类社会的健康有序发展，在这种情况下，社会发展的调控平衡机制就会发生作用，从而使失调的关系逐步趋于协调。在目前人类面临日益严重的生态环境问题的大背景下，协调规律的存在实际上迫使人类必须通过约束自身的行为，即通过适度发展使自身与生态环境的演化趋于平衡。

人类之所以要约束自身的行为以采取适度发展策略，还有一个主要的现实依据，即不可再生资源的迅速枯竭。"在一个小小的星球上，所有的资源都是稀少的，或者有可能成为稀少的。"③ 如果人类继续眼前的盲目高速发展，如果"地球村"的多数"村民"向往美国人的生活水准，那么，我们就会迅速耗光全部资源，并很快进入一种"终极贫困"状态——这是在拥有了豪宅、轿车和许多现代化的生活资料后因不可再生资源的枯竭而无法享用的贫穷！

三　发展如何"适度"

在中国，之所以要大力提倡适度发展，完全是国情使然。一方面，

---

① 《马克思恩格斯文集》第1卷，人民出版社，2009，第209页。
② 《马克思恩格斯文集》第9卷，人民出版社，2009，第560页。
③ 阿尔贝·雅卡尔：《"有限世界"时代的来临》，刘伟译，广西师范大学出版社，2004，第121页。

我国的人口在不断增长、人们的生活水平在不断提升，越来越多的人已经或打算过上越来越好的生活，导致了日益增大的消费压力；另一方面，我国的生态环境在总体上呈现恶化的态势，造成了日益突出的人与自然的矛盾。虽然多年的现代化建设使我们日渐摆脱了物质方面的贫穷，但我们现在正被另一种"贫穷"所困扰，这就是生态之穷、资源之穷，这种"生态贫穷"更严重、更致命！有学者认为："当前人口、资源和环境面临的严峻形势，构成了我国的'极限困境'问题。"① 尽管"目前的消费社会就象一个吸毒成瘾的人，无论感到多么痛苦，要想摆脱它却极其困难"②，但针对当今中国的现实，倡导适度发展实在很有必要，它是中国社会全面协调可持续发展的必然要求。

具体言之，适度发展的实施，主要应沿着实践和理念两个方面的路径推进。实践方面的做法主要包括以下几点。

其一，倡导适度消费即生态消费。现代工业文明的发展，导致了"过度生产"和"过度消费"。以追逐利润为目的的"过度生产"，使技术规模越来越大、能源需求越来越多、生产日益专业化；而"过度消费"则使整个社会的消费日趋膨胀，有可能超过自然生态系统所能承受的限度。当前，越来越多的人总是设法逃避到以广告为中介的商品消费中去寻找人生的意义，并把消费作为一种自我满足的手段，把消费当作人生的唯一乐趣，这样的消费就是一种"异化消费"了。这显然与生态文明建设是背道而驰的。因此，为了推进生态文明建设，我们要倡导生态消费。

其二，加快转变经济发展方式。我国的经济发展当然要保持一定的速度，但经济发展的质量必须提高。我国现行的经济发展方式，存在高投入、高消耗、高污染、低效率以及不协调、不平衡、不安全等问题。这不仅导致了社会关系的不协调，也导致了人与自然关系的恶化，我国在经济发展中，能源消耗高而能效低。因而，加快转变经济发展方式、降低消耗和污染、提高能效，显然会从根本上改善我国的环境质量，为

---

① 欧阳康等：《中国道路——思想前提、价值意蕴与方法论反思》，中国社会科学出版社，2013，第99页。

② E. F. 舒马赫：《小的是美好的》，虞鸿钧、郑关林译，商务印书馆，1984，第103页。

我国的适度发展提供坚实的生产基础，进而促进生态文明的发展。

实践路径的推进必然伴随观念上的变化，如确立适度发展的意识、转变政绩观等。但在当下，要想实行适度发展，让人们放慢发财的脚步并告别高消费，则存在极大的观念障碍。因此，观念上的变化，一个根本的切入点，就是要设法淡化或消除唯物质主义的思想观念。当今世界，人们普遍选择了一条唯物质主义的发展道路。"在现代世界，生产表现为人的目的，而财富则表现为生产的目的。"① 事实上，恩格斯早就对社会生活中的"唯经济论"进行了辩证的分析和批判，他指出："根据唯物史观，历史过程中的决定性因素归根到底是现实生活的生产和再生产。无论马克思或我都从来没有肯定过比这更多的东西。如果有人在这里加以歪曲，说经济因素是唯一决定性的因素，那么他就是把这个命题变成毫无内容的、抽象的、荒诞无稽的空话。"② 恩格斯的论断为我们今天扬弃物本论的发展模式提供了重要的理论支持。

改革开放以来，我国的社会生活出现了两点突出的变化。第一，人们可以正大光明地讲利、逐利了，人们普遍把"恭喜发财"之类的祝福语挂在嘴边，就充分说明了这一点。第二，越来越多的人被利所"激活"从而成为张扬着自我本质力量的"主体人"或"利益人"，人们做着"发财梦"，干着"发财事"。功利不可怕，可怕的是"急功近利"，即整个社会，从上到下普遍把功利在时空上高度"压缩"：在时间上只看到了眼前利益而忽视了长远利益，在空间上只看到了自我利益而忽视了他者和社会的利益。从根本上说，人们在功利上的不健康的观念，是发展不适度或不科学的主要的理念方面的原因。为此，应重视建设重义轻利、重人轻物的社会，为适度发展提供适宜的社会大环境。

---

① 《马克思恩格斯文集》第 8 卷，人民出版社，2009，第 137 页。
② 《马克思恩格斯文集》第 10 卷，人民出版社，2009，第 591 页。

论竞和性发展[*]

邱耕田

一 超越竞争性发展

从 20 世纪六七十年代起，国际社会就在想方设法解决人类面临的种种发展问题。学者及政客们看到了"增长的极限"的危险，发出了"只有一个地球"的呐喊，表达了"多少算够"的担忧，惊诧于"失控的世界"，要求"以自由看待发展"，主张优化"人类的素质"，呼吁重建"我们共同的未来"。但令人深感不安的是，迄今为止，我们所面临的发展问题似乎日益严重。这些发展问题在总体上可概括为两大类：一是发展"不够"的问题，二是发展"不和"的问题。

所谓"不够"，是指发展的数量、规模及其水平、质量等还没有达到能满足所有人基本需求的地步。"小小寰球""几家欢乐几家愁"，呈现出的是严重贫富不均的景象：一些人锦衣玉食，为过度肥胖而发愁；另一些人则饥寒交迫，他们"风雨不遮，食不果腹；求告无门，疾病缠身"①。联合国于 2010 年底公布了该年度多维贫困指数，按照这一新的标准，全世界在该年又有 3 亿人加入贫困人口行列，从而使全球贫困人口增长了 21%，超过了 17 亿人。所谓"不和"，是指发展中诸多关系的

---

* 2011 年度国家社会科学基金项目"科学发展研究"（11BKS012）的阶段性成果。本文原载于《学习与探索》2012 年第 4 期，收入本书时有改动。

① 卡普林斯基：《夹缝中的全球化：贫困和不平等中的生存与发展》，顾秀林译，知识产权出版社，2008，第 31 页。

不和谐、不协调。发展的不和具体表现在三个方面：一是"人—人"关系的不和，包括人与人、人与社会、国家与国家、当代人与后代人之间关系的不和；二是"人—天"关系的不和，日趋严重的生态环境问题就是这种不和的具体表现；三是人的"身—心"关系的不和，由此导致了人的畸形化、片面化发展的态势。

发展的两大问题相互依存、相互作用、互为因果。一方面，"不够"可以导致"不和"，因为一个发展不足、物质财富不丰裕的社会，必然是一个充满着矛盾、冲突、内乱的社会。诚如马克思恩格斯所指出的那样："生产力的这种发展（随着这种发展，人们的世界历史性的而不是地域性的存在同时已经是经验的存在了）之所以是绝对必需的实际前提，还因为如果没有这种发展，那就只会有贫穷、极端贫困的普遍化；而在极端贫困的情况下，必须重新开始争取必需品的斗争，全部陈腐污浊的东西又要死灰复燃。"① 另一方面，"不和"又会严重妨碍"不够"问题的解决。当社会陷入内耗、冲突、动荡等病变状态的时候，不但会破坏既有的发展成果，而且会阻碍新的发展成果的创造，进而严重影响社会的全面协调和可持续发展。

那么，该如何同时解决发展的"不够"与"不和"的问题呢？这需要从转变发展模式入手，具体而言，要选择一种新的竞和性的发展模式，通过竞和性发展，既解决发展"不够"的问题，更解决发展"不和"的问题。需要指出的是，竞和性发展是针对竞争性发展提出来的。正是传统的"适者生存"性质的竞争性发展，直接拉高了"人类生存的紧张指数"，增大了"人类发展的风险系数"，制造了大量发展"不和"的问题。因此，要推行竞和性发展，必须超越竞争性发展。

所谓竞争性发展，是指依托于竞争并通过竞争来实现经济发展、社会进步并导致了大量发展问题的一种发展模式。竞争是存在于整个生物界和人类社会的普遍现象。它是指生物界内部和社会成员之间，为了自身生存和发展的需要，在相互作用中所产生的争夺一定资源和利益等的较量、争胜的活动。关于生物界的竞争现象，达尔文的生物进化论给予

---

① 《马克思恩格斯文集》第 1 卷，人民出版社，2009，第 538 页。

了较为系统的论述。生物进化论所揭示的"物竞天择，适者生存"的原理就是对生物界竞争现象的最好写照。所谓"物竞"即生存竞争，所谓"天择"即自然选择，由此引起生物机体的变异和进化，这是生物从简单到复杂、从低级到高级、从不完善到完善逐步演化、生生不息的一条规律。

人类是自然界长期演化的结果，是生物体的最高形态。这就决定了人类的活动在一定程度上要受生物界的"物竞天择"的"竞争规律"的支配和制约。也就是说，在社会领域，竞争同样具有普遍性和必然性。所谓普遍性，是指"竞争无时不有，无事不涉，无人能外。这种无孔不入的普遍竞争成为了最终目标，一种无所不包的信条，一种意识形态，一种无上命令，竞争成了统治世界的最高法则"①。所谓必然性，其一，是指竞争是人的本性，这种本性就是作为一种差异化存在的社会成员所具有的要超越别人、在竞争中显示自己与众不同、从而维护自己独特的人格尊严的天性。"单是社会接触就会引起竞争心和特有的精力振奋，从而提高每个人的个人工作效率。"②"社会接触"何以会引起人的竞争心并提高每个人的个人工作效率呢？因为社会成员在相互交往中，自然会产生一种使自己更强、更优、更好的天性心愿，而这种争强取优的天性心愿主要是靠竞争推动或实现的。换言之，人们都在以竞争的方式，调整着自己在社会场中的"角色—地位—利益"结构，这就使得竞争成为任何一位心智健全的人所具有的要超越别人、在社会场中显示自己与众不同、实现自己理想价值的天性。其二，是指竞争是迄今解决"人—人"矛盾关系的主要手段。因为"凡两方或多方力图取得并非各方均能获得的某些东西时，就会有竞争"③。当存在两个及以上的发展主体或发展单位的时候，他（它）们之间在发展进程中总是存在一定的竞争关系，因为社会发展是一种差异化的发展，不同的发展主体或发展单位在

---

① 邱本：《自由竞争与秩序调控：经济法的基础建构与原理阐析》，中国政法大学出版社，2001，第283页。

② 《马克思恩格斯文集》第5卷，人民出版社，2009，第379页。

③ 约翰·伊特韦尔、默里·米尔盖特、彼得·纽曼编《新帕尔格雷夫经济学大辞典》第1卷，经济科学出版社，1996，第577页。

发展力、发展水平等方面存在强弱高低之分，而他（它）们面对的发展资源、发展条件又具有特定时空的稀缺性或有限性，这样，在一个普遍的"主观为自己"的价值理念的支配下，竞争就具有了不可避免性。

竞争性发展的缺陷或弊端可以从其价值理念基础——自我中心主义那里得到充分的说明。或者说，竞争性发展的负效应其实是自我中心主义价值理念之局限性的发展模式化的表现。所谓自我中心主义，是一种从自我的至上性出发，以自我为中心来看待世界、处理自我与他我关系的世界观和方法论。自我中心主义建立在主客二分的思维方式基础之上，它将双向互利的主客体关系，异变成了单向求利的主客体关系，呈现出了世界观上的本我化、主体观上的自大化、实践观上的唯我化、利益观上的自私化以及在方法论上所采取的"走我的路，让别人无路可走"等的现象和做法。自我中心主义随着自我意识的生成而出现，并随着竞争性发展而不断显化和强化，从而成为支配整个竞争性发展的占主导性地位的价值理念和方法论原则。在竞争性发展中，自我中心主义的价值理念及其危害性得到了充分的贯彻和表现。竞争是市场经济发展的灵魂，而处在市场竞争旋涡中的人们，面对着不进则退、不胜则败的机制及残酷的现实，无疑会采取一种自我利益最大化的生存战略，力图在激烈竞争、残酷博弈中战胜对手，从而最大限度地保护自己。这说明，在竞争性发展中，当发展主体大搞唯我独尊并把自我和他我的双向互利关系变成了单一的"为我"或"利己"关系时，势必会导致发展关系的极大不和。这种不和表现为以下几点。

一是竞争性发展助长了人与自然关系的紧张、对立，从而使其成为一种不可持续的发展。其一，在总体上，生态环境问题是一种全球性的问题，它的解决需要世界各国人民的齐心协力、共同行动。但极端、过度的竞争性发展所导致的社会成员之间相互争斗、内耗的现实，使得人类在应对全球性生态环境问题时总是出现离心离德、涣散无力的状况，从而在客观上加剧了生态环境恶化问题。其二，在竞争性发展中，一些发展主体为了自我利益的最大化，往往会采取一种损害大众权益或生态权益等的不正当的做法，如为了降低成本、追求效益，直接将"三废"排放于或堆积于环境中，或以一种粗放、野蛮的方式对待环境资源，从而导致了环境问题的发生或严重化。其三，在竞争性发展中，科技创新发挥着强大的推动力量，但科技是一把"双刃剑"，它的进步一方面能导致生产力的进步和人民生活水平的提高，但另一方面又会加大或加剧对生态环境的破坏。"过度无限制竞争"尽管"鼓励人们寻找新的工艺过程与新的产品，但在很大程度上还是加剧了生态破坏"①。

二是竞争性发展严重导致了人与人关系的紧张、对立，从而使其成为一种"排挤性"或"对抗性"的发展。过度性竞争深刻地体现着优胜劣汰的规律，而这样的竞争又"被理解为消灭竞争对手的行动或过程。'我希望杀死我的竞争对手'"②。这就使得竞争性发展的推进总是伴生着一部分人的失败或一部分人利益受损的现象，从而使竞争性发展具有了显著的反社会和谐的特征。

竞争性发展是一种实力型的发展。因为"竞争的定义可以说是强者的统治"。有些发展主体通过正当合理的手段如科技创新、提高产品质量、改进服务态度、承担社会责任等来增强自己的实力，从而战胜对手、实现获利的最大化；但也有一些发展主体可能由于实力不济而又不想在竞争中败下阵来，于是就采取了不合理、不正当的手段来从事发展，从而直接破坏了社会领域的和谐共生的关系。更令人惊心的是，在竞争性发展中，为了战而胜之，实现自己的利益和目标，暴力、战争就成为一些发展主体经常选择的用于解决社会矛盾的手段。或者说，战争是竞争性发展中的常态化现象。那么，竞争性发展为什么会引起战争行为呢？因为从某种意义上说，战争是竞争的最高形式或极端化表现。战争等霸权、强权行径不仅是国家间竞争性发展的结果或表现，还是一些国家在竞争性发展中获得优势或垄断地位的重要保障。"市场发挥作用和繁荣的前提条件是产权的保护和确认。而这又需要有强大军事力量做后盾的政治体制的支持……事实上，麦当劳的兴盛离不开美国军用飞机 F-15 的设计者麦克唐纳·道格拉斯。确保硅谷科技公司蓬勃发展所必不可少的世界安全

---

① 里斯本小组：《竞争的极限——经济全球化与人类的未来》，张世鹏译，中央编译出版社，2000，第 155 页。

② 里斯本小组：《竞争的极限——经济全球化与人类的未来》，张世鹏译，中央编译出版社，2000，第 2 页。

的拳头被叫做美国陆军、空军、海军和海军陆战队。"① 当前，少数发达国家或集团在世界范围内所开展的经济、政治、文化等的扩张行为及由此所引发的霸权、强权等的行径，是传统的竞争性发展所具有的丛林法则在国际社会的现实表现。这些国家或集团正是利用战争或军事强权来扩展其市场和资源，从而确保其在竞争中的优势及在国际上的强势地位的。"如今的资本主义制度除了是经济制度，还是地缘政治制度。造成灾难性后果的资本主义竞争也不仅仅是争夺市场的经济斗争，还包括国与国之间军事和外交方面的斗争。"② 那种为了一己或一国之私利而发动的不义战争，不仅破坏了人与自然之间的协调关系，更破坏了国际和平共处的共生关系。

三是竞争性发展颠倒了人与物的关系，助长了人的"身—心"关系的紧张、对立，从而使其成为一种"非人"的发展。在竞争性发展中，人们选择了一种唯物质主义的发展价值取向，这使得人在现实的发展活动中被大大地异化和"矮化"，即在发展手段上人被异化为一种"工具人"，在发展目的上人被异化为一种"经济人"。同时，竞争性发展本身也被异变成了一个冷酷无情、极端追逐功利、主要满足人的本能欲望的纯功利化的过程。人在竞争性发展中被"物化""矮化"，直接导致了人的"身—心"关系的紧张和冲突，即竞争性发展的是人的物质层面的需求，忽视甚至消弭了人的精神追求和精神性存在，人的价值和意义也更多地通过物质层面的东西加以体现和衡量，从而使人成为一种畸形发展的"单面人"。

总之，竞争性发展虽然一定程度上解决了发展"不够"的问题，但却产生了更多、更严重的"不和"问题。这表明竞争性发展实际上已经走到了尽头。"它的最大弱点就在于，在今天的世界中，它显然不能使社会公正、经济效益、持续发展、政治民主与文化多元化彼此协调一致、

---

① 阿列克斯·卡利尼科斯：《反资本主义宣言》，罗汉、孙宁、黄悦译，上海译文出版社，2005，第27页。
② 阿列克斯·卡利尼科斯：《反资本主义宣言》，罗汉、孙宁、黄悦译，上海译文出版社，2005，第27页。

齐头并进。显而易见，我们必须找到一条有效的可靠道路，改造这个世界。"① 而这条道路，实际上就是一条竞和性发展的道路。

二 走进竞和性发展

所谓竞和性发展，是指在和谐中发展并通过发展既"谋利"更"促和"的一种新型发展模式。在"竞和性发展"这一范畴中，"竞和"是关键词。"竞和"一词由"竞"与"和"二字组合而成。"竞"系动词，有三层含义：其一，就其本义而言是指竞争、竞赛；其二，在"竞和"中，"竞"是手段、方法、途径；其三，就其引申义而言，它是动力、效率、财富，有开拓创新、积极进取，把自我做大做强的含义。"和"为形容词，表达的是和谐、和平、协调一类的意思。就"竞"与"和"的关系来看，"竞"是前提和手段，没有"竞"就没有"和"或"和"无以实现，因为"竞"为"和"提供着强大的动力以及不可或缺的物质基础；"和"是价值取向和目的，没有"和"，"竞"就会失去目标和方向，失去约束和意义。总之，"和"因"竞"而生，"竞"因"和"而得以升华。

竞和性发展是自然界的和谐原理在社会发展领域的具体表现，是基于应然的意义而对社会发展进程中竞争性因素与和谐性因素应当相互结合所进行的一种"发展模式化"的概括。竞争能否与和谐相统一？我们的回答是肯定的。竞争是在社会关系中发生的社会性的活动。竞争不仅要谋取、创造财富，推动竞争目标的实现，还承担着建立以及变革、改善社会关系的重任。如果竞争只是一种自我中心化的博取目标的进程，那么，这样一种适者生存甚至损人利己性质的过度竞争，在恶化的或紧张、对抗的社会关系中，一定具有极大的破坏性和极大的风险性。因此，在和平与发展成为时代主题的历史背景下，在竞争中必须相应引入"和"的价值理念，促使竞争向竞和升华，促使竞争性发展向竞和性发展转变。

---

① 里斯本小组：《竞争的极限——经济全球化与人类的未来》，张世鹏译，中央编译出版社，2000，第156页。

在哲学的视阈内，竞争主要体现着矛盾的斗争性。在竞争性发展中，矛盾的斗争性即互相否定、互相反对、互相限制、互相分化等得到了淋漓尽致的体现。而竞和既体现着矛盾的斗争性，因为没有斗争就没有发展的动力，又体现着矛盾的同一性，因为没有同一就没有发展所需的稳定有序的条件。当把矛盾的这两个方面都有机统一起来的时候——具体说，当把竞争性因素与和谐性因素内在地统一于社会发展进程从而开展竞和性发展的时候，就会在极大的程度上避免社会发展的种种极端化、失序化、片面化的弊端或现象的发生。事实上，人们已经看到了竞争及竞争性发展的弊端，并要求对竞争及竞争性发展进行约束和改造，如提倡有序竞争、有限竞争、人道主义竞争等，或要求在竞争性发展中加强团结合作等。还有的学者具体提出了"竞合发展""和谐发展"等概念。但无论是"竞合发展"还是"和谐发展"，可以说均只是看到了竞和性发展的某一层次或某一方面的内容。相比于"竞合发展"，竞和性发展既有工具理性，更有价值理性，因为"竞合发展"中的"合"代表着团结合作，主要具有操作意义上的工具理性的价值。团结合作还是为了更好地竞争，是为了在一种相对有规约性的、大家都可以接受的"竞争场"中能或多或少地获利。而"和谐发展"，虽然强调了和谐在社会发展中的重要作用，却容易忽视竞争在创造和谐、实现和谐中的积极意义。如同斗争性与同一性是矛盾的两个方面一样，竞争与和谐则是实现科学发展的两个不可或缺的方面或因素。因此，只有将竞争与和谐统一起来，走竞和性发展之路才是正道。

由于将竞争与和谐统一于自身，竞和性发展显然要优于或高于竞争性发展。竞和性发展的先进性离不开它的价值理念基础，这种价值理念基础就是共生主义。"共生"首先是一个生物学的概念。在自然界特别是在生物界，既有生存竞争的一面，又有协同共生的一面。或者说，生物体之间、生物体与外部环境之间的相互依存、协同共生也是一个普遍的现象。竞争主要为生物的进化发展提供必需的动力，而生物的进化只有在相互适应、相互依存的共生环境中才能进行，共生是"万类霜天竞自由"的基本方式。同样，在社会领域及其发展进程中，既有竞争的法则，又有共生的规律。所谓共生主义，是对人与自然之间、人与人之间相互依存、互利共荣、协同发展的生存状态和发展方式的一种观念反映。共生主义是我们认识自然界、人类社会及其发展的新的世界观和方法论，它打破了认识社会系统及其运行发展的二元分立的思维方式，要求以整体论的思维方法观察认识人天、人际、人的身心之间的共存、共在、共利、共进的应然关系，采取的是"万物并育而不相害，道并行而不相悖"（《中庸》）的共进法、双赢法，排斥的是一方战胜一方、一方打倒一方的单一法、利我法，从而为竞和性发展提供了坚实的科学与价值理念基础。

如果说竞争性发展基本上只具有工具理性、技术理性，体现的是一种动力机制，追求的主要是"更多"、"更快"和"更大"的话，那么，竞和性发展实现了竞争与和谐的有机统一，并把竞争仅仅看作发展的手段，把和谐看作发展的目的及发展的主要规约性要素，这样，与竞争性发展相比，竞和性发展就具有了新的性能。在发展的终极追求上，竞和性发展坚持以人为本的价值取向，或者说，它的实现和推进要以人的自由与和谐发展为根本的衡量标准。这样，竞和性发展就体现着工具理性和价值理性的统一。不仅如此，竞和性发展还把责任担当引入了竞争实践和社会发展中，使单一逐利的竞争关系升华为一种责任化的竞和关系。特别是竞和性发展主张要把人从低级庸俗的"功利场"中提升和解放出来，把人改造成责任人和道德人，强调人在追求自我权益的过程中所必须履行的对自然、对社会、对他人的道德义务，这样，它又体现着权利和义务的统一。竞和性发展所坚持的以人为本不是以少数人为本，而是以绝大多数人为本，而要实现以绝大多数人为本的价值取向，就必须在发展中遵循普遍受益的原则，即发展要为了人、依靠人，发展的成果要由绝大多数社会成员共享，发展的效果要由广大民众"说了算"，这样，它又体现着公平与效率的统一。为了实现社会的科学发展和人的自由与和谐发展，竞和性发展还必须通过对"和"的引进和追求来引导人们的发展实践，通过对传统的竞争性发展所存在的种种问题的有效解决从而将社会发展引入一个科学化、理想化的正确轨道，这样，它又体现着动力机制和制衡机制的统一。正是这些"统一"，使得竞和性发展成为一种先进、科学的发展模式，可以说其代表着人类发展的方向。

研究和关注竞和性发展具有重要的理论和实践意义。在理论上，竞和性发展的提出，丰富了科学发展的理论体系，使我们看到了科学发展在内涵上的丰富性、在形式上的多样性。如同全面发展、可持续发展、低代价发展、包容性发展等是科学发展的具体表现形式一样，竞和性发展也是科学发展的一种重要形式。"科学发展和社会和谐是内在统一的。没有科学发展就没有社会和谐，没有社会和谐也难以实现科学发展。"① 而科学发展其实正是通过竞和性发展实现与社会和谐的"内在统一的"。故此，在实践上，竞和性发展是建设和谐社会的必由之路。建设和谐社会离不开发展，但这种发展不可能是竞争性发展，而只能是科学发展的具体形态——竞和性发展。由于竞和性发展对竞争的肯定、对和谐的追求，并试图对发展的种种不和问题加以解决，就使得其与和谐社会有着本质上的契合性。或者说，和谐社会是竞和性发展的"社会形态"，而竞和性发展是和谐社会的"发展载体"。因此，在大力建设和谐社会的实践进程中，我们要高度重视对竞和性发展的关注及推进。

实现竞和性发展，需要坚持这样几个基本原则。

第一，竞争性原则。在竞和性发展中，竞争虽然只是手段，但由于其在经济社会发展中具有普遍性、必然性，这就决定了它的重要性——这种手段在当今所有形式的发展中都是不可或缺的。因此，在竞和性发展中，必须首先坚持竞争性的原则，特别是对于那些尚处于"上升"阶段、"爬坡"时期的发展主体而言，更需要通过竞争来发展自己。

第二，生态化原则。当今时代是一个绿化的时代，当今社会是一个生态化的社会。全球性环境问题的加剧或人与自然关系的严重对立的现实，迫使人们从发展观念到发展实践均应重视对环境的保护、对生态规律的遵循。在竞和性发展中，只有积极采取一系列生态化的做法，如确立生态意识、遵守生态道德、推行清洁生产、倡导低碳消费、建设生态文明等，才能有效缓解人与自然关系的"不和"，从而使人类历史的列车通过"竞和"而驶向光明与安全的未来。

第三，普遍受益原则。竞争性发展总是伴随着一部分人利益受损，

① 《十七大以来重要文献选编》（上），中央文献出版社，2009，第13页。

这是造成人际关系不和的根本原因。因此，竞和性发展必须反其道而行之，在共生主义的互利型思维理念的支配下，切实坚持发展的普遍受益原则，即要使参与社会发展的绝大多数人能从不断进步的社会机体中获得实惠和利益，从而使社会的发展成为绝大多数人的发展，而且人们受益的程度与社会发展的进度要呈正相关关系。普遍受益是一个多义性的范畴，具体而言，是要让广大的社会成员公平合理地享用（有）发展的权利、机会和成果等。一种发展，只有切实维护了广大民众的利益，广大民众饱满的热情和冲天的干劲才能汇聚成推动这种发展的"良性合力"，并能使发展出现"又好又快"的情况，使全体人民都能够各尽其能、各得其所而又和谐相处，这正是竞和性发展的深刻价值意蕴。

第四，审美性原则。要解决人的"身—心"关系的不和问题，关键是要把人从横流的"物欲"中解放出来，使人超脱于对物质功利的极端化的追求，从而实现人的身心平衡及人的自由与和谐发展。由于"审美带有令人解放的性质，它让对象保持它的自由和无限，不把它作为有利于有限需要和意图的工具而起占有欲和加以利用"①，所以，发展主体在追求物质功利的过程中，还要通过休闲审美等活动使整个发展进程更多地向人的心灵的感悟和精神享受层面倾斜，其具体表现就是在创造丰盛、繁华的物质世界的同时关注人的精神世界的丰富与精神需求的满足。这就是说，发展的审美活动，除了具有对人的审美需要的直接满足功能之外，还具有将人从繁重的"物役"和沉重的"肉身"中解脱出来的功能。为此，一方面要在实现人的物质功利的基础上，突出发展过程特别是结果的美学意蕴和美化意义；另一方面还要认真创造条件并动员人们积极审美，如通过缩短工作时间或完善休假制度等让人们走出厂房、走出办公室、走出田间地头或投入到大自然的怀抱中去欣赏自然美，或参观感受社会发展的成就如城市美、生活美等。这样，人就能激动起来、快乐起来，从而对社会发展产生认同感和自豪感，在一种哪怕暂时摆脱或忘掉现实中的烦恼和苦闷的精神氛围中充分感受生活的乐趣与意义，以实现身心间的平衡。

---

① 黑格尔：《美学》第 1 卷，朱光潜译，商务印书馆，1979，第 147 页。

从互害型发展走向互利型发展[*]

邱耕田

一 发展中的利己和利他的矛盾

人是社会发展的主体，发展和实践一起构成了人的生存方式。人在发展实践中的根本追求，是要满足自己的需要，维护自己的利益，实现自己"一生性"（个体）和"世代性"（类）的生存与发展。换言之，社会发展并非杂乱无章的自在自发的过程，而是在人的利益驱动规律支配下的自主自为的过程。由于"利益是有远见的"①，而且如爱尔维修所言"利益宰制着我们的一切判断"②，因而从利益角度认识社会发展，可以清晰地发现，从古到今的所有发展活动都是为了实现人的利益的社会历史性活动。因为"人们奋斗所争取的一切，都同他们的利益有关"③。具体而言，利益"成为生产的推动因素"④，"利益'推动着民族的生活'"⑤。在一切发展活动中，实现和维护人的利益成为人们设定发展目标、选择发展手段、检验发展结果的主线和最高追求。

当我们从利益的视角考察作为发展主体的人时就会发现，人在发展

---

* 本文原载于《浙江社会科学》2020年第5期，收入本书时有改动。

① 《马克思恩格斯全集》第1卷，人民出版社，1956，第164页。

② 北京大学哲学系外国哲学史教研室编译《十八世纪法国哲学》，商务印书馆，1963，第457页。

③ 《马克思恩格斯全集》第1卷，人民出版社，1956，第82页。

④ 《马克思恩格斯文集》第9卷，人民出版社，2009，第562页。

⑤ 《列宁全集》第55卷，人民出版社，1990，第75页。

中其实是以"利益人"或"利益主体"的身份出现的。当然"利益人"不是一个抽象空洞的概念，而是一种具体现实的存在，因为"利益人"本身就是"社会人"。所谓"社会人"，是从社会关系角度对人的存在状态的一种把握。在马克思看来，人的本质"是一切社会关系的总和"①。人的本质的社会关系性决定了人们不是单枪匹马地实现自己的利益的，而是在一定的"关系场"中、在与自然界和他人"打交道"及合作交往的过程中实现自己的利益的。马克思就指出："人们在生产中不仅仅影响自然界，而且也互相影响。他们只有以一定的方式共同活动和互相交换其活动，才能进行生产。为了进行生产，人们相互之间便发生一定的联系和关系；只有在这些社会联系和社会关系的范围内，才会有他们对自然界的影响，才会有生产。"② 总之，人所身处的"关系场"或社会关系主要由三种子关系交织而成。其一，人与自然之间的关系即"人天关系"，这种关系可以说是人的社会关系的基础性内容。因为自然界"是人的无机的身体。人靠自然界生活"③。其二，人与人之间的关系即"人际关系"，这种人际关系包括个人与个人、个人与社会、个人与国家以及群体与群体、国家与国家等之间的一切关系，这种"人际关系"构成了人的社会关系的骨干内容。其三，人的存在的物质因素和精神因素之间的关系。人不仅是一种感性的物质性的存在者——如人是处在一定的物质生活当中的现实的、具体的存在者，具有生物属性，并要从事一定的物质生产活动等，而且是一种精神性的存在者——如人的主观世界是知情意的统一，人拥有一定的观念意识和社会心理等的因素。这种人的存在的物质因素和精神因素之间的关系构成了人的社会关系的重要的衍生性内容。

利益人或利益主体的社会关系性其实也揭示了利益的本质，即利益是一种关系。利益关系主要包括这样一些内容。第一，利益人或利益主体之间的关系。不同的利益主体因利益上的交汇合作而发生着密切的联

---

① 《马克思恩格斯文集》第1卷，人民出版社，2009，第501页。
② 《马克思恩格斯文集》第1卷，人民出版社，2009，第724页。
③ 《马克思恩格斯文集》第1卷，人民出版社，2009，第161页。

系。第二，利益主体和利益客体之间的关系。利益客体主要包括三个方面的内容：一是求利实践本身——从发展学角度看，求利实践主要是指人的发展实践活动；二是多种多样的利益形式，如经济利益、政治利益、文化利益、社会利益、生态利益或人的物质利益、精神利益等；三是作为人的"一切劳动资料和劳动对象的第一源泉"① 的自然界。这些利益客体是在利益主体之外必然衍生出来并受利益主体支配的不可或缺的利益元素。利益主体和利益客体之间存在相互依存、相互制约、相互转化的密切关系。第三，利益客体之间的关系。利益客体之间的关系包括求利实践和自然界或自然生态以及不同的利益形式之间的关系等。

利益关系是一种错综复杂的非线性关系。例如，利益主体之间以及利益主体和利益客体特别是和自然生态之间既有合作共赢的一面，又有分歧对立的一面，由此就形成了利益主体之间以及利益主体和利益客体之间的博弈即利益博弈。利益博弈的实质反映的是利己和利他（这里的"他"既包括人，也包括物，如自然生态等）的矛盾关系问题。由于人们是通过一定的发展实践的方式来求利或获利的，而人们的求利行为实际上又是在一定的利益关系或"利益场"中进行的，因而人们在求利或逐利的活动中除了利己，还必须考虑到利他的因素及其制约。须知，利益本身具有利己和利他两种不同甚至相反的属性。长期以来，人们普遍将求利实践中的利己性看得很重甚至推向了极端，却忽视了求利实践中利他的一面。这二者其实应该是而且必须是统一的，因为从某种意义上说，所谓利益，既是利己之益，也是利他之益。因而，在求利活动中，利益主体就要处理好利己和利他的矛盾关系，即在利己的同时还要兼顾利他。

利益主体在处理利己和利他关系时，面临着三种"目标变量"："损人利己变量"，这种"变量"所导致的是利益己方与利益他方之间的利益负相关性，即我受益他受损；"独立自利变量"，这种变量所导致的是我的受益与他人之间存在利益上的零相关性，即我受益无关乎别人受益或受损；"利他受益变量"，这种变量所导致的是利益己方与利益他方之

---

① 《马克思恩格斯文集》第 3 卷，人民出版社，2009，第 428 页。

间在利益关系上存在正相关性，即我受益他也受益，总体上带来的是一种利益总量的增加或增益①。

围绕着利益主体在处理利己和利他关系时所呈现的三种"目标变量"，利益主体之间以及利益主体和利益客体之间的利益博弈是采取两种方式进行的，即零和博弈的做法与非零和博弈的做法。"从许多方面来看，推动文化演化与社会复杂性的动力其实是自相矛盾的人性：人天生是群居动物，有合作的天性，同时也有竞争的天性。我们天生就会玩零和与非零和游戏。"② 整个人类历史中这两种动力交互影响。那种既利己又利他的求利取向或模式，就是一种非零和博弈的做法，它又可分为两种：主观利己客观利他的互利格局，主观利己及一定程度的主观利他的互利格局。那种利己而损他的求利取向或模式，显现的是一种零和博弈的做法，它也可以分为两种：主观利己客观损他，主观利己及一定程度的主观损他。美国学者罗伯特·赖特在其名著《非零年代——人类命运的逻辑》中就生动地阐述了零和游戏与非零和游戏之间的矛盾关系问题。在他看来，"几乎所有真实生活的非零和游戏中，都存在一个零和的面向。你买一辆车子时，这项交易广泛而言是非零和：你和销售员都获利，所以你们两个都同意这项交易"③。"但是一旦某人决定用你的尸体做他的胜利披风，你们两人玩的就是零和游戏了，因为他的收获就是你的损失。交战的两个村庄也是。当一村的人袭击另一村，杀害男人，绑架女人，则到处都是零和情况。"④

在利益博弈中，存在"连带效应"。其中的非零和博弈导致的是积极的正相关性连带效应，即我利他，他反过来也会利我（这里的"我"

---

① 关于"利益变量"参见王征国《论互利》，《吉首大学学报》（社会科学版）2002 年第 2 期。

② 罗伯特·赖特：《非零年代——人类命运的逻辑》，李淑珺译，上海人民出版社，2003，第 19~20 页。

③ 罗伯特·赖特：《非零年代——人类命运的逻辑》，李淑珺译，上海人民出版社，2003，第 17 页。

④ 罗伯特·赖特：《非零年代——人类命运的逻辑》，李淑珺译，上海人民出版社，2003，第 54 页。

既包括当下的现实的"我"，也包括未来的"我"，即我的子孙后代）或者利我之外的其他人，这就是"一荣俱荣"的意思。这种积极的正相关性连带效应会造成共赢的普惠性"增益"格局，从发展学角度看，它会导致一种互利型发展。而其中的零和博弈则会造成消极的正相关性连带效应，即我损他，他反过来也会损我或者损我之外的其他人，这就是"一损俱损"的意思。这种消极的正相关性连带效应在利益关系中会导致相互伤害的"减益"格局，从发展学角度看，它会促成一种互害型发展。

二 走出互害型发展

迄今为止，人类社会的发展是一种高代价的、丑陋性的发展，这种丑陋性的一个突出表现，就是社会发展在价值品质上存在重大缺陷——甚至是致命缺陷，即在总体上人类社会呈现出了互害型发展的态势。所谓互害型发展，是指某一或某一些发展主体在一定的发展实践中，所设定的发展目标、选择的发展手段和追求的发展结果等具有相互伤害性能的发展。

互害型发展的主要原因，就是利益主体或发展主体在一定的发展实践中最大化地追求自我利益的取向或做法。当今人类所面临的一系列发展问题，在根本上就是利益问题，而这种利益方面的问题主要表现为两种"不当性"。一是利益本身的不当性或不合理的问题，如追求了一种不切合实际甚至是恶的利益。二是以不当的方式或手段求利，由此造成利益关系的扭曲或伤害。而利益关系的伤害又主要表现在三个方面。其一，从主体角度分析，是指利益主体将自我利益最大化，从而损害了他人或其他利益主体的利益，乃至损害了整个社会和人类的利益。其二，从利益结构的角度考察，在时间结构上，利益主体将自我眼前的利益最大化，从而损害了整个群体或社会的长远的、可持续性的利益；在内容结构上，利益主体将自己某一方面的利益最大化（如将人的物质利益最大化），从而损害了其他方面的利益（如损害了人的精神文化方面的利益等）。其三，从人与自然关系的角度把握，是将人的利益最大化，从而损害了自然生态的权益。

那么，求利的最大化和互害型发展之间存在一种怎样的内在关联呢？或者说，何以由求利的最大化而衍生出互害型发展呢？这还要从利益关系所内含的"连带效应"谈起。进一步分析可以发现，求利的最大化必然会导致求利实践中的互害型关系格局的形成或互害型机制的产生，进而导致互害型发展。在特定的利益关系或"利益场"中，利益存量总是一定的——包括基于发展实践之上的"增益"也是具有一定的动态的存量，这样，如果某一利益主体对自我利益采取了最大化的求取，就意味着其他利益主体的利益或自然生态的权益要受到某种程度或某种方式的损害。而更令人不安的是，某一利益主体在利己损他的同时，一定会导致受害者的反向的同质反应，于是在求利主体和"受害者"之间便形成了消极的正相关性连带效应及其利益格局，即你利己损我，反过来我也要利己损你，人与人之间以及人与天之间的互害由此产生。可见，最初虽是以损人利己开场，随后却导致了相互伤害的结果，最后大家都是受害者或牺牲者，其中可能还包括了在"利益场"中那些未曾"施害"的人。例如，受雾霾包围的每一个人都存在危险，雾霾增加了所有人患病的风险，虽然雾霾天的出现可能与许多人并没有直接而必然的联系，但危险却常常降临在那些"无辜者"的头上，这实际上是一种"共害化"的利益格局或结局，是"公地悲剧"所导致的"集体悲剧"，或者是"雪崩之下没有一片雪花是无辜的"现象。总之，当今的一切发展问题在根本上就是利益的互害性问题。互害机制的必然逻辑是：利己损他→相互伤害→互害型关系→互害型社会→互害型发展→共害型结局。

互害型发展是迄今甚为盛行的一种发展模式或发展形态，它几乎是所有发展问题甚至是整个人类生存困境的"制造机"。实际上自有文字记录以来，人类文明进程在绝大多数时期都存在互害型的机制。例如，从古至今在社会内部即在人与人之间所存在的战争，就是比较典型的零和博弈。赖特就曾指出，"在文化演化的阶梯上，不论交战者是村落、城市国家或任何团体，战争都很难是非零和互动的体现"[1]。在他看来，

① 罗伯特·赖特：《非零年代——人类命运的逻辑》，李淑珺译，上海人民出版社，2003，第54页。

"战争一旦发动，其中就充满了零和的互动，敌对的士兵激战时，彼此的命运就成为不是你死，就是我亡"①。在 21 世纪的今天，人类依然演绎着战争的"零和游戏"，一些国家或集团通过战争来主张和实现着自己的利益并进行着相互伤害。"资本主义在本质上具有暴力性"②，"它全副武装以对付来自国内和国外的对手。它的武力倾向也在增强"③。

自从人类社会出现了私有制特别是实施了市场经济体制以来，资本的逐利性血腥而残忍，资本唯利是图，甚至不择手段。"工业资本主义就好比是一辆只有加速器而没有刹车的汽车。"④ "资本主义经济把追求利润增长作为首要目的，所以要不惜任何代价追求经济增长，包括剥削和牺牲世界上绝大多数人的利益。"⑤ 互害型机制逼迫着人们如同"住在玻璃房子里互扔石头"，造成了严重的破坏和伤害。战争的血腥和资本的贪婪无疑在上演着零和博弈的游戏，事实上，这种零和博弈或互害型发展成了一种相当普遍的现象。在人的物质与精神关系领域，也存在相互伤害的情况，目前相当多的人的生存状态呈现出了畸形的、物质化的样态，人在市场经济大潮的左右下，蜕变成了"经济人""工具人"，人在物质上越来越富有，但在精神道德等方面却日益贫瘠虚弱，成为物质上的巨人和精神上的侏儒。在很多情况下，人以物质上的富有或进步伤害着精神上的尊严和高贵。当人在物质和精神上相互伤害时，人就有了生存的危机感、无方向感。

尤其令人不安的是，二战以来特别是 20 世纪六七十年代以来，人类的互害性行为已延伸到了人与自然关系领域，这种来自人与自然关系领域的互害性问题日益严重。长期以来，人们急功近利，无视自然规律和

---

① 罗伯特·赖特：《非零年代——人类命运的逻辑》，李淑珺译，上海人民出版社，2003，第 60 页。

② 中谷岩：《资本主义为什么会自我崩溃？——新自由主义者的忏悔》，郑萍译，社会科学文献出版社，2010，第 85 页。

③ 阿列克斯·卡利尼科斯：《反资本主义宣言》，罗汉、孙宁、黄悦译，上海译文出版社，2005，第 39 页。

④ 格雷姆·泰勒：《地球危机》，赵娟娟译，海南出版社，2010，第 56 页。

⑤ 约翰·贝拉米·福斯特：《生态危机与资本主义》，耿建新、宋兴无译，上海译文出版社，2006，第 2~3 页。

生态权益，以一种不当的甚至是有害的方式对待着实为人之"衣食父母"的自然界。这种不当性表现为：人们毫无节制地过度开发利用自然资源，致使许多资源面临枯竭。例如，英国学者卡鲁姆·罗伯茨在其所著的《假如海洋空荡荡：一部自我毁灭的人类文明史》一书中，就揭露了在人类无节制的过度捕捞下，海洋渔业资源急剧减少以至于濒临枯竭的现实。"这些灾难性的渔业崩溃，表明人类与鱼的关系已经发生了改变。很显然，人类现在已经有了足以将鱼类族群推至崩溃境地的能力，哪怕是一直维持高生产力的渔业也不例外。赫胥黎在 1883 年时曾断言：伟大的海洋渔业是取之不尽、用之不竭的，然而，这一观点早已被证明是错误的。"① 当然，人们不仅将自然界当成了自己取用不尽的"聚宝盆"，更将其当成了自己的"污水池"。人们在生产和生活中严重污染了生态环境，产生了垃圾围城、雾霾遮天、碳排放增多等的污染场景。更为恶劣的是，人们还直接杀食野生动物，严重破坏了生物多样性。"我们这个物种具备制造各种恶果的能力，我们已经并在继续导致更多其他物种的灭绝。"② 人以如此恶劣的方式对待自然生态，这当然是人类不尊重自然规律、忽视生态权益、加害自然环境的具体表现。但"人与自然共生共存，伤害自然最终将伤及人类"③。也就是说，当人伤害自然生态时，自然生态并非被动忍受或逆来顺受、无言以对，而是通过各种天灾以报复或惩罚人类，人天间的互害型关系格局也由此形成。恩格斯早在100 多年前就指出："我们不要过分陶醉于我们人类对自然界的胜利。对于每一次这样的胜利，自然界都对我们进行报复。每一次胜利，起初确实取得了我们预期的结果，但是往后和再往后却发生完全不同的、出乎预料的影响，常常把最初的结果又消除了。"④ 总之，如果人类如此任性而无知地对待我们身处的自然界包括野生动物，满足自己不该有的饕餮之欲，"传染病必定不断地从动物，尤其与人类长期紧密接触的驯养动

---

① 卡鲁姆·罗伯茨：《假如海洋空荡荡：一部自我毁灭的人类文明史》，吴佳其译，北京大学出版社，2016，第 190 页。

② 张振：《人类六万年：基因中的人类历史》，文化发展出版社，2019，第 194 页。

③ 《习近平谈治国理政》第 2 卷，外文出版社，2017，第 544 页。

④ 《马克思恩格斯文集》第 9 卷，人民出版社，2009，第 559~560 页。

物中传到人类身上"①。

互害型发展注重的是动力机制，忽视了平衡机制，因为它是以自我中心主义为理念基础的，或者说，互害型发展本身成为自我中心主义的实践化表现。自我中心主义是利益主体基于自我利益的至上性原则来看待并处理利益关系的一种观念和方法论。在互害型发展中，自我中心主义主要表现为利益主体的自大化、求利手段的不当化、发展结果的共害化等特点。自我中心主义操持主客二分的思维理念，它将双向互惠的利益关系畸变成了单向求利进而相互伤害的利益关系，呈现出世界观上的本我化、主体观上的自大化、实践观上的唯我化、利益观上的极端自私化、发展观上的互害型发展的趋向以及在方法论上所采取的"走我的路，让别人无路可走"等的做法。自我中心主义从利己的合理性出发，却在发展实践中将其推向了极端，把人的求利实践的"为我"性变成了"唯我"性，这表明，自我中心主义实则是彻底的或极端的利己主义，它的现实向度就是自我利益的最大化、不择手段化及伤害主义。这种最大化在空间上表现为以自我占有和支配"他我"或他人，在时间上表现为以当前垄断或透支未来，从而造成了发展在时空上的"孤岛化"和"断代化"的现象与问题；在价值关系上，这种最大化就是只索取不回报，只关注自我的利益和需求，忽视自我所应承担的责任和义务，造成了权利和义务、获利与责任的割裂以及价值关系上的单向单边的利益索取关系。

当我们"端起历史规律的望远镜去细心观望"② 人类社会的现状及社会发展的大势时就会发现，"这个世界，各国相互联系、相互依存的程度空前加深，人类生活在同一个地球村里，生活在历史和现实交汇的同一个时空里，越来越成为你中有我、我中有你的命运共同体"③。换言之，坚持着自我中心主义并信奉着主客二分思维理念的互害型发展，在

---

① 威廉·麦克尼尔：《瘟疫与人》，余新忠、毕会成译，中信出版集团，2018，第45页。
② 《习近平谈治国理政》第2卷，外文出版社，2017，第442页。
③ 《习近平谈治国理政》，外文出版社，2014，第272页。

其所造成的重重危害的"高代价"背景下已走到了尽头，取而代之的必将是会给人类带来光明与安全未来的理想的互利型发展之路。

三　走进互利型发展

在"世界并不是某一独特利益的天下，而是许许多多利益的天下"①的客观现实面前，只有科学的互利原则是我们认识并处理错综复杂的利益关系的基本选择。"马克思主义的利益观从本质上说就是一种互利观。"② 马克思主义互利观具有十分重要而丰富的内容，是我们认识利益及其与发展的关系的重要视窗，也是我们在发展实践中正确求利的重要理论指导。

马克思恩格斯揭示了利益对社会关系及社会发展所具有的基础作用和动力功能。在其看来，"每一既定社会的经济关系首先表现为利益"③，而"无论是政治的立法或市民的立法，都只是表明和记载经济关系的要求而已"④。这里，马克思恩格斯实际上揭示了以利益为核心的经济关系对整个社会结构的支配作用。马克思恩格斯还阐述了私人利益和普遍利益或共同利益的关系及共同利益对私人利益或个人利益的制约作用。他们在《德意志意识形态》中指出："个别人的私人利益和所谓普遍利益，总是互相伴随着的。"⑤ 但个人利益并不具有为所欲为的随意性，尽管它可以"发展为阶级利益，发展为共同利益"⑥。在马克思恩格斯看来，"既然正确理解的利益是整个道德的基础，那就必须使个别人的私人利益符合于全人类的利益"⑦。列宁提出了"大家为一人，一人为大家"的

---

① 《马克思恩格斯全集》第 1 卷，人民出版社，1956，第 165 页。
② 欧阳超：《互利是社会主义市场经济的一个重要原则》，《天津社会科学》2003 年第 5 期。
③ 《马克思恩格斯文集》第 3 卷，人民出版社，2009，第 320 页。
④ 《马克思恩格斯全集》第 4 卷，人民出版社，1958，第 121~122 页。
⑤ 《马克思恩格斯全集》第 3 卷，人民出版社，1960，第 272~273 页。
⑥ 《马克思恩格斯全集》第 3 卷，人民出版社，1960，第 273 页。
⑦ 《马克思恩格斯全集》第 2 卷，人民出版社，1957，第 167 页。

道德主张，揭示了社会主义道德原则所具有的互利性。列宁强调，"我们要努力把'大家为一人，一人为大家'和'各尽所能，按需分配'的准则渗透到群众的意识中去，渗透到他们的习惯中去，渗透到他们的生活常规中去"①。因为只有这样的习惯或常规才能确立起社会主义的新型人际关系。新中国成立初期，毛泽东就提出了要"在平等、互利和互相尊重领土主权的基础之上和一切国家建立外交关系"②的指导原则。平等互利、合作共赢逐渐成为新中国认识和处理国际关系的基本准则。新时期以来，邓小平在指明了和平与发展是"现在世界上真正大的问题"的背景下强调："处理国与国之间的关系，和平共处五项原则是最好的方式。"③而"和平共处五项原则"中就包括"平等互利"。邓小平在与美国前总统尼克松的谈话中也明确地指出："考虑国与国之间的关系主要应该从国家自身的战略利益出发。着眼于自身长远的战略利益，同时也尊重对方的利益，而不去计较历史的恩怨，不去计较社会制度和意识形态的差别，并且国家不分大小强弱都相互尊重，平等相待。"④

进入新时代以来，习近平总书记把握时代脉搏和社会发展大势，揭示了当今世界"和平、发展、合作、共赢"的时代潮流，倡导"建立以合作共赢为核心的新型国际关系"⑤，阐述了"中国方案"是"构建人类命运共同体，实现共赢共享"⑥，郑重承诺"中国发展绝不以牺牲别国利益为代价，我们绝不做损人利己、以邻为壑的事情"⑦，指出"那种以邻为壑、转嫁危机、损人利己的做法既不道德，也难以持久"⑧，强调"必须坚持同舟共济、互信互利的理念，摈弃零和博弈、赢者通吃的旧观念"⑨，主张"每个国家都有发展权利，同时都应该在更加广阔的层面

① 《列宁全集》第 39 卷，人民出版社，1986，第 100 页。
② 《毛泽东选集》第 4 卷，人民出版社，1991，第 1473 页。
③ 《邓小平文选》第 3 卷，人民出版社，1993，第 96 页。
④ 《邓小平文选》第 3 卷，人民出版社，1993，第 330 页。
⑤ 《习近平谈治国理政》，外文出版社，2014，第 273 页。
⑥ 《习近平谈治国理政》第 2 卷，外文出版社，2017，第 539 页。
⑦ 《习近平谈治国理政》，外文出版社，2014，第 249 页。
⑧ 《习近平谈治国理政》，外文出版社，2014，第 273 页。
⑨ 《习近平谈治国理政》第 2 卷，外文出版社，2017，第 533 页。

考虑自身利益，不能以损害其他国家利益为代价"①。

　　马克思主义的互利观具有十分重要的意义，它集世界观（认识论）、价值观、方法论以及发展观等的含义、因素、意义和功能于一身。所谓世界观的含义，是指马克思主义互利观反映或揭示了利益存在的实质和应有状态。在马克思主义互利观看来，利益是一种关系，但这种利益关系具有这样两个特性：其一，系统性或综合性；其二，互惠性。就系统性或综合性而言，利益关系在利益的内容结构、主体结构及其关系结构上，都是一个相互依存、相互制约、相互渗透的系统或综合体。利益在主体上是多主体的有机统一，不存在孤立自大的单一的利益主体或载体；在内容上是多种多样的不同利益的复合，不存在单一的利益要素如只存在物质利益等；在时间结构上是不同阶段或时期的利益的复合，即我们所谓的利益关系既要包括当代人的利益，更要包括子孙后代的利益，是一种代际利益的复合；在利益跨界上是人的利益和自然权益的有机统一，大自然有其内在的价值，人要尊重并维护大自然的这种价值或权益。"当我们说环境因人类行为而退化时，我们要表达的是其内在价值的丧失或不被尊重。当大峡谷的断面被上游水电坝的泄流引发的洪水冲蚀时，当酸雨腐蚀希腊、罗马的古建筑时，当海滩被人行木板道和娱乐场取代时，人类的行为破坏了我们发现的存在于自然界的内在价值。"② 因而人类只能做大自然内在价值或权益的"守护人"。就互惠性而言，利益关系不是建立在二元分裂或二元对立基础之上的非此即彼、损他利己的关系，而是一种互利互惠或普惠型的关系。互惠是利益关系的本质，是利益共同体普遍增益的前提和基础，是利益人及其求利活动的最为根本的属性——这一属性要求我们应当从互利互惠的辩证关系角度对人的利益及人的求利活动进行新的界定和解读。

　　所谓价值观的含义，是指马克思主义互利观一方面看到了发展实践中利己的基础性与合理性的作用与品质。在马克思主义互利观看来，利

① 《习近平谈治国理政》第2卷，外文出版社，2017，第481页。
② 戴斯·贾丁斯：《环境伦理学——环境哲学导论》，林官明、杨爱民译，北京大学出版社，2002，第151页。

益主体是在特定需要或利益"武装"之下的社会存在者。利益主体在与他人及自然的合作交往或互动中，始终遵循着趋利避害的原则与定律。对自我需要和利益的满足与追求，是天经地义、客观必然的。马克思就深刻揭示了人的存在和发展的"利己性"：在市民社会中，"现实的人只有以利己的个体形式出现才可予以承认"①。在马克思看来，这种"利己的人"，是"市民社会的成员，是政治国家的基础、前提"②。马克思还明确指出："每个人为另一个人服务，目的是为自己服务；每一个人都把另一个人当作自己的手段互相利用。"③ 这指明了资本主义社会中人的实践活动的为我性或利己性的实质。总之，趋利原则或定律可以说是在自然界包括社会领域广泛起作用的铁的定律。但另一方面，马克思主义的互利观也看到了利他或互利互惠的重要性，马克思主义的互利观为我们的求利活动指明了应有的方向和合理的取向，这种取向就是要以共同体的"共利"为根本追求。因为"每一个人的利益、福利和幸福同其他人的福利有不可分割的联系，这一事实却是一个显而易见的不言而喻的真理"④。马克思主义的互利观反对单一的极端利己化的求利行为，它告诉人们，在发展实践中，只有在一种互利关系格局中的求利行为才是合理的、有价值的，而那种只看到自我眼前的利益并损害他人及社会的长远利益的求利行为则是恶的，是需要谴责并予以抛弃的。互利的目的就是要实现一种共利，即要实现和维护集体的、共同的利益，因为"没有共同的利益，也就不会有统一的目的，更谈不上统一的行动"⑤。当然，这种"共利"具有丰富的内涵和规定：基于主体的角度，它是全民之利；从内容上说，它是综合之利；从时空上看，它是长远之利；从性质上分析，它是一种正当的、合理的利益；从人与自然生命共同体的角度把握，它是这种"生命共同体"的复合之利。

所谓方法论的意义，是指马克思主义互利观深刻揭示了人们实现利

① 《马克思恩格斯文集》第1卷，人民出版社，2009，第46页。
② 《马克思恩格斯文集》第1卷，人民出版社，2009，第45页。
③ 《马克思恩格斯全集》第46卷（上），人民出版社，1979，第196页。
④ 《马克思恩格斯全集》第2卷，人民出版社，1957，第605页。
⑤ 《马克思恩格斯文集》第2卷，人民出版社，2009，第359页。

益的原则和方法。作为方法论的互利观主要告诉我们这样两个基本点：其一，互利是立足于利己之上的，当然，利益主体所追求的这个"利"本身是合理合法的，而不是违反法律和道德等社会规范的不正当之利甚至是"恶利"；其二，利益主体在追求自身利益的同时，必须采取一种非零和博弈的方式实现利己和利他的统一，也就是说，人们在发展实践中要采取互惠性的做法实现自己的利益，只有采取这样的做法才能真正实现并巩固自己长远的利益。在发展实践中，尽管每个人都有求利的最大化倾向，但唯有互利原则才是人们求利的基本保障。针对达尔文提出的"物竞天择、适者生存"的进化理论，克鲁泡特金提出了"互助论"，在他看来，"不论是在动物界还是在人类中，竞争都不是规律"①，只有互助才是一切生物包括人类在内的进化的真正因素。互利观的方法论还包括对人的求利活动的前瞻性的规约因素，即当代人要通过让利的做法约束自己的行为，从而设法维护子孙后代的利益。"我们要为当代人着想，还要为子孙后代负责。"② 换言之，在"利益主体"的范畴中，既包括当代现实的利益主体，也包括未来潜在的利益主体，因而当代利益主体作为一种现实的存在者，务必要为未来潜在的利益主体即我们的子孙后代留下丰裕的物质财富和生态财富。此外，互利观的方法论还要求利益主体实现权利和义务的统一。利益主体的权利在于其享有自然人和社会人的一切权利，但同时还有对他人、社会以及对自然生态所承担的责任或义务。

马克思主义互利观的形成及发展拥有大量的事实依据及科学依据。在自然界包括在社会领域，存在普遍的利他合作现象。"貌似利他的行为在自然界中比比皆是：蜜蜂蜇死敌人同时自己也死亡；成鸟抚养其他鸟的幼子而不繁殖；当捕食者接近时，草原犬鼠总是将自己暴露在危险之中，发出预警信号。这些行为是怎样在自然选择的精选中存活下来的呢？有多种解释。尽管利益可能被延迟或隐藏，但行为却可能是互利的而非利他的。给出预警信号的个体也可以从社群中其他个体发出的信号

---

① 克鲁泡特金：《互助论：进化的一个要素》，李平沤译，商务印书馆，1963，第76页。

② 《习近平谈治国理政》第2卷，外文出版社，2017，第538页。

中获益。鸟类只有在找不到合适的资源来繁殖自己，同时它们的帮助行动对今后的成功繁殖是有利的时候，才成为帮助者。"① 而西方学界包括自然科学领域的生物学和人文社会科学的社会学等学科就对利他行为或现象进行了长期的关注和研究。20 世纪 70 年代，西方学界提出了"互惠利他主义"学说。"互惠利他主义是指两个无亲缘关系的个体之间通过相互合作交换适合度的行为。一个个体之所以冒着降低自己适合度的风险帮助另一个与己无血缘关系的个体，是因为它可以在日后与受惠者再次相遇时有可能得到回报，以便获益更大。回报才是互惠利他主义者的真正目的，这次利他是想在下次更有益于自己。"② 总之，马克思主义互利观正是从上述事实和相关理论中获得了证明和支持。

马克思主义互利观中也包含着发展观的因素和意义，当我们运用马克思主义互利观来观照社会发展，或者把马克思主义互利观与社会发展理论相结合特别是与新时代的发展实践相结合时，就会形成互利发展的理论和实践。事实上，习近平总书记的互利观中就包含要推进互利型发展的"时代主张"，如他倡导"打造平衡普惠的发展模式"③，要求世界各国"必须走出一条和衷共济、合作共赢的新路子"④，建议"建设利益共享的全球价值链，培育普惠各方的全球大市场，实现互利共赢的发展"⑤ 等论断，为我们提出并推行互利型发展提供了重要的理论支持。

所谓互利型发展，是指某一或某一些发展主体在一定的发展实践中，所设定的发展目标、选择的发展手段和追求的发展结果等具有互利互惠性能的发展。互利型发展是对互害型发展的超越和摒弃，这一先进美好的发展形态主要是从利益关系的角度来把握发展主体在发展实践中的求利取向和行为的。互利型发展的优越性或先进性可以从真善美的角度予

---

① 欧阳莹之：《复杂系统理论基础》，田宝国、周亚、樊瑛译，上海科技教育出版社，2002，第 177 页。
② 刘鹤玲：《亲缘、互惠与驯顺：利他理论的三次突破》，《自然辩证法研究》2000 年第 3 期。
③ 《习近平谈治国理政》第 2 卷，外文出版社，2017，第 482 页。
④ 《习近平谈治国理政》，外文出版社，2014，第 250 页。
⑤ 《习近平谈治国理政》，外文出版社，2014，第 336 页。

以把握和阐释。在真的视阈内，互利型发展是社会发展规律作用的结果，因为在联系日趋紧密的全球化时代和信息社会，在人类面临严重的全球性发展问题的大背景下，社会只能采取一种互利型发展模式。而且这种发展模式深刻揭示了社会关系的实质和社会发展的利益驱动规律，即社会关系是一种利益关系，社会发展的利益驱动规律其实是共生性的互利型利益驱动规律，换言之，互利型发展的提出或施行，是对事物客观的整体共生规律的反映和遵循。从善的角度看，互利型发展代表着人类发展的未来和方向，是一种真正符合善的要求的理想的发展。互利型发展具有突出的人本性的根本特征，它能真正实现人们全面的、长远的利益。以往的互害型发展，其所追求的只是单方的利益，忽视甚至损害了双方或多方的利益，这样的发展显然是一种造孽作恶的发展。而只有基于绝大多数人立场之上并关注和实现人们全面的、长远的利益的发展，才能称得上是善的发展。因为只有这样的发展即互利型发展才不会导致"朱门酒肉臭，路有冻死骨"的丑恶现象，不会导致社会内部以及社会外部关系的分化与对立，不会导致社会的内乱与争斗，不会导致社会发展的畸形化、无序化和断代化，这样的发展当然是一种善的发展。互利型发展还是一种美好的发展。因为只有这样的发展能真正解决社会发展问题，消除社会生活中的一系列假恶丑的现象，提升人们的道德境界，净化人们的心灵，优化社会关系，实现社会的和谐有序。当然，互利型发展的美好性既是价值品质上的，也是价值形象上的，它既是构建人类命运共同体的实践基础，又是建设美丽中国和构建人与自然生命共同体的实践基础。从美丽中国的角度看，只有实施互利型发展，才能恢复和实现清水绿岸、鱼翔浅底、蓝天白云、繁星闪烁的自然景象，以及青山常在、绿水长流、空气清新、鸟语花香的田园风光，为我们创造幸福美好的生活。总之，互利型发展揭示了在社会有机体中所应该存在的互利型机制。而基于互利型发展实践之上的互利型机制的必然逻辑是：利己利他→普遍受益→互利型关系→互利型社会→互利型发展→共利结果。

相比于互害型发展，互利型发展既有动力机制，更有平衡机制。它不否认利益主体对自身合理利益的追求，它是以合理的利己主义为前提的，当然它还强调利己一定要在利他互惠中实现，在利他中利己才能获得一种真正长久的利益，这样一种非零和博弈的做法，显然既能促进自我的发展，也能促进整个共同体的发展。因而从发展机制的角度看，互利型发展是动力机制和平衡机制的高度统一。动力机制为互利型发展提供了动力支撑，平衡机制则使得互利型发展具有了解决问题的独特品质，这正是互利型发展相比于互害型发展所具有的科学和优越之处。

互利型发展是以共生主义为观念基础的，它坚持的是主客统一法，主要是从交互关系的角度来把握和认识人的逐利行为，把人的谋利实践推向了新的高度和境界。互利型发展模式呈现的是求利的正相关性或正相向性，即从我的角度看，我利己又利他；从他的角度看，你利我我也利你。这是一种共生共利、共进共荣的格局或结果，是一种美美与共、普惠共赢的结局。人们正是通过互利加强了团结，产生了向心力、凝聚力，由此真正建构起了命运共同体。也就是说，人类命运共同体和人与自然生命共同体以及人的物质和精神的和谐共同体，只能在互利型发展的基础上构建。

四 结语

要实现由互害型发展向互利型发展的转变，关键是要克服或消除利益主体在求利实践中的相互伤害的行为，为此就只能通过构建完善长效的"律约制度"来实现。律约制度主要包含对利益主体的自律和他律两方面的内容。由于人的求利活动是在一定的思想观念的支配下发生或进行的，因而，要想实现或强化利益主体的自律，消除利益主体在利益面前所滋生的"利令智昏"的反智主义现象，关键是要对他们进行宣传教育，即要在精神世界提高他们的认识和素质，促使他们树立科学的观念，如要确立科学的发展观、利益观（包括互利观）等，从观念认知上树起一道抵御求利活动中的零和博弈、相互伤害的"精神屏障"。

作为一个"社会人"，利益主体的"他律"是通过来自社会的强化作用而实现的。基于社会管理学的视角分析，当利益主体的求利方式和求利结果既利己又利他（也包括大公无私，但利己和利他的统一是常态化的普遍现象）时，就会受到社会的肯定和奖赏，于是这种行为就会重复出现；当利益主体的求利方式和求利结果具有利己损他的性质时，就会受到社会的否定和制裁，于是这种行为就会减弱或消失。这就是社会系统对利益主体求利行为"强化"的结果或表现。我们根据强化的性质和目的可将其分为正强化和负强化。在社会管理上，正强化就是奖励那些既利己又利他的行为或做法，从而加强这种行为；负强化就是惩罚那些利己损他的行为或做法，从而减弱这种行为。根据社会管理的正强化理论，我们应通过荣誉激励法、榜样激励法等方法，在社会生活中积极营造一种健康向上、高尚良好的互利互助的风气和氛围。如果说正强化表现为一种社会奖励，那么负强化就表现为一种社会惩罚。这种惩罚包括法规上的刚性惩罚和道德上的软性惩罚。因此，要想有效实现他律，就要调动起法规和道德的力量，通过建章立制、道德立约等，对一些利益主体的利己损他的行为依法依德进行打击、制裁和谴责，通过法规和道德的力量消除利益主体在求利活动中的种种假恶丑的现象，从而有效推动互利型社会的创建和互利型发展的实施。

第五编　中国式现代化与发展模式

中国式现代化：理论基础、思想演进与实践逻辑[*]

张占斌　王学凯

　　现代化作为一种世界范围的经济社会转型和文明进步，是各国发展的必然选择和不懈追求。中国共产党自 1921 年成立起，就将现代化作为孜孜以求的奋斗方向。历经百年探索，中国走出了一条中国式现代化道路，实现了人类历史上前所未有的大变革，开辟了人类历史上最有影响力的现代化发展之路。

一　从马克思主义看世界现代化

　　在马克思主义经典著作中，现代工业、现代生产力、现代生产关系等词语频频出现，这说明马克思恩格斯等革命导师对推动现代化发展的生产力和生产关系等高度重视，马克思主义对世界现代化的认识具有启发性意义。

（一）资本主义是世界现代化的"阶段性重合"

　　18 世纪 60 年代第一次工业革命后，西方通过现代工业、科技革命实现生产方式大变革、社会整体转型变迁与文明发展进步，这被认为是

　　* 国家社会科学基金重大项目"开启全面建设社会主义现代化国家新征程研究"（21ZDA001）、国家社会科学基金青年项目"防范金融风险与稳定经济增长关系研究"（20CJY063）的阶段性成果。本文原载于《行政管理改革》2021 年第 8 期，收入本书时有改动。

广义现代化。马克思恩格斯对资本主义在推进世界现代化进程中发挥的重要作用给予很高的评价，"大工业建立了……世界市场。世界市场引起了商业、航海业和陆路交通工具的大规模的发展。这种发展又反转过来促进了工业范围的扩大"，"资产阶级争得自己的阶级统治地位还不到一百年，它所造成的生产力却比过去世世代代总共造成的生产力还要大，还要多"①。资本主义现代化极大地解放了生产力，创造了人类历史上前所未有的社会财富，是世界现代化发展中一次重要的飞跃。但是，资本主义现代化也存在固有的矛盾，即生产资料私有制和社会化大生产之间的矛盾。表现最为明显的是资产阶级和无产阶级之间的矛盾，"资产阶级一天天地消灭生产资料、财产和人口等的分散状态。它使人口密集起来，使生产资料集中起来，使财产聚集在少数人的手里"②。从某种程度上来说，资本主义是世界现代化的"阶段性重合"③，换言之，世界现代化进程不会因为没有资本主义而停滞不前，资本主义只是恰好在某个时段出现，并对世界现代化起着推动作用。

（二）社会主义现代化终将取代资本主义现代化

从社会形态更替看，马克思主义认为社会主义是高于资本主义的一种社会形态，最终会取代资本主义，这具体可从三方面理解。一是跨越"卡夫丁峡谷"④ 设想的可能性。资本主义的固有矛盾使其无法成为世界现代化的"最终结果"，那么是否存在跨越资本主义对内压迫、对外掠夺的现代化之路呢？在分析俄国农民公社的案例时，马克思认为"必须有俄国革命"，吸收"资本主义制度所取得的一切肯定成果"，并将俄国

---

① 《马克思恩格斯全集》第 4 卷，人民出版社，1958，第 467、471 页。

② 《马克思恩格斯全集》第 4 卷，人民出版社，1958，第 470 页。

③ 叶险明：《对马克思现代化观的一种解读》，《哲学研究》2020 年第 2 期。

④ 公元前 321 年第二次萨姆尼特战争时期，萨姆尼特人在古罗马卡夫丁城附近的卡夫丁峡谷击败了罗马军队，并且强迫其通过"牛轭"。这被认为是对战败军的最大羞辱。"通过卡夫丁峡谷"一语即由此而来，意即遭受最大的侮辱。马克思恩格斯使用这一典故，表达资本主义制度带来的灾难和挫折。

革命作为西方无产阶级革命的信号，那么俄国就可以跨越"卡夫丁峡谷"①。二是社会主义取代资本主义的复杂性和长期性。资本主义生产方式对促进生产力的发展仍发挥着作用，"无论哪一个社会形态，在它所能容纳的全部生产力发挥出来以前，是决不会灭亡的；而新的更高的生产关系，在它的物质存在条件在旧社会的胎胞里成熟以前，是决不会出现的"②。三是社会主义取代资本主义的必然性。资产阶级赖以生存和统治的基本条件是资本私有、雇佣劳动，但工业进步使得无产阶级更加紧密团结，从而抽掉了"资产阶级借以生产和占有产品的基础本身"，"资产阶级的灭亡和无产阶级的胜利同样是不可避免的"③。

（三）世界现代化旨在实现"人的自由而全面发展"

马克思主义最崇高的社会理想是物质财富极大丰富、实现按需分配、人民精神境界极大提高、人的自由而全面发展，在其中，最重要的是人的自由而全面发展。世界现代化既是物的现代化，将带来丰富的物质财富，也是人的现代化，将实现人的自由而全面发展。首先是人的全面发展。资本主义大工业将人分割，流水线上的工人只能做简单重复的劳动，这是一种片面畸形的发展。马克思主义所追求的是人的全面发展，既包括人的身心得到全面发展，又包括人的需求得到全面满足，还包括人的能力得到全面发展，包括人与自然的全面关系与和谐统一。其次是人的自由发展。人不应被物统治，人的行动应当是自愿、自主、自由的。马克思主义将工人劳动和异化④相联系，商品是工人通过劳动生产的物，但这种物被资本家通过剩余价值的方式无偿占有，工人要想使用商品（特别是生活资料），必须受制于资本家而参与劳动，这使劳动变得不自由。并且，通过工人的抽象劳动，商品获得了独立的价值，这种价值演变为社会财富的象征。人只有通过不断劳动才能获得社会认可，价值由

---

① 《马克思恩格斯全集》第 19 卷，人民出版社，1963，第 441、451 页。
② 《马克思恩格斯文集》第 2 卷，人民出版社，2009，第 592 页。
③ 《马克思恩格斯全集》第 4 卷，人民出版社，1958，第 479 页。
④ 异化，指的是人创造的物不为人所用，反而与人对立，甚至对人实行支配和奴役。

人创造但不以人的意志为转移，反而使其趋之若鹜、顶礼膜拜，"劳动产品一旦作为商品来生产，就带上拜物教性质，因此拜物教是同商品生产分不开的"①。然后是人的创造性能力的充分发挥②。人和动物的区别就在于人具有创造性能力，世界现代化要以发挥人的创造性能力为基础和目标，让人将剩余劳动时间转化为可自由支配时间，从而更大限度地发挥人的创造性能力。

二　中国式现代化的思想演进

中国式现代化是世界现代化的重要组成部分，随着发展阶段和发展水平不断变化，中国共产党对现代化的认识也不断深化。

（一）中国式现代化的内涵演进

关于什么是现代化，中国共产党经历了从单一到全面的认识过程。革命时期，现代化只是作为一个目标而存在，现代化的军事工业、装备的现代化、军队现代化③、革新军制离不了现代化④等表述零星出现在党的文献中，1949年召开的七届二中全会提出现代化的概念，但并没有详细阐述现代化的内涵。新中国成立之后，现代化的内涵逐步明确。1954年，周恩来提出我国要"建设起强大的现代化的工业、现代化的农业、现代化的交通运输业和现代化的国防"⑤，首次细化了现代化的内涵。随后，"现代化大生产""现代化军事科学技术""军队正规化现代化建设""现代化的经济""社会主义的现代化国家"等概念频频出现。1964年，周恩来再次将现代化目标定为"把我国建设成为一个具有现代农

---

① 《马克思恩格斯全集》第23卷，人民出版社，1972，第89页。
② 陈刚：《马克思人的自由全面发展观及其当代意义》，《江苏社会科学》2005年第6期。
③ 《周恩来军事文选》第2卷，人民出版社，1997，第85~86页。
④ 《毛泽东选集》第2卷，人民出版社，1991，第511页。
⑤ 《周恩来选集》（下），人民出版社，1984，第132页。

业、现代工业、现代国防和现代科学技术的社会主义强国"①，"四个现代化"目标更加明确。党的十一届三中全会后，"社会主义现代化建设"开始成为新时期党的文献中的高频词，邓小平在1979年提出"中国式的现代化"②，与"四个现代化"相比，"中国式现代化"或"社会主义现代化建设"的内涵更为丰富，除了包括"四个现代化"的内容，还包括社会主义经济、政治、民主等制度，以及物质文明、精神文明等方方面面。随着现代化内涵的不断拓展，"四个现代化"逐渐被"社会主义现代化建设"所替代。党的十八大以来，习近平总书记在2013年提出的"国家治理体系和治理能力现代化"③拓展了新发展阶段现代化的内涵，社会主义现代化建设被融入经济、政治、文化、社会、生态等国家治理体系的方方面面。

从世界现代化的一般内涵看，中国式现代化具有一般性。就当前来说，世界现代化指的是经济社会发展要达到一定水平，使得一个国家实现从农业社会向工业社会、知识和信息社会转型，未来还可能转向更加先进的社会形态。根据美国社会学家英格尔斯在20世纪70年代提出的社会现代化和人的现代化的相关理论，世界现代化的量化指标体系包括人均GDP、农业产值占比、非农就业占比、服务业占比、城镇化率、大学普及率、平均寿命、成人识字率、医生情况和人口自然增长率等。中国科学院中国现代化研究中心发布的《中国现代化报告2020》显示，截至2017年，全世界只有20个现代化国家，其数量较少且占比稳定，中国在世界现代化综合指数排名中居第64位，其现代化水平呈现"东部高、中西部低"的区域差异，还有较大提升空间。

从中国特色社会主义看，中国式现代化具有特殊性，是社会主义现代化。中国式现代化的特殊性主要体现在以下几个方面。第一，是中国共产党领导的社会主义现代化。中国共产党的领导是中国特色社会主义的本质特征和中国特色社会主义制度的最大优势，这是中国式现代化有

① 《周恩来选集》（下），人民出版社，1984，第439页。
② 《邓小平文选》第3卷，人民出版社，1993，第29页。
③ 《十八大以来重要文献选编》（上），中央文献出版社，2014，第549页。

别于其他国家现代化的最重要特征。具体来说，中国式现代化是中国共产党领导、人民当家作主和依法治国相结合的社会主义现代化。第二，是 14 亿多人口的规模巨大的现代化。即人口规模巨大、经济规模巨大、超级复杂和难度极大的现代化。第三，是追求全体人民共同富裕的现代化。就是要体现出以人民为中心发展的、逐步推动实现共同富裕的现代化。第四，是物质文明和精神文明相协调的现代化。也就是说，光有物质的发展而精神世界空虚也不是现代化，需要的是两个文明相协调相统一互动，是既满足人民群众物质文化需求也增强人民精神力量的现代化。第五，是传承中国文化和光耀中华文明的现代化。也就是说，要能够进一步地把老祖宗、中国共产党和亿万人民群众创造的中国文化和中华文明予以传承、发扬和光大。第六，是实现国家治理体系和治理能力的现代化。也即要实现国家治理的制度现代化，靠制度安排来确保国家的长治久安。第七，是人与自然和谐共生的现代化。就是要建立环境友好型社会，通过绿色发展建设生态文明的美丽国家，是绿水青山和金山银山相统一并超越传统资本主义工业文明的现代化。第八，是走和平发展道路的现代化。就是要走一条不发动战争、不殖民掠夺、不欺负弱小国家，以及和平共处、合作共赢的现代化之路，中国既是世界和平的建设者、全球经济发展的贡献者，更将是国际秩序的维护者。

（二）中国式现代化的理念演进

我们党领导人民治国理政，很重要的一个方面就是要回答好"实现什么样的发展、怎样实现发展"这个重大问题。理念是行动的先导，一定的发展实践都是由一定的发展理念来引领的。发展理念是否对头，从根本上决定着发展的成效乃至成败。关于用什么理念发展现代化，不同阶段有不同要求。新民主主义革命时期，我国的社会主要矛盾是帝国主义和中华民族的矛盾、封建主义和人民大众的矛盾，推翻"三座大山"是首要任务，只有推翻帝国主义、封建主义和官僚资本主义这"三座大山"，才能为现代化打开前进通道。在中国共产党的领导下，我国经过几十年的新民主主义革命，最终实现了民族独立和人民解放，这为社会主义现代化建设的展开创造了前提和重要基础。

社会主义革命和建设时期，提出了"在综合平衡中稳步前进"的理念。因饱受多年战乱之苦，新中国成立之初，推进现代化建设的条件极为艰苦，外部有资本主义国家的封锁禁运，内部则有多方面的风险挑战。根据过渡时期总路线，1956年底，我国基本完成了对农业、手工业和资本主义工商业的社会主义改造，现代化的社会主义性质得以明确。党的八大指出，我国社会主要矛盾已经是人民对于建立先进的工业国的要求同落后的农业国的现实之间的矛盾，是人民对于经济文化迅速发展的需要同当前经济文化不能满足人民需要的状况之间的矛盾，这充分显示出当时现代化建设面临的困境。在这个阶段，指导现代化建设的理念是"在综合平衡中稳步前进"：一方面，需要快速恢复国民经济，1956年毛泽东提出调动一切积极因素为社会主义建设事业服务的基本方针[1]；另一方面，坚持在综合平衡中稳步前进，既反对保守又反对冒进。

改革开放至党的十八大时期，确立了"发展才是硬道理"[2]的理念。党的十一届三中全会把全党的工作重点转移到社会主义现代化建设上来，推动中国式现代化重新步入轨道。在考察发达国家现代化的程度以及总结反思我国社会主义现代化建设教训的过程中，邓小平提出一系列关于"为什么要发展、实现什么样的发展、怎样实现发展"的思想，逐步确立了"发展才是硬道理"的社会主义现代化建设理念。当时我国社会主要矛盾仍然是人民日益增长的物质文化需要同落后的社会生产之间的矛盾，在"和平与发展"成为时代主题的良好外部环境下，要尽可能地抓住发展机遇。"社会主义的本质，是解放生产力，发展生产力，消灭剥削，消除两极分化，最终达到共同富裕。"[3]将发展作为社会主义的本质要求，也是社会主义现代化建设的本质要求，因为只有实现了发展，社会主义现代化建设才能得以稳步推进，发展是解决中国所有问题的关键。

党的十八大以来，提出了"创新、协调、绿色、开放、共享"的新

---

[1] 辛平：《调动一切积极因素》，央视网，2002年7月1日，https://www.cctv.com/news/china/20020701/215.html。

[2] 《邓小平思想年谱（一九七五～一九九七）》，中央文献出版社，1998，第461页。

[3] 《邓小平文选》第3卷，人民出版社，1993，第373页。

发展理念。中国特色社会主义进入新时代，社会主要矛盾已经转化为人民日益增长的美好生活需要和不平衡不充分的发展之间的矛盾。新发展阶段的环境面临深刻复杂变化，国际层面的不确定性不稳定性明显增加，国内层面的发展不平衡不充分问题仍然突出，推进社会主义现代化建设需要新的发展理念。以习近平同志为核心的党中央提出"创新、协调、绿色、开放、共享"的新发展理念，其成为新时代推进社会主义现代化建设的核心理念。从表面来看，新发展理念是针对我国发展过程中存在的不平衡、不全面、不可持续问题提出来的，究其深层次原因，则是以我国工业化深入推进、经济社会结构发生阶段性变化作为理论依据。新发展理念引导我国经济社会发展取得了历史性成就、发生了历史性变革。坚定不移贯彻落实新发展理念，强调创新在我国现代化建设全局中的核心地位，努力实现高水平的自立自强，这是"十四五"乃至更长时期我国把握重要战略机遇期，在发展中赢得优势、赢得主动的重要法宝。新发展理念是一个系统的理论体系，回答了关于发展的目的、动力、方式、路径等一系列理论和实践问题，阐明了我们党关于发展的政治立场、价值导向、发展模式、发展道路等重大政治问题。

（三）中国式现代化的步骤演进

关于现代化的实施步骤，中国共产党根据发展水平不断调整。新民主主义革命时期，由于何时结束战争存在不确定性，所以对于现代化并未设置明确的步骤，只是根据"经济服务于战争"制定相应的政策。

社会主义革命和建设时期，提出社会主义现代化建设的"两步走"设想。1953年毛泽东提出过渡时期总路线，同时进行社会主义工业化和社会主义改造，不论是对社会主义改造的长期性，还是对社会主义现代化建设的长期性，中国共产党都有着清醒的认识。不过，"三大改造"很快完成，在此基础上，又提出社会主义现代化建设的"两步走"设想：第一步是建立一个独立的、比较完整的工业体系和国民经济体系，使中国工业大体接近世界先进水平，这需要15年时间；第二步是力争在20世纪末，使中国工业走在世界前列，全面实现农业、工业、国防和科学技术的现代化。

改革开放至党的十八大时期，提出社会主义现代化建设的"三步走"战略。在社会主义革命和建设的经验基础上，邓小平提出社会主义现代化建设的"三步走"战略：第一步，从 1981 年到 1990 年实现国民生产总值比 1980 年翻一番，解决人民的温饱问题；第二步，从 1991 年到 20 世纪末使国民生产总值再增长一倍，人民生活达到小康水平；第三步，到 21 世纪中叶，人均国民生产总值达到中等发达国家水平，人民生活比较富裕，基本实现现代化。邓小平"三步走"的战略设想，得到了全党的认同，最后成为全党的战略安排。

党的十八大以来，提出社会主义现代化建设的"两个阶段"战略安排。改革开放 40 多年，我国经济实现了腾飞，社会主义现代化建设的基础较为牢固。基于国际形势和国内实际，习近平总书记将社会主义现代化建设分"两个阶段"安排。即第一个阶段，从 2020 年到 2035 年，在全面建成小康社会的基础上，再奋斗 15 年，基本实现社会主义现代化；第二个阶段，从 2035 年到 21 世纪中叶，在基本实现现代化的基础上，再奋斗 15 年，把我国建成富强民主文明和谐美丽的社会主义现代化强国。

三　中国式现代化的实践逻辑

中国共产党成立以来的奋斗史，就是不断推进社会主义现代化建设的历史。从积贫积弱到全面建成小康社会，再到基本实现现代化，以及全面建成社会主义现代化强国，中国共产党推进中国式现代化的实践实现了三个转变。

（一）从被动现代化走向主动现代化

古代中国农业社会十分稳定，农耕文明一度领先于世界，但这种稳定性在某种程度上束缚了社会转型，尤其是在欧洲大陆开展工业革命、开启农业社会向工业社会的现代化转型之时，当时的清政府仍"抱残守缺"。1840 年的鸦片战争打破了中国农业社会的稳定性，中国被迫加入了世界现代化的进程。尽管不断尝试向工业化转型，但是由于屡受外敌侵略，这种现代化在很长一段时间内是被动的，是痛苦的。

新中国的成立为中国现代化建设打开了前进通道，中国开启主动现代化的征程。新中国成立以来，经过 70 多年的奋斗，中国从近代历史上的贫弱衰败走向现代历史上的振兴繁荣，从唐宋之后的农业文明走向当代现代化的工业文明。从政治看，新中国建立起了符合中国实际情况的人民民主专政制度，即中国共产党领导的人民代表大会、政治协商、民族区域自治和基层民主制度，实现了国家空前的独立统一和民族团结。从经济看，新中国在社会主义改造基本完成后，消灭了封建土地所有制和官僚资本，逐步建立起公有制为主体、多种所有制经济共同发展的基本经济制度，按劳分配为主体、多种分配方式并存的分配制度，社会主义市场经济体制，以及独立的比较完整的工业体系和国民经济体系。从科技看，新中国充分发挥集中力量办大事的制度优势，不断发展完善中国特色国家创新体系，不断改革探索独具特色的体制机制，有力推动我国科技事业发展，我国科技事业取得了举世瞩目的发展成就，在一些重要领域取得一大批重大原创成果。从民生看，人民群众生活和教育文化各项社会事业有很大发展，民生保障不断改善，社会治理体系不断完善，我国成为世界上最有安全感的国家之一，实现了全人类有史以来最大规模的减贫目标，谱写了人类反贫困史上的辉煌篇章。从国防看，我们结束了旧中国屡受外国欺凌侵略的屈辱历史，党领导的人民武装力量挫败了帝国主义、霸权主义的侵略和武装挑衅，巩固的国防使祖国领土完整和人民安全有了坚强保障。从外交看，我们始终坚持独立自主的和平外交政策，始终不渝走和平发展道路、奉行互利共赢的开放战略，坚定维护国际公平正义，积极参与经济全球化进程，推动建设开放型国际经济，促进全球治理体系变革，旗帜鲜明地反对霸权主义和强权政治，为世界和平与发展不断贡献中国智慧、中国方案、中国力量。在中国共产党成立 100 周年之际，我国全面建成小康社会，实现中华民族的千年梦想，这是载入人类史册的巨大的历史性贡献①。

---

① 张占斌：《"中国道路"探索与新中国七十年成就》，《中共党史研究》2019 年第 9 期。

（二）从外源式现代化走向内生性现代化

近代以来，从洋务运动到戊戌变法，再到辛亥革命，无数仁人志士不断求索，试图找到中国现代化的方案。特别是辛亥革命之后，现代化方案都是外源式的，即经济上完全效仿西方工业化路径，政治上完全照搬西方政治体制，文化上完全尊崇西方文明。事实上，世界上既不存在定于一尊的现代化模式，也不存在放之四海而皆准的现代化标准。世界上有一些发展中国家罔顾国情照搬西方发达国家的模式，往往可能弄得一塌糊涂、不利于本国更好发展。历史的经验和教训表明，不顾本国国情和历史背景盲目照搬照抄他国做法，我们的实践最终以失败告终。

中国共产党在成立之初，就坚定地认为中国要实现现代化，必须推翻"三座大山"的压迫，并为之进行了艰苦卓绝的斗争。随着新中国成立之后的一系列革命和建设，中国共产党逐步找到了中国现代化的方案，这种方案考虑了中国国情，是一种内生性现代化方案。

党的十九大报告提出"两个阶段"，将原定的基本实现社会主义现代化目标提前了15年，这是综合分析国内国际形势和我国发展条件之后作出的重大判断，也是中国共产党适应我国发展实际作出的必然选择。在基本实现社会主义现代化的基础上，再奋斗15年，把我国建成富强民主文明和谐美丽的社会主义现代化强国。从"五大文明"看，我国物质文明、政治文明、精神文明、社会文明、生态文明水平将全面提升；从国家治理看，我国将实现国家治理体系和治理能力现代化；从国际影响看，我国将成为综合国力和国际影响力领先的国家；从人民生活看，全体人民共同富裕基本实现，我国人民将享有更加幸福安康的生活。总的来说，社会主义现代化强国的建成，构成了中华民族伟大复兴最璀璨的历史画卷，中华民族将以更加昂扬的姿态屹立于世界民族之林。

（三）从单一现代化走向全面高质量现代化

诚然，限于历史背景和发展阶段，在一段时间内，中国共产党认为现代化就是工业化，这在某种程度上是一种单一现代化。但是随着发展水平的提高，中国共产党对现代化的认识也越来越全面，从中国式现代化的内涵演进上可见一斑。从简单到复杂、从实践到认识再到实践，也符合马克思主义的认识论。

当前，我国开启了全面建设社会主义现代化国家的新征程，到2035年基本实现社会主义现代化远景目标，致力于实现全面高质量现代化，需要牢牢把握三个"新"的要义，即新发展阶段、新发展理念、新发展格局。

新发展阶段，明确了我国发展的历史方位，这是中华民族伟大复兴历史进程的大跨越。强调在危机中育先机、于变局中开新局。新冠肺炎疫情随疫苗的广泛接种而有所缓解甚至消除具有不确定性，经济全球化遭遇逆流，单边主义、保护主义、霸权主义对世界和平与发展构成威胁，诸如此类的国内国际经济环境变化可能会对中国经济产生影响。"十四五"时期是开启全面建设社会主义现代化国家新征程、向第二个百年奋斗目标进军的第一个五年，新发展阶段的大挑战、新挑战也孕育着大机遇、新机遇，多年以来的发展形成了显著的制度优势、攀升的治理效能、长期向好的经济、雄厚的物质基础、丰富的人力资源、广阔的市场空间、强劲的发展韧性和稳定的社会大局，这是新发展阶段育先机、开新局的基础。

新发展理念，明确了我国社会主义现代化建设的指导原则，强调解决发展不平衡不充分问题，努力实现高质量发展。创新、协调、绿色、开放、共享的新发展理念，是对发展规律的科学总结，创新在我国社会主义现代化建设全局中占据核心地位，城乡、区域协调突出发展的整体性，绿色旨在建设人与自然和谐共生的现代化，开放要求实现互利共赢，共享致力于改善人民生活品质、逐步实现共同富裕。

新发展格局，明确了我国经济现代化的路径选择，强调坚持扩大内需这个战略基点，促进国内国际双循环。党的十九届五中全会提出"加快构建以国内大循环为主体、国内国际双循环相互促进的新发展格局"，这是适应全面建设社会主义现代化国家新征程的重大战略抉择，是应对错综复杂的国际环境的战略举措，是实现我国高质量发展的可行路径，是统筹效率与公平、发展和安全的决策部署，是提高人民福祉的主动选择。

四　开启全面建设社会主义现代化国家新征程

从 18 世纪 60 年代第一次工业革命开始，人类工业化历程已经走过 260 余年。纵览中国共产党自成立以来对社会主义现代化建设的探索，在中国共产党的领导下，我国用短短几十年时间，就走完了发达国家上百年的工业化进程。全面建设社会主义现代化国家新征程已然开启，站在历史新起点，要继续推进中国式现代化建设。

一是坚持党对社会主义现代化建设事业的全面领导。各国推进现代化建设的经验表明，一个坚强的领导核心，在现代化建设中占据核心地位，对于后发国家而言，发挥着关键作用。世界现代化推动了中国共产党的诞生，发达国家通过工业革命先行进入现代化，1917 年俄国十月革命推动苏联开启现代化，正是在世界现代化浪潮中，中国共产党找到了走向世界现代化的新道路，世界现代化在中国有了探索者、实践者。中国现代化选择了中国共产党，1840 年以来，从洋务运动到资产阶级革命，无数仁人志士追求国家现代化，但事实证明，社会改良和资产阶级革命不能引领中国走向现代化，只有中国共产党才能领导中国走向现代化。

二是坚持马克思主义对社会主义现代化的引领指导。马克思主义对现代化的认识，揭示着世界现代化的一般规律，推演出世界现代化的终极结果，提出了世界现代化的本质要求，是中国式现代化的指导思想。中国共产党创造性地将马克思主义与中国实践相结合，形成了毛泽东思想、邓小平理论、"三个代表"重要思想、科学发展观、习近平新时代中国特色社会主义思想，这些马克思主义中国化的成果，对中国式现代化有着科学而深刻的认识，为中国式现代化指引方向。

三是坚持走符合自己国情的社会主义现代化道路。现代化从来没有统一的模式，更没有固定的标准，各国资源禀赋、发展阶段、历史文化等都存在差异，对于如何实现现代化应当有各自的理解和方案。发达国家在推进现代化方面有着较为成功的经验，但历史和事实证明，如果不顾国情照搬照抄发达国家的经验，结果可能是陷入发展困境，甚至出现社会动荡。中国的基本国情是仍处于并将长期处于社会主义初级阶段，中国仍是世界上最大的发展中国家，这就要求在推进现代化建设过程中，必须紧紧把握基本国情，制定符合中国国情的发展战略规划，走符合中国自己国情、自己特点的社会主义现代化道路。

四是坚持以人民为中心的社会主义现代化价值追求。世界现代化的本质要求是人的现代化，物的现代化是人的现代化的有利条件，只有实现"人的自由而全面发展"，才能真正实现现代化。中国共产党坚持以人民为中心的发展思想，在革命年代带领人民"站起来"，在建设年代带领人民"富起来"和"强起来"，人民的利益就是中国共产党的利益，人民的追求就是中国共产党的追求。在新时代，坚持以人民为中心的发展思想有着更加坚实的基础，目前我国人均 GDP 超过 1 万美元，中等收入群体规模超过 4 亿人，绝对贫困成为历史，人民群众的获得感、幸福感、安全感显著增强。社会主义现代化的价值追求关键在于人的现代化，要始终坚持以人民为中心的发展思想。

五是坚持改革开放为社会主义现代化建设提供强大动力。现代化不是一个口号，需要脚踏实地落实，改革开放是社会主义现代化建设的强大动力和重要抓手。中国共产党对社会主义现代化的探索过程，无不充满着改革开放的思想。改革开放，就是不断调整生产关系，以适应生产力的发展。要继续用足用好改革这个关键一招，推动更深层次改革，实行更高水平开放；推动中国社会主义现代化事业不断前进，实现高水平的自立自强，为人类进步作出更大贡献。

中国模式：确定性与不确定性[*]

——兼评西方话语中的"中国模式"观

陈曙光

进入 21 世纪以来，开放的中国、和平的中国、崛起的中国、活力的中国与滞胀的西方、衰退的西方形成鲜明对比，国际社会纷纷关注中国发展，国际学术界纷纷聚焦中国模式，研究中国模式，试图破译"中国奇迹"背后的谜底。

一 中国模式的确定性

中国模式不是任人打扮的小姑娘，它有其自身的确定性。所谓确定性，指的是事物本身所具有的确定不移的品质和内涵。中国模式的确定性，是指中国模式具有自身独特的确定不移的内容、品格、性质和特征，中国模式的发明权、所有权、使用权属于中国，是具有完全自主知识产权的"中国创造"。

其一，中国模式有自身独特的内容，不是漂浮的、摇摆的、虚化的，这是确定的。

中国模式即中国特色社会主义道路，"就是在中国共产党领导下，立足基本国情，以经济建设为中心，坚持四项基本原则，坚持改革开放，解放和发展社会生产力，建设社会主义市场经济、社会主义民主政治、

---

* 教育部 2013 年新世纪优秀人才支持计划项目"中国学术话语的基本问题研究"（NCET-13-0433）的阶段性成果。本文原载于《教学与研究》2014 年第 2 期，收入本书时有改动。

社会主义先进文化、社会主义和谐社会、社会主义生态文明，促进人的全面发展，逐步实现全体人民共同富裕，建设富强民主文明和谐的社会主义现代化国家"①。

西方学者尽管对中国模式的内容概括不一，但无疑都认为中国模式不是一个虚化的概念。英国学者马丁·雅克（Martin Jacques）2010 年在《当中国统治世界：中国的崛起和西方世界的衰落》一书中指出，现代化模式绝非只有一种，西方的现代化绝非现代化的唯一出路②。中国模式也是一种现代化模式，具有自身独特性的内容，中国不属于西方意义上的现代民族国家。英国学者肖恩·布雷斯林（Shaur Breslin）认为，中国模式的内容，或许应该从"中国不是什么"和"不代表什么"这个角度来思考，"它不是一种大爆炸式的改革，也不是休克疗法；它不是一种经济自由化必然带来民主化的过程；它不是放弃国家对关键部门的控制；它不是全面的自由化或新自由主义化；它不是西方式的行动方式；它不是遵循某种模式或处方；它不是让别人告诉自己应该怎么做，也不是告诉别人应该怎么做"③。

其二，中国模式是唯一适合中国的发展模式，除此之外没有别的选择，这是确定的。

封闭僵化的老路不适合中国。中国模式与高度集中、封闭僵化的苏联模式有着明显的区别。历史证明，苏联模式不适合中国。民主革命时期，我们"什么都学习俄国，当成教条，结果是大失败，把白区搞掉几乎百分之百，根据地和红军搞掉百分之九十，使革命的胜利推迟了好些年"④。社会主义建设初期，我们"照搬苏联搞社会主义的模式，带来很多问题"⑤。俄罗

① 胡锦涛：《坚定不移走中国特色社会主义道路，夺取中国特色社会主义新胜利》，《人民日报》2012 年 11 月 18 日。

② 马丁·雅克：《当中国统治世界：中国的崛起和西方世界的衰落》，张莉、刘曲译，中信出版社，2010。

③ 肖恩·布雷斯林：《"中国模式"与全球危机：从弗里德里希·李斯特到中国治理模式》，冯瑾编译，《当代世界与社会主义》2012 年第 1 期。

④ 《毛泽东文集》第 7 卷，人民出版社，1999，第 79 页。

⑤ 《邓小平文选》第 3 卷，人民出版社，1993，第 261 页。

斯经济学家克洛茨沃格提醒说："中国过去在十月革命后'以俄为师'，那时俄罗斯是胜利者，取得了革命的胜利。现在，我建议中国同志这一次仍然'以俄为师'，只是我们这次不是胜利者，而是失败者。俄罗斯的改革彻底失败了。莫斯科是北京的一面镜子。"①

改旗易帜的邪路不适合中国。新自由主义在全球广为播种，却并没有开出胜利之花，结出胜利之果，西方模式不是解决中国问题的灵丹妙药。一些国家采纳新自由主义的药方之后并没有走上健康的发展道路，不是"休克"就是跌入"陷阱"。中国不能轻信西方的药方，否则会误入经济停滞、政治动荡、社会倒退、生活下降的不归之路。

中国的社会主义建设，既不能搞全盘苏化，也不能搞全盘西化或者其他什么化。20世纪90年代以来，中国没有步"苏东"的后尘，"千磨万击还坚劲，任尔东西南北风"，真可谓"风景这边独好"。其中的关键就在于我们没有固守苏联模式，也没有削足适履滑向西方模式，而是开创了独具特色的中国模式，坚定不移地走中国道路。中国特色社会主义道路是唯一适合中国的发展道路，我们应该有这样的道路自信。

其三，中国模式是中国人民自己奋力开创的，不是舶来品，这是确定的。

中国模式的发明权、所有权属于中国人民。在一个经济文化相对落后的国家如何建设社会主义、如何巩固和发展社会主义，老祖宗没有给出现成的方案，只能靠中国人民"摸着石头过河"。毛泽东曾说："马克思活着的时候，不能将后来出现的所有的问题都看到，也就不能在那时把所有的这些问题都加以解决。俄国的问题只能由列宁解决，中国的问题只能由中国人解决。"② 中国模式是中国共产党领导中国人民奋力开创出来的，是在当代中国的历史性实践中生成的，它不是苏联模式的衍生品，也不是西方模式的当代翻版，更不是华盛顿智库的一帮人坐在大楼内凭空杜撰出来的。中国模式具有完全的自主知识产权，正如俄

① 吴易风：《俄罗斯经济学家谈俄罗斯和中国经济问题（下）》，《高校理论战线》1995年第12期。
② 《毛泽东文集》第8卷，人民出版社，1999，第5页。

罗斯科学院季塔连科院士所说，"中国的发展模式堪称世界近代史上的一次伟大创举"①。

大多数发展中国家把转型视为全盘复制西方模式，而西方模式所依赖的"中介"——国家的历史、民族、文化传统等——则在它们的视野之外。因此，西方模式在它们复制过程中产生严重的水土不服，它们几乎无一幸免地沦为"依附"于别国的"香蕉共和国"也就不足为奇了。中国在转型的过程中借鉴了资本主义的有益因素，但没有全盘复制他国模式，中国模式的核心要素具有完全自主知识产权。

其四，中国模式是社会主义性质的模式，不是任何其他性质的，这是确定的。

中国模式既坚持了科学社会主义的基本原则，又被赋予了鲜明的中国特色；既坚持了社会主义的一般规律，又反映了社会主义初级阶段的特殊性。中国模式是"社会主义本质的中国实现形式"②，是具有中国特色的社会主义发展模式。

大多数西方学者在谈及中国模式的成功经验时，或者故意抹去中国模式的社会性质和政治属性，"不愿意将中国模式的成功归因于社会主义"③；或者刻意"回避中国的政治模式，仅仅把中国模式局限于中国在经济上的成功"④；或者认为"中国只有经济改革而无政治改革"⑤。

西方学者往往挂一漏万，彰现象而黜本质，"把虚假的表面现象当作实质或某种重要的东西"⑥，因而作出错误的性质判断也不足为奇。中

① 杨政：《中国模式是世界近代史上的一次创举——专访季塔连科》，《光明日报》2009 年 5 月 9 日。
② 程恩富：《中国模式：社会主义本质的中国实现形式》，《中国社会科学报》2011 年 1 月 11 日。
③ 秦宣：《国际视野中的"中国模式"——兼论中国特色社会主义的国际影响》，《中国人民大学学报》2008 年第 4 期。
④ 郑永年：《国际发展格局中的中国模式》，《中国社会科学》2009 年第 5 期。
⑤ 这种说法在理论上首先由 Susan L. Shirk 在 20 世纪 90 年代初提出，之后在学术界流传开来。参见 Susan L. Shirk, *The Political Economy of Economic Reform in China* (Berkeley, LA: University of California Press, 1993)。
⑥ 《列宁全集》第 32 卷，人民出版社，1985，第 45 页。

国吸引外资、进行自由贸易、开展市场经济等，与新自由主义所主张的完全放任的市场化、自由化是有根本区别的。中国的改革并没有改掉社会主义制度，而是对社会主义制度的完善，改革中形成的中国模式并没有放弃而是坚持了科学社会主义的基本原则。中国"从没有把资本主义当成目标，而是把它作为实现目标的手段"①。"北京共识"首倡者雷默指出，"北京共识"的目标是帮助普通人民，而"华盛顿共识"的目标是帮助银行家②。这难道不是体现了中国模式的社会主义性质吗？

其五，中国模式是建设社会主义的一种模式，但不是建设社会主义的唯一模式，这是确定的。

社会主义社会是共性和个性的统一体。列宁曾指出，"一切民族都将走向社会主义，这是不可避免的，但是一切民族的走法却不会完全一样"③。"苏联模式的社会主义社会是垮了，但是这并不意味着其他的尚未尝试的社会主义形式也应该为它殉葬。"④ 邓小平也指出："社会主义制度并不等于建设社会主义的具体做法。"⑤ 具体做法可以有千万种，普遍性存在于特殊性之中，统一性要通过多样性来体现。西方某些左翼学者认为，中国的发展模式不仅不能作为社会主义国家的"样板"，而且更确切地说是社会主义的"反面教材"，这大概就是忽略了社会主义模式的多样性。

中国模式的成功，对越南、老挝、朝鲜和古巴等其他社会主义国家产生了极大的影响力，但是，这些社会主义国家并没有将中国模式奉若普适标准，也没有把中国特色社会主义当作社会主义的唯一样板。这反映了苏联模式破产以后社会主义国家对"什么是社会主义、怎样建设社会主义"在认识上的深化和清醒。

其六，中国模式是为中国量身打造的发展模式，不谋求对外"出

---

① 威尔·赫顿：《伟大的中国商城》，《卫报》（英国）2004 年 5 月 9 日。

② Joshua Cooper Ramo, *The Beijing Consensus* (London: The Foreign Policy Centre, 2004).

③ 《列宁专题文集·论社会主义》，人民出版社，2009，第 398 页。

④ 约翰·罗默：《社会主义的未来》，余文烈等译，重庆出版社，1997，第 1 页。

⑤ 《邓小平文选》第 2 卷，人民出版社，1994，第 250 页。

口"，这是确定的。

中国模式的使用权属于中国，中国从未希冀以中国模式统治世界。因为中国模式具有鲜明的"中国元素"，是为中国量身打造的发展模式，不管任何时候，中国模式对外不推广、不输出。各个国家都应当探索和选择符合本国国情的发展模式。"我们就不应该要求其他发展中国家都按照中国的模式去进行革命，更不应该要求发达的资本主义国家也采取中国的模式。"① 中国不谋求"出口"自己的发展模式，"中国能否成为其他国家——特别是其他发展中大国，如印度——的参照模式，取决于这些历史和地理的特性能否在其他地方再现。中国人明白这点，因此他们并没有把自己设想为一个能被效仿的模式"②。中国领导层在中国模式问题上保持了鲜明的理性，所谓中国"将'出口'中国模式上升为某种对外战略"纯属无稽之谈。事实上，国际上有关"北京共识"终将取代"华盛顿共识"的讨论源起于西方③，而非中国。

当然，我们强调中国模式的个性，意在表明中国模式不能简单复制，但并不意味着否定中国模式本身具有的世界意义。中国模式无法复制，但可以借鉴。正如雷默所说："当我们说中国模式可以被其他国家所效仿时，我们必须分外谨慎。我说的可以为别国效仿，并非指中国的经济或政治模式可以被别国复制，我的意思是，中国的创新及按照自身特点和想法寻求发展的模式，值得其他国家仿效。这一点对于任何国家都至关重要，而且也唯有如此别无他途。"④ 事实上，关于中国模式的世界意义早已为世界各国所重视。

其七，中国模式是和平崛起的模式，不会走"国强必霸"的发展之路，这也是确定的。

---

① 《邓小平文选》第 2 卷，人民出版社，1994，第 318 页。
② 乔万尼·阿里吉：《亚当·斯密在北京——21 世纪的谱系》，路爱国、黄平、许安结译，社会科学文献出版社，2009，第 19 页。
③ 这一观点最早见于 Joshua Cooper Ramo, *The Beijing Consensus* (London：The Foreign Policy Centre, 2004)。
④ 乔舒亚·库珀·雷默：《在"北京共识"下"共同进化"》，《国际先驱导报》2010 年 4 月 26 日。

中国式现代化道路是一条和平崛起的道路，这与西方大国崛起的道路完全不同。近代以来，世界一直处于霸权主义的淫威统治之下。16世纪，西班牙、葡萄牙两个小国瓜分了世界，建立了海洋霸权；17世纪，世界霸主的地位被另一个小国荷兰取而代之，17世纪也被称为"荷兰的世纪"；18世纪和19世纪是英、法两国争夺世界霸权的世纪，最后成就了"日不落帝国"的霸主地位；19世纪末20世纪初，德、日相继崛起成为世界强国，"回报"世界的是两次世界大战；20世纪是美苏争霸的世纪，以苏联解体、美国成为唯一超级大国而告终。西方部分学者根据16世纪以来大国兴衰的历史逻辑得出结论说，中国也将无法摆脱"国强必霸"的怪圈，中国的崛起必将重塑世界经济政治新秩序，并对其他国家造成威胁。他们认为，中国模式与西方世界所倡导的价值观具有不可调和的根本性冲突；中国模式处于美国模式的绝对对立面，中国模式的"流行"势必将损害美国的战略利益，颠覆以美国为首的自由主义国际秩序。

西方学者的担心不能说没有理由，毕竟这是西方自身发展的历史逻辑给他们的"启示"。但以此推论中国，却犯了经验主义的错误。这种经验主义还是选择性的经验主义，即只选择了西方的经验，而回避了中国的经验。自古以来，中华民族就是爱好和平的民族，中国坚持走和平发展道路的决心早已向全世界宣示。毛泽东说："我们是马克思列宁主义者，我们的国家是社会主义国家，不是资本主义国家，因此，一百年，一万年，我们也不会侵略别人。"[1] 日本知名政治家绪方靖夫指出："中国提倡的和谐社会的政治方针，……高高地举起'建设持久和平、共同繁荣的和谐世界'的旗帜，……中国走的是通过市场经济建设社会主义的道路。这既是一条在与资本主义并存、竞争当中寻找到的道路，也是一条新的'和平振兴'的道路。"[2] 中国现在不称霸，将来发展了也永远不称霸。

---

① 《毛泽东文集》第8卷，人民出版社，1999，第301页。

② 郑萍：《中国走的是和平振兴道路——访日本共产党中央政治局常委绪方靖夫》，《中国社会科学报》2011年3月3日。

二　中国模式的不确定性

毋庸讳言，中国模式也存在不确定性。所谓不确定性，是指事物发展的局限性、阶段性、不完善性。中国模式的不确定性主要可从三个方面来理解。

其一，中国模式还是一个发展中的新生事物，不是一成不变的固定模式。

中国模式虽然已经形成，但尚处在襁褓之中，远没有定型。中国模式中该坚持的东西要旗帜鲜明地坚持，该改革的东西要大胆地改革，该抛弃的东西要果断地抛弃。

中国模式不是既成事物的集合体，而是过程的集合体。现实的中国模式有不确定的一面，未来的中国模式依然会存在不确定的一面。不存在这样的可能性：中国模式已经发展到了顶峰，穷尽了一切发展的可能性，后人只需重复前人的老路，复制前人的成果。那种认为中国模式的不确定性将会越来越少，直至最后消失的想法是完全错误的。比如，坚持公有制经济的主体地位这是确定的，但公有制的实现形式是变化的，多种所有制经济的组成也是变化的。

中国模式是社会主义初级阶段出现和形成的模式，还不是"合格的社会主义"阶段的模式。社会主义还在发展，中国模式也需要不断发展和完善。承认并正视这一点无损于中国模式的伟大，更不能成为否定中国模式的理由。试想，"世界上有哪种模式不是在其发展历程中经历过发展变化？又有哪种模式因为经历了发展变化而不成其为模式？显然没有"①。党的十八届三中全会描绘的改革蓝图，从某种意义上说，就是对中国模式的修正和完善。

其二，中国模式还存在这样那样的问题，不是完美无缺的理想模式。

中国模式还是一个新生的事物，还存在这样那样的问题。世界上

---

① 徐崇温：《关于如何理解中国模式的若干问题》，《马克思主义研究》2010年第2期。

"没有一成不变的发展道路和发展模式。……不能把实践中已见成效的东西看成完美无缺的模式"①。

中国模式是一个事实判断，承认中国模式的成功，不意味着它就完美无缺；承认中国模式的缺陷，也不意味着唱反调。我们既要大胆地肯定中国模式的成就，又要直面中国模式的问题。不应把模式看作一个绝对理想的东西，一个可供随意复制或模仿的东西。世界上找不出百分之百的理想模式。

今天，"中国奇迹"震撼世界，"中国故事"传遍全球，中国特色社会主义道路已经被实践证明是一条强国之路、复兴之路，只有中国特色社会主义道路才能发展中国，才能引领中国人民实现中华民族伟大复兴的"中国梦"。今天，我们应该有这样的道路自信，千万不能"邯郸学步，失其故行"。一方面，我们要坚守科学社会主义的基本原则，社会主义的基本制度是不能变的，在整个社会主义阶段都不能变；另一方面，我们也要解放思想、破除迷信，敢于抛弃那些不合时宜的观念、做法和体制，敢于全面推进深水区改革，敢于碰触影响中国发展的突出问题，不断充实和丰富中国模式的科学内容。

其三，中国模式不排斥其他发展模式的成功经验，不是不可移易的封闭模式。

"开放性"是中国模式的突出品质，中国模式对外不推广，但不等于对外不开放。今天的世界是开放的世界。对外开放包括对资本主义国家开放，对西方模式开放，利用资本主义，发展社会主义。列宁早就说过："如果你们不能利用资产阶级世界留给我们的材料来建设大厦，你们就根本建不成它，你们也就不是共产党人，而是空谈家。"② 资本主义有好的东西，"吸收别人好的东西，保持自己特有的东西，把他的好与我的好相加，等于比他更好"③。当然，我们利用资本主义不是要利用资本主义的一切东西，而只是"吸收资本主义社会的一些有益的东西，是

① 《十七大以来重要文献选编》（上），中央文献出版社，2009，第812页。
② 《列宁全集》第36卷，人民出版社，1985，第6页。
③ 李瑞环：《学哲学用哲学》（上），中国人民大学出版社，2005，第262页。

作为发展社会主义社会生产力的一个补充"①。资本主义的有些东西永远不能学。

当然，中国模式丝毫不排斥其他模式的成功经验。英国历史学家汤因比（Toynbee）对中国发展充满了信心，告诫"西方观察者不应低估这样一种可能性：中国有可能自觉地把西方更灵活、也更激烈的火力与自身保守的、稳定的传统文化融为一炉。如果这种有意识、有节制地进行的恰当融合取得成功，其结果可能为人类的文明提供一个全新的文化起点"②。俄罗斯著名汉学家亚历山大·萨利茨基指出："中国模式的特点恰恰在于，设计师没有规定一种绝对的固定的国家发展形式"，"这是一种综合性的模式，是一种综合性的探索和借鉴。中国汲取了其他国家的经验，并使这些经验适应本国的条件。从中国模式的基础中可找到苏联的'骨架'、新型工业国家的成就、美国的成就，还有注重社会福利的资本主义的特点。中国成功地汲取了所有这些经验"③。海纳百川，将各文明的优长冶为一炉，应该成为中国模式的品格和追求。

三　中国模式是确定性和不确定性的辩证统一

中国模式既是确定的，又是不确定的，是确定性与不确定性的统一。中国模式的确定性是绝对的，不确定性是相对的。辩证地看待中国模式，就必须坚持确定性与不确定性的统一、绝对性和相对性的统一，反对只见其一不见其二，反对任何一种片面性。西方学者对中国模式的性质定位，如果抛开隐若可见的意识形态偏见，在其方法论上都犯了同样的错误，只是抓住了中国社会的某些片段、某些局部、某些表象，只论一点不及其余，只识其表不入其里，并由此而得出了一些似是而非的片面结论。

---

① 《邓小平文选》第3卷，人民出版社，1993，第181页。
② 阿诺德·汤因比：《历史研究》，刘北成、郭小凌译，上海人民出版社，2000，第394页。
③ 《俄专家：中国让"现代化"的概念在世界得以普及》，新华网，2009年9月7日，http://news.xinhuanet.com/world/2009-09/07/content_12008340.htm。

一方面，要反对夸大中国模式的绝对性、否认相对性的绝对主义倾向。

对待中国模式的绝对主义态度往往夸大其确定性的一面，而忽视其不确定性的一面。具体来说，有人认为，中国模式行之有效、已经成熟、已经定型，不需要改革了；中国模式完全可以与西方模式相媲美，不久就要将西方模式取而代之，甚至认为中国模式将获得全球霸权地位。布热津斯基（Zbigniew Brzezinski）尽管对中国模式持否定态度，但他曾断言，中国模式将会被其他发展中国家"看成是一个越来越有吸引力的替代选择模式"①。还有人认为，中国模式是值得社会主义国家效仿的标准样式，是未来世界特别是发展中国家的理想选择，可以在全球推而广之。确实，中国模式的成功举世公认，但绝不能因此走向僵化、迷信，在改革中不断完善中国模式是永恒的主题。有些国家将中国经验绝对化，盲目照搬照抄，忽视了本国国情的特殊性，结果事与愿违。

绝对主义倾向往往只看到中国模式有自身独特的内容，而忽视其仍然存在广泛的发展完善空间；只看到中国模式的成绩，而忽视其存在的问题；只看到中国模式的普遍性特征，而忽视其地域性特征；只看到中国模式的社会主义性质，而忽视其"中国个性"和"中国元素"；只看到中国模式是建设社会主义的成功模式，而将其放大为建设社会主义的唯一模式，甚至是放之四海而皆准的普适模式。持这种倾向的人在对待中国模式的问题上往往盲目乐观，对现实缺乏反思与批判精神，对未来缺乏创造性与前瞻性。

另一方面，要反对夸大中国模式的相对性、否认绝对性的相对主义倾向。

对待中国模式的相对主义态度往往夸大其不确定性，而忽视其确定性。相对主义倾向大致有以下几种表现。

有人认为，中国的发展就是与西方体制接轨，与国际惯例接轨，就是向西方模式靠拢，除此之外没有自身独特的内容和创造。美籍华裔学

---

① 兹比格涅夫·布热津斯基：《大失控与大混乱》，潘嘉玢、刘瑞祥译，中国社会科学出版社，1994，第208页。

者黄亚生曾指出："中国未来发展的大方向和原则与西方体制并没有根本上的区别，中国特色的道路，就是选择适合的方式去实现这些普世原则。"① 确实，中国模式并没有排斥资本主义的经济管理形式与方法，但这不是走资本主义道路，它们纯粹是技术手段。

有人认为，中国模式只具有地域性的意义和价值，不具有普遍性的意义和价值，中国模式对于发展中国家没有可资借鉴的地方。其实，中国模式具有深远的世界意义，我们既不能妄自尊大，也不需妄自菲薄。正如罗斯福新政挽救了世界资本主义一样，中国模式也挽救了世界社会主义。正如日本共产党中央政治局常委绪方靖夫所说："中国就是起牵引作用的国家。不管你喜欢与否，中国的作用都在提升。不论你意识到还是没有意识到，中国都会对世界产生重要影响。"②

有人认为，"定型"和"固化"是模式的基本属性，而中国目前还处于转型期，"改革"与"变化"是其基本特征，因此中国模式一说实为牵强附会。比如，德国中国问题研究专家托马斯·海贝勒（Thomas Heberer）就指出："中国正处于从计划经济向市场经济的转型期，因此我认为所谓的'中国模式'并不存在。"③ 事实上，世界上不存在一劳永逸的发展模式，不能因为中国模式还需要发展就否定它的客观存在。

有人认为，"模仿"和"复制"是模式的题中应有之义，而所谓的中国模式既无法模仿，也不能复制，因此不存在中国模式。比如，匈牙利著名经济学家科尔奈（János Kornai）指出："模式"一词，更多指的是可供模仿的方式或范例。但是，"中国是独一无二的，根本无法模仿！中国是世界人口最多的国家，它的文化传统也与别国截然不同。所以，根据我的理解，根本没有'中国模式'这东西"④。然而，世界上不存在放之四海而皆准的普适模式，不能因为中国模式无法复制而否定它的客

---

① 黄亚生：《"中国模式"到底有多独特？》，中信出版社，2011，第4页。

② 郑萍：《中国走的是和平振兴道路——访日本共产党中央政治局常委绪方靖夫》，《中国社会科学报》2011年3月3日。

③ 托马斯·海贝勒：《中国模式若干问题研究》，《当代世界与社会主义》2005年第5期。

④ 《科尔奈：根本没有"中国模式"》，《社会观察》2010年第12期。

观存在。

有人认为，"理想性"是模式的隐秘内涵，而当代中国问题重重，谈中国模式为时尚早。比如，德里克（Dirlik）指出，中国存在生态、腐败等问题以及由这些问题而引起的社会不稳定等，"在这些问题解决之前就谈论中国模式似乎有点为时过早，更不用说作为一个社会主义社会的模式了"[①]。其实，模式不是一个价值判断，无关乎褒贬，不能因为中国模式还不够完美就否定它的客观存在。

相对主义倾向只看到中国模式没有定型的一面，而忽视其基本成熟的一面；只看到中国模式存在的问题，而忽视其取得的巨大成功；只看到中国模式需要改革的一面，而忽视其应该坚守的一面；只看到中国模式的地域性，而忽视其具有的世界意义和普遍价值。持这种倾向的人在对待中国模式的问题上往往消极悲观，对现实丧失信心，对未来迷失方向。

总之，中国模式是确定性与不确定性的辩证统一。要在确定性中发现不确定性，在不确定性中寻找确定性。这就是关于中国模式问题上的辩证法。

---

① 阿里夫·德里克：《"中国模式"理念：一个批判性分析》，朱贵昌译，《国外理论动态》2011年第7期。

中国发展：基于国际视角的分析[*]

邱耕田

发展是时代的主题之一和人类的普遍追求，谈及发展话题的国际视角，就不能不关注业已出现的人类发展的"世界历史性"特征或全球化特征。在迅猛发展的生产力和科学技术的推动下，当今国际交往日益密切，致使任何发展或"反发展"，其本身及影响既是一国的又是全球的，可谓"牵一发而动全球"。然而，从某种意义上说，全球化的实质就是一种西方资本主义化或美国化。西方发达的资本主义国家利用其强大的经济、政治、科技、军事、文化等力量，即利用其"硬实力"和"软实力"，掌握着全球化的主导权，操控着全球化的进程和走向。这种发达资本主义国家主导的全球化主要有两种表现：其一，追求资本的全球获利市场，在物质生活领域，用资本统治世界，不惜一切代价地追求利润空间的扩大和资本回报率的提高；其二，追求文化特别是价值观念的全球话语权，在精神生活领域，利用它们所认定的民主、自由、人权[①]等价值理念统治世界或力图对全世界进行价值观同化，让人们心悦诚服地接受其相关价值观念的支配。它们"通过含蓄、温和的手段，以'对话''交流''援助'的方式，把西方文化、价值观念、意识形态等巧妙地输送到发展中国家，企图'改造'人们的思想，增强对现存秩序的认

---

* 本文原载于《社会科学战线》2016 年第 11 期，收入本书时有改动。

① 民主、自由、人权当然是好东西，它们是当今人类普遍追求的价值理念。但令人不安的是，少数西方发达国家不仅看不到民主、自由、人权在内涵和实现方式上的差异性，还把民主、自由、人权"工具化"或"手段化"进而异化，这是必须予以说明的。

同，破坏第三世界国家特别是社会主义国家社会制度赖以生存的文化价值环境，进而彻底消除反抗现存秩序的力量"[①]。在这个所谓的"全球化"时代，美国正是凭借着自己无与伦比的实力，力图按照自己的标准来塑造世界、打造地球。它对不属于自己阵营的国家或挑衅，或制裁，或颠覆，或入侵，如此等等。面对当前国际环境，对于一个国家来说，要想维护自己的尊严和国格，要想获得独立自主的发展，则面临三个根本性的问题——利益问题、力量问题和道理问题（简称"利、力和理"），由此要做好三件大事——逐利、强力和明理。

一　发达国家的经验

发达国家在现代化进程中，有许多值得我们借鉴的经验。

其一，追求社会整体性发展。发达国家的发达，有多种表现及其认定的标准，但公认的标准则是较高人均 GDP 和社会发展水平。所有的发达国家至少在这两点上都是相同的。当然，发达是一个综合性的概念，除了较高人均 GDP（这是基础）之外，还体现在经济发展方式优良、科技先进、人们的生活条件相对优越、社会总体安定、社会文明程度高、人均寿命长等方面。作为发展中国家，中国之所以相对不发达，除了我们的人均 GDP 比较低等因素之外，还面临一系列经济发展的"外部"问题，如腐败问题、贫富分化问题、社会的不和谐问题、人天矛盾尖锐问题、人口素质较低问题。这些问题严重"拖累"着中国的科学发展。因此，我们在坚持以经济建设为中心、大力发展生产力的基础上，还须通过全面深化改革、追求整体性发展等办法解决"经济外"的问题，确保中国发展的科学性。

其二，超强的创新实力及全面创新之路。发达国家大多是创新型国家。学术界一般把以科技创新作为基本国策、不断提高科技创新能力并形成了日益强大的竞争优势的国家称为创新型国家。以美国为例，之所

---

① 欧阳康等：《中国道路——思想前提、价值意蕴与方法论反思》，中国社会科学出版社，2013，第 87 页。

以"一超独霸"，这与其强大的科技创新能力有着密切的关系。第二次世界大战以来，美国一直是全球科技创新的"领头羊"，其获得诺贝尔奖的人数占全部获奖人数的 70% 以上，在科学技术等的发明创新方面具有不可撼动的实力。科技创新对美国社会的经济发展和全球话语权占有起到至关重要的作用。对于中国而言，我们当然要走科学发展之路，而科学发展的一个重要表现，就是要突出创新在发展中的重要作用。根据国情，我国发展面临着一个制约因素——人天矛盾日趋突出，我们已经不大可能通过大量的资源投入和粗放式发展来实现既定的奋斗目标，而只能通过科技创新等途径来驱动或牵引经济的快速增长和综合国力的不断增强。因此，要缩短与发达国家的发展差距，学习借鉴它们的创新驱动国策是必须高度重视的一个方面。

二　美国的发展逻辑

本文仅选择美国这一极具代表性的发达国家来进行"案例"分析。首先需要交代的是，美国等西方资本主义国家的发展，在本质上就是一种自我中心主义的发展，即自我利益最大化的发展。这种发展，在本国表现为个人主义的至上性或个体自我中心主义，在国外则表现为国家利益的至上性或国家自我中心主义。当然，这两种"至上性"是内在统一的。

其一，自我中心主义的发展及其弊端。作为美国人"第一语言"的个人主义，是美国文化的核心①。个人主义使得大多数美国人"龟缩到他自己的躯壳之中，几乎不关心其他人的命运"②。这样一种高度重视个人自由，广泛强调自我支配、自我控制，不受外来约束的价值理念及实践趋向，固然有利于个人积极性和创造性的调动与发挥，但其根本的弊端则是对共同体利益（包括集体利益和人类利益）的践踏与忽视。美国

---

① 罗伯特·N. 贝拉等：《心灵的习性：美国人生活中的个人主义和公共责任》，周穗明、翁寒松、翟宏彪译，中国社会科学出版社，2011，第 190 页。

② 罗伯特·N. 贝拉等：《心灵的习性：美国人生活中的个人主义和公共责任》，周穗明、翁寒松、翟宏彪译，中国社会科学出版社，2011，"2008 年英文版序言"第 9 页。

学者认为，只顾个体不顾社会的错误的竞争观念和生存法则，使得社会解体的征兆不胜枚举，由此给人类造成的祸害用"瘟疫"一词都不足以描述其严重性①。

当今世界其实是一个靠"利"与"力"支撑并驱动的世界，其间虽然交织着"理"（"正义""公理"等），但这往往具有"旗号性"或"包装性"。"利"和"力"是维系国际社会运转、驱使国家间交往博弈的决定性的客观因素。利、力和理之间的关系是：利是力之源，力是利之器；有利应有力，力强则利大；人人都逐利，以力分高下；有力才有理，无力理是"气"；理中含着利，理使力"合理"。美国等西方国家分明看到了力对利的重要性，因而在当今世界，它们把利和力发挥到了极致：超强的国力追逐着至上的国利并向世界推销着它们的价值观。

唯利是图是资本的逻辑。资本在增殖和获利的过程中，必然伴随着先国内后国外的扩张与征服。在国内，资本的扩张过程，更多的是伴随着竞争以及"羊吃人"运动的发生。资本当然不会仅仅满足于国内的逐利活动，它的逐利本性驱使着它必然要向全世界渗透和扩张。正如马克思在《共产党宣言》中指出的那样："资产阶级，由于一切生产工具的迅速改进，由于交通的极其便利，把一切民族甚至最野蛮的民族都卷到文明中来了。它的商品的低廉价格，是它用来摧毁一切万里长城、征服野蛮人最顽强的仇外心理的重炮。它迫使一切民族——如果它们不想灭亡的话——采用资产阶级的生产方式；它迫使它们在自己那里推行所谓的文明，即变成资产者。一句话，它按照自己的面貌为自己创造出一个世界。"② 而资本向全世界扩张的过程，更多采用的是"胡萝卜加大棒"的"路线图"。在资本扩张的早期，往往是枪炮开道，如英国当年就凭借坚船利炮敲开了近代中国封建自守的"大门"；而在当代，资本的对外扩张和逐利模式与以往大不相同，它时常要用民主、自由、人权这些华丽的外衣把自己包装起来，并用这些好看的东西把对方或对手改

---

① 弗·卡普拉：《转折点：科学·社会·兴起中的新文化》，冯禹、向世陵、黎云编译，中国人民大学出版社，1989，第17页。

② 《马克思恩格斯文集》第2卷，人民出版社，2009，第35~36页。

造成自己的盟友或划入自己的势力范围，而对于那些与自己利益有冲突的国家，即使动用武力或"硬实力"，也要以民主、自由、人权作掩护。然而，资本毕竟是资本，即使有华丽的外衣也掩盖不了其肮脏的、滴血的本质。美国著名学者乔姆斯基等在《美国说了算——乔姆斯基眼中的美国强权》中说："当你征服一些人并压迫他们时，你必须有个理由。你不能只是说，'我是流氓，我就想抢他们'。你必须说，征服对他们有好处，他们应该被征服；或他们实际上有利可图，我们是在帮他们。"①

事实上，一些西方学者对美国等西方资本主义国家的发展模式，也看得一清二楚。加拿大著名的政治学学者伍德在其《资本的帝国》一书中就指出，为了实现"资本在全球范围内的自由、快速流动和最具掠夺性的金融投机"②，"全球性优势显然一直是美国孜孜以求的目标"③。美国之所以如此卖力地推行资本及制度、文化等的"全球化"，"这只是说必须使附属国经济在面对资本主义市场的法则时弱不禁风，其主要方式即强迫它们向帝国资本开放市场，以及进行某些社会改造"。这"正如要强迫工人阶级依附于资本并保持这种依附状态一样，也必须强迫从属国的经济相对于资本和资本主义市场的操纵十分脆弱并保持这种脆弱——而这可能是一个非常残酷的过程"④。总之，以美国为代表的西方资本主义国家不会真正把"自身取得的成功和最先进的经济形式带来的繁荣向全世界推广"。

其二，"蓝天白云"下的纵欲生活及其危害。一提到美国等西方发达国家，在生态的层面，我们自然会联想到这些国家良好的生态环境，如蓝天白云、青山秀水、空气清新，以及人们大多具有很高的环保素养

---

① 诺姆·乔姆斯基、戴维·巴萨米安：《美国说了算——乔姆斯基眼中的美国强权》，臧博译，中信出版社，2011，第109页。

② 埃伦·M. 伍德：《资本的帝国》，王恒杰、宋兴无译，上海译文出版社，2006，第100页。

③ 埃伦·M. 伍德：《资本的帝国》，王恒杰、宋兴无译，上海译文出版社，2006，平装本序第1页。

④ 埃伦·M. 伍德：《资本的帝国》，王恒杰、宋兴无译，上海译文出版社，2006，第10页。

等。这些生态环保与社会发展的关系值得我们反思当前中国对生态环境的一些破坏现状，同时也应该在理性分析中穿过现象的迷雾看到资本主义制度自身发展的问题，并不等同表面上的蓝天白云，资本主义制度其实就是一种反生态的制度。在英国学者卡利尼科斯看来，"人类面临的主要问题：贫穷、社会上的不公正、经济波动、环境破坏、战争，来自同一个根源——资本主义制度"。卡利尼科斯反复强调："世界正变得危机四伏，而罪魁祸首就是资本主义。无论从短期的政治角度还是长期的生态角度，资本主义都在威胁着我们的星球。"[1] 在仿照《共产党宣言》而写的名著《反资本主义宣言》中，其就引用了这样一段话："永远不要指望跨国公司和富裕国家在最终意识到他们的行为会毁灭我们赖以生存的地球时能够及时收手。在我看来，即使他们为了自己子孙后代的将来考虑，想有所收敛，也是身不由己。资本主义就像是一部飞速行驶着的自行车，永远只能前进，要不然就只有倒下。资本主义企业的竞争不过是要看看谁在最终撞墙倒下之前冲得更快。"[2]

当然，近年来，人类开始警觉到生态环境与经济发展的关系，全球正在为不合理发展产生的气候变化恶果同谋共计，巴黎气候大会、G20峰会等，都在为经济合理发展与生态、气候的保护共同努力，但问题的解决尚需进一步的努力。西方资本主义的反生态性有多种表现，这里，我们只分析一些盛行的高代价的消费方式及其带来的危害性就可看出问题的严重性了。所谓高代价的消费方式是指这种消费方式在满足人的消费需求的同时，又造成或促成一系列严重的生态问题及社会问题，从而呈现出了"高消费、高代价"的消费态势。

现代工业文明的发展，导致了"过度生产"和"过度消费"。以追逐利润为目的的"过度生产"，使技术规模越来越大、能源需求越来越多、生产日益专业化；而"过度消费"则使整个社会的消费日趋膨胀，有可能超过自然生态系统所能承受的限度。西方生态学马克思主义认为，

---

[1] 阿列克斯·卡利尼科斯：《反资本主义宣言》，罗汉、孙宁、黄悦译，上海译文出版社，2005，第40页。

[2] 阿列克斯·卡利尼科斯：《反资本主义宣言》，罗汉、孙宁、黄悦译，上海译文出版社，2005，第26页。

当代资本主义为了缓解经济危机，而诱使人们在市场机制的作用下把追求消费当作真正的满足，从而导致了"异化消费"，即人们用获得商品的办法去补偿其令人厌烦的、非创造性的，而且往往是报酬不足的物质生活。越来越多的人总是设法在以广告为中介的商品消费中去寻找人生的意义，并把消费作为一种自我满足的手段，把消费当作人生的唯一乐趣，这样的消费就是一种异化消费。

高代价的消费方式主要有这样两个基本特征。一是一种挥霍型的消费方式，如这种消费方式追求一次性的消费，而且生产力发展程度越高，消费中的这种一次性的表现就越突出。"工业社会已经创造了这样一个城市景观，如果他们每天不挥霍相当于自身重量的金属和燃料，他们就与之不相衬。"① 美国著名战略学家布热津斯基在其《大失控与大混乱》一书中指出，一股追求在丰饶中的纵欲无度的精神空虚之风正在开始主宰人类的行为。"界定个人行为的道德准则的下降和对物质商品的强调，两者相互结合就产生了行为方面的自由放纵和动机方面的物质贪婪。'贪婪就是好'——80年代后期美国雅皮士的口号——对于丰饶中的纵欲无度来说是恰如其分的座右铭。"② 当前人类面临着两种"根源性"的增长——一方面是人口越来越多，另一方面则是越来越多的人口在追求日益舒适、奢华的生活，这就无疑使得人类的资源总消费量呈几何级数增长，从而给地球生态系统造成了无法承受的压力。二是高代价的消费方式渗透着消费享乐主义，消费享乐主义已成为一种大众文化。其特点是以毫无顾忌、毫无节制地占有和消耗自然资源与物质财富为荣，把物质生活消费看作人生最高层次的目的、价值和幸福。在这种观念的诱导下，物质生活消费逐步失去它本来的功能和意义，产生了种种非常态的消费变异，如猎奇式消费、炫耀式消费、攀比式消费、"过瘾"式消费等，使得消费活动与人的真正需要产生了严重的背离。

高代价的消费方式在以美国为代表的西方资本主义国家表现得最为

---

① 艾伦·杜宁：《多少算够——消费社会与地球的未来》，毕聿译，吉林人民出版社，1997，第64~65页。

② 兹比格涅夫·布热津斯基：《大失控与大混乱》，潘嘉玢、刘瑞祥译，中国社会科学出版社，1994，第76页。

充分。高代价消费不仅鼓励人们以贪得无厌的态度去消费资源、能源和商品，而且刺激人们尽可能多地把它们消耗和浪费掉。最近几十年来，购买和消费更多的物品，以满足不断膨胀的消费欲望，日益影响我国消费观念。于是，"我们正陷于困境：更多的工作、更多的消费，及至对地球更多的损害"①。如果从"能源消费强度及其消费方式所导致的环境损耗"的角度分析，一个美国人的环境影响相当于：70个乌干达人或老挝人；或者50个孟加拉国人；或者20个印度人；或者10个中国人；或者2个日本人、英国人、法国人、瑞典人、澳大利亚人。从这一点看，美国才是世界上人口密度最大的国家②。

当今世界，美国及其生活方式为众多人所向往，但上述资料充分说明：第一，现代性已经为人类社会带来生态破坏；第二，美国等西方发达国家的高代价的生产方式、高代价的思维方式，特别是高代价的消费方式是破坏性的、不可持续的，这种影响波及全球，已经对整个人类的生存和发展构成了极大威胁。因此，"向所有的人推广这种生活方式，只会加速整个生物圈的毁灭。全球环境不可能支持我们当中的11亿人像美国消费者那样生活，更何况55亿人或以后至少可达到的80亿的人口"③。

三 对中国的启示

以上谈及的丛林法则和反生态性，对于人类的可持续发展和中国的科学发展，都具有重要的警示意义。对中国而言，在当今全球化时代，我们至少应做好如下几方面的重要工作。

第一，加快发展，不断壮大自我实力。在全球化浪潮中，落后贫弱要么被边缘化，沦为"附属国"，要么成为被欺侮宰割的对象。在这个

① 艾伦·杜宁：《多少算够——消费社会与地球的未来》，毕聿译，吉林人民出版社，1997，第6页。
② 参见 L. H. 牛顿、C. K. 迪林汉姆《分水岭：环境伦理学的10个案例》，吴晓东、翁端译，清华大学出版社，2005，第35页。
③ 艾伦·杜宁：《多少算够——消费社会与地球的未来》，毕聿译，吉林人民出版社，1997，第8页。

讲究"力"的世界里，国与国的博弈只能靠力。因而，中国要想在全球化中有自己的声音，就必须加快发展，不断增强综合国力。当然，这种发展，必须以科学发展为前提。就是说，作为中国人，我们必须记住，我们必须发展，而且必须科学发展，否则只会导致南辕北辙或欲速不达。

第二，仅仅有发展还不够，还必须有斗争的意志和策略。中国加速发展，当然是一件利国利民的根本之举，也有利于世界的和平与发展。但根据"利益场"中的"刺激→应变"理论，中国的高速发展和巨大进步，显然会引起一些国家的不安甚至惊慌，于是它们就要通过制造一些"摩擦"或"麻烦"来阻挠中国的发展。对此，我们应有高度的警觉，积极维护国家的安全、稳定和统一，正如习近平总书记所指出的："中国将坚定不移维护自己的主权、安全、发展利益，任何国家都不要指望我们会吞下损害中国主权、安全、发展利益的苦果。"①

第三，坚持有中国特色的科学发展。改革开放，既要看到中国和美国等西方发达国家之间所具有的统一性或共通性，做好学习和引进工作，又要看到中国和美国等发达国家之间所具有的差异性，坚持好中国特色。近年来，中国经过发展而成为世界第二大经济体，美国则在苏联解体后成为唯一的超级大国；中国提出了建设和谐世界的主张，美国则时常以强硬姿态出现在国际政治舞台。我们应该学习美国等国的科技创新精神，但未必要连同高代价的消费方式一并借鉴。中国有自己的国情，以现代交通为例，搞汽车普及在美国是作为生活必需，但在中国未必适合。如地球政策研究所所长、率先提出可持续发展概念的美国著名学者莱斯特·R.布朗先生所讲，如果中国有朝一日达到日本每两人一辆汽车的拥有率，它的汽车总量将增加到6.4亿辆。假定中国每辆机动车的用地面积与欧洲、日本相同，那么，6.4亿辆汽车需要铺平的土地面积会接近1300万公顷，而且其中大部分可能是耕地。这几乎相当于中国2800万公顷稻田的一半，而目前这些稻田年

---

① 《习近平谈治国理政》，外文出版社，2014，第267页。

产 1.22 亿吨大米，是中国人的主要粮食①。可见，我们当下所倡导并施行的生态文明建设，本身就包括要建构一种符合国情的、主要满足基本需要的消费理念和消费方式。

第四，坚持走共生主义的发展道路。针对美国等国奉行的自我中心主义的发展道路，中国作为一个正在崛起的大国，应当在中国自身发展中挖掘传统文化的当代精神反其道而行之，倡导和执行一种共生主义的发展道路。共生主义发展道路的核心，就是在倡导社会制度和发展道路多样性的前提下，追求世界各国的和谐共生、互利互惠、共同发展。我们要看到，"一个强劲增长的世界经济来源于各国共同增长。各国要树立命运共同体意识，真正认清'一荣俱荣、一损俱损'的连带效应，在竞争中合作，在合作中共赢。在追求本国利益时兼顾别国利益，在寻求自身发展时兼顾别国发展"②。共生主义的发展理念应当是真正的全球性价值观。党的十八大以来，习近平总书记一再倡导"命运共同体"③的思想，从而形成了我们关于国际关系的科学认识，这无疑是促进世界各国共同繁荣进步的正确主张，对实现和平发展、建设和谐世界，具有十分重要的指导意义。

① 莱斯特·R. 布朗：《B 模式：拯救地球　延续文明》，林自新等译，东方出版社，2003，第 45~46 页。
② 《习近平谈治国理政》，外文出版社，2014，第 336 页。
③ 《习近平谈治国理政》第 3 卷，外文出版社，2020，第 439 页。

当今世界两种不同的发展模式*

邱耕田

发展是时代的主题之一，也是中国人民的"第一要务"。有发展，就必然有能够阐明发展"是什么"特别是"为什么"、发展的现象和本质、发展的原因和结果等问题的"模式"，这意味着，发展与模式常常不可分，认识发展就是要认识其模式，从事发展就要选择一定的模式，由此形成了在发展实践中所存在的"发展模式"。所谓发展模式，是人们在进行发展实践时所创造或选择或实行的理念、途径、原则与结果的统一体，或是人们对社会发展的道路、经验和结果等的归纳总结所形成的学理抽象。发展模式是一个综合、系统的概念。就构成要素而言，发展模式是由多种要素构成的，包括人的要素以及其他的要素，诸如经济要素、政治要素、文化要素、宗教要素、历史要素、地理要素等。其中，如果哪一种要素居于主导地位，起支配作用，那么，就会形成以该要素为核心或"中轴"的发展模式，如经济发展模式、文化发展模式，社会主义发展模式、资本主义发展模式，中国发展模式、西方发展模式，等等。而从发展主体与发展客体关系的角度分析，当今国际社会主要存在两种发展模式：自我中心主义的发展模式和共生主义的发展模式。

---

* 国家社会科学基金项目"整体性发展研究"（15BKS128）的阶段性成果。本文原载于《新疆师范大学学报》（哲学社会科学版）2017年第6期，收入本书时有改动。

一　以美国为代表的自我中心主义的发展模式

人是社会发展的主体，而作为"从事实际活动的人"①，总是一种"自我化"的存在。何以如此认为？这应从人的社会关系的本质属性谈起。在谈到人的本质问题时，马克思有一个著名的观点："人的本质不是单个人所固有的抽象物，在其现实性上，它是一切社会关系的总和。"② 人的本质的社会关系性表明，人总是与他人发生着交往互动的关系，而正是在这种交往互动中，人当然地转化成了一种"自我化"的存在，或变成了"自我人"。正如马克思所指出的，"凡是有某种关系存在的地方，这种关系都是为我而存在的"③。可见，人的社会关系的本质本身就表明了人都是"自我化"的人，即人只有把自己变成自我或主体、把他人变成他我或客体，才能形成主客体关系，才能从事一切交往实践活动。或者说，社会关系总是自我与他我以及自我与他物之间的关系。

人的存在的自我性同时表明了自我中心的合理性。自我中心的核心是自利性或利己性。因为所有的自我主体，都有属于自我的客观需要或利益，或者说，所有的"自我主体"都是在特定的需要或利益"武装"之下或支配之下的社会存在者。自我在与他我以及与自然的交往中，始终遵循着趋利避害的原则或定律。这表明，在生存论意义上，自我中心应当是一种合理的甚至是"天然"的观念或原则。但需要说明的是，自我主体在求利活动中，总是面临着两种选择。其一，自我主体如果在与他我、与自然等的交往中，采取互利共赢的原则，即在实现自我利益的同时又维护了他我和自然的利益或权益，那么，这样一种理念和做法，就体现出了一种科学的共生主义的价值原则。其二，如果自我在实现自我利益的过程中，采取了一种单边主义或自大主义的做法，只是实现或维护自我的利益，并破坏或损害了他我或自然的利益或权益，那么，这

---

① 《马克思恩格斯文集》第 1 卷，人民出版社，2009，第 525 页。
② 《马克思恩格斯文集》第 1 卷，人民出版社，2009，第 501 页。
③ 《马克思恩格斯文集》第 1 卷，人民出版社，2009，第 533 页。

实际上就是采取了一种自我中心主义的价值原则。

自我中心主义是一种从自我的至上性出发，在将自我中心极端化、教条化的基础上，看待世界并处理自我与周围事物关系的世界观（包括价值观、发展观和方法论）。换言之，自我中心主义从合理的自我中心出发，却在实践中将其推向了极端，把自我中心的"为我"性变成了"唯我"性。这表明，自我中心主义实则是彻底的或极端的利己主义，其实质就是自我利益的最大化。这种最大化在空间上表现为以自我占有或支配"他我"，在时间上表现为以当前垄断或透支未来，从而造成了时空上的"孤岛化"和"断代化"的现象与问题；在价值关系上，这种最大化就是只索取不回报，只关注自我的需求和利益，忽视自我所应承担的责任和义务，造成了权利和义务、获利与担责的割裂以及价值关系上的单向单边的利益索取关系；基于代价论的视野分析，这种最大化常常以对"他我"包括"他物"利益或权益的损害来满足自我的需求与利益，即"损人利己"或"损物利己"。

自我中心主义是当今社会及其发展中相对稳定且普遍发生着深层次作用的一种价值理念。自我中心主义有个人自我中心主义、群体自我中心主义（如国家自我中心主义）和人类自我中心主义（主要是指极端人类中心主义）等多种形式。在国家层面上，以美国为代表的一些西方资本主义国家的发展，其实就具有自我中心主义的性质。

当今世界国家实体众多，尽管这些国家都千差万别，但从国家间主客体关系的角度分析，它们有的主要坚持走自我中心主义的发展道路，有的主要选择的是共生主义的发展模式，也有不少国家的所作所为既有自我中心主义的成分，也有共生主义的倾向，即在"行事风格"和发展做法上，可谓自我中心主义和共生主义的"混合体"。这里，自我中心主义和共生主义的发展模式理论，是世界主要大国发展的价值取向及处理与其他国家关系的重要分析框架。

近年来，国内学界在研究西方发展理论和发展实践时，大多从正面角度予以肯定，如注意到了西方学者所提出的可持续发展理论、"风险社会"理论、循环经济理论和低碳发展观，看到了西方发达国家自身所具有的强劲的创新能力和纠错能力等，这些固然值得关注和借鉴，但在本质上特别是在它们的所作所为以及所体现出的客观结果上，以美国为代表的一些西方国家奉行或坚持的其实就是一种自我中心主义的发展模式。这种发展模式将双向互利的主客体关系，异变成了单向求利的主客体关系，呈现出主体观上的自大化、实践观上的唯我化、利益观上的自私化以及方法论上的不择手段等现象和做法。在国际交往中，这种自我中心主义的发展模式常常以邻为壑、损人利己（如祸乱中东等），大搞零和博弈或非合作博弈，加剧了全球问题的发生和发展。

第一，主体观上的自大化。2014 年 5 月，时任美国总统奥巴马在出席西点军校毕业典礼时，发表了阐述美国外交政策的讲话，指出："美国是一个不可或缺的国家。这就是我的底线：美国必须永远（处于）领导（地位），如果我们不领导，没有别人会来领导。"① 美国人的这种"领导"心理，是以其强烈的民族优越感为基础的。美国人把自己的民主制度视为世界的"灯塔"，鼓吹"天赋特权论""命中注定论""例外论"等。美国早期哲学家爱默生就曾指出："在世界历史的每个时期，都有一个领导国家，它具有更为仁慈的胸襟，其品行出众的公民愿意充当普遍正义的、全人类的利益的代表。……这样的国家，除美国之外，舍我其谁？……这样的领袖，除年轻的美国人之外，舍我其谁？"② 中国学者也认为："作为信仰基督教的民族，在美国人的意识里，总觉得自己才是上帝的宠儿，是耶稣的化身。所以在世界事务中，也总是自以为是，总想凌驾于他国之上，总是喜欢扮演调停者、裁判者、救世主和世界警察的角色；总是把侵略和掠夺别的国家、颠覆别国政权视为自己的特权；总是梦想用自己的民主制度、人权标准、价值观念塑造整个世界，使世界成为美国的一统天下。"③ 总之，美国人是这样认为的："只有白种人才是最具权势和最文明的，其他人种似乎都陷入被动、虚弱和混乱

---

① 转引自龚廷泰《论当代法律帝国主义的本质及其表征——以列宁〈帝国主义论〉为方法论视角》，《法治现代化研究》2017 年第 5 期。

② 孔华润主编《剑桥美国对外关系史》（上），王琛等译，新华出版社，2004，第 181 页。

③ 刘国平：《美国民主制度输出》，社会科学文献出版社，2006，第 95~96 页。

之中，除非有白种人的拯救，否则他们将面临灭绝的危险，而拯救就是去管理他们、给他们提供法律和秩序、医疗和教育，一句话，就是去开化他们。"①

第二，利益观上的自私化。因为"与崇拜个人主义、个人利益和个人人权相适应，自建国开始，美利坚民族就崇拜自私和狭隘的国家利益，把实现和维护美国的国家利益置于至高无上的地位。在美国的外交中，自始至终都是把实现和维护本国利益，把极端的利己主义，作为最高准则的"②。台湾学者朱云汉在其《高思在云：中国兴起与全球秩序重组》一书中指出："现在各国的有识之士都逐渐认识到，过去30年美国在经济自由化、全球化旗帜下所推动的资本主义全球扩张，并未带来共同富裕的美好愿望；相反地，资本主义的扩张加速所有社会内部的财富重新分配，加剧市场经济对弱势团体的边缘化效应，撕裂社会内部的凝聚力，更让国家机构维护公共福祉能力严重退化。"③ 事实上，一些西方学者对美国等西方资本主义国家的自私性发展，也看得一清二楚。加拿大著名政治学学者伍德在其《资本的帝国》一书中认为，美国之所以如此卖力地推行资本、制度及文化等的"全球化"，"这只是说必须使附属国经济在面对资本主义市场的法则时弱不禁风，其主要方式即强迫它们向帝国资本开放市场，以及进行某些社会改造"。这"正如要强迫工人阶级依附于资本并保持这种依附状态一样，也必须强迫从属国的经济相对于资本和资本主义市场的操纵十分脆弱并保持这种脆弱——而这可能是一个非常残酷的过程"④。伦敦政策研究与发展问题研究所执行主任纳菲兹·摩萨迪克·艾哈迈德举例指出，"从1945年到1990年，美国在非洲、南美洲、亚洲和中东等众多边缘地区资助了70多项干预活动，以确

① 孔华润主编《剑桥美国对外关系史》（下），王琛等译，新华出版社，2004，第13页。

② 刘国平：《美国民主制度输出》，社会科学文献出版社，2006，第98页。

③ 朱云汉：《高思在云：中国兴起与全球秩序重组》，中国人民大学出版社，2015，第114页。

④ 埃伦·M.伍德：《资本的帝国》，王恒杰、宋兴无译，上海译文出版社，2006，第10页。

保在这些地区出现的民族国家顺从美国利益，并且能够维持最低限度的国内监管框架，从而确保美国资本的跨国流动"①。在美国学者克莱顿和海因泽克看来，"压倒性的数据表明，世界上最富的国家设计出了能给他们自身带来最大收益的世界经济体系。在现有经济体系下，让贫穷国家迎头赶上几乎是不可能的"②。总之，希冀以美国为代表的西方资本主义国家，能把"自身取得的成功和最先进的经济形式带来的繁荣向全世界推广"是不现实的。

第三，获利手段的不当化。以美国为代表的西方资本主义国家，在发展中奉行一种自私自利的价值取向，自我利益就成了其衡量一切是非、正义与否的唯一标准，造成了它在国际上所奉行的双重标准或衡量是非、正义标准的双面性。即凡是有利于我的，哪怕是非正义的，要么支持，要么默不作声或视而不见；凡是不利于我的，即使正义，也要挞伐、制裁甚至武力威胁或干涉。由于只是基于一己私利来选择和使用手段，因而只要是符合我的利益，无论什么样的手段（如打"代理人战争"、挑起别的国家间的争斗以及明里暗里煽动或制造别国的动乱等）都要使用，造成了在方式方法上的不择手段性并折射出了行为背后的丛林法则。自第二次世界大战以来，美国是世界上对外出兵最多的国家，但我们不要忘记，当美国的无人机或精确制导炸弹在别国土地上横飞的时候，它是高唱着民主、人权出手的。我们一定要记住美国著名学者乔姆斯基等在《美国说了算——乔姆斯基眼中的美国强权》这本书中的论述："当你征服一些人并压迫他们时，你必须有个理由。你不能只是说，'我是流氓，我就想抢他们'。你必须说，征服对他们有好处，他们应该被征服；或他们实际上有利可图，我们是在帮他们。这就是奴隶主们的态度。"③

① 纳菲兹·摩萨迪克·艾哈迈德：《文明的危机》，谭春霞译，新华出版社，2012，第188页。

② 菲利普·克莱顿、贾斯廷·海因泽克：《有机马克思主义——生态灾难与资本主义的替代选择》，孟献丽、于桂凤、张丽霞译，人民出版社，2015，第4页。

③ 诺姆·乔姆斯基、戴维·巴萨米安：《美国说了算——乔姆斯基眼中的美国强权》，臧博译，中信出版社，2011，第109页。

美国等西方国家所奉行的双重标准或两面性，在舆论宣传领域表现得相当明显。表面上，西方媒体也有很多负面报道，仔细区分，这些负面报道主要有三类：第一类是对其他国家的负面报道；第二类是对丑闻、色情、血腥、暴力、名人、隐私等"黄赌毒、星性腥"的报道；第三类是一些小题大做、"小骂大帮忙"的报道。而涉及资本主义制度根本的严肃话题报道和讨论微乎其微。如果世界其他地方特别是同西方意识形态不同的地方发生街头抗议事件，甚至发生暴力恐怖活动，西方媒体就会将其描绘成争取"民主""自由""人权"，以及"反抗暴政"的行动，不惜版面、时间进行渲染。对社会主义中国，西方媒体总是戴着有色眼镜，抹黑、丑化、妖魔化中国，可谓无所不用其极①。

通过美国等国的所作所为可知，当今世界其实是一个靠"利"与"力"支撑并驱动的世界，其间虽然交织着"义"（正义）和"理"（公理），但这往往具有"旗号性"或"包装性"。当美国的政客们自认为自己国家的利益受到损害时，总是会问：我们的航母在哪里？可见，"利"和"力"是维系国际社会运转、驱使国家间交往博弈的决定性的现实因素。利是力之源，力是利之器；有利应有力，力强则利大；人人都逐利，以力分高下。美国人分明看到了力对利的重要性，因而在当今世界，它把利和力发挥到了极致：超强的国力追逐着至上的国利。

自我中心主义发展模式的危害性是显而易见的，它在哲学观上破坏或违反了相互依存的原则（单边或单向依附），在利益观上破坏或违反了互利互惠的原则（自私自利），在发展观上破坏或违反了共同进步、共生共荣的原则（一花独放、一枝独秀），在价值观上破坏或违反了索取与付出或获利与担责相统一的原则（只获利不担责），在交往观上破坏或违反了相互平等、相互尊重的原则（自高自大或单边独大）。美国等国在国际舞台上所奉行的自我中心主义的发展模式，严重恶化了国际关系，导致了损人不利己的严重后果。例如，它们祸乱北非、中东，使得极端组织趁机壮大，产生了成千上万的难民，同时又使西方自己深受其害。

---

① 《十八大以来重要文献选编》（下），中央文献出版社，2018，第215页。

人类社会毕竟不是动物界，似乎只有弱肉强食的丛林法则。换言之，当美国等国在自我中心主义的道路上大行其道、任性而为的时候，在当今的国际社会，与之相对立的则是以中国为代表所坚持的共生主义发展模式的兴起。

二 以中国为代表的共生主义的发展模式

物质世界的普遍联系导致了事物间共生现象的必然存在。"共生"首先是一个生物学上的概念。生物学研究表明，在生物界，既有生存竞争的一面，也有协同共生的一面。20 世纪中叶以后，对共生的认识逐步扩展到了人文社会科学领域，共生问题被越来越多的生物学以外的学者们所关注。人们普遍注意到，共生是宇宙万物存在和发展的普遍状态与基本方式。各种各样的事物协调共生，在保持"自生"的同时也兼顾他物的生存，实现各自的发展又相互补益，这实际上是世界万物存在和发展的根本之道。

社会领域更是存在大量的"共生"现象。人类社会本身就是一个巨大的共生体，这种共生体表明在人与人、人与社会、人与物（如人与自然界）之间存在共存、共和、共利、共荣的统一关系或共生性关系。这实则表明，共生也是人的基本的生存和发展方式，而国家、社会、家庭等其实是人的共生性存在的基本表现形式或组织形式。

既然在自然界包括人类社会中，存在共生法则，自然就有共生主义观念意识的生成。当我们基于社会哲学的视角来把握共生主义的时候，共生主义就成了关于人类共生体的思想学说，换言之，共生主义是对人与自然、人与人、人与社会之间相互依存、互利共荣、协同发展的生存状态和发展方式的一种观念反映。共生主义的主要内容呈现出这样一些维度：共存意识——表达的是共生关系的本体态或结构态；共和意识——表达的是共生关系的关系态；共利意识——表达的是共生关系的价值态或实质态；共荣意识——表达的是共生关系的目标态或功能态。共生主义的科学性、先进性显而易见，它建立在主客统一的思维方式基础之上，追求并建构双向互利的主客体关系，它一改以往人们主要从局域的、眼前的角度认识世界、从事发展的看法，而主要从相互依存的整体性的角度认识世界并从事发展活动；特别是一改以往人们把社会关系如人与人、人与自然、人与社会之间的关系主要看成一种竞争或斗争的对立关系，而主要把社会关系看成了相互依存、互利共荣的既对立又统一的关系。从而呈现出世界观上的系统化、主体观上的平等化、实践观上的共进化、利益观上的共利化以及在方法论上所采取的"走我的路，也让别人有路可走"等的现象和做法。这同时表明，共生主义的内涵和品质与自我中心主义的自私自利、自我独大的价值观念及其实践取向有着本质的区别。

共生主义是一种新的世界观与方法论，同时也是一种新的发展观与发展模式。这一点，在当今中国的发展实践中表现得尤为明显和充分。改革开放以来，当苏联瓦解的时候，中国却一步步发展成为当今世界的第二大经济体；当美国在全世界大打出手，如它搞乱了中东并企图搞乱东亚的时候，中国正在从实践和理念两个方面坚持着共生主义的发展模式，并为世界指明了解决人类面临的发展难题的"中国方案"。而中国坚持走共生主义的发展道路从一个侧面证明了中国特色社会主义道路的正确，印证了中华优秀传统文化的时代意义。

当今中国在发展实践中对共生主义发展模式的追求与坚持，主要表现在三个方面。

第一，基于人与自然和谐共生的价值理念，积极推进生态文明建设和绿色发展。人与自然的关系是我们在发展实践中所遇到的最基本的关系之一。"人因自然而生，人与自然是一种共生关系，对自然的伤害最终会伤及人类自身。"① 然而，长期以来，人类以一种二元对立的思维理念看待人与自然的关系，使这种关系发生了严重扭曲，即人们只看到了自己对自然改造、征服的一面，只知在大自然面前张扬能动性，而不知人在自然面前还具有受动性，结果自工业革命以来逐步发生了日益严重的生态危机。改革开放至今，我国在推进发展的同时，所面临的生态问题也日趋严重。在此背景下，从党的十六大开始特别是党的十八大以来，

———————————

① 《习近平谈治国理政》第 2 卷，外文出版社，2017，第 394 页。

我国真正开启了一个全民自觉建设生态文明的新时代。我们从关乎人民福祉的高度来关注生态文明活动，从"五位一体"战略框架的角度来布局生态文明建设，正如习近平总书记所指出的："要清醒认识保护生态环境、治理环境污染的紧迫性和艰巨性，清醒认识加强生态文明建设的重要性和必要性，以对人民群众、对子孙后代高度负责的态度和责任，真正下决心把环境污染治理好、把生态环境建设好，努力走向社会主义生态文明新时代，为人民创造良好生产生活环境。"① 在具体的实践中，我们选择了一条绿色发展的必由之路。"绿色发展，就其要义来讲，是要解决好人与自然和谐共生问题。人类发展活动必须尊重自然、顺应自然、保护自然，否则就会遭到大自然的报复，这个规律谁也无法抗拒。"② 而要推进绿色发展，则要求在实践中必须实现"两座山"的有机统一。我们"追求人与自然的和谐、经济与社会的和谐，通俗地讲，就是要'两座山'：既要金山银山，又要绿水青山。……绿水青山本身就是金山银山"③。在创造金山银山的同时还要建设绿水青山，这种将"两座山"统一起来或一体化的做法，深刻反映了我们在走向生态文明的新时代，积极建设美丽中国、努力实现可持续发展的坚定信念，是共生主义发展模式在"人天"层面的具体反映。

第二，基于国与国之间和谐共生、互利共赢的价值理念，积极推进国际社会的共同发展。进入21世纪以来，我们提出了建设和谐世界的新理念，其主旨就是要与各国人民共同创造"普遍发展、共同繁荣与持久和平的"新世界。党的十八大以来，我们将建设和谐世界的战略理念具体化为共同发展的战略主张。正如习近平总书记指出的："中国追求的是共同发展。我们既要让自己过得好，也要让别人过得好。"④ 改革开放真正使中国具有了世界眼光，这是一种把自己的发展与世界的发展联系起来，把自己的利益同各国人民共同利益结合起来，并努力为全球发展

① 《习近平谈治国理政》，外文出版社，2014，第208页。
② 《习近平谈治国理政》第2卷，外文出版社，2017，第207页。
③ 习近平：《之江新语》，浙江出版联合集团、浙江人民出版社，2007，第186页。
④ 《习近平谈治国理政》，外文出版社，2014，第315页。

作出积极贡献的精神姿态。"中国人民深知，中国发展得益于国际社会，愿意以自己的发展为国际发展作出贡献。中国对外开放，不是要一家唱独角戏，而是要欢迎各方共同参与；不是要谋求势力范围，而是要支持各国共同发展；不是要营造自己的后花园，而是要建设各国共享的百花园。"① 作为世界第二大经济体，中国目前成为世界经济增长的强大"发动机"，中国对世界经济增长的贡献率已经超过了30%，我们还通过"一带一路""亚投行"等，使世界各国都能搭上中国经济发展的"时代快车"。总之，无论是建设和谐世界的理念，还是共同发展的主张，都是中国政府和人民在新的全球命运共同体的大背景下坚持共生主义发展之路的具体体现。

第三，在我们所主张和施行的共享发展理念中，体现着人与人之间和谐共生、共富共荣的价值取向。发展为了什么？这是一个重大的原则性问题。长期以来，在发展"为了谁"的问题或发展的价值取向上，就存在两种不同的发展观：以物为本的发展观和以人为本的发展观。物本论的发展观将物（人的物质利益或物质需求、经济产值等）视为发展的最高目的或终极价值取向，在人与物的关系上，将物唯一化、绝对化，将人矮化、物化或工具化，造成了急功近利、不择手段的发展趋向，物本论的发展观及其实践取向其实就是自我中心主义发展模式的具体表现。人本论的发展观将人视为发展的最高目的或终极价值取向，在人与物的关系上，它既注重物的发展，更注重人的进步。由人本论的发展观出发必然要引出具有和谐共生性质的普遍受益原则。进入21世纪以来，我国在发展中越来越重视发展的人本取向，我们先是提出了以人为本的科学发展观，党的十八大以后又进一步提出了以人民为中心的共享发展理念。习近平总书记明确指出："共享理念实质就是坚持以人民为中心的发展思想，体现的是逐步实现共同富裕的要求。"② "民惟邦本，本固邦宁。"众所周知，人是社会发展的主体，而作为社会发展主体的

① 习近平：《在庆祝中国共产党成立95周年大会上的讲话》，人民出版社，2016，第21页。
② 《习近平谈治国理政》第2卷，外文出版社，2017，第214页。

人在从事发展实践、推动社会进步的过程中，应当也必须遵循这样的原则，即要使参与社会发展的绝大多数人能从不断进步的社会机体中获得实惠和利益，从而使社会的发展成为绝大多数人的发展。作为涵盖范围和规模的表示，"共享"着重体现社会发展的权利、机会特别是成果等惠及人群的普遍性特质。因此，共享发展是指要让全体社会成员都能公平合理地共享发展的权利、机会特别是成果。在共享发展看来，坚持以人民为中心、为主体，意味着绝不能以少数人为本，而是要以绝大多数人为本，使绝大多数社会成员在又好又快的发展中受益。也就是说，推行共享发展，对解决发展中的分化性、排斥性、对抗性等非公正问题将起到重要的推动作用。总之，"要坚持人民主体地位，顺应人民群众对美好生活的向往，不断实现好、维护好、发展好最广大人民根本利益，做到发展为了人民、发展依靠人民、发展成果由人民共享"[①]。这样一种共享发展理念及其实践，正是共生主义发展模式在"人人"层面的具体表现。

三 中国选择共生主义发展模式的理由和依据

中国的发展之所以在当今世界独具影响、广受关注，与我们在实践中对共生主义发展模式的追求与坚持密不可分。基于国际视角分析，"中国方案""中国智慧"的关键点就在于对"和谐""共生"的追求与维护，在于对共生主义发展道路的遵循，因为只有这样的道路才能在解决中国发展问题的基础上为克服当前日益严重的全球性发展问题提供具有积极意义的启示和借鉴。而中国之所以要走共生主义的发展道路，有着充分的文化和现实依据。

第一，中国之所以选择走共生主义的发展之路，这是中国优秀传统文化的现实表现，即选择这一发展模式有着深厚的文化底蕴或基础。文化是支撑一个民族生存和发展的重要因素。"世世代代的中华儿女培育和发展了独具特色、博大精深的中华文化，为中华民族克服困难、生生

---

① 《习近平谈治国理政》第2卷，外文出版社，2017，第214页。

不息提供了强大精神支撑。"① 而在中国文化中，以"和"为本的宇宙观、以"和"为善的伦理观、以"和"为美的艺术观，共同构成了中国文化核心价值观的重要内容②。中国的先贤们早已洞察到了人际间、人天间共生的客观现象，提出了和谐的价值追求。就是说，"和"既是我国先贤的思想理念，也是我国重要的民族精神和文化传统。如在人天间，我们的先贤们就提出了天人合一的思想；在人际间，则提出了"协和万邦"的主张；等等。正如习近平总书记所指出的："中华民族历来是爱好和平的民族。中华文化崇尚和谐，中国'和'文化源远流长，蕴涵着天人合一的宇宙观、协和万邦的国际观、和而不同的社会观、人心和善的道德观。在 5000 多年的文明发展中，中华民族一直追求和传承着和平、和睦、和谐的坚定理念。以和为贵，与人为善，己所不欲、勿施于人等理念在中国代代相传，深深植根于中国人的精神中，深深体现在中国人的行为上。"③ 正因为在整个民族的文化心理上有着对共生的如此深刻的体认和对和谐的执着追求，所以，在当今这个和平、发展、合作的时代背景下，中国人民选择走共生主义的发展之路，其实正是我们这个民族优秀传统文化在当下发展实践中的现实表现和必然结果。从某种意义上说，中国传统的"和"文化是因，而共生主义的发展模式则是果，它们之间有着内在的关联性。

第二，这是中国道路的内在要求。在社会制度上，中国道路是一种社会主义道路，这种道路依据科学社会主义的理念和原则，顺应时代发展的大势，遵循社会发展的规律，在今天日益呈现出其整体共生性。习近平总书记指出："中国特色社会主义是全面发展的社会主义。"④ 因此，我们走共生主义的发展之路，其实正是中国特色社会主义道路的必然要求，是其外化表现。中国特色社会主义从思想观念到实践行动都鲜

---

① 《习近平关于社会主义文化建设论述摘编》，中央文献出版社，2017，第6页。

② 贾磊磊：《和谐，中国文化的核心价值观》，《人民论坛》2013 年第 16 期。

③ 习近平：《在中国国际友好大会暨中国人民对外友好协会成立 60 周年纪念活动上的讲话》，《人民日报》2014 年 5 月 16 日。

④ 《习近平谈治国理政》，外文出版社，2014，第 11 页。

明地体现共生主义的发展倾向。

中国道路坚持的是马克思主义的指导思想，从哲学观的角度看，马克思主义是从共生视角来认识世界包括认识人类社会及其发展的。马克思主义哲学认为，世界不仅是物质的，而且物质世界是普遍联系和永恒发展的。"当我们通过思维来考察自然界或人类历史或我们自己的精神活动的时候，首先呈现在我们眼前的，是一幅由种种联系和相互作用无穷无尽地交织起来的画面，其中没有任何东西是不动的和不变的，而是一切都在运动、变化、生成和消逝。"① 联系的观点和发展的观点是马克思主义哲学认识世界并指导我们实践的基本观点。事物的普遍联系其实是一种相互依存、相互作用或相互制约、相互转化的共生关系，这种普遍联系的内容或形式正是对事物共生性的一种揭示，或者说，普遍联系正是普遍共生的一种反映和揭示。因而，以马克思主义特别是以辩证唯物主义和历史唯物主义为哲学基础的社会主义在现实的实践中，必然要在制度和政策上体现出这种共生性来。

从实践观上看，共生主义的发展"大剧"在当今中国的发展舞台上正有声有色地上演。进入 21 世纪以来特别是自党的十八大以来，围绕着全面小康的目标，我国正在步入整体性发展的新时代，发展中的整体共生性、全面协同性日益明显，如和谐社会的理论、主张和实践，就是共生主义发展模式在我国社会的重要表现。而党的十八大以来，我国在发展目标的确立、根本政治制度的认同、发展任务的制定、发展战略的布局、发展理念的创新等方面，都具有鲜明的整体共生性特征。例如，在当今我国的发展任务方面，我们提出了经济建设、政治建设、文化建设、社会建设、生态文明建设"五位一体"的战略布局。习近平总书记指出："坚持以经济建设为中心，在经济不断发展的基础上，协调推进政治建设、文化建设、社会建设、生态文明建设以及其他各方面建设。"② 这五种建设都是整个中国特色社会主义事业的有机组成部分，都属于中国发展的具体内容或具体任务。没有这五种建设就没有整个中国社会的

① 《马克思恩格斯文集》第3卷，人民出版社，2009，第538页。
② 《习近平谈治国理政》，外文出版社，2014，第11页。

发展进步，但中国社会的发展进步又不能只归结到其中的一两种建设上，只有上述五种建设的全面推进、协同联动，才能实现整个中国社会的发展进步。再例如，党的十八届五中全会提出了发展的新理念。事实上，无论是发展的新理念还是与之相对应的具体的发展形式，都是一个具有内在联系的整体。一方面，新发展理念之间具有明显的差异性；另一方面，它们之间又具有重要的共性或统一性，正是这种共性，才使得它们之间具有了相互依存、相互作用、相互转化的内在联系，并使其成为具有高度统一性的整体。这种整体性不仅反映出新发展理念在关系上的相互依存性，还揭示出它们在功能上的高度统一性。从某种意义上说，当下中国的发展理念，是由创新、协调、绿色、开放、共享所构成的"五位一体"的整体性发展理念，这种整体性发展理念，同时也拥有了不同于其构成要素或部分的整体性的功能。对于新发展理念，如果分门别类、单独地去看待和实施它们，只能对中国某一方面或某一层面的发展具有指导意义，唯有它们的有机统一所拥有的整体性功能，才能真正指导中国社会的健康发展。因此，我们只能从整体共生性的角度来把握和对待发展的新理念并指导中国的科学发展。

精神重建与中国现代性的建构*

王海滨

　　作为现代化的生成目标、本质根据和理论表达，现代性以科技化推动下的工业化为驱动力量，以理性意识、科学精神和人本思维构筑的主体性为内在支柱，以市场经济、民主政治、公民社会和自由文化等互相关联的基本架构为表现症候①。中国现代性是中国人民在现代化的征程中追求的根本目标，是以"中国方式"实现现代化的依据规范。中国现代性的建构，既不能完全偏离一般现代性的基本要求，又不可避免地带有一定的中国特征。作为后发外生型现代化的典型，中国现代性正处于生成之中。因此，我们无法清晰地描绘中国现代性的完整图景，还需要在既借鉴西方经验又结合中国实际的基础上对其进行不断建构。在当前关于中国现代性建构的话语体系中，我们的理论研究较多地集中于现代性在科技、政治、经济和社会发展等层面的体现，现代性的制度层面，以及文化层面上中国传统文化的现代转化等问题。对于理应成为中国现

---

　*　国家社会科学基金青年项目"当代中国人的精神世界重建问题研究"
　　（14CKS027）的阶段性成果。本文原载于《马克思主义与现实》2015 年第
　　2 期，收入本书时有改动。
　①　哲学家一般倾向于从内在支柱维度阐释现代性，如哈贝马斯赞同黑格尔提
　　出的现代性原则就是主体性原则。社会学家大多倾向于从表现症候维度阐
　　释现代性，如吉登斯认为，"现代性指社会生活或组织模式，大约 17 世纪
　　出现在欧洲，并且在后来的岁月里，程度不同地在世界范围内产生着影响"
　　（安东尼·吉登斯：《现代性的后果》，田禾译，译林出版社，2000，第 1
　　页）；在霍尔看来，政治、经济、社会和文化的交互作用构成了现代性（霍
　　尔：《现代性的多重建构》，周宪主编《文化现代性精粹读本》，中国人民大
　　学出版社，2006，第 44 页）。

代性建构题中应有之义的精神重建问题，研究基础比较薄弱，缺乏系统深入且有影响力的成果。基于这种研究现状，这里集中探讨精神重建与中国现代性的建构这一问题。

一 现代性的多副面孔及其"单向度"实践

当今时代，讨论与现实实践有关的问题都无法绕开现代性这一理论话题。然而，当研究者热情一致地涌向现代性理论时，却往往遗憾地看到其争论不休的多副面孔。有的学者从理性维度界定现代性，如贝斯特和凯尔纳就认为，"从笛卡儿起，贯穿着整个启蒙运动及其后继者，所有关于现代性的理论话语都推崇理性，把它视为知识与社会进步的源泉，视为真理之所在和系统性知识之基础"①。有的学者从历史维度界定现代性，费瑟斯通曾指出，"从十九世纪末、二十世纪初的德国社会学理论（目前，现代性这个词的许多意义都是从那里引申出来的）来看，现代性是与传统秩序相对比而言的，它指的是社会世界中进化式的经济与管理的理性化与分化过程"②。哈贝马斯也认为，"'现代'这一术语经常表示的就是一个时代概念，这个时代本身与古老的过去相关联，目的在于把自身看作是由旧到新转变的结果"③。有的学者从制度层面来界定现代性，如吉登斯就认为"必须从制度层面来理解现代性"④，它包括"①对世界的一系列态度、关于实现世界向人类干预所造成的转变开放的想法；②复杂的经济制度，特别是工业生产和市场经济；③一系列政治制度，

---

① 斯蒂文·贝斯特、道格拉斯·凯尔纳：《后现代理论——批判性的质疑》，张志斌译，中央编译出版社，2001，第 3 页。

② 迈克·费瑟斯通：《消费文化与后现代主义》，刘精明译，译林出版社，2000，第 4 页。

③ Jurgen Habermas, "Modernityan Incomplete Project", in P. Rainbow and W. Sullivan, *Interpretive Social Science*：*A Second Look*（University of California Press, 1987）, p. 142.

④ 安东尼·吉登斯：《现代性与自我认同》，赵旭东、方文译，生活·读书·新知三联书店，1998，第 1 页。

包括民族国家和民主"①。还有的学者从文化维度界定现代性，如法国诗人波德莱尔对现代性的经典界说："现代性是短暂、瞬时、偶然；它是艺术的一半，另一半则是永恒与不变。"② 卡林内斯库认为，美学现代性从文化上讲则是批判与自我批判的，它致力于对社会领域现代性的基本价值观念进行非神秘化③。

　　以上只是摘举了几个有代表性的观点。不同的学者在研究现代性理论时，往往都有自己对现代性的定义。值得注意的是，在对现代性理论争论不休的过程中，越来越多的学者开始使用"多元现代性"来表征现代性的多副面孔。2000 年，美国文理科学院院刊《代达罗斯》发表了一期专集，来集中探讨多元现代性问题。许多研究现代性问题的著名学者，如 S.N. 艾森斯塔特、威特洛克、杜维明等，针对普遍存在的尊崇西方式现代性的观点，深入探讨了多元现代性的可能性。其中，艾森斯塔特的观点具有一定的代表性，他认为："现代性的历史应当看成是多种多样的现代性文化方案和多种多样具有独特现代品质的制度模式不断发展和形成、建构和重新建构的过程。"④ 杜维明主要以"东亚现代性"为例主张现代性的多元性。他提出："儒家的东亚能在不彻底西化的情况下成功地实现现代化，清楚表明现代化可以有不同的文化形式。因此可以设想，东南亚可以实现它自己的现代化，既不是西方化的也不是东亚化的……没有理由怀疑拉丁美洲、中亚、非洲以及世界各地固有的传统都有发展的潜力，从而形成自己的有别于西方的现代性。"⑤ 此外，香港《二十一世纪》杂志 2001 年 8 月号也开辟专栏，集中讨论多元现代性问

① 安东尼·吉登斯、克里斯多弗·皮尔森：《现代性——吉登斯访谈录》，尹宏毅译，新华出版社，2001，第 69 页。

② 波德莱尔：《波德莱尔美学论文选》，郭宏安译，人民文学出版社，1987，第 485 页。

③ 马泰·卡林内斯库：《现代性的五副面孔》，顾爱彬、李瑞华译，商务印书馆，2002，第 343 页。

④ S.N. 艾森斯塔特：《反思现代性》，旷新年、王爱松译，生活·读书·新知三联书店，2006，第 91 页。

⑤ 转引自林聚任《论多元现代性及其社会文化意义》，《文史哲》2008 年第 6 期。

题。在这些探讨中，尽管对于何谓现代性以及现代性究竟是趋一还是多样的仍然存在各种各样的争论，但大多数学者趋向于反思单一的西方式现代性，主张对现代性进行开放式的探索。

与在理论探讨上呈现出多副面孔形成鲜明对照的是，在现代性的实践过程中，我们发现，物质文明的高速发展并没有相应地带来精神世界的丰富、精神生活的充实和精神文化的繁荣。马克思曾用"物的世界的增值同人的世界的贬值成正比"① 和"物质力量成为有智慧的生命，而人的生命则化为愚钝的物质力量"② 等论断，深刻地揭示了现代性实践的这种单向度发展。马尔库塞和弗洛姆也借助弗洛伊德的精神分析理论和马克思的历史唯物论，深刻揭示了现代化对人们的精神文化的冲击和心灵生活的压抑，并从艺术审美和爱欲解放、社会改良和性格结构变革等不同维度，探寻如何破解现代性的精神萎缩困境。具体而言，现代性实践的"单向度"主要体现在：与意义失落、价值坍塌、信念缺失等精神文化的深层危机相应的是，工具理性、消费主义、个人主义、功利主义、享乐主义等浅层文化颇为盛行；名、权、钱等外在性的东西成为衡量成功与否的主要标准；以人们花费在精神文化生活上的时间作为衡量标准，人们的精神文化生活质量呈现出明显的下降趋势；追求占有的物化生存方式成为世俗化时代的主流生活观念，精神文化的虚无主义取向兴起。

二　作为中国现代性建构题中应有之义的"精神重建"

所谓精神重建，就是要求我们把理性的目光从科学世界、生活世界转向人的精神世界，综合考虑精神世界的诸多要素及其相互关系、运行机制，并以此为基础进一步划分人的内在精神结构，探寻其遵循的基本逻辑与适应的主要原理，进而在从传统向现代转化的视野中，梳理当代中国人的精神文化生活状态，反思其存在的问题及与现代化不相适应的取向，在逐渐地把适应现代性的文化因素融入人们的精神世界与精神生

---

① 《马克思恩格斯选集》第 1 卷，人民出版社，1995，第 40 页。

② 《马克思恩格斯选集》第 1 卷，人民出版社，1995，第 775 页。

活的同时，也要坚守精神文化对于现代化进程的理性监督和文化纠偏功能，最终致力于建构与现代化良性互动的精神世界、精神生活和精神文化①。这样的精神重建之所以理应成为中国现代性建构的题中应有之义，主要是因为以下几点。

首先，西方现代性的"单向度"实践启发我们的现代性建构绝不能忽视精神重建这一维度。在西方现代性建构的现实中，物的增值与精神的贬值并行不悖，这既违背了经济社会发展最终是为了人的自由而全面发展的人本理念，也严重影响着现实生活世界中人们的生活质量与精神幸福。西方这种单向度的现代化发展模式启发我们的现代性建构必须坚持物质文明与精神文明并重。值得进一步指出的是，由于历史发展阶段的错位，西方思想理论家对于现代性的文化批判也不能为我们直接借鉴。比如，在我们正需要大力发展现代化的时期，西方一些思想家喊出了"历史步入后现代"的口号；在我们还需要继续深入地进行现代性精神启蒙的时期，西方一些理论家已经全面反思并系统批判了启蒙的诸种弊病；当我们的主体性建设方兴未艾且渐入佳境之际，现当代西方的人文主义思潮已经建立了"后主体性"的话语体系。因此，我们不能简单模仿西方的现代性建构及其现代性批判，而应把"精神重建"纳入我们的发展规划，坚持走兼顾物的发展与人的发展尤其是精神文化发展的中国式现代化道路。

其次，中国现代性建构过程中的赶超战略挤压了精神重建维度。中国的现代化进程正式起步于1840年，第一次鸦片战争的阵痛惊醒了传统农业文明大国世界中心的迷梦。在"重回中心"的民族意识支撑下的赶超战略，成为从康有为、孙中山到中国共产党人塑造中国现代性的重要选择。对中心地位丧失的痛心以及追赶西方的急切民族心态，使中国现代化征程中陆续出现的先进思想观念（从洋务派的"中体西用"、维新派的"君主立宪"，到革命派的"民主共和"，再到"五四人"的"科

---

① 精神世界对应物质世界，包括欲望、情感、认知、评价、道德、超验等六个维度；精神生活相当于心灵生活，主要包括理论活动、情感活动、道德活动和信仰活动；精神文化针对物质文化，主要指精神生产过程及其外化成果。我们这里以"精神重建"涵摄切入"精神"的这三个不同维度。

学与民主"）都没有能够通过深层的文化启蒙逐渐渗入中国人的精神世界与精神文化之中。改革开放以来，在"时空压缩"及其催发的追赶心态影响下，我们过于追求现代化"看得见的成果"，从而造成与物质文明建设的"高楼大厦"相比，我们的精神文明建设显得有些"人微言轻"。在这里，深受传统文化影响、缺乏深层文化启蒙又遭遇现代性猛烈冲击的当代中国人的精神世界与精神文化生活，成为当前中国全面深化改革、继续推进现代化的深层文化阻滞。比如，党内"精神懈怠"的危险容易导致党内人员理想信念缺失和工作热情低迷；青少年中一定范围内存在的"厌恶劳动、娱乐至死"的流行意识，影响着其身心健康和茁壮成长；社会上一定范围内存在的以经验积累抵制理性反思、以循环论反对创新论、以人情反抗法治等现象所形成的"潜规则"，既不利于建构现代化以其丰富的内涵、多维的特征和深邃的精神所要求的科学、自由、民主等精神与意识，也不利于个人主体意识、社会契约精神、经济理性化、管理科层化、公共领域自律化等现代性因素的滋生。

再次，中国现代性建构离不开人的现代化，而人的现代化离不开精神重建。美国社会学家英格尔斯等曾经指出："一个国家只有当它的人民是现代人，它的国民从心理和行为上都转变为现代的人格，它的现代政治、经济和文化管理机构中的工作人员都获得了某种与现代化发展相适应的现代性，这样的国家才可真正称之为现代化的国家。否则，高速稳定的经济发展和有效的管理，都不会得以实现。即使经济开始起飞，也不会持久。"① 在中国现代性建构的过程中，如果人们的精神世界、精神生活和精神文化，始终深受传统文化因素的影响，没有滋生适应现代性的精神文化因子，没有实现精神现代化，那就谈不上人的现代化，而离开中国人的现代化，中国的现代性建构只能徒有现代化的外表形式，永远无法实现真正的现代化。

最后，精神重建能够助力中国现代性建构。这主要是因为：第一，充盈现代性因素、能够适应现代化进程的精神世界，既不会滋生抵制现

---

① 阿历克斯·英格尔斯等：《人的现代化》，殷陆君编译，四川人民出版社，1985，第3~4页。

代性的心理观念和价值取向，也能够避免"时空压缩"和"赶超心态"易导致的偏重经济发展的"单向度"现代化模式；第二，通过精神重建生成的综合型精神文化，兼具传统精神文化的积极因素和现代精神文化的因子，能够与现实始终保持一定的间距，并通过文化批判对现代化进程进行不断纠偏，使其不至于误入歧途；第三，从传统精神生活到现代精神生活一般都会经历这样的转变——欲望情感由禁欲、专一向感性、重占有、纵情倾斜，思维方式由固化、权威向流动、瞬间、当下转变，价值取向由超越、崇高向世俗、虚无位移。我们的精神重建如果能够兼收并蓄，建构出稳定性与流动性、科学性与价值性相统一，与现代化良性互动的精神文化，就能够为人类文明进程作出贡献，从而在现代性的精神文化发展领域拥有一定的话语权。

三　优化当代中国人精神重建的"文化生态"

精神重建依赖于一定的现实环境和生活条件。比如，劳动分工与社会分化、制度结构与规范体系、现代传媒与价值符号、生活世界与生存方式等，都影响着人们的精神世界、精神生活和精神文化。其中，作为"第二自然"的文化，对人的精神重建有着直接性和根本性的制约与影响。在当代中国，作为民族性象征的传统文化、"西学东渐"以来传入的西方文化，以及新中国成立后开始成为国家意识形态的马克思主义文化，构成当代中国人现实生活世界中的三大文化生态。当代中国人的精神重建，主要依赖于这三大文化生态的不断优化。

作为主流文化形态的马克思主义文化，以党的指导思想和国家层面的意识形态的形式，主导和引领着社会思想潮流。马克思主义文化既批判资本主义（反西方）又批判传统社会（反封建）的特征，回应了当时处于半殖民地半封建社会的中国大众的呼声和需求；马克思主义主张超越资本主义的社会主义和共产主义，契合了曾经处于世界领先地位的中华民族不甘人后、喜欢领跑的"中心情结"；马克思主义唯物辩证的哲学方法、实用理性的思维方式、群体本位的价值取向和追求均等的大同理想，具有与中国传统文化相通的文化素质。马克思主义文化能够在中国传播和盛行的这些历史必然性和现实合理性，使其在中国曾发挥文化启蒙的作用，并以强大的文化引领和整合作用成功地推动中国革命和建设的历史实践。

作为大众文化形态的传统文化，主要存在于居住着中国大多数人口的广大农村地区及一些儒学知识分子中。基于农耕文明和封建社会的传统文化，不可避免地有着鲜明的保守主义和等级观念，但也蕴含着注重个体诚心正意和主体间人伦道德的积极因素，具有坚守生活的意义世界、整合价值取向、维持共同体和谐等作用，一定程度上可以有效地克服现代化进程中日益凸显的精神世界功利化和心灵秩序感性化等弊端。总体而言，对于当代中国人的精神重建来说，传统文化显得"平衡有余、动力不足"。也就是说，传统文化主张的仁者爱人、以礼待人等理念有助于平衡现代性的人际冲突，但是不太注重处理人与自然关系、坚守中庸之道等取向使其相对缺乏经济社会发展、现代化的精神动力。梁漱溟就揭示过中国传统文化的这种特征，他认为："西方人生的路向"就是"奋力取得所要求的东西，设法满足他的要求；换一句话说就是奋斗的态度"，"中国人生的路向"是持中的路向，"遇到问题不去要求解决，改造局面，就在这种境地上求我自己的满足"，因此，如果说西方文化"以意欲向前要求为根本精神"，那么"中国文化是以意欲自为、调和、持中为其根本精神的"①。葛兆光也曾概括传统文化偏重处理人与人关系而相对忽视人与自然关系的特点："如果说西方民族习惯于将人与人、人与社会、人与自然、主体与客体对立起来，探索各种领域中纵向的逻辑关系，习惯于在类与种的基础上探索各种事物之间所有的层次关系，力求尽可能符合这种关系的客观秩序的话，那么，中华民族则习惯于把人与人（伦理）、人与社会（政治）、人与自然（科学）以及文学艺术等重叠起来，探索这里的横向的网状联系，习惯于在伦理道德的原则下探索各种事物之中所蕴藏的总体精神。"②

---

① 梁漱溟：《东西文化及其哲学》，徐洪兴主编《二十世纪哲学经典文本——中国哲学卷》，复旦大学出版社，1999，第458页。
② 葛兆光：《禅宗与中国文化》，上海人民出版社，1986，第208页。

作为精英文化形态的西方文化，主要存在于相对发展起来的城市地区及广大知识分子中间。古希腊的理性精神和古希伯来的信仰传统，犹如西方文化之躯行走的两条腿。人类历史进程迈入现代化以来，这两大文化传统逐渐演变为西方文化思潮中并行不悖的科学主义和人本主义。20 世纪五六十年代以来，表征西方社会历史与科技领域发展新特征的后现代主义也逐渐形成当代思潮中颇具影响的文化氛围。西方各种思潮在当代中国都有其信奉者和追随者。需要进一步指出的是，西方文化在当代中国同其在西方一样，发挥着重要的文化批判功能，甚至在一定意义上可以说，西方现代文化成为当代中国文化的标杆，成为一些知识分子评判中国式现代化的文化武器。值得指出的是，从文化所承载的历史使命来看，现代化离不开文化批判，文化不能"亦步亦趋"地追随现代性建构，而理应与现代化始终保持一定的"间距"，时刻保持理性的反思与批判。当然，这种反思与批判并不是要拒斥或超越现代性，而是现代性内部的自我批判，是通过不断地"纠偏"，使人类历史进程始终处于理性的监督之下而不至于误入歧途。然而，对于当代中国人的精神重建来说，从总体上看，西方文化显得"批判有余、建设不足"。即借助于西方现代文化的当代中国文化批判，一定程度上揭示了中国现代性建构的某些问题和弊端，并深入地批判了人们的精神生活和精神文化质量与现代化进程的不同步甚至某种程度上的退步，然而西方现代文化也无力提出有可行性的文化拯救方案，以破解现代性的精神困境。

作为历史性凝成的文化传统和当代中国文化建设不可或缺的思想资源，传统文化、西方文化和马克思主义文化等三大文化生态在各自领域、从不同维度发挥着文化自觉、文化启蒙和文化整合的功能。值得注意的是，在中国现代性建构的实践中，三者也互相监督、互相交流和彼此融入。对于当代中国三大文化生态之间的交流融合及其发展趋势，有的学者主张"综合创新论"（张岱年语），有的学者提出"马魂中体西用"（方克立语），"核心价值观"也是在综合吸纳不同文明因素的基础上积极探索共同的价值取向。从优化当代中国人精神重建的文化生态来看，针对前文曾揭示的传统文化的"平衡有余、动力不足"、西方文化的"批判有余、建设不足"和马克思主义文化的"引领有余、整合不足"，我们一方面应继续充分发挥马克思主义文化的引领作用、传统文化的平衡作用和西方文化的批判作用，另一方面应积极探寻构筑三大文化生态交相融合且兼具整合功能、建设作用和驱动力量的文化机制。总而言之，我们应在不断优化的三大文化生态与中国现代性建构的实践互动中，经受历史的考验，积淀出能够凝聚人民力量的中国精神，并在此基础上塑造具有世界话语权的中国话语。

后　记

　　为了展示中共中央党校（国家行政学院）马克思主义学院政治过硬、理论自觉、学术精进的学术风范，展示马克思主义学院人学习研究习近平新时代中国特色社会主义思想的最新成果，不断扩大马克思主义学院在国内乃至国际上的政治影响力、学术影响力和社会影响力，自2019年以来，我们先后编辑出版了三批"马克思主义理论研究丛书"，共29册。丛书出版后，得到中共中央党校（国家行政学院）校（院）委会领导和科研部、教务部的重视，并在社会上产生了较大影响，第一批丛书入选中央宣传部"庆祝中华人民共和国成立70周年大型成就展"。

　　2022年是中国共产党第二十次全国代表大会召开之年。为了向党的二十大献礼，集中展示马克思主义学院标志性研究成果，我们编辑出版《马克思主义研究前沿》（全六卷）学术丛书。各卷分别为《当代中国马克思主义研究》《马克思主义基本原理及经典著作研究》《马克思主义发展史研究》《马克思主义中国化研究》《中国特色社会主义政治经济学研究》《中国道路研究》，主要收录党的十八大以来马克思主义学院学者发表的体现党校特色、代表马克思主义学院学术水准、立足思想前沿的重要研究成果。

　　本套丛书的编辑出版得到中共中央党校（国家行政学院）领导的大力支持。社会科学文献出版社社长王利民、社会科学文献出版社政法传媒分社总编辑曹义恒及各卷编辑也为本书编辑出版做出了重要贡献，在此一并感谢。由于我们的水平有限，错误之处在所难免，请广大读者批评指正。

丛书编委会

2022 年 9 月 10 日

图书在版编目（CIP）数据

马克思主义研究前沿：全六卷／中共中央党校（国家行政学院）马克思主义学院主编．--北京：社会科学文献出版社，2022.11（2023.12 重印）

ISBN 978-7-5228-0930-4

Ⅰ.①马…　Ⅱ.①中…　Ⅲ.①马克思主义-发展-中国-文集　Ⅳ.①D61-53

中国版本图书馆 CIP 数据核字（2022）第 192709 号

马克思主义研究前沿（第四卷）

主　　编／中共中央党校（国家行政学院）马克思主义学院

出 版 人／冀祥德
责任编辑／曹义恒
文稿编辑／王　娇
责任印制／王京美

出　　版／社会科学文献出版社·政法传媒分社（010）59367126
　　　　　　地址：北京市北三环中路甲 29 号院华龙大厦　邮编：100029
　　　　　　网址：www.ssap.com.cn
发　　行／社会科学文献出版社（010）59367028
印　　装／三河市东方印刷有限公司

规　　格／开本：787mm×1092mm　1/16
　　　　　　印张：23　字数：347 千字
版　　次／2022 年 11 月第 1 版　2023 年 12 月第 2 次印刷
书　　号／ISBN 978-7-5228-0930-4
定　　价／980.00 元（全六卷）

读者服务电话：4008918866